Leos Carax et sa chambre.

レオス・カラックスの部屋

Photo Mari SHIMMURA

SHUT YOUR MOUTH
AND OPEN YOUR MIND
LENNY

1 9 9 9

Pola X

ポーラX

2012
Holy Motors
ホーリー・モーターズ

2021
Annette
アネット

『アネット』撮影風景

Les photos du tournage d'*Annette*

Photos: Kris Dewitte / FACTS OF EMOTIONS

Photos: Kris Dewitte / FACTS OF EMOTIONS

Photos: Kris Dewitte / FACTS OF EMOTIONS

Photo Mari SHIMMURA

Photo Mari SHIMMURA

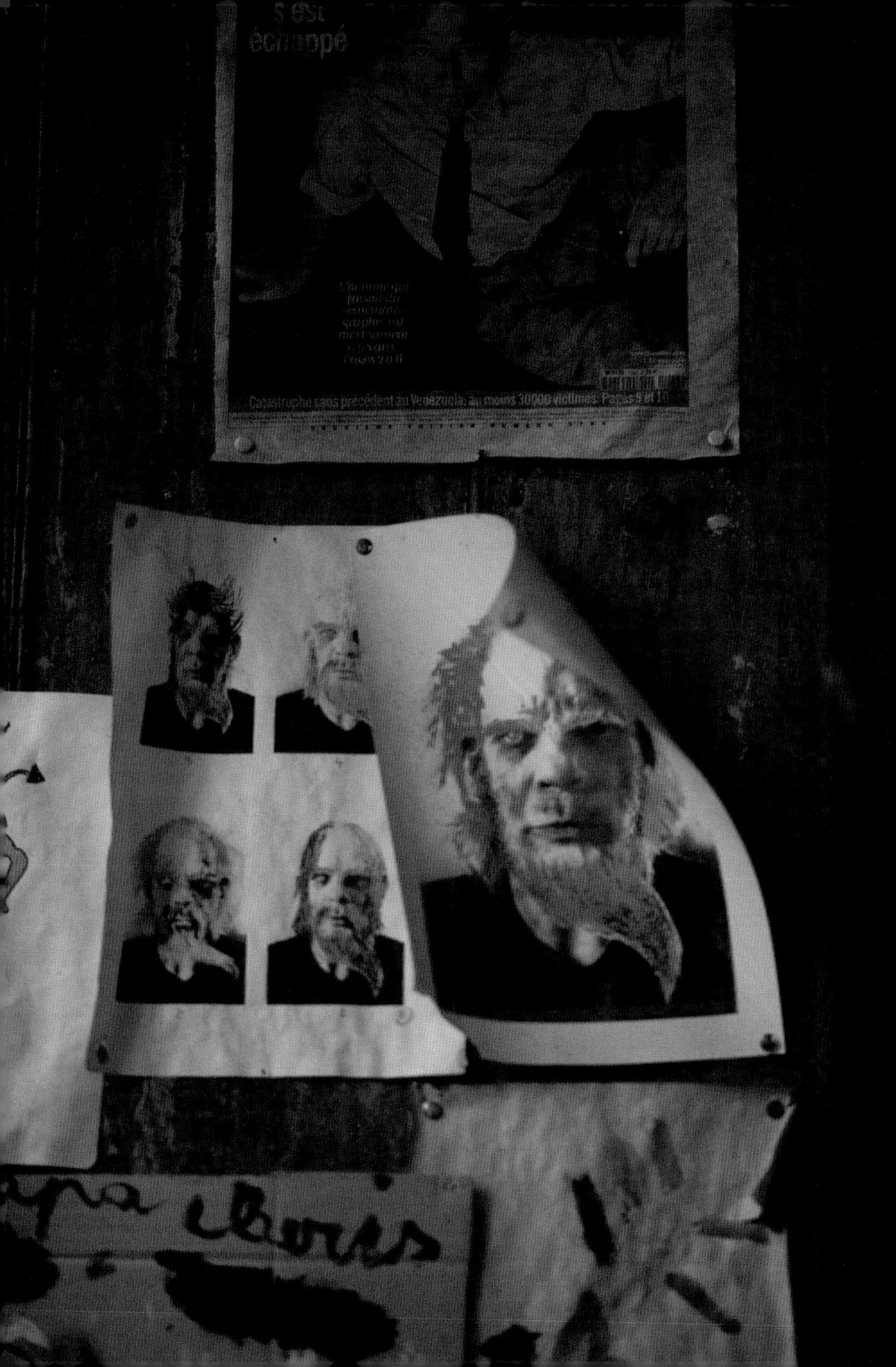

s'est
échappé
Catastrophe sans précédent au Venezuela: au moins 30000 victimes.

Photo Mari SHIMMURA

Photo Mari SHIMMURA

Leos Carax

レオス・カラックス

映画を
彷徨《さまよ》うひと

フィルムアート社［編］

FILM ART
フィルムアート社

はじめに

レオス・カラックスという名は人に何を期待させるのか。一九八三年の『ボーイ・ミーツ・ガール』、一九八六年の『汚れた血』以来、様々な形容とともに語られてきたこの映画監督は、その作品の数こそ少ないながら、新作ごとに世界を驚かせ、そして映画史を更新するような発見を与え続けてくれている。一九九九年の『ポーラX』以降はおよそ十年に一本のペースでの作品公開であるにもかかわらず、おそらく映画に関心を持つ者であれば、誰もがその名を忘れたことはなかったはずだ。

カラックスの映画はいつも過去に基点を有している。しかしその姿勢は、かつての時代を浅薄に賛美するようなものではない。カラックスの映画はいつも未来を志向している。しかしその姿勢は、積み重ねられた歴史の重みを葬り去るような態度とはまるで結びつかない。だからこそ、カラックスの映画はつねに、新しい。その映画を見つめながら、過ぎ去った昨日やまだ見ぬ明日について、私たちは思いを馳せる。映画というものが、この世界をよりよく見つめるための術であり、そしてこの世界を変えるための術であることを、私たちはレオス・カラックスの映画があるからこそ信じられるのかもしれない。

本書は、そのようなレオス・カラックスの二〇二一年までの全キャリアを、現在の視座から改めて見つめ直すことを一つの目的として編まれた。そのために、鈴木布美子氏の

『レオス・カラックス――映画の二十一世紀へ向けて』(筑摩書房)をはじめとし、これまでに日本国内で刊行された様々な書籍、雑誌での特集、そして充実したパンフレットの数々が、制作における力強い道標となったことをまず申し上げておきたい。レオス・カラックスにまつわる同時代の記録を刻印してくれていた、それら意義深い言葉の仕事の積み重ねがなければ、本書の構想は成立していなかった。それらに関わられた皆様に、深い敬意を捧ぐ。

そして本書の実現のために、企画当初より厚いご協力をいただいたユーロスペースの堀越謙三代表、北條誠人氏、岡崎真紀子氏、そして『アネット』ラインプロデューサーのタチアナ・ブシャン氏にまずは深い感謝を。そして本書の企図にご同意いただき、刺激的な素晴らしいテキストの数々を記してくださった執筆者の皆様、インタビュー・対談・座談会にご参加いただいた皆様、そしてカラックス監督をはじめフランス在住の俳優・スタッフへの取材を担当いただいた佐藤久理子氏、澁谷悠氏、素晴らしい写真を撮影してくださった新村真理氏ほか、本書制作に協力いただいたすべての皆様にも改めて感謝申し上げたい。どなたかお一人のお力添えをなくしても、本書は完成し得なかった。

最後に、驚くべき最新作『アネット』を発表し、本書のための長い取材に応じてくださったレオス・カラックス監督に、改めて深い感謝を。本書を手に取ってくださった読者の皆様には、レオス・カラックスの映画世界を存分に彷徨っていただけたら、これ以上に幸福なことはない。

フィルムアート社編集部

［目次］

Leos Carax
Le Vagabond du Cinéma

第7章 孤高の作家を拡張する 395

［凡例］——
✦映画作品、書籍名、小説名、雑誌名、音楽アルバム名については原則的に『』を、単一の楽曲名には〈〉を、その他、新聞・ウェブサイト等のメディア名、テレビ・ラジオ番組名や諸作のエピソード単話を示すものには「」を用いた。なお、レオス・カラックス監督作品に関しては、制作が構想段階のままにあった作品、何らかの理由で制作が断念された作品についても『』を用いて表記している。✦作品名については劇場公開・特別上映問わず、邦訳・邦題が存在した作品についてはその表記に倣い、日本未公開・未ソフト化・未配信作品については原則的に原題の直訳を用いて表記し、原題を併記している。✦一部を除き、各テキスト内にて作品名初出時には制作・発表年を記載した。✦本文内で［］で囲んだものは訳注、またそれに準ずる説明を示す。

第1章

レオス・カラックス——映画を彷徨うひと

あるシネアストの軌跡

Leos Carax

レオス・カラックスのために

文＝西嶋憲生
NISHIJIMA Norio

レオス・カラックスは唯一無二の監督である。彼の映画は誰の作品にも似ていない。まるで流れに逆行するかのように一作ごとに作風や文体を変えるので、自分自身の映画にすら似ていない。その物語はいつもどこか神話のようでもあり、説明可能なことと不能なことが混ざり合い、謎に答えはない。そのときどきに作者が抱えていた思考や感覚が不思議な夢のような形で物語られるのだ。

二十一世紀に入り『ホーリー・モーターズ』（二〇一二）や『アネット』（二〇二一）では冒頭で作者自身が劇中に登場することで、よりパーソナルな意味合いや色彩が濃くなった。大きな映画館で上映される予算のかかった映画であると同時に、壮大なパーソナルシネマでもあるカラックスの世界。なぜカラックスは、カラックスだけが、そんな映画を必要とするのだろうか？　カラックス映画を見るたびにいつもそんなことを想わされる。

1．アレックスとしてのカラックス——初期三部作

レオス・カラックスの登場

一九六〇年生まれのレオス・カラックスが初長篇『ボーイ・ミーツ・ガール』（一九八三）を監督したのは二十二歳のときだった。同い年のアルノー・デプレシャンの初長篇『魂を救え！』が九二年であることを思えば、カラックスのデビューの早さがわかる。翌八四年のカンヌ国際映画祭批評家週間に出品、ヤング大賞[★01]を受賞するや「神童《ヴンダーキント》」「恐るべき子供《アンファン・テリブル》」「ゴダールの再来」と騒がれ始めた。

当時のフランス映画界は、ゴダールが劇場映画に復帰する一方、ジャン＝ジャック・ベネックス（一九四六年生まれ）の『ディーバ』（一九八一）やリュック・ベッソン（一九五九年生まれ）の『最後の戦い』（一九八三）『サブウェイ』（一九八四）が、それまでのフランス映画にない感覚で話題になった時期だった。デビュー当時のカラックスはしばしば二人

『ボーイ・ミーツ・ガール』

のG(ゴダール、ガレル)と二人のB(ベネックス、ベッソン)の間で語られることが多く、ベネックス・ベッソン・カラックス(BBC)を指して「ネオ・ヌーヴェルヴァーグ」なる呼称まで登場した。なかでもカラックスはメインストリームから孤立しつつ映画の「現代性」ともっとも向き合っていたように思える。

直接・間接に映画(史)を引用・言及したり、古典的ともいえる"star-crossed lovers"(悲運の恋人たち)の物語を好みながら同時にそれが自身やその創作過程のメタファーであったり、主観と客観、虚構と現実、古典と前衛の境界を撹乱したり、といった点が現代的(むしろポストモダン的)と思われたのだが、作者と映画の関係性、物語と作者の感覚の特異な融合こそが、今日的というよりカラックス的だったといえる。

日本での初紹介は一九八五年六月、池袋西武百貨店の文化施設「スタジオ200」(一九七九～九一)での「現代フランス映画の作家たち―80年代の新作を中心に―」だった。キュレーター・映画批評家のドミニク・パイーニ(一九八八‐九一年ルーヴル美術館映画映像部門創設ディレクター、一九九三‐二〇〇〇年シネマテーク・フランセーズ館長)が作品を選定し来日講演もしたが、上映作品は『ボーイ・ミーツ・ガール』のほか、ジャック・リヴェット『地に堕ちた愛』(一九八四)、フィリップ・ガレル『自由、夜』(一九八三)、シャンタル・アケルマン『鞄をもつ男』*L'Homme à la valise*(一九八四)、アンドレ・テシネ『マチュウエットまたはふるさと』*La Matiouette ou l'Arrière-pays*(一九八三)、ストローブ＝ユイレ『アン・ラシャシャン』(一九八二)、レイモン・ドゥパルドン『シャッター音の日々』*Les Années déclic*(一九八四)、クリスティーヌ・ローラン『めまい』*Vertiges*(一九八五)であった。

夜景が美しい詩的なモノクロ映画『ボーイ・ミーツ・ガール』は主人公アレックス(ドニ・ラヴァン)の独白的世界が暗く閉ざされた印象を残したが、コップの水が静かに溢れ出すような緊張感や闇の中に輝く鋭く研ぎ澄まされた感覚(撮影はジャン＝イヴ・エスコフィエ)に酔った人はまだいなかったと記憶する。

劇場公開は一九八八年二月シネマライズ渋谷での『汚れた血』(一九八六)が最初だった。カラックスの国内紹介が本格化したのはその前年からで、伝説のカルチャー誌『シティロード』一九八七年二月号に「十年に一回の衝撃的作品を観てしまった!!」と絶叫のような賛辞をパリから書き送った吉武美知子[★02]を筆頭に熱意ある紹介が続いた。強烈な色彩と非凡な構図による『汚れた血』が日本でのカラックス評価を決定し、多くの熱狂的ファンを生み、『ポンヌフの恋人』（一九九一）の時期には映画だけでなくTV、音楽、雑誌、広告関係者にまで影響を及ぼすに至ったのだった（二〇一〇年代の話だが、峯田和伸［銀杏BOYZ］の〈ぽあだむ〉には「ドニ・ラヴァンみたいに」、〈骨〉には「ポンヌフの恋人のように」といった歌詞がいきなり出てくる）。

カラックスの初期三作、『ボーイ・ミーツ・ガール』『汚れた血』そして『ポンヌフの恋人』は、物語や設定や様式の連続性を持たない（どころか一度死んでさえいる）にもかかわらず「アレックス三部作」と呼ばれている。アレックスとはカラックス自身の本名であり、一人であれ三人であれアレックスは間違いなく作者の分身だった。不眠症という作者の属性を与えられ（だから夜の場面が圧倒的に多く、アンプルの睡眠薬を常用する）、ドニ・ラヴァンの演技にもタバコの吸い方はじめ監督のしぐさと似た点がまま見受けられる。

『汚れた血』

カラックス本人は「三人のアレックスによる三つの別の映画」と言う。たしかに主人公はすべてドニ・ラヴァン演じるアレックスだったが、それは物語ろうとする世界や主人公の存在が自身に近すぎた作者が主人公に「名前を付けられなかった」からかもしれない（小説なら「僕」でよかったのだ）。

自分の分身に最初からアントワーヌ・ドワネルと命名したトリュフォーとは違って、カラックスは「半自伝的」映画を作ろうとしたわけではないし、小説家ポール・オースターのように戦略的に「私」を媒介に虚構と現実を混同させたかったわけでもないが、[★03]つねにどこかで自伝性や日記性は入り込んでいた。フィクションを語ろうとしながら、今現在の自身が生きる世界感覚、プライベートな生の感覚、私的感情と切り離すことができなかったのだ。[★04]その感覚は伝えにくいものだろうが、だからこそ彼の映画は単なるフィクションで終わらず、それを越えた「何か」を感じさせたのだろうし、カラックス作品がいつも身近な誰かに捧げられてきたのもそのためだろう。[★05]

失い失われる恐れに抗して

心にひっかき傷を残した、一方通行の、あるいは不幸な出会いの恋人たちを描くカラックスの世界はつねに深い喪失感と切り離せない。愛し愛されるのではなく、失い失われる関係。何かが壊れたり失われる過程を描くというより、いつも最初から失われている。家族であれ恋人であれ。それが「疑似家族」により一時的に癒されるかにみえても、いつもそこから三角関係が生まれ、全てが失われてしまう。

カラックス映画の主要テーマは「愛への恐れ」だと喝破したのは盟友の撮影監督ジャン＝イヴ・エスコフィエ（一九五〇～二〇〇三）だった（鈴木布美子『レオス・カラックス 映画の21世紀に向けて』、筑摩書房）。心を閉ざして生きる者にとって唯一自らを開きコミットしなければならない出来事が愛だからこそ「怖い」のだ。しかしその衝動は抑えがたい。『ポンヌフの恋人』のミシェルとアレックスの愛の捉え方が対極的なのは、その心配症的な恐れと関係があるのだろう。

カラックスはそこから回復する力を描こうとしつつも、すでに傷つき壊れてしまった関係から出発して、さらに決定的に失う不安や恐れに向き合う人物を描いてきた。だが、その行き先、結末はどこなのか？　物語はどう終わり、エモーションはどこへ行き着き、いかに現実に着地できるのか。親密《アンティム》な物語であればあるほど、それは重要な意味を持ってくる。

『ボーイ・ミーツ・ガール』のラストはためらい傷のように二度繰り返された。アレックスが恋した女ミレイユ(ミレイユ・ペリエ)は、得たと思った瞬間に永遠に失われる。向いの窓辺には夢見る恋人たちが虚しく映し出される。『汚れた血』のラストは撃たれたアレックスが前の恋人リーズに腹話術で別れを告げ涙を一筋流して死ぬ。その後アンナ(ジュリエット・ビノシュ)は初めて感情をさらけ出し大空へ飛び立つように疾走する。加速が頂点に達した瞬間、映画は寸断されるように終わる。

『ポンヌフの恋人』のラストは悩んだ末に現在の形になった。カラックスが敬愛するセリーヌの『夜の果てへの旅』の結末★06とどこか重なるこのラストを、カラックスは本当は、橋から水中に飛び込んだ後アレックスが水から顔を上げると暗い河の水面に誰も何も見えない、ミシェル(ビノシュ)は二度と見つからないというものにしたかった。手にしたと思ったものは必ず失われるという恐れの現実化。だがそのエンディングには、困難の連続だったこの映画を最終的に完成に導いたプロデューサーも主演のビノシュも強く反対し、より安定したフィクショナルなラストが採用された。防衛本能のように虚無や逆説に閉じこもらない、開かれた救いの予感がそこにはあったのだが——。

2.「箍の外れた時代」の夢――ピエール、メルド、オスカー

「なぜならば、激動の最果てに達すると、人間の魂は溺れかけた人間そっくりだからだ。自分が危殆に瀕していることはよく分かっている。危殆の原因もよく分かっている。なのに、やはり海は海であり、溺れかけた人間は溺れるしかない。」

――ハーマン・メルヴィル『ピエール』★07

多くのファンの心を揺さぶった『ポンヌフの恋人』から八年、カラックスは『ポーラX』(一九九九)で復活する。その映画的エモーションとスペクタクル、カラックスはやはりカラックスだった。

一九九五年から始動していた「Pola X」プロジェクトは、十九世紀半ばのアメリカ小説『ピエール』の映画化で、小説の仏題*"Pierre ou les ambiguïtés"*(ピエール、あるいは曖昧なるものたち)の頭文字に謎のXをつけた暗号だった。原作『ピエール』は語り手メルヴィルとピエールが一体化していくような特異な長篇大作で、発表当時あまりに背徳的で虚無的な内容のため「メルヴィル発狂す」と報じた新聞まであったという。半自伝的ともされるこの小説を二十歳前後に読み共感していたカラックスは、泥沼のユーゴ内戦など二十世紀末の文脈に置き直し、アクチュアルな小説として、自分自身の物語として読み直そうとした。ストーリーや役名、金髪ルーシー(リュシー)と黒髪イザベルの対比も原作通りだが、現代のパリに設定を変え、また獄中のピエールに面会したルーシーが二人の関係を知りショック死、残されたピエールとイザベルは服毒自殺という結末は映画では大きく変更された。

冒頭、ハムレットの独白から墓地を空爆する戦闘機の群れへ。連写銃のようなめくるめくコラージュ映像から一転、長回しのクレーンショットが描き出すのは裕福で満ち足りた田園生活を送るピエール(ギヨーム・ドパルデュー)と母マ

リー（カトリーヌ・ドヌーヴ）、二人は姉と弟と呼び合っている。そこに片言のフランス語で「姉」と称して出現するボスニア難民イザベル（カテリーナ・ゴルベワ）。ピエールは神秘的なイザベルの抗しがたい魅力に引き寄せられ、母も婚約者も家督も捨てて一緒にパリに出る。

二人が惹かれ合いつつ闇と狂気に近づくにつれ、画面も光と安定を失いコントラストの強い映像に変わっていく。イザベルは本当の姉なのか。疑惑は深まり運命に翻弄され、絶望へと吸い込まれていく二つの魂をカラックスは仮借ない視線で見つめた。二十世紀という「箍《たが》の外れた時代★08」の混沌の中で血にまみれた奔流に溺れる双子の孤児の、壮絶な物語として。

アメリカに渡ったジャン＝イヴ（・エスコフィエ）に代わり撮影を担当したエリック・ゴーティエ（一九六一～）は明らかに従来と異なるルックを求め、前半を端正で重厚な35ミリ、イザベルとの出会いやパリ以降をスーパー16のブローアップとフィルムを使い分け、さらにデジタル処理での画質変化（昼の森のシーンを夜景に変換など）を加えピエールが彷徨する世界を、光、粒子、コントラストなどの対比で具現化した。ゴーティエはもともとアルノー・デプレシャンのキャメラマンとし

『ポーラX』

て知られ、『イルマ・ヴェップ』(一九九六、オリヴィエ・アサイヤス)や『ティコ・ムーン』(一九九七、エンキ・ビラル)等でも注目され『愛する者よ、列車に乗れ』(一九九八、パトリス・シェロー)でセザール賞最優秀撮影賞を受賞。その後『モーターサイクル・ダイアリーズ』(二〇〇四、ウォルター・サレス)『イントゥ・ザ・ワイルド』(二〇〇七、ショーン・ペン)『帰れない二人』(二〇一八、ジャ・ジャンクー)そして『真実』(二〇一九、是枝裕和)と国際的に活躍している。

音楽のスコット・ウォーカーは、独特の低い声で歌う冒頭の〈The Cockfighter(コックファイター)〉(アルバム『Tilt[ティルト]』収録)にカラックスが惚れ込み、劇中のテーマ曲(光のテーマ、牧場のテーマ、暗い森のテーマ、イザベルのテーマ)も作曲した。

エンドクレジット末尾には手書きで"à mes trois sœurs"(私の三人の姉妹に)と献辞が入るが、カラックスは四姉妹がいて一人はカラックス幼少期に死亡したとされる。

デジタル時代の壮大な夢のヴィジョン

『ポーラX』から次の長篇『ホーリー・モーターズ』まで十三年かかった。その間に中篇『メルド』(二〇〇八、オムニバス『TOKYO!』の一編)を撮ったほか、さまざまな企画が出ては消えた。噂で耳にしただけでも、ルース・レンデル『石の微笑(The Bridesmaid)』(のちにクロード・シャブロルが映画化)とか、ゴルベワ主演でウクライナからアメリカへ旅するロードムーヴィーもあった。最近のインタビューでカラックスは「約二十年前に『Scars』という映画の企画があって、ロシアとアメリカが舞台だった。ニューヨークと西海岸への道行きだ。それに九〇年代には『ピーター・イベットソン』(ヘンリー・ハサウェイ監督『永遠に愛せよ』[一九三五]の原作)をフランスとアメリカで撮る話もあった」と語っている。

『ホーリー・モーターズ』は、ゴジラのように秩序を超えた怪物「メルド」のプロジェクト(『メルド in USA』など)から派生した面もある作品で、カラックスならではの映像美とミステリアスな展開に長年の想いが込められた入魂の作だった。しかしそこにストーリーらしいストーリーはなく「同じ役者が十一の役を演じるオムニバス」のようなコンセプチュアルな実験でもあった。こんな奇想天外な作品を平然と撮ってしまう力量に成熟を感じ、またこういう規模の作品でそれを実現させる大胆不敵さに驚嘆もしたのだった。

久しく待たれた新作、しかも飛び抜けてオリジナルな本作は、二〇一二年のカンヌ国際映画祭のコンペティションで初上映された。そのときの衝撃を、当時の『カイエ・デュ・シネマ』編集長ステファヌ・ドゥロルムはカフカの言葉（オスカー・ポラックに宛てた一九〇四年一月の手紙）を引いてこう評した。カラックスは突然「僕らの内にある凍った海を斧で叩き割った」と。ジャン＝ミシェル・フロドンはル・モンド紙に「異論の余地なく、カンヌのコンペを支配した」と書いた。批評家の多くもカンヌの最優秀作の一本という評価だった。英語圏での評価も高く、[★09] 欧米の映画専門誌の年間ベストテンでも『カイエ・デュ・シネマ』（仏）や『フィルム・コメント』（米）では一位、『サイト＆サウンド』（英）では四位だった。

冒頭で眠りから覚めて、自らの指の鍵で「映画館」へと続く不思議な扉を開く男をカラックス自身が演じた。『ホーリー・モーターズ』はこれまで以上に謎に満ちたシュルレアリスティックな作品だが、この導入部をみても監督にとって個人的要素を含む特別な作品であるとわかる。本作は過去のカラックス作品のどれとも似ていない

『ホーリー・モーターズ』 ©THEO FILMS

が、すべてと通じ合い、深化されているとも思われるのである。

謎の男オスカー(Leos Caraxを並べ替えるとAlex Oscarになるが、それが由来かどうかは不明)がパリ市内を純白のリンカーン・リムジンで走り回りながら次々とメイクと衣装を変えペルソナとアイデンティティを入れ替えて異なる人生を生きる。大富豪なのか物乞いなのかモーション・キャプチャー・アクターなのか自分そっくりの殺し屋なのかメルドなのか死の床の老人なのか？　オスカーについてもその変身の意味についても一切説明はない。異なる映画の全ての役を同じ役者が演じたらというカラックス流のユーモアなのかシリアスな問いなのか(実際、映画でもTVでも同じ役者が繰り返し異なる役で出てくるではないか)。

初期三部作のドニ・ラヴァンが再び主演し、カイリー・ミノーグやエヴァ・メンデスといった豪華な共演者を配して『メルド』に続きデジタルカメラでキャロリーヌ・シャンプティエが撮影した。ゴダール、ドワイヨン、ガレル、ブノワ・ジャコー、グザヴィエ・ボーヴォワらの作品で知られるシャンプティエは、フランス映画界を代表する撮影監督で、自然光を生かした撮影や意欲的に実験に取り組む姿勢で知られるキャメラマンだが、フランスでは初使用のデジタルカメラRed Epicで撮影した。場面によって照明も撮影スタイルも異なり、ドキュメンタリックな屋外からリムジンの車中、光源の全くない洞窟、一三区の中国人の倉庫、五つ星ホテル「ラファエル」の客室、はてはCG空間まで、極端に異なる条件下で一貫した雰囲気を保つべく努力した。リムジンの車内は内部空間を一・五倍にしたセットでスクリーンプロセス(フロントプロジェクション)を使い撮影されたという。

オスカー＝ドニ・ラヴァンが生と死、夢と現実、闇と光、男と女、本物と分身、人間と動物といった「境界」を越えて旅する本作は、カラックスの壮大な夢のヴィジョンともいえる。どのエピソードでも主人公と女性との関係が描かれ、最後のパートでは雌のチンパンジーまで登場するが、もはや恋愛というより非条理な愛の姿に見えた。

モーション・キャプチャー・スタジオでの疾走やエロティックなダンス、たくさんのアコーディオン奏者とサン・

メリ教会内を行進するインターミッションだけでなく、どのシーンにも驚くべき高揚感がある。「役と役の間に深い溝のある」この人物群を短期間に演じるのは簡単ではなかったとドニは言う。

ジュリエット・ビノシュと『ポンヌフの恋人』を想起させずにおかない「サマリテーヌ百貨店」[★10]の廃墟での「二十年ぶりの再会」シーンではカイリー・ミノーグが《Who Were We?》と歌い出す(伴奏のみプリレコで歌は撮影時に歌われた。作詞はカラックス)。彼女が演じるジーンは四十才で謎の死を遂げたジーン・セバーグの幻影なのか、屋上から突然身を投げてしまう(この役は当初ジュリエット・ビノシュを想定して書かれた)。

ラストシーンでリムジン運転手役のエディット・スコブが仮面をかぶるのは、ジョルジュ・フランジュ『顔のない眼』(一九六〇)の記憶にほかならない。交通事故で顔を失い仮面をつけて暮らす少女クリスティアヌを演じたのは若き日の彼女自身だからである。

エンドクレジットに突然挿入される写真が示すように、本作は『ポーラX』に主演しカラックスのパートナーで撮影直前に急死したカテリーナ・ゴルベワに捧げられた。[★11]そのためか本作では死のトーンと生(再生)のトーンがたえず入れ替わり、重なり合いながら進む。ショスタコーヴィチの葬送行進曲(弦楽四重奏曲第十五番変ホ短調)が何度か流れ、ラスト近くではジェラール・マンセの〈ルヴィーヴル〉(Revivre =もう一度生きる、蘇るの意)が印象的に流れるのである。[★12]

デジタル時代におけるカラックスの新たな再生を決定づけ「不死鳥《フェニックス》カラックス」という呼称も現れた『ホーリー・モーターズ』、ラストでリムジン専門のガレージに掲げられた会社名がタイトルとわかるのだが、この白いリムジンも本作の主役の一人だった。

3.『アネット』、父と娘の〝個人的な神話〟

カラックス映画はその都度一つの「世界」(その始まりと終わり)を作り出し、描いてきた。当初『ボーイ・ミーツ・ガール』の閉ざされた世界は至る所でガラスが割れていたが、外部(他者、観客)との接触はわずかで、親しい者がいてもモノローグの世界だった。『汚れた血』や『ポンヌフの恋人』ではそこに疑似家族のような年長の「重要な他者」(ミシェル・ピコリやクラウス=ミヒャエル・グリューバーら)が現われ、少し開かれたディアローグへ、やがて次第に外部は観客のように世界の一部をなしていった。『アネット』はもっとも外部世界が描かれた作品といえ、観客が極大化しSNSが拡散するスペクタクル社会の逆説ともいえる。そして「世界」は主人公の外にあると同時に内にある。家族、とりわけ父と娘の物語が主になるのはカラックス映画では初だが、前作の一部にすでに父娘のエピソードは含まれていた。

長篇六作目にして初の英語映画、初のミュージカルだが、カラックスは『ポンヌフの恋人』をミュージカルとして構想したこともあり、前作『ホーリー・モーターズ』のカイリー・ミノーグのシーンは一種のミュージカル、インターミッションのアコーディオンのシーンも音楽映画といえた。ただし今回は(ジャック・ドゥミの『シェルブールの雨傘』〔一九六四〕のように)台詞のほとんどが歌われる。それもミュージカルで一般的なプリレコ方式ではなく撮影現場でライブで歌われた。スパークスの公式YouTubeで冒頭シーンのアウトテイク(2021/12/29up)を見ることができるが、こうしたライブかつ長回しの撮影は役者たちにもスタッフにも困難をきわめる作業だったことがよくわかる。しかしカラックスにとってはそこから生まれるリアリティが不可欠だったのだ。

「偶像破壊者《イコノクラスト》」と呼ばれる――カラックスもそう言われたことがある――兄弟バンド・スパークス(ロン&ラッセル・メイル)が、オリジナルストーリーをもとにダークファンタジーのロックオペラを創り出し、カラックスが長期のコラボレーションを経て監督した。彼が脚本を書かなかった初の作品となるが、このシニカルで悪夢的なおとぎ話、しかもタイトルロールを演じるのが人形という『アネット』には随所にカラックスらしい機知と皮肉が溢れている。

コロナ禍で中止され二年ぶりの開催となった二〇二一年のカンヌ国際映画祭ではオープニングを飾り、監督賞を受賞した。英語圏でも「本年の最もオリジナルな映画」「興奮させる傑作」「壮大な実験」と軒並み高い評価だった。そもそもカラックスは、作品数こそ少ないが、現代映画の重要な作家と目されてきた。一作ごとに未踏の領域へ挑戦してきた「破格の作家」と言うべきかもしれない。『アネット』はその集大成であり、夜と闇への偏愛からカラックスの新たな「夜の讃歌」(ノヴァーリス)にして「夜の果てへの旅」(セリーヌ)とも評されている。

タイトルロールのアネット役は当初から人形の予定で、それによってこの物語の神話性、寓話性が強調されたともいえる。日本の人形作家を含めさまざまな試作が行われたが、現場で操作可能という条件から最終的にフランスのエステル・シャルリエとロミュアルド・コリネのチームに決定した(エステルが様々な年齢のアネットの顔を、ロミュアルドが胴体とテクニカル面すべてを担当)。そしてアネットは「父と娘、野蛮さと幼少期をつなぐリンク」とカラックスが言うサルのぬいぐるみをずっと抱いているのだ。カラックス自身、小さいころ父がメスのチンパンジーを飼い、自分も小さなサル二匹を飼っていたことがあるという。

東洋には神猿やハヌマーンがいるのだが、西洋では“The Devil is God's Ape(仏語ではSatin est le Singe du Dieu)”という言い回しがある通り(二世紀の神学者テルトゥリアヌスによるもの)、悪魔＝神の猿真似というイメージが根深くあるようだ。そして、ヘンリーの演目であり代名詞はまさに“The Ape of God”なのである。アネットが小さなサルを抱え続けていることも興味深い符合といえる。

映画は非凡なオープニングシーンから始まる。スパークスがスタジオで演奏準備をしていて(白シャツにネクタイ姿がロン)、コンソール側にいる白髪混じりのカラックス(後ろ姿から正面に)がタバコ片手に開始を指示する。その脇には本作が捧げられた娘ナスティアの姿。演奏が始まるとすぐにスパークスと監督親子は夜の街に歌いながら出て行き、主演のアダム・ドライバーとマリオン・コティヤールにサイモン・ヘルバーグも合流し、彼らが衣装を着ると物語が始まる。不思議な世界の始まり方だが、ミュージカルではどこからともなく音楽が流れてきて人物が歌い出すのに対し、カラックスはあらかじめ作曲者＝演奏者を示したかったのだ。このスタジオで音が作られ、映画に流れているのだと。

悲劇的な死のオペラを歌うソプラノ歌手アン（マリオン・コティヤール）と挑発的な人気スタンダップ・コメディアン、ヘンリー（アダム・ドライバー）。美女と野獣のようなセレブ・カップルはメディアや群衆の注目と称賛の的になるが、理想的メロドラマとみえた関係は、スパークスの不吉でアイロニカルな楽曲に導かれ、不気味でピカレスクな世界に入り込んでいく。ヘンリーは深い闇に吸い込まれ、デモーニッシュな運命に翻弄されていくのだ。

撮影のシャンプティエは前作『ホーリー・モーターズ』についてこう語った。「レオスは夢を〝製造〟する。これまで私はリアリストの監督と仕事することが多かった。音と映像の関係をねじれさせるゴダールでさえリアリストにとどまっていた。今回我々が対しているのは一人の夢想家なのだ。まさにこの次元こそがフランス映画を越えるもの、製作中に我々全員をつかんでいたものだった」と。

『アネット』でもシャンプティエは、現実と人工的セット、異なる光や空間を一体化して見事に統合した。複数カメラによるワンカット長回しで撮られたヘンリーの舞台と観客たちのリアクションなどアクロバティックな撮影も少なくない。カラックスは元来デジタルを嫌っていてグリーンバック合成なども好まず、本物の森や本物の海を望んだが、実際的条件から重要シーンの多くが（昔の撮影所のように）スタジオ内の特殊なセットで創意工夫して〝製造〟された。アンが歌うオペラの舞台が（ギュスターヴ・ドレにインスパイアされた）森につながる幻想的シーンや「ジンバル」（カメラスタビライザー）を使った嵐の海の船上シーン、亡霊のアンのヘア・衣装・撮影法など、幻想的・夢幻的シーンの数々である。

二〇一二年のロカルノ国際映画祭はレオス・カラックスのキャリア全体を顕彰して名誉賞を与え、長篇全五作を上映した。当時の映画祭ディレクター、オリヴィエ・ペールは彼の仕事をこう称えた。「ワールドシネマのもっとも偉大なクリエイターの一人をロカルノにお招きできてとても光栄です。『ボーイ・ミーツ・ガール』と『汚れた血』の出現は今もなお八〇年代のもっとも決定的な美学的マニフェストであり、『ポンヌフの恋人』は類い稀な野心による詩的映画の夢、『ポーラX』はその驚くべき美と偽りなさとスケールにおいて我々にとってレオス・カラックスの傑作であります。『ホーリー・モーターズ』はとてつもないエモーションとヴィジョンで人生と映画を結びつけためくるめく旅であり、すでに本年の最優秀作品の一本となっています」。

八千人が集まる屋外上映場ピアッツァ・グランデでの授賞記念ティーチインでカラックスは「映画が夢なのではなく、上映の体験こそが夢なのだ」と語ったという。

✦

たしかにカラックスは映画作りに異様なまでの努力と執着を傾けてきた。ストーリー以上にその強烈な画面とヴィジュアルが多くを語る。カラックス映画のどこか尋常ならざる一面はそうした映像の力と切り離せないだろう。どの作品の(世界の)始まりも終わりも異色だし、現実か夢かわからぬカットがしばしば不意に介入し、『ボーイ・ミーツ・ガール』や『汚れた血』でドニ・ラヴァンが走り始めると映画はもはや現実を逃れて運動そのものと化してしまう。『ポンヌフの恋人』でいえば二十分に及ぶ革命二百年祭の記念日のシーンである。ミシェルの初恋相手だったチェリストを地下鉄構内で探し求め、昼間の軍事パレードから夜の花火の名場面へ至る現実と幻覚が入り混じったイメージの連鎖と異様な高揚感。映像がエモーションと化しスペクタクルを生み出すかのようだった。アップより引いたカットの多い『ポーラX』でもイメージが原作を凌駕するかの如く、暗い森での道行とイザベルの語りは奥行きを欠いた長い移動で描かれ、母マリーが乗った死のバイクは疾走し転倒し激しく旋回する。ピエールとイザベルが「血の河」に呑み込まれ溺れる夢のシーンは驚嘆に値する。

『ホーリー・モーターズ』以降は、何を撮ってもカラックス映画とわかる特徴がより強くなった。『ホーリー・モーターズ』はストーリーを語るよりも一つの実験であり、一場面だけで映画的エモーションを創り出してしまう超人技の如き試みであった。『アネット』も見てわかる通り、壮大な一つの冒険であり実験である。

カラックスの映画は過去の映画をなぞるのではなく新たな限界に挑もうとする映画である。予算や規模に関わりなく、その本質においてパーソナルで秘匿的な作品なのだが、それを(コクトーやボルタンスキーのように)〝個人的な神話〟としてフィクションに昇華しようとするのである。★13 だからこそカラックスという人間の謎が、映画の、そして主人公の謎として残らざるをえないのだが、そこに彼の映画の比類なき魅力があり、またある種の近寄り難さもあると思うのである。

1. アレックスとしてのカラックス――初期三部作

★01――カンヌのヤング大賞(Prix de la Jeunesse)は映画人フレデリック・ミッテラン(ミッテラン大統領の甥で後に文化大臣)の発案で青少年・スポーツ省(のち国民教育省に統合)が一九八二年に創設。十八才から二十四才の七名の若者が審査員となって選考、第一回はロマン・グーピル『三十歳の死』(一九八二)が受賞。二〇一一年はペドロ・アルモドバル『私が、生きる肌』(二〇一一)が受賞し、翌年カラックスは『ホーリー・モーターズ』で二十八年ぶりにヤング大賞を再受賞した。

★02――吉武美知子はパリ在住の映画ジャーナリスト・コーディネーターで、のちプロデューサーとして活躍。二〇一九年六月十四日パリで亡くなった。カラックスは気分の浮き沈みが激しく皮肉屋なので自国では敵も多かったが、その相談相手・友人として、ときには通訳ときにはプロデューサーとして彼のキャリアを支え続けた重要な存在だった。『TOKYO!』は彼女が企画・製作し、『メルド』は後の『ホーリー・モーターズ』につながった。『アネット』のエンドクレジットのLeos Carax thanksにはKenzo Horikoshi(プロデューサー堀越謙三)と並んでMichiko Yoshitakeの名がある。

★03——しばしば部屋にこもった主人公を描き内省的・自閉的とされるオースター(彼の初期作品もニューヨーク三部作と呼ばれる)の世界に共鳴し、映画化を考えた監督がヴェンダースとカラックスだったのは興味深い。どちらも実現せず、ウェイン・ワンが『スモーク』『赤い部屋の恋人』を、フィリップ・ハースが『ミュージック・オブ・チャンス(偶然の音楽)』を、オースター自らが『ルル・オン・ザ・ブリッジ』『マーティン・フロストの内なる生』(小説『幻影の書』で一章を割いて描かれた架空の映画)を映画化した。

★04——拙稿「私的感情のスペクタクル」(『ポンヌフの恋人』劇場パンフレット所収)参照。

★05——『汚れた血』のエンドクレジット末尾には「ジュリエットB　ミレイユP　マリオンB　エリーP　ジャンイヴE　アランDに」という短い一瞬の献辞が入り、『ポンヌフの恋人』でも一瞬「à Luje/Am(our)/A.」と手書きの字が入る(LujeはJuliette、AはAlex(＝Leos)を指すとされる)。

★06——「遠く、曳き船が汽笛を鳴らした、その呼び声は橋を越え、つぎつぎと橋弧を、水門を、また橋を越え、遠く、さらに遠く、のびていく……それは自分のもとへ呼び寄せていた、河上のすべての小船を、一隻のこらず、さらに街全体を、大空を、野原を、そして僕たちを、すべてを、セーヌ河をも、すべてを、それはさらっていった、もう何も言うことはない。」(生田耕作訳、中公文庫)

2.「箍の外れた時代」の夢——ピエール、メルド、オスカー

★07——『ピエール』(Pierre; or, The Ambiguities)はアメリカの小説家ハーマン・メルヴィル(一八一九～九一)が一八五二年に発表した長篇大作。引用は、坂下昇訳『ピエール』、国書刊行会版『メルヴィル全集』第九巻、一九八一、より。

★08——映画冒頭に引用される『ハムレット』第一幕最後の台詞。「この世界は箍が外れている。なんの悪意か、それを正す役目に生まれるとは。」原作『ピエール』第九章にも引用されている。

★09——「今年のもっとも挑発的な映画」「創意とエネルギー溢れる映画」(サイト&サウンド誌)「エクスタティックな映画」(ニューヨーカー)といった絶賛や、北米でもっとも歴史あるシカゴ国際映画祭の最優秀作品賞(ゴールドヒューゴ賞)最優秀男優賞、最優秀撮影賞(ともにシルバーヒューゴ賞)のトリプル受賞、ロサンゼルス映画批評家連盟賞(外国語映画賞)、全米映画批評家協会賞の主演男優賞ほか、各地の映画批評家協会賞で外国語映画賞・主演男優賞でベストワンやノミネートが続出した。

★10——『ポンヌフの恋人』でもポンヌフ橋そば(右岸側)につねに映っていた有名なデパート(一八六九年創業、売場総面積48000m^2)。十九世紀末から増改築をくりかえし、本館はアール・ヌーヴォー様式、新館はアール・デコ様式。ガラス張りのファサード、壮麗な鉄骨空間の美しい建築で、屋上からのパリの夜景は絶景とされた。労使紛争や老朽化・防災安全上の問題により二〇〇五年に閉館。その後ＬＶＭＨグループが所有し日本人建築家ユニットＳＡＮＡＡ(妹島和世＋西沢立衛)の改修プランで二〇二一年営業再開した。この立入禁止の現場での撮影はサルコジ大統領夫人だったカーラ・ブルーニ(ヴァレリア・ブルーニ・テデスキの妹)の助力で可能になったという。カーラ・ブルーニとカラックスは親しい間柄で、彼女のデビューアルバム『ケルカン・マ・ディ～風のうわさ』の表題曲はカラックスと共同作詞、日本版ＣＤにはエクストラトラックにカラックスが監督した同曲ＭＶ(ドニ・ラヴァン出演、二分半)が収録されている。

★11——エンドクレジットの写真に添えられたロシア語は「カーチャ、君に」。『ポーラＸ』のイザベル役で強く記憶されるカテリーナ(エカテリーナ、カティア、カーチャ)・ゴルベワ(一九六六－二〇一一)はサンクトペテルブルグ生まれの女優で、クレール・ドゥニの『パリ、18区、夜』(一九九四)『侵入者』(二〇〇四)などフランス映画に出演する一方、リトアニアのシャルナス・バルタス(カラックスの友人)の長篇第一作『三日間』(一九九一)や『Few of Us』(一九九六)に出演、カラックスも出演した『家』(一九九七)では共同脚本。二〇二一年八月一四日に四四才で亡くなり、パリのペール・ラシェーズ墓地に埋葬された。二人が育てていた娘の一人ナスティア(ナースチャ)は本作冒頭で丸窓の中の少女として出演。『アネット』冒頭でも監督とともに登場し同作はナスティアに捧げられた。

★12――ラスト近く、オスカーの帰宅シーンで流れるマンセの〈Revivre〉(九一年)。メディア嫌いで知られ、画家・写真家・紀行作家でもある伝説的シンガーソングライター、ジェラール・マンセ(一九四五～)は『ホーリー・モーターズ』での楽曲使用で再注目された。『Revivre』のCDは、カラックスの盟友で「テオ・フィルム」を共同設立したプロデューサー、アルベール・プレヴォが『ポンヌフの恋人』の後に監督にプレゼントしたものだった。アルベールは病を押して本作の実現と製作に精力を傾けたが、ミキシングの最終日に亡くなった。

3.『アネット』、父と娘の〝個人的な神話〟

★13――拙稿「プライベート・フィクション」(『イメージフォーラム』新装刊準備号、一九九九年)およびイザベル・ド・メゾンルージュ『個人的神話 現代美術と親密なもの』(スカラ、二〇〇四年)参照。

＊本稿の「1」はパイオニア・レーザーディスク『レオス・カラックス・コレクション』解説(一九九八年)、「2」は『ポーラX』と『ホーリー・モーターズ』の試写会プレスキット解説(無署名、一九九九年と二〇一三年)、「3」は『アネット』試写会プレスキット・チラシ解説(無署名、二〇二二年)の拙稿をもとに大幅に再構成・加筆したものである。

第2章

LCによるLC

レオス・カラックス――映画を彷徨うひと

Le Vagabond du Cinéma

Leos Carax

Interview

［監督］レオス・カラックス……Leos CARAX

Photo: Mari Shimmura

「始まり」と「終わり」の探究

聞き手・構成＝佐藤久理子 SATO Kuriko｜編集協力＝ヨンカ・タル Yonca TALU

最初の長篇『ボーイ・ミーツ・ガール』から最新作『アネット』に至るまで、レオス・カラックスの映画はつねに観客を安心させてくれない。映像と音響は美しくも残酷に時を刻み、登場人物たちは悲痛な出会いと別れを繰り返す。映画を見終えた私たちは、身体の全てが造り替えられてしまったようにさえ感じる。おそらくはレオス・カラックス自身もまた自身の映画制作という旅を、登場人物たちのように彷徨い続けていたのではないか。彼はその中で何を求め、何を失い、そして何を得たのか。四十年に及ぶ全キャリアについて、じっくりと話を伺った。

映画作家以前

――あなたの映画との出会いについて改めて教えてください。原体験的な作品や機会とは、どのようなものでしたか。

レオス・カラックス（**以下LC**）　僕はパリの郊外で育った。そこには映画館が一軒だけで、ル・レジャンという名前だった。だからそれほど選択はなく、週に一、二本の映画が掛かるだけだった。そこで観ていた作品が、僕の子供時代の映画体験と言える。

僕は自分の部屋にたくさん、映画のポスターを飾っていた。でもそれらは俳優目当てのもので、まだ映画監督という存在について何も知らなかった。たとえば当時僕はチャールズ・ブロンソンにはまっていて、セルジオ・レオーネの『ワンス・アポン・ア・タイム・イン・ザ・ウェスト』（一九六八）をはじめ、彼がニューヨークを舞台に、正義の裁き手となって復讐する映画はどれも好きだった。十歳の頃にはマリリン・モンローにも情熱を燃やしていた。

その後、母と一緒にもっと〝シリアス〟な映画を観るようになった。イングマール・ベルイマンやフランソワ・トリュフォーといった当時の映画作家たちの作品。でもたぶん、カメラの後ろに誰か統率する者がいるということを理解するようになったのは、七〇年代に入ってからだったと思う。当時僕はカシアス・クレイ（カシアス・マーセラス・クレイ・ジュニア、モハメッド・アリの本名）が大好きで、彼がジョー・フレイザーと対戦する試合がフランスのテレビでも生中継された。フランスでは夜中の三時頃で、僕は母に頼んでテレビを僕の部屋に移してもらい、その素晴らしい対戦を一人で観賞した。その後も一日か二日、テレビを借りていられたので、そのときに、ミケランジェロ・アントニオーニの『情事』（一九六〇）だったか、あるいはロベール・ブレッソンの『ブローニュの森の貴婦人たち』（一九四五）のどちらかをテレビで観たんだ。そのとき初めて、ここに映っていることすべてを統率する人がカメラの後ろにいること、その人がこの女優や俳優たちを選び、カメラを通して見つめているのだということを理解した。

当時フランスのテレビでは「シネクラブ」という番組があって、その後「シネマ・ドゥ・ミニュイ」という名前に変わったけれど、一週間に一度映画が放映されていた。そこで僕は、他の古典的な映画や、ロベルト・ロッセリーニ、ジャン＝リュック・ゴダールなどの作品を観た。そして、カメラの後ろにいる者が重要なのだということ、誰がこれらの映画を作ったのかを知ることは大切なのだということをさらに理解した。

—その当時すでに、映画を作りたいという願望が生まれたのでしょうか。

LC いや、僕は観客でしかなかった。当時はとても孤独な時期で、映画と本と僕のギターに没頭していた。孤独な者にとって、それが若い人であればなおさら、映画が与えるインパクトは大きいと思う。

—ではその後、どのような経緯でカメラを手に取るようになったのですか。

LC リセを終えた十六、十七歳のとき、僕はパリ郊外でほとんど一人で暮らしていた。二人の姉は、共にすでに家を離れていたし、母はつねに働いていたから、いつも一人でいることが多かった。当時はポスター貼りや配達のバイトをして少しお金を稼いでいたけれど、たいしたことはしていなかった。ピンボール・ゲームが大好きだったから、カフェに行ってはよく遊んでいた。でもその頃、『デジャ・ヴュ』*Déjà-vu* という長篇映画の構想を練っていた。そのなかのいくつかの要素は、僕の初長篇の『ボーイ・ミーツ・ガール』に反映されている。アレックスという青年が主人公で、半自伝的な話だった。

十六歳の夏、トーマス・マンの『魔の山』を読んで、そこに出てくるクラウディア・ショーシャというロシア人女性に恋をした。『デジャ・ヴュ』のストーリーには、彼女と『魔の山』の主人公、ハンス・カストルプの関係における何かを織り混ぜていたと思う。

どうやって知ったのかは覚えていないが、CNC（フランス国立映画・映像センター）に「アヴァンス・シュル・ルセット（制作費前貸し制度）」というものがあるのがわかり、『デジャ・ヴュ』の脚本を送った。その返事は、僕がまだ未成年でこれまで何も実績がないので、お金は貸せないというものだった。でも同時に、「もし短篇を応募するなら、特別に配慮します」と付け加えてあった。それで短篇の脚本を考えて、一本か二本送った。その後しばらくしてお金をもらうことができて、『絞殺のブルース』*Strangulation Blues*（一九八〇）を作った。

——初めてカメラを買ったのはいつですか。

LC 十七歳の頃。16ミリの、モーターが付いたクランクハンドル式の中古のボレックスだ。でも僕はとても扱いが下手だった。今もテクニカルなものはうまく扱えない。僕にとってはとても複雑な機械で、モーターをいじってへまをやらかしてしまった。それですぐに、誰か他の人にカメラの扱いを任せないとだめだと理解した。

『絞殺のブルース』の前に、お金はないが一本短篇『夢見られた娘』*La fille rêvée*を撮ろうとした。ポスター張りをしていた会社で、僕より十歳上で、カメラの扱いを知っている男に出会った。

当時はパリに引っ越した最初の年で、ルーヴルの近くの屋根裏部屋に住んでいた。パリに知り合いは誰もいなかったから、リベラシオン紙に小さな告知を出した。とても気取ったもので、「未来の偉大な監督が、初の短篇のために若い男性と若い女性を探している」というような内容だった。こうして出会ったのがブリュノという成年で、僕にとってパリで初めての知り合いとなり、最初の短篇で撮影をした。

実は高校生のとき、フロランスという名前の、とても好きな女の子がいた。でも僕が好きなことを彼女は知らなかったし、一度も話したことすらなかった。彼女は学校の人気者で、ちょっと生意気でとても綺麗だった。僕がよくカフェでピンボールをしていた理由の一つは、彼女がよく友だちとそこにいたから、僕はピンボールをしながら彼女を見ることができたためだ。

僕は高校の古い友だちに頼んで、フロランスから連絡をもらえるよう伝言してもらった。それで彼女が電話をくれたので、「僕は初めて映画を撮るのだけど、出演してくれないか」と訊いた。彼女はとても真面目に、「わたしは医学を勉強する学生で女優じゃないわ」と答えた。それで僕は、構わないから演じて欲しいと頼み、彼女は承知した。

撮影は高校を離れてから一、二年経った頃で、僕はずっとフロランスに会っていなかった。パリに来た年で、ルーヴル近くの、屋根裏部屋に住んでいた。撮影はその小さな部屋でするはずだった。ベッドと冷蔵庫を置いたらいっぱいになるようなところで、フロランスの最初のシーンは、彼女がベッドで悪夢を見て目を覚ますというものだった。でも僕は自分にまったく自信がないことに気づいた。自分が何をしていいのかわからない、フロランスをどう演出すれば良いのかも、自分が何を望んでいるのかも、カメラをどこに置けばいいのかもわからなかった。何かがうまくいかない。それでも、もう少し撮影を続けた。自分の郊外の街にあった中華レストランで撮影をしたとき、ライトを設置しながらカーテンを燃やしてしまい、レストランから追い出された。たぶんそれがきっかけで、映画を撮るのをやめてしまったと思う。一度も編集すらしなかった。

――そのあとで、『絞殺のブルース』を撮ったわけですね。

LC そう。ルーヴルから引っ越して、当時はリュクサンブール公園近くの小さなワンルームに住んでいた。近所に、ステュディオ・デ・ジュルシュリーヌ(Studio des Ursulines)という、歴史的な映画館があった。かつてシュルレアリストたちが映画を観に来て、気に入らないとトマトやインクをスクリーンに投げつけたところだ。僕の記憶では、僕が大好きなカール・テオドア・ドライヤーの『ゲアトルーズ』(一九六四)がパリで初めて上映されたのもここだったと思う。映画は罵声を浴びたそうだが。

ステュディオ・デ・ジュルシュリーヌの向かいに、映画専門の書店があって、僕はよく本を盗んでいた。でも奇妙なことに、そこの風変わりなオーナーと仲良くなった。少し話をするようになって、僕は彼に、短篇用のアヴァンス・シュル・ルセットを得ることができたと話した。すると彼は、「自分は小さな製作プロダクションを持っているが、他の者が担当している。レ・フィルム・デュ・ラゴン・ブルーといって、すぐそこにあるから、行ってみたら」と教えてくれた。それで訪ねて行って、プロデューサーのボドワン・カペに会った。彼は『絞殺のブルース』を製作することを承知してくれた。それで俳優とスタッフ探しを始めたんだ。

――あなたは、映画の根源とはD・W・グリフィスとリリアン・ギッシュにあるとお話しされていたことがありますが、サイレント映画を愛する理由について伺えますか。

LC グリフィスが映画監督として興味深いのは、彼が最初の偉大な実験映画作家だからだ。でもリリアン・ギッシュは、キング・ヴィダーの作品のなかの方が光っている。パリに引っ越す前、僕はバイクを持っていて、それでよく郊外からブローニュの森を通って、トロカデロのシャイヨー宮にあったパリのシネマテーク(フランス国立映画博物館)へ通い、そこでサイレント映画を発見した。また映画を安く観るには学生証が必要だったので、サンシエのソルボンヌ・ヌーヴェル大学（パリ第三大学）に登録した。学食で安くご飯を食べるのも目的だった。登録したのはたしか歴史科だったと思うけれど、授業に出たことはなかった。でもそこで毎週教師が主催する、無料の映画上映会の張り紙を見つけた。こうして、『カイエ・デュ・シネマ』の主に二人の批評家、セルジュ・ダネーとセルジュ・トゥビアナが手がける上映会に行くようになった。僕の記憶では、とくにゴダールの、どちらかといえば七〇年代の実験的、政治的な作品――たとえば『パート2』（一九七五）や『ヒア&ゼア　ここと よそ』（一九七六）などを上映していたと思う。同じ時期にテレビでは彼の素晴らしいシリーズ、『二人の子どもフランス漫遊記』*France Tour Détour 2 Enfants*（一九七七–七八）が放映されていた。

『カイエ・デュ・シネマ』の連中はみんな若くて感じがよく、政治的だった。だから僕は授業に登録していなくても、上映会に行って話を聞くことができた。

あるとき、二人のセルジュが僕のことに気づいて、彼らの授業に登録もしていない、発言したことのない青年は誰なのかと不審に思ったらしい。それであるとき二人のうちの一人が、たぶんダネーだったと思うけれど、僕のところに来て、少し話をした。僕は彼に、『デジャ・ヴュ』という企画を持っていたが、資金が集まらず撮ることができなかったと話した。彼は脚本を読みたいと言った。そのあと、二人のセルジュから、カイエで仕事をしないかと誘われたんだ。僕はカイエのことをまったく知らなかったけれど、もちろんウイと言った。

それで二、三の批評を書いた。一つはシルヴェスタ・スタローンの『パラダイス・アレイ』（一九七八）だ。それから彼らは僕を南仏のイエール映画祭に派遣した。そこで十歳年上の青年に出会った。彼の名前はアンドレだけど、僕はのちに彼をエリー・ポワカールと名付けた。エリーは芸術の歴史家のエリー・フォールから、ポワカールは『勝手にしやがれ』（一九六〇）のキャラクターの名前から取ったものだ。パリに戻ったあと、エリーは僕が知らなかったパリの街をいろいろと案内してくれた。とくに彼は、他の映画や文学のことを沢山教えてくれた。二十年後に僕が『ポーラX』として映画化した、ハーマン・メルヴィルの『ピエール』を勧めてくれたのも彼だ。僕らは同じ情熱を共有した。フランス人作家のルイ＝フェルディナン・セリーヌ、スイス人のシャルル＝フェルディナン・ラミュ、映画監督のサミュエル・フラーなど。

エリーのおかげで随分と、すべてを観ることなくして映画のなかで何が僕にとって大切なのかを知ることができた。すべての映画を観ることはできない。だから誰かに最初からガイドしてもらうことが必要だ。それでもし、たとえばグリフィスとギッシュの作品を観てギッシュに興味を抱いたら、彼女がキング・ヴィダーと撮った作品を観て、ヴィダーを発見し、彼の他の作品を観るようになる、といった具合に。

――『カイエ・デュ・シネマ』時代についてですが、映画を語ることや論じることにもご興味があったのでしょうか。

LC　いや、それは僕に向いていないとわかっていた。僕は無秩序だし、理論家ではない。ヌーヴェル・ヴァーグの批評家は、ゴダールもトリュフォーもジャック・リヴェットも、みんな優れていた。僕は彼らの足元にも及ばない。でもカイエにいたおかげで、イエール映画祭に行って映画を観たり、そこでエリーやマルグリット・デュラス、アメリカのインディペンデント監督のロバート・クレイマーなどと知り合うことができた。

――そしてゴダールの撮影現場も訪問したのですよね。

LC　そう。ゴダールと言えば、まだ僕がパリに住む以前、『気狂いピエロ』（一九六五）をパリのサン＝タンドレ・デ・ザール映画館に一人で観に行って、出てきたとき、道で一〇〇フラン札を拾ったことがあった。当時は僕にとって大金だった。僕は、「きっとゴダールがチャンスをもたらしてくれたんだ」と思った。映画をとても気に入って、アンナ・カリーナに〝恋をした〟。それも僕にとっては重要だった。

――アンナ・カリーナに会ったことはありますか。

LC　うん、『デジャ・ヴュ』の脚本を書いた時期に会ったよ。このストーリーに影響を与えたトーマス・マンの『魔の山』のロシア人女性は、彼女だと思った。それでアンナ・カリーナの家を訪ねた。当時彼女はメトロのサンシエ・ドバントン駅のそばに住んでいて、僕はメモを郵便箱に入れた。そのあと彼女が電話をしてきた。僕はまだ郊外に住んでいるときで、姉が電話に出て、「アレックス、アンナ・〝カレーニナ〟という女性から電話よ」と言ったんだ

(笑)。

それで僕はサンシエに行き、彼女と会った。彼女は俳優で監督のダニエル・デュヴァルと住んでいて、僕はあとから彼のことを知った。彼が扉を開けて、僕は脚本をアンナ・カリーナに渡して、「あなたのために書いたんです」と言った。それからまた少し経ち、彼女が電話をしてきて、「会いに来なさい」と言われた。彼女はすでに引越しをして、一人でヌイイに住んでいた。屋上のテラスに僕を案内してくれて、そこで『デジャ・ヴュ』について話をした。彼女にとても心を打たれたけれど、同時に会って何かもの哀しい印象も受けた。あたかも、ゴダールの映画、ゴダールとの愛という最良の時を過ごしてしまったがゆえに、今の人生はもう同様の美しさも激しさもない、という感じがした。彼女はまた、自分が書いたという脚本を僕に渡した。題名は忘れてしまったけれど。

—彼女は『デジャ・ヴュ』の脚本を気に入ったのですか。

LC うん、僕が覚えている限り、前向きで好意的だったけれど、僕はプロジェクトを諦めた。

—つまり、あなたはゴダールの『勝手に逃げろ／人生』(一九八〇)の撮影現場を訪れるよりも前に、アンナ・カリーナには会っていたわけですね。

LC そう。カイエが僕をゴダールの現場に派遣する二年前だったのは間違いない。カイエがなぜ僕を、写真も担当していたアラン・ベルガラ(*『カイエ・デュ・シネマ』の映画批評家。『六〇年代ゴダール 神話と現場』〔筑摩書房〕などの著書がある)と一緒に現場に派遣したのかはわからない。彼の方が僕よりずっと文章は上手いから。とにかく、僕らはジュネーヴに行き、そこで僕は二人の撮影監督の一人だったレナート・ベルタの家のソファに寝た。もう一人の撮影監督はウィリアム・リュブシャンスキーだった。翌日、スーパーの駐車場で撮影をしていたゴダールの現場を訪れた。ゴダールはイザベル・ユペールと撮影をしていた。

撮影に関してはよく覚えていないし、ゴダールとはほとんど話をしなかった。唯一交わした言葉は、彼が運転する車の後部に僕が座っていたとき、彼が後部席は風が強くないかと訊いて、僕が「いいえ」と答えただけだった。

—当時ゴダールの撮影はとてもスピーディなものだったそうで

すが、とくに感銘を受けたことはないですか。

LC たしかに速かったよ。スタッフも最小限で。速さと簡潔さは覚えている。ゴダールは数年間映画を撮っていなかった。そのあいだビデオ撮影や他のことはやっていたけれど、映画のカメラを用いて、俳優と映画を撮ることは数年間していなかった。だからある意味、僕と同時期に再開したようなところがある。僕は当時自分の初監督作を作ろうとしていて、彼は六〇年代と、そのあとのビデオ時代を経て、シネアストとして第三の人生を歩み始めた時期だった。彼の撮影を観るのは興奮した。でもそこから何かを学んだとは言えない。それは僕にとって最初の撮影現場で、見学者として訪れたのは後にも先にも唯一、それがスイスのゴダールの現場だった。

―『カイエ・デュ・シネマ』在籍時代に、あなたがアンチ・カイエ的な趣旨の記事を書き、それを当時の編集長であるセルジュ・トゥビアナが拒否したというのは本当ですか。

LC うん。でも率直に言って記事の内容がアンチ・カイエだったとは思わない。何を書いたのかも覚えていないが、僕の印象では、カイエは映画や映画作家を愛しすぎていた。一方僕はと言えば、現代の映画でそれほど好きなものはない。僕からすると批評家とシネフィルが情熱を作り出していて、そこに僕はあまり共感できなかった。それを二人のセルジュは感じ取っていたのだろう。それで離れることになった。

―今日の映画批評家について、どう思いますか。

LC 僕は業界人や批評家、シネフィルたちと親しくなったことはないから、よくわからない。僕がカイエのために書いたことは、ちょっと偽善的だったかもしれない。というのも僕自身、情熱はあったから。でもまだ若く生意気だったから、映画に対する欲求というものが、うまく排出されていなかったのだと思う。批評家が職業になると、妄執的なコレクターのように批評をする。そこにはもう、大して真実は残っていない。

『ボーイ・ミーツ・ガール』（一九八三）

――ミレイユ・ペリエにはどのようにして出会ったのですか。

LC　エリー・ポワカールに出会うまで、僕が唯一パリで知っていた人間が、「リベラシオン」紙の告知で出会ったブリュノだった。ある晩、僕が彼の家に行くと、彼が「僕の新しい恋人、ミレイユを紹介するよ」と言った。それが彼女との初めての出会い。つまり『ボーイ・ミーツ・ガール』の冒頭の、ライバル同士の二人の青年の関係にちょっと似ている。そのあとで、ミレイユが僕に後日『ボーイ・ミーツ・ガール』のプロデューサーになったパトリシア・モラズを紹介してくれた。

――『デジャ・ヴュ』のどんな要素を、『ボーイ・ミーツ・ガール』に採用したのでしょう。

LC　パーティのシーンは『デジャ・ヴュ』からの引用だ。ただし『デジャ・ヴュ』ではヒロインは若い女の子ではなく、アンナ・カリーナが演じるはずの、大人の女性だった。

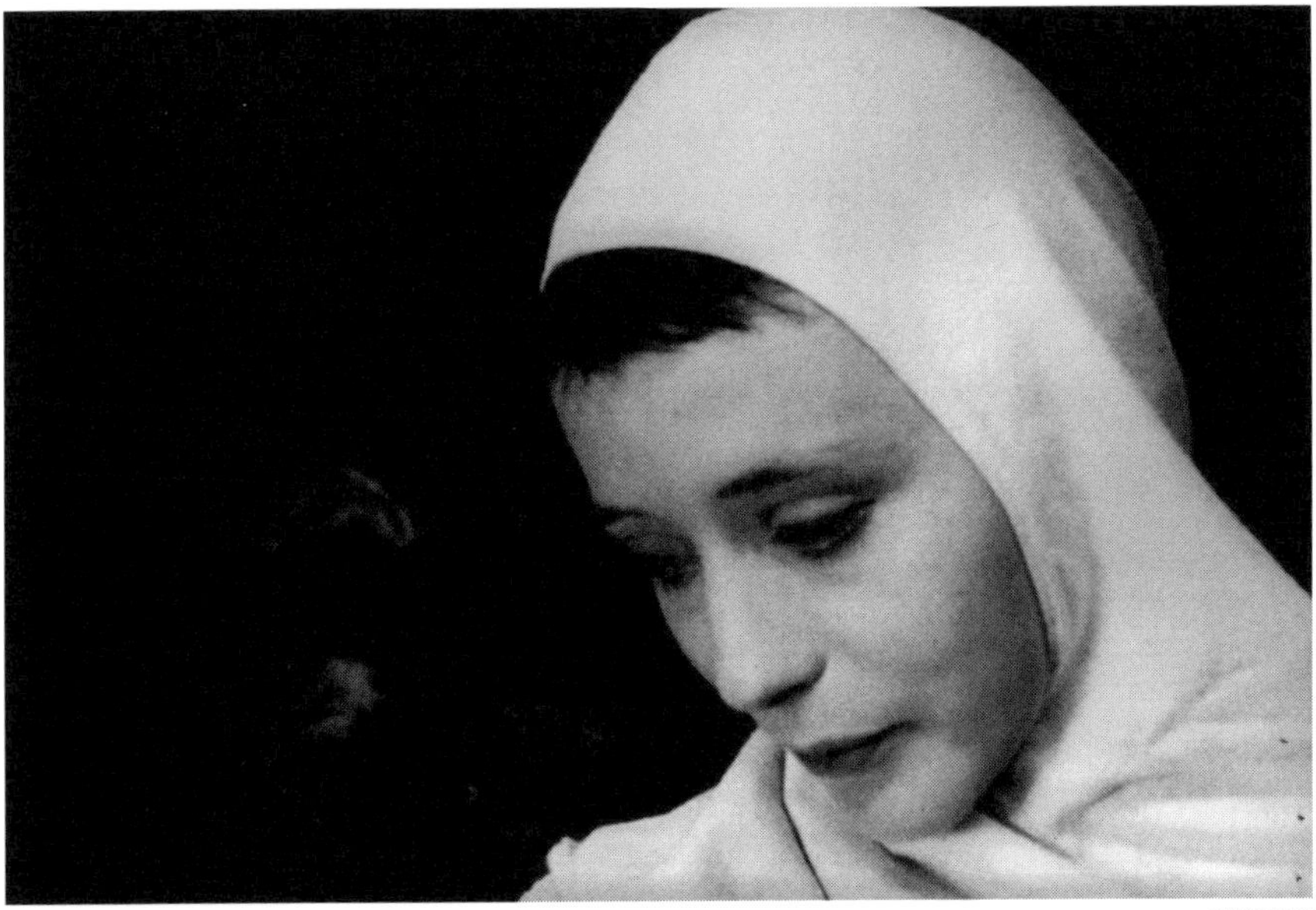

©THEO FILMS

『ボーイ・ミーツ・ガール』

──『ボーイ・ミーツ・ガール』の前に、ミレイユとミュージカル映画を考えていた、とどこかで読んだ気がするのですが……。

LC いや、それはない。ミレイユはパーティなどではちょっと歌うこともあったけれど。でも僕らは、彼女の歌手としての名を考え出した。「ダーティ・カラックス」と言うんだ。でもミュージカル映画のプロジェクトはなかった。

プロデューサーのパトリシア・モラズは、僕にもう一人のプロデューサー、アラン・ダアンを紹介してくれて、アヴァンス・シュル・ルセットを得ることができた。その前に僕は『絞殺のブルース』を作って、それがイエール映画祭で賞を受賞した〔短篇グランプリ〕。そのことが、おそらくアヴァンス・シュル・ルセットを得る上で役立ったと思う。

──『ボーイ・ミーツ・ガール』の脚本はどのように構想したのですか。

LC もともと十九か二十歳ぐらいで構想して、そのあとプロデューサーや俳優、すなわちドニ・ラヴァンを見つけるのにも時間が掛かってしまった。当初僕の頭のなかにあった脚本というものは、むしろ楽譜というか、音楽のコラージュのようだった。でもそのあとで、脚本というものはお金を集めたり、俳優を探すために適していないとだめだとわかった。だけど即興はあまりやっていない。当初アヴァンス・シュル・ルセット用やプロデューサーに送った脚本を読んだなら、映画とは大きく異なるところがあると思うだろうが、映画の繋ぎは脚本のそれとあまり変わりはない。

──『ボーイ・ミーツ・ガール』の撮影を担当したジャン＝イヴ・エスコフィエとは、どのように知り合ったのでしょうか。

LC 撮影のためにたぶん、三、四人のカメラマンに会ったと思う。ジャン＝イヴが撮影したマリー＝クロード・トレイルの『シモーヌ・バルベス、あるいは淑徳』*Simone Barbès ou la vertu*（一九八〇）という作品を観て、それから彼とカフェで会った。僕がエリー（・ポワカール）とよく行っていた、レアールにあるシェ・プティ・ルイというカフェだ。ジャン＝イヴと会ってすぐに、強い絆を感じた。それから何年ものあいだ、僕らはほとんど毎日会って、何でも一緒に経験した。

──つまり、もう孤独ではなくなったと。

LC　そう。ミレイユ、エリー、そしてジャン＝イヴと出会ったからね。

――あなたとアラン・ベルガラが分担して『カイエ・デュ・シネマ』に書いた、ゴダールの『勝手に逃げろ／人生』のルポルタージュのなかで、撮影監督の一人、ウィリアム・リュプシャンスキーは、自分の仕事がゴダールから見下されているような印象があると語っています。それはあなたとジャン＝イヴの関係とはまったく異なるものですね。彼とあなたは完璧な共犯関係にあったように見えます。

LC　ジャン＝イヴと僕は、『ポンヌフの恋人』の終わりで断絶するまで、シリアスな口論になったことは一度もないと思う。ゴダールも、彼が若いときに仕事をした撮影監督のラウル・クタールとはそんな関係だったはずだ。ジャン＝イヴとは毎週日曜日にパリのモスクのハマムに行って、そこで僕らの将来のプロジェクトについて話し合っていた。それから彼の家に行って、お茶を飲んだりタバコやら何かを吸ったりしながら、さらに話し合った。

――『ボーイ・ミーツ・ガール』の映像を彼とどのように構築したのでしょうか。

LC　モノクロで撮るというのは僕が決めていた。最初の長篇というだけでも僕にとっては大変だったから、「カラーの問題を取り除くべきだ」と自分に言い聞かせた。モノクロは大好きだけど、ノスタルジーで選んだわけではない。それと映画には夜のシーンが多かったし、パーティの場面以外は登場人物もとても少なかった。できるだけ簡潔でありたかったから、モノクロで行こうと決め、フィルムは映画よりも写真によく使われていたイルフォード(Ilford)を使用した。

ジャン＝イヴと僕はつねに同じ好み、というわけではなかった。彼は僕より映画のことは知らなかったから、僕がいろいろな作品を紹介した。逆に彼は写真に詳しかったから、さまざまな写真家を教えてくれた。たとえば僕が『汚れた血』のなかでその写真を用いたジュリア・マーガレット・キャメロンとか。彼はまた、それほど僕の好みではないシュルレアリストのアーティストも好きだった。

――パリを舞台に夜のシーンが多いという点で、ロベール・ブレッソンの『白夜』(一九七一)から何か影響を受けましたか。

LC　ブレッソンの映画はすべて好きだ。でも一番好きなのは『たぶん悪魔が』(一九七七)。おそらく僕が映画を観たのが、主人公と同年代のときだからだろう。ブレッソンのほとんどすべての映画はドストエフスキー的で、『白夜』も彼の短篇から着想を得たものだ。僕がもっともその作品を読み返す作家でもある。

――ドイツ表現主義の映画作家たち、とくにF・W・ムルナウとフリッツ・ラングに関してはいかがですか。

LC　当時はラング、ムルナウ、そしてあの時代の映画作家たちの作品が大好きでよく観ていた。だから彼らの影響は僕の映画に刻印されていると思う。『ボーイ・ミーツ・ガール』のアレックスの部屋を作るときは、リュクサンブールの僕自身の部屋を参考にしたけれど、空間に表現主義的なインパクトが出るように、天井を低くしてパースペクティブを変化させた。

――本作の冒頭は、夜空に浮かぶ星の模様の壁紙と、閉じられた扉のショットから始まります。まるでこれからの作品を予告するかのごとき、観客を謎めいたあなたの世界に招待するような始まりが印象的です。

LC　あれは理想的な子ども部屋の光景なんだ。ドアの下から、外の大人の世界を暗示する明かりが漏れている。子どもの頃僕は、宇宙飛行士か海洋学者になりたかった。僕は長いこと、二人の姉の一人と一緒の部屋に育った。枕の下に懐中電灯を隠しておいて、夜、真っ暗ななかで自分の腕や指に光をかざし、壁に影絵を作って遊んでいた。それは子供部屋の秘密のようなもの。一旦ドアの外の大人の世界が消え去ると、何が起こるか。沈黙と瞑想だ。自分の将来、人生でこれから起こることを考えていた。

『ボーイ・ミーツ・ガール』はセリーヌのテキストを読む子供の声と共に始まる。「老いぼれたとき、ついにすべては終わる……」。たぶん彼のエッセイ、『なしくずしの死』の冒頭だったと思う。その後、メトロの中で子供が一人外国語をつぶやくシーンがあるが、あれもセリーヌのテキストだ。アルメニア人の少年に演じてもらった。

――冒頭に続くシーンでは、車に乗る母と赤ん坊がいます。今観ると、『アネット』の予兆のように思えなくもないですが、なぜ母と赤ん坊だったのでしょうか。

LC　『ボーイ・ミーツ・ガール』ではあらゆる年齢の人を入れ込みたかった。パーティの最中、アレックスは子供部屋で多くの赤ん坊たちに遭遇する。アメリカ人の年配の女性もいる。それはこれが最初で最後の映画になるかもしれないという感覚に繋がっている。だからここで、人生のすべての年代を探求しておきたかった。それはまた自分の投影でもある。赤ん坊として、年寄りとして、あるいはさまざまな年齢の自分の投影。

――映画を撮るとき、いつもこれが最後になるかもしれないという恐れがあるのですか。

LC　それは合理的な恐れではないかもしれないが、つねにある。それが創作に影響しているのは確かだ。すぐ次の作品が撮れるとわかっていたら、同じやり方で映画を作らないだろう。でも、たとえ障害や資金不足や悪い評判がなかったとしても、（ライナー・ヴェルナー・）ファスビンダーのように三十六年で三十二本の作品を撮ったりはしないだろう。自分にはできないと思う。僕は毎回、これが最後かもしれないから映画にすべてを込めなければだめだ、という感情を抱きながら、少しずつしか映画を撮らない。

――あなたの映画ではつねに音の演出が印象的で、複雑な意匠があります。

LC　僕はすぐに音に魅せられた。音楽のなかで生きられたら良かったと思うよ。作曲家、ミュージシャン、あるいは歌手になりたかった。

――声が他の騒音にかき消されたりする、重層的な音の使い方という点で、ゴダールの作品を彷彿させられもします。

LC　ゴダールやブレッソンといった監督は、音に関してとても創意に富んでいた。第一、偉大な監督で音に関心がない人などいないと思う。

僕の最初の長篇二作品は本当に、映画への愛に満ちたものだ。すなわち、映画に対して「ありがとう」と言う作品。生きている者も亡くなってしまった者も共に、先人たちに感謝を捧げるもの。僕はよく、映画とは僕にとって、発見するべき島のようなものだったと言うことがある。幸運にも僕は映画を発見した。そうでなければ、自分の人生がどこにあるのかわからないままだっただろう。

—それではあなたにとって、インスピレーションとは自然に訪れるものですか。

LC　いや、すべての人と同様に、つねに訪れるものではない。訪れるときは、何かの反響だったり、偶然だったり。まず感情が湧いて、それからイメージ。それらが合体して、別のイメージや感情を引き起こし、そこから音楽、思考、思い出などが湧き起こる。それからひとりでにインスピレーションが湧くことがある。すべてが響き合って、はずみがつくというか。

『ボーイ・ミーツ・ガール』の後僕は、「ドニ・ラヴァンをもう一度映画に収めたい」と思った。それは新しいプロジェクトを想像するのに十分に大きなことだった。何もないところから始めるのではなく、肉体的に素晴らしい青年が出発点にいた。八〇年代の僕の映画はすべて、前作の跳ね返りのようなものだ。「何をしたか、なぜそれをしたか、また繰り返したくないことは何か?」。そこからプロジェクトごとに人生が膨らんでいった。別の人々、別の女性、別の感情に出会うことで、物語が導かれていった。

—ドニ・ラヴァンとの最初の出会いはどのようなものでしたか。

LC　思うに、最初にドニを選んだのはほとんど空きを埋めるような感じだった。すでに一年ぐらい『ボーイ・ミーツ・ガール』の俳優を探していて、見つからなかった。僕は「少なくともドニは個性がある」と思った。彼が優れた俳優であることも知らなかったし、演じているところすら観たことがなかった。自分の選択に確信が持てなかったけれど、それでも彼が動き、喋っているのを観るのは興味深いと思った。彼が自分と同じ年頃で同じような背格好だから選んだわけではないが、それは結果的に助けになった。それに彼の顔つきは素晴らしい。別の時代の顔というか。ドニにおいてはすべてが特別だ。でも彼の顔を照らすのは難しかった。ジャン＝イヴはドニのことが大好きだったけれど、いつも僕に「なんで彼を選んだんだい？　彼の瞳を照らすのはひと苦労だ」と。でもそれが面白いところでもあった。ドニの顔はまさに彫刻のようだ。

—俳優の演出はどのようにされたのですか。

LC　僕は俳優をどう演出すればよいのかわかっていなかった。彼らを選ぶことがすでに大きな仕事だった。それから撮影までにいろいろなことを試し、道を整えて彼らをあるところまで導かなければならない。おそらくそれが一般に言われる「演出」というものなのだろう。そして撮影の現場では静けさを保たなければならない。僕は『ボーイ・ミーツ・ガール』でも『汚れた血』でも『ポンヌフの恋人』の現場でも、ほとんどドニに話しかけなかった。僕らのあいだにはテレパシーのようなものや、動作による伝達のようなものがある。あるいはサーカスで言うところの、二人の曲芸のようなものか。お互いを信頼して、集中しなければならない。でないと互いを台無しにすることになってしまう。

　俳優によっては、ダンサーのようにとても身体的な者と、彫刻のように無機的な者がいる。ドニの利点は両方を備えていることだ。動かないドニを撮ることは興味深い。そして動き出すや、異なる表情を見せるのも、興味深い。彼と出会うことができてとても幸運だった。彼のような俳優は稀だ。同じようなものを、アダム・ドライバーにも感じた。

――『ボーイ・ミーツ・ガール』であなたはデヴィッド・ボウイの歌〈When I Live My Dream（僕の夢がかなう時）〉を使用しています。この歌詞は、まるでこの映画のために書かれたかのようです。

LC　あの曲はボウイの最初のアルバムに収められていて、子どものときに初めて聴いた。以来ボウイがお気に入りになった。彼と映画を撮ることが実現できなかったのは、すごく残念だ。〈僕の夢がかなう時〉には、『ボーイ・ミーツ・ガール』に見出されるような叙情性と若々しさがある。最初の長篇だったから、僕は自分が好きなものを入れ込んだ。ボウイ、バルバラ、セルジュ・ゲンズブールなどだ。

――映画の中で、橋の上でカップルが抱き合い、それを通りかかったアレックスが眺めるシーンなどは、完璧にボウイの曲とシンクロしていますが、撮影中、音楽を掛けることはないですか。

LC　それはない。でも特別なシーンのために、準備をしているときや撮影の合間に音楽を流すことはある。でもその場合はクラシック音楽が多い。そして一つの映画でいつも同じ音楽を掛ける。それは我々に取り付いて、スタッフ全員を団結させる役にもたつと思う。

――あなたの映画はつねに恋愛を扱っていますが、恋愛映画の巨匠として思い浮かぶ監督に、フランソワ・トリュフォーがいます。トリュフォーはとくにジャン＝ピエール・レオーとともに、アントワーヌ・ドワネルというキャラクターの連作を生み出したわけですが、トリュフォーから影響を受けたところはありますか。

LC　ゴダールやサイレント映画を観るようになる前、僕はテレビでトリュフォーの映画を観ていた。僕が十歳の頃、トリュフォーはフランスでも海外でも、いわば作家主義映画の第一人者と目されていた。記憶ではたぶん『大人は判ってくれない』(一九五九)と『野性の少年』(一九七〇)を最初に観たと思う。彼のことはしょっちゅうは考えないけれど、でも僕の心に残る作品を作っている。ジャン・ドゥサイとフランソワーズ・ドルレアックによる『柔らかい肌』(一九六四)は大好きだ。二人共素晴らしい。官能的な愛のオブセッションに関するとても暗い物語だと思う。しばらく観ていないが、二十、三十代で何度も観た。僕の記憶の限りでは、もっとも悲しい作品の一つだ。

――いわゆるアレックス三部作を作ろうというアイディアはいつ頃生まれたのでしょうか?

LC　ドニと『ボーイ・ミーツ・ガール』を撮って、彼にインスパイアされたところが大きい。ただし、三作ともアレックスと名付けたものの、決して同じ人物ではない。そしてドニだけではなく、ジャン＝イヴ、プロデューサーのアラン・ダアン、そして僕の愛する人との三部作だ。それは僕の青春でもある。この三作を撮りながら僕は、二十歳から三十になった。こうした青春のすべてがトリロジーを生み出す要素になったのかもしれない。ちょうど(作家)ラミュの書いた短篇「少年と少女の恋」(*L'Amour de la Fille et du Garçon*)のように。

――あなたの作品のなかでもう一つ顕著なものとして、父親的な存在があります。『汚れた血』のマルク、『ポンヌフの恋人』のハンス、あるいは『ポーラX』では父親は不在ながら物語のなかで重要な役割を担っています。父親的な存在に固執するのはなぜですか。

LC　僕は十二、十三歳の頃、自分で名前を変えた。誰かの息子、誰かの兄弟ではなく、自分を新しく創造し、自分の人生を書き変えるために。それこそ僕が映画でおこなったことだ。自分の映画では好きなことを語れるが、現実の人生に戻るのは難しい。僕がいわば見放した人生に戻るのは。もちろん、他の人と同様に人生が僕の映画を豊かにしていることはたしかだ。でもそのことについて説明はしないし、したいとも思わない。映画は僕にとってそういうもの。僕の映画のなかで父親が、母親が、あるいは姉妹たちがどこから来たのかを語ることはできないし、語りたいとも思わない。

僕が唯一描いた真の父親は、僕の最後の二作品の『ホーリー・モーターズ』と『アネット』だけだ。でもどれも悪い父親で、良い父親を描いたことはない。それに良い母親を描いたこともない。おそらく『アネット』を除いては。理想の姉を描いたことはあるけれど。

—ただ、あなたのお父様は初期の三作品に出演されていますよね。参加することを喜ばれていたのでは？

LC　うん。僕の両親は僕が小さい頃に離婚した。父はパリに住んでいなかったから、会う機会はとても少なかったけれど、当時はうまくいっていた。僕の映画に出ることを父は楽しんでいたよ。

—デヴィッド・ボウイと仕事がしたかったとおっしゃっていましたが、彼に会われたことはありますか。

LC　子供の頃、彼のコンサートを二、三回観た。その後九〇年代に、一度ロサンゼルスのホテルですれ違ったことがある。でも話をすることはできなかった。もっと後で、彼が『ホーリー・モーターズ』を気に入っていることを知った。だから彼に、『アネット』の指揮者の役を提案したんだ。でもすでに彼は撮影できるほどの体調にはなかった。

—これまで彼が役者として出演した映画はご覧になっていますか。

LC　ニコラス・ローグの『地球に落ちてきた男』（一九七六）だけ、公開時に観ている。まるでグレタ・ガルボの生まれ変わりのようだと思ったよ。僕が彼とすれ違ったホテルで、イギー・ポップにも出会って、彼とは友人になった。僕は『Strong Girl』というプロジェクトを考えて、ヴァネッサ・パラディとイギー・ポップとボウイに出て欲しかった。ロック・ミュージックの世界の、ファウスト的な寓話だ。でも『ポーラX』を撮ることになって、諦めざるを得なくなった。『汚れた血』と『ポンヌフの恋人』の合間には、ジョニー・アリデイとナスターシャ・キンスキーとの企画も考えていた。

—そういえば『絞殺のブルース』のなかで、ショートヘアのボーダーシャツを着た女性が出てきますが、ジーン・セバーグへのオマージュを込められたのでしょうか。

LC　それはよく覚えていないな。『絞殺のブルース』は観直したことがないんだ。でもヌーヴェル・ヴァーグを気取っていたのは確かだろうね。

映画監督はすべて、もともと観客だったと思うけれど、僕の場合特殊なのは、映画の発見と映画を撮ることがほぼ同時に始まったことだ。僕の初期の作品は映画に対する愛と、僕が愛するシネアストたちへの感謝の気持ちから生まれた。そのことに気づいたのは『汚れた血』を撮り終わってから。この映画で、僕は映画愛に対する借りを返し、解放された気がした。

—あなたはまた、ジャック・ドゥミのことは身近に感じると語ったことがあります。それは彼のミュージカルのスタイルゆえでしょうか。

LC　彼の映画にはある種の悲しみや残酷さがあって、そこに親近感を覚える。それに彼の映画では仕掛けを取り繕ったりしない。ドゥミの映画はどれも、作りもの感がある。僕の映画もそう。たとえば『アネット』のマリオネットは木と紙でできている。洗練されたものではないんだ。

—たとえば90年代にメディアや批評家たちが、同時期に登場したジャン＝ジャック・ベネックスやリュック・ベッソンの作品とあなたの映画を〝映像派の監督〟として一緒に論じていたことがありましたが、あなた自身はどのように感じていたのでしょう。

LC　そのことは知っている。まったく馬鹿げた話で理解できなかった。

僕はほとんど今の映画作家のことを知らない。『ボーイ・ミーツ・ガール』を作った後、フィリップ・ガレルに出会った。彼の映画は好きだったから、ずっと今でも友人だ。十六歳から二十五歳のあいだには多くの映画を観たが、その後は少なくなっていった。若い頃に観た映画に十分に洗礼を受け、取り憑かれているから、今の映画にそれほど興味が持てないんだ。若い頃はエリー（・ポワカール）のような信頼できる友人が一人や二人居て、「これを観なきゃだめだ」と教えてくれたものだが、もうそんな友だちがいなくなってしまった。

それでも出ている俳優たちを観るために、映画やテレビシリーズをちょっと観ることはある。でも次回作も観たいと思わせられるようなシネアストがいたとは言えない。おそらくゴダールやアレクドル・ソクーロフを除いては。果たして他にどんな監督がいるのか。フランス映画のなかでは最近、アラン・ギロディの作品は何本か観たよ。『キング・オブ・エスケープ』（二〇〇九）はとても好きだった。ファンタジーの形が気に入った。

――音響への意識の高さというところではポール・トーマス・アンダーソンがすぐに浮かびますが、彼の作品はご覧になっていますか。

LC　いや、大して。『マグノリア』（一九九九）を観たことはある。でも仰々しく、勿体ぶっていて僕の好みではなかった。でも初めてトム・クルーズがいいと思った。次に彼のことをいいと思ったのはスタンリー・キューブリックの『アイズ・ワイド・シャット』（一九九九）。キューブリックは僕が身近に感じる映画作家ではない。それほど好きと思ったことはないが、この遺作の場合はトム・クルーズを観て、「このトムは奇妙で面白い」と思えた。

キューブリックの映画に出てくるような上流階級の人々を描く必要があるときはむしろ、ダグラス・サークの作品を考える。たとえば『ポーラX』や『アネット』の場合がそうだ。サークの時代は上流階級の人々について、その権力とともに脆さをも描くことができた。いわばギリシア悲劇の神や半神のように。でも今日は、階級社会や彼らの度を越した特権について、誰もが意見を持っている。彼らを描くとしたら、皮肉なしでは描けないだろう。

――ではミュージカルも撮ったことがあるラース・フォン・トリアーはどう思われますか。

LC　僕らはほとんど同じような時期に映画を撮り始めた。『ドッグヴィル』（二〇〇三）はとても気に入ったよ。ブレヒトとハリウッドの中間のような作りもの感。芝居やサーカスやオペラなど、他のフォルムのものが混ざったときに、映画はより面白くなると思う。

—かつてあなたはレオ・マッケリーの『めぐり逢い』(一九五七)のリメイクを作りたいともおっしゃっていましたが、今でもご興味はありますか。

LC うん。ガレルとの対談で話したことがあるけれど、あの作品を月と地球を行き来する二人の宇宙飛行士のカップルで撮りたかった。二人は宇宙で恋に落ちるけれど、地球に戻ってくると重力とともに深刻さが増して、複雑になってしまうという。

—『ポーイ・ミーツ・ガール』で、ミレイユ・ペリエがフードを被った姿は、『裁かるるジャンヌ』(一九二八)のルネ・ファルコネッティを彷彿させます。

LC ドライヤーも、ブレッソンと同じぐらい僕にとっては大切な映画作家だ。彼らの作品を観ながら僕は、いかに俳優の顔、その眼差し、思慮深い瞳を映したらよいのかを学んだ。『裁かるるジャンヌ』は『ゲアトルーズ』(一九六四)同様に、女性についての男性の手による映画だが、同時に、男性が女性に行なう仕打ちについての映画でもある。彼女は男たちに囲まれ、炎のなかでたった一人の女性だ。男性の映画作家にとってこれは大きなテーマだ。気高い女性、その原初の純粋さと思えるものが映し出されている。

—あなたの映画でも、女性はつねにはっとするほど美しいと思います。

LC (笑)。僕の映画に限らず、どんな映画においても女性たちは美しいのではないかな? 今日の時代はちょっと異なるかもしれないが。というのも、スター・システムは薄まっているから。それに幸運にも、女性たちから別の美の基準を引き出す女性監督たちもいる。でも僕は二十世紀の人間だから、美の基準はいたって伝統的だ。女性を撮るとき、その最大の神秘性を映し撮るのは、僕にとって自然なことに思える。だから往往にして、自分が愛する女性たちの神秘性を映すことになるんだ。

僕にとってはカメラが、自分の内気さから抜け出す手段なんだ。女性と僕のあいだには機械、つまりカメラを置くことができる。かつてカフェで、僕とフロランスの間にマシーン、すなわちピンボールがあったようにね。

—『ボーイ・ミーツ・ガール』はカンヌ国際映画祭の批評家週間で披露され、絶賛されましたね。

LC 僕の記憶では、評価は分かれていた。気取った愚かな、自己中心的な映画だと言う者も少なくなかった。擁護してくれる人もいたけれど。でもむっとしたり、悲しくなった記憶はない。映画を作れたこと、そしてジャン＝イヴに出会い、ドニを発見できたことで幸福だった。これで映画を作り続けられるという思いだった。『ボーイ・ミーツ・ガール』が評価を得なければ、『汚れた血』を作ることはできなかっただろう。僕の映画は当たったことがない。だから映画を作り続けるためにはつねに、映画祭で上映されたり評価されることが必要なんだ。

八〇年代、僕はほとんど同じ面子で三本の映画を作った。ジャン＝イヴ、アラン・ダアン、ドニ、さらに僕が愛していたミレイユ、そしてジュリエット。僕は彼らと、九、十年ぐらい、僕の人生に沿ったとても親密な核を作り上げることができた。いわば家族で映画を作るような感じだった。

『汚れた血』(一九八六)

—『ボーイ・ミーツ・ガール』の完成後、『汚れた血』の企画はどのように生まれたのでしょうか。

LC ドニとジャン＝イヴ、アラン・ダアンとは再び一緒に仕事をしたくなることはわかっていた。アイディアはラオール・ウォルシュのあまり知られていない、『サルティ・オルーク』*Salty O'Rourke*(一九四五)から触発された。この映画には、僕の好きなトリオが出てくる。ある男と彼より若い青年、そして一人の女性。男はギャングから金を借りたものの、返すことができない。命拾いをするためにある計画を思いつくが、その成功に欠かせない才能を持った若い青年の助けを必要とする。二人は同じ女性に恋をするが、彼女は若い青年ではなく、年上の男の方に恋をする。このトリオに惹かれ、『汚れた血』に用いることにしたんだ。

—『汚れた血』はSF的な世界ですが、同時にフィルム・ノワールのスタイルも有しています。犯罪映画という伝統的なジャンルにおいて、どのようなことを試みたいと思いましたか。

LC　ジャンル映画自体にあまり興味はないけれど、それでもきっかけは、色彩豊かなフィルム・ノワールを作るというものだった。『ボーイ・ミーツ・ガール』を撮ったあと、「次は色彩に向かいたい」と思ったんだ。『汚れた血』では、それ以前よりも自分に自信がついたけれど、それでもまだ〝観客としての映画〟というようなものだった。つまり映画を発見したばかりの若造の作品。だから映画としての出来る限りの遊び、トラベリング撮影や照明など、そういったものを活用したいという欲求があった。

SF的な世界という点では、その数年前に発生したエイズが影響している。当時は、まるでドクトル・マブゼのような狂った科学者の邪悪な発明のごとく、悪夢のようなものとして受け止められていた。人々、とくに若い人たちがセックスをして、その後死んでしまうなんて、できの悪いハリウッド映画のようなものだ。

さらにちょうど『汚れた血』を撮る一九八六年、ハレー彗星が地球に接近して、タンタンのコミック、『ふしぎな流れ星』の冒頭を彷彿させた。夜、不思議な星が空に現れて、地球が熱くなるという話。タンタンとミルーが街を歩いていると、舗道が足下で溶けていく。『汚れた血』には、こうしたある種の子供っぽい、SFっぽさを持たせたかっ

『汚れた血』

た。

　でも『汚れた血』が公開されたとき、こき下ろす批評家もいたよ。というのもＳＴＢＯ〔『汚れた血』の劇中に登場するウィルスの名前〕は、「愛がないセックスがもたらす病」として受けとめられたから。エイズが当然の報いであるかのように思われたのと同様に。シャンタル・アケルマンも同じようなことを言っていたのを覚えている。当時僕はまだ彼女のことを知らなかったけれど。でもこういう反応には驚かされた。だって映画のなかでは明確に、こうしたヴィジョンはミシェル・ピコリやハンス・メイヤー扮する年配のキャラクターによるものであり、映画自体のヴィジョンではないのだから。その後シャンタルとは友人になり、彼女の反応を聞かせてもらう機会があったけれど。

——本作は、セットによる冷たい都市の外観が印象的ですが、最初からセットを組んで撮影される予定だったのでしょうか。

LC　いや、それは当初考えていなかったと思う。登場人物たちは、元馬肉屋のあったところに住んでいる設定だった。でも八〇年代当時、すでに馬肉屋はフランスでとても少なくなっていた。だからまず馬肉屋を作り、その向かいにホテルを、それから通り全体を建設した。

　カラーで撮る上で僕が心配していたのは、すべてをコントロールできないのではないかということ。自分が望むように撮れないことが怖かった。黒と、赤や青や黄色といった原色による映画を撮りたかったんだ。『ボーイ・ミーツ・ガール』のときにもスタジオで少し撮影をしていたから——たとえばアレックスの部屋だけど——、『汚れた血』をほとんどスタジオで撮るというアイディアに興奮した。でもれっきとした映画のスタジオで撮るほどの予算はなかった。だからパリ郊外にあった巨大な元ワイン倉庫を借りて撮影したんだ。

——綿密に計算された色彩によるセットを、どのように構築していったのでしょうか。

LC　僕とジャン＝イヴはミシェル・ヴァンデスティヤンというフランス北部出身の素晴らしいセット・デザイナーと出会った。彼と彼の仲間たち、さらにマルセイユ出身の何人かのスタッフでセットを作ってもらった。ミシェルと数人は『ポンヌフの恋人』でも仕事をしてもらった。

—セットだけではなく、小道具や衣装も色彩が計算されていますが、こだわった点について聞かせて下さい。

LC　アレックスはいかさまカード師で、通りでボントー［カードを三枚並べて札当てをさせる賭け］をやって稼いでいることにした。これは絶対に当てられない街頭賭博で、フランスでは禁止されているものだ。僕はこの遊びをニューヨークのストリートでよく観察した。彼らにはつねに客を装った仲間がいて、野次馬に賭けをするようにけしかけて、たくさん金を稼いでいる。アレックスの職業を決めると、ジャン＝イヴと一緒にソニア・デロネイの描いたカードを見つけた。彼女の絵は原色を用いたもので、とても惹かれた。それで彼女のカードを買って、その色使いを、映画全体にも適用するようにしたんだ。

—衣装の色彩でもっとも印象的なものには、ジュリエット・ビノシュが着た青いバスローブがありますね。

LC　あれはドニが着た黄色のジョッキー・ジャケット、トランプのダイヤと共通する菱形の装飾の入った衣装同様に、特別に仕立てたものだ。映画の年配のキャラクターたちとは対照的に、ジュリエットとドニの衣装はカラフルなものにしたかった。

—『汚れた血』はドニ・ラヴァンとの二作目となったわけですが、コラボレーションはどのように変化しましたか。

LC　ドニはもともと演劇や大道芸の出身で、映画のことを知っていたわけではない。『ボーイ・ミーツ・ガール』に出たのは、それが彼にとって興味深い経験になるかどうかを試すものだったと思う。あの映画で人々に称賛されたことで、たぶん彼もほっとしたはずだ。僕らが再び映画を一緒に撮ることに、彼はとても乗り気だった。

『汚れた血』においては、アレックスは美しくなければだめだった。だからドニのことはずいぶんと気にかけて、エクササイズや減量をしてもらった。『ボーイ・ミーツ・ガール』はまったく身体的な役柄ではなく、むしろ彫像のようなものだった。一方『汚れた血』で僕が大いに望んだことは、すべての側面でドニに生き生きと輝いてもらい、その美しさを見せることだった。『ボーイ・ミーツ・ガール』が公開されたときに、ドニの身体に関するいくつかの記述を読んで、僕はショックを受けた。だから僕は別のドニ、別のアレックスを見せたかった。それにたぶん、ドニ自身も『ボーイ・ミーツ・ガール』のときより、『汚れた血』の撮影を楽しんでいたと思う。ダンスやバイク、アクロバット、パラシュート、それにボールのジャグリングなどいろいろなことを彼は覚えなければならなかったけれど。とても身体的な役柄だったからね。

――身体的といえば、もっとも印象的なのはデヴィッド・ボウイの曲、〈ModernLove（モダン・ラブ）〉にのって、アレックスが走るトラベリングの長回しのシーンですが、あの場面はどのように思いついたのでしょうか。

LC　僕はアレックスの身体が、胃の痛みとうまくいかない恋への思いから二つに折れ曲がり、でもそこから徐々に開いていき、高揚して飛翔するようにしたかった。ボウイのこの曲は僕にとってとてもエネルギーを感じるもので、それを僕はあのシーンのなかに伝達したかった。そしてあのシーンこそ、ドニが僕にとって必要不可欠な役者だと認識させられたものだった。ボウイの曲にのって俳優が踊るというアイディアだけで十分なわけじゃない。俳優が身体で語りかけることができないとだめなんだ。そういうことができる俳優は多くはいない。ドニは僕が知っていたなかでベストの俳優だ。

――あのシーンのドニの動きと映像表現はまさにミュージカルを彷彿させます。

LC　当初僕とドニと振付家で駐車場に集まって、いろいろと試したのを覚えている。でも振り付けと呼べるようなものではなかった。あの動きにはいくつか段階がある。ドニは四つか五つのことを、それぞれの瞬間にやらなければならなかった。それでも全体的にはかなり自由な動きだったけれど。

撮影では、僕らは通りの柵を縦に白と赤と黒で塗り分けた。ドニの踊りが加速するにつれ、ストロボスコープのような効果を出すために。当時カメラを動かすのは、手よりもクランクを用いるものが多かった。僕らの場合がそれで、ジャン＝イヴは操るのがとても巧かった。夜に撮影を続けているなかで、僕は彼に、自分でも動かしてみたい、と言った。もちろんそれまでやったことなんてなかったけれど。でも編集の段階で僕は、自分の撮ったテイクを使うことにした。それはもっとも下手くそなもので、途中ドニがほとんどフレームから外れそうになるのを、僕がクランクを使いながらなんとかフレーム内に留まるようにしているのが感じられる。その感触が気に入ったんだ。

―ミシェル・ピコリが演じたマルクは、アレックスにとって友人でもあり、恋敵でもあり、そして義父的な存在でもあります。この役柄にピコリを選んだのは、彼の中に何か役とシンクロするものがあったからでしょうか?

LC たぶん当時僕は、ミシェル・ピコリとジャン゠ルイ・トランティニャンとクロード・ブラスールのあいだで迷っていたと思う。三人のなかで実際に会ったことがあるのはピコリだけで、彼がすぐにウイと言ってくれた。それで彼にお願いすることになった。でも『汚れた血』では、ピコリを好きになれなかった。彼にいらいらさせられた(笑)。すごく子どもっぽい人だと思えたんだ。僕は二十五歳で彼は六十歳だったけれど。でももっと後で、彼と時々会ってお茶を飲むようになり、ずいぶんと親しくなった。それで『ホーリー・モーターズ』でまた一緒に仕事をした。再び仕事をしてみると、『汚れた血』で感じたいらいらした感情は徐々に消えていった。彼には二人のポーランド人の養子がいて、僕らはそのことについて話し合った。これまで知らなかった彼の側面を発見したよ。

―ではピコリに会う前に、すでにマルクの役は完璧に書かれていたわけですね。

LC 役を完璧に書き上げることはできない。彼が言うこと、あるいはどんな格好をしているかなどは想像できるが、それ以上のものではない。

ただしピコリのヘアスタイルは、短髪で白くして欲しかった。当時彼が他のつまらない映画に出ていたときのような、灰色でふわっとした感じのヘアスタイルが好きではなかったから。そして無精髭で瞳は真っ黒であって欲しかった。だから彼にはコンタクトレンズを嵌めてもらったけれど、彼は痛がりだから嫌がっていた。でも結果的にずいぶん楽しんでいたと思う。

ピコリは僕らが言うところの偉大な俳優だ。もちろん僕より経験もずっと豊かだし。僕は彼の私生活は知らなかったし、ただそのフィルモグラフィによって彼を知っていたに過ぎない。だからそんな彼に対するイメージから出発し、僕なりのやり方でそのイメージに手を加えようとしたんだ。

——『汚れた血』はまた、ジュリエット・ビノシュの美しさに対する讃歌でもありますね。ある意味、いかに彼女を美しく魅力的に撮るかということにこの映画は賭けられていたとも言える気がします。

LC　アンナの役はオーディションをした。僕はオーディションが嫌いだから、ふだんは滅多にしないけれど。それで多くの女優に会ったなかで、ジュリエットと映画を撮ることに決めた。お互いのことを知らなかったし、僕は彼女に会ったときに、彼女がすでにアンナになっていないことにいらだっていた。着こなしもよくないし、髪型も喋り方も気にいらない、といった具合に。だから彼女に対して僕は感じが悪かったと思う。それに彼女は役に反して若すぎた。僕は三十歳ぐらいの女優を探していたけれど、彼女は当時二十一か二十二だった。だからアンナを見出だすまで、一緒に多くの時間を掛けたよ。どんな歩き方で、どんな服装や髪型や化粧をするか、など。その後で、彼女と一緒に仕事をするのが大いなる喜びになった。

ジュリエットとドニ、ジャン＝イヴと僕はみんなほとんど同じような背格好だった。撮影現場で僕はよく、梯子を使っていた。というのも、俳優の顔をフレーミングするのに、僕は小さすぎたから。それで気付いたのは、自分は俳優の目の位置より下にカメラを置くのは、とくに理由があるときは別として好きではないということ。少なくとも俳優の目の高さでないとだめだ。ジュリエットをもっとも綺麗に撮るアングルは、彼女の目の位置から若干上にカメラの視線を持ってくること。そして正面でも横顔でもなく、四分の三の角度からがもっとも美しい。だから『汚れた血』では、もっとも頻繁にその角度から彼女を収めている。ドニの瞳がとても窪んでいるので、ジャン＝イヴは特別な照明の装置を作り出した。僕らが「光源ボックス」と呼ぶ、顔をよりよく照らし出すもので、それを当てるとドニの眼差しも生き生きと映えた。この光はジュリエットの肌もより美しく照らし出した。

——まさにこの映画は、ジュリエット・ビノシュのクローズアップで溢れていて、見つめる者の愛を感じさせます

LC　『汚れた血』のクローズアップは、焦点距離のとても長い望遠レンズで撮られている。ロベール・ブレッソンはつ

ねに50ミリのレンズを使っていた。いわゆる、人間のヴィジョンに一番近い、ニュートラルな焦点距離と言われるタイプだ。もしその下の25ミリで撮るなら、顔やパースペクティブに変化が出る。100ミリを使うなら、奥行きがなくなり、背景はぼけてしまう。『汚れた血』では、ほとんどつねに80ミリから180ミリのあいだだった。覚えているのは、ジュリエットのクローズアップを撮りながらゆっくりとトラベリングをする場面で、焦点を当てるのがとても難しかったこと。瞬間瞬間で、どこに焦点を当てるか、眉か瞳か唇か、決めなければならなかった。彼女の美しさが、スタッフ全員の集中を促したんだよ。

―アレックスとアンナがシェービングクリームを使って子どものように戯れるシーンは、初期のサイレント喜劇の趣を感じさせます。ある意味では映画の虚構性を曝け出すシーンとも言えますが、どのように構想されたのでしょうか。

LC あのシーンは間違いなく、『ボーイ・ミーツ・ガール』の反動だ。あの映画では青年と娘がほとんどずっと、テーブルの周りにいて動かなかったから。『汚れた血』では、二人をより身体的な関係のなかに描きたかった。そしてより子どもっぽい関係。というのも、アレックスはアンナを若さの方に引き入れようとする。彼にとっての問題は、「アンナはどちらの世界に属しているか? 自分の世界か、それともマルクの〝老いぼれ〟の世界か?」ということなんだ。

―スカイダイビングのシーンはとてもダイナミックであり、アレックスとアンナが親密になるきっかけでもあるわけですが、このシーンを構想されたきっかけは? スカイダイビングが出て来る映画というと、ダグラス・サークの『翼に賭ける命』(一九五七)がまず思い浮かびますが、オマージュの意図はありましたか。

LC たぶん……でも無意識にだ。サークのなかではマイナーな作品だけど、ウィリアム・フォークナーが原作で僕はとても気に入っている。

僕はパラシュートの場面を出会いのシーンにしたかった。僕の記憶ではあれがアレックスとアンナが初めて二人だけになる瞬間だ。空の上でいかに二人は親密な存在となるか。僕らは彼らの顔を初めて同じフレームのなかに眺める。もちろん、アンナは気を失うから厳密には出会いの場面とは言えない。でも夢想家のアレックスにとってはおそらく、これ以上の出会いはない。彼らはとても接近して、彼女はアレックスの視線にまったく無防備になるからだ。

　このシーンのために、ジャン＝イヴと僕は蜘蛛の巣に捉えられた二人をイメージした。地上から浮いて、上にはパラシュートのヒモがある。僕らはつねに、ものごとを生き生きとさせるシーンを撮りたいと思っていた。それで撮影の六ヶ月前に、僕らはドニと一緒に、実際飛ぶのはどんなものなのか、どのようにそれを映像に収めることができるかを見るために、パラシュートの実践をした。ジャン＝イヴは二つの熱気球を使うことを思いついた。一つは僕らとカメラ、もう一つは二人の俳優用。映画の醍醐味の一つは、僕らの日常とはかけ離れたことを想像し、それを生きることだ。だってこの映画を撮らなかったら、一生僕は気球に乗ったり、パラシュートをやることなんてないはずだから。

—本作はまた、今振り返るとフランスやアメリカの同時代の作家の作品よりも、ドイツの作家、たとえばヴィム・ヴェンダースの『アメリカの友人』（一九七七）、あるいはライナー・ヴェルナー・ファスビンダーの『第三世代』（一九七九）などの雰囲気に近い印象がありますが、ご自身はどう思われますか。

LC　自分ではわからないな。ファスビンダーはとても好きだったし、今でも好きだけれど、僕らの映画はだいぶ異なると思う。僕はファスビンダーの力強さ、そのエクリチュール、彼の素晴らしい俳優たちの一座が羨ましい。彼も僕同様にダグラス・サーク好きだから、それでどこか関連するところがあるのかもしれないね。

　でも『汚れた血』を作っているときにそういうことを考えていたわけじゃない。この映画は奇妙な融合なんだ。さっきも言ったように、僕はまだかつての映画をいろいろと発見している最中で、たとえばそのなかで僕にとって重要な映画作家の一人にゴダールがいるけれど、彼の作品もまたB級映画や絵画や文学や詩などの奇妙な融合だった。映画と遊ぶやり方としては、とても楽しいと思う。その楽しさは、より重々しく厳格な『ボーイ・ミーツ・ガール』では持てなかったものだ。

—ところで、ジュリー・デルピーが演じたリーズという役名ですが、これはジャン・グレミヨンの『父帰らず』*La Petite Lise*（一九三〇）から取られたものですか。

LC　うん、まさしく。

『ポンヌフの恋人』(一九九一)

――三年にもわたった『ポンヌフの恋人』の製作は、本当に過酷な状況だったことは知られていますが、今その過程を振り返って、どんなことを思い出されますか。

LC とても両極端の経験をした撮影だった。映画作家として人生で最悪の時を生きたし、その一方でもっとも美しい時を過ごした。ドニ、ジュリエット、ジャン=イヴ、彼らと僕の関係がすべて変わった。当初はプロデューサーのアラン・ダアンが仕切っていたけれど、その後、異なるプロデューサーが現れ、一人また一人と変わっていった。彼らと僕はとても複雑な関係だった。でも救いだったのは、僕は一人ではなかったということだ。ドニはとても不安定になっていた。役のために、酒や浮浪者の暮らしに浸かっていたから。でもジュリエットがいて、ジャン=イヴがいて、僕のアシスタントのガビー、セットデザイナーのミシェル・ヴァンデスティヤンと彼のスタッフ、そしてプロジェクトを支えてくれた多くのスタッフがいた。

それにあの現場で、後に僕の親友となる、製作主任のアルベール・プレヴォに出会った。僕にしたら、映画を救ったのはアルベールだ。その後僕らは、『ポーラX』『メルド』『ホーリー・モーターズ』とコラボレーションを続けた。『ポンヌフの恋人』の後、彼と一緒に「テオ・フィルムズ」という制作会社を作って、そこが僕の映画を共同制作している。

――本作は、それまでのあなたの作品に比べてとてもドキュメンタリー的な側面の強い作品です。とくに本物の浮浪者たちを写した施設のシーンなどは強いインパクトを与えられますが、アレックスを浮浪者に設定したというのは、そういったドキュメンタリー的な要素を出したかったからでもあるのでしょうか。

LC 僕が十七歳でパリに来たとき、誰も知り合いがいなかったなかで、僕は街を発見し、道行く人々をつねに観察していた。もちろん彼らの方はほとんど、僕のことなんか眺めてはいなかった。でもそんななかで、浮浪者とはなぜかよく目が合った。でも立ち止まって彼らと話すことはなかった。誰にも話す勇気はなかった。彼らを見るとき、最初に目が行くのは彼らの眼差しだ。でも同時に僕は、彼らがどこから来たのかを探ろうとした。彼らはまたここに戻ってこられるだろうか、つまりちゃんと歩けて、生活できて、恋をしたり仕事をしたりすることができるのだろうか、といった具合に。あるいはもうすでに遅すぎるのか。僕は彼らの立場になって想像した。興味を惹かれるとともに恐怖も感じた。というのも彼らの眼差しはしばしば美しく、人を射抜くようでもあったから。

僕はよく、『ポンヌフの恋人』は二つの感情から成っていると語ってきた。取り返しがつかないという感情と、思いがけないという感情。前者は僕らが失い、二度と得ることができないもの。もし腕を折っても、それは治療ができる。でも腕を切られたら、もう生えてくることはない。後者の感情、それはまったく期待もしていなかったけれど、起こることだ。願ったり、想像したりする気力すらないのに、人生において起こりえるようなこと。たとえば愛のように。僕らは決して、「明日、僕は恋に落ちる」とは言わない。でももちろん、「恋をしたい」と言うことはあるだろう。でもそれはすごく曖昧なものだ。とくにアレックスのように愛を知らない青年にとっては。だから『ポンヌフの恋人』は、愛と凋落、その二つの事柄を軸に組み立てようとする試みだった。

それにまた、ほとんどをスタジオや室内で撮影した『汚れた血』の後、僕は戸外の自由な空気のなかで撮影がしたくなった。『ポンヌフの恋人』には扉もなければ電話もファックスもバイクも車もない。まるで西部劇のように。剥き出しの橋の上に、まっさらな三人の人間がいるだけだ。

—たしかにそうしたなかで、俳優たちにより自由を与えようという構想があったように見えます。その点に関して、たとえばジャン・ルノワールやあるいはジョン・カサヴェテスのような映画作家のことは頭にありましたか。

LC　もちろん僕が観て育った作品、そして映画というものが、『汚れた血』を作った後もずっと僕の中に住みついていたのはたしかだ。でもこの作品の後、僕は映画への愛、その「借り」から解放された気がした。そして自分が惹かれるもの、どうしたらいいかわからないこそやってみたいことに向かっていくことができた。実際、ドアも壁もコーナーもない空間で撮るのは恐ろしかった。それらがある方が撮影やコンテや編集には便利だ。登場人物をドアから入れることも消えさせることもできるからね。

―アレックスはここでもハンス（クラウス＝ミヒャエル・グリューバー）という、共犯者でありライバルであり義父的な存在に対峙しますね。

LC アレックスとハンスはたしかに、女性をめぐる年配者と若者という『汚れた血』の図式を踏襲している。でもその役割は逆だ。『汚れた血』では、アレックスはアンナを大人の世界から引き出そうとする。でも『ポンヌフの恋人』では、ハンスがミシェルのことをアレックスから、その路上の世界から引き出そうとする。

―ジュリエット・ビノシュが花火の上がるなか、セーヌ川で水上スキーをするシーンは、映画史上に残る素晴らしいシーンだと思いますが、あれほどの大仕掛けをどのように準備されたのでしょうか。

LC まずは彼女とジャン＝イヴと共に、パリの近くの湖で練習をした。僕はつねに物事がどう進行するか、実際に目で見ないとだめなんだ。そのあとジュリエットは、アメリカの暖かいところ、たしかフロリダだったと思うけれど、水上スキーの研修を受けに行った。

でも実際の撮影は冬で、パリは氷点下だった。といっても、僕にとっては演出するのにさほど複雑なシーンだったわけではない。でも撮影許可を取るプロダクションや、花火を仕込んだり、滝を作り出す技術スタッフにとっては、とても複雑だったと思う。それにもちろん俳優たちにとっても、寒さのなかでとても辛いことだっただろう。彼らはジャンプスーツのなかで小便をして、寒さを凌いでいたんだ（笑）。

―（笑）。カメラは二台での撮影だったのでしょうか。

LC はっきりと覚えていないけれど、経費が掛かるシーンだし、時間を節約するためにも間違いなく二台はあったと思う。湖で練習していたとき、たまたま発見したのは、カメラが衝撃を受けると、その拍子で映像にストロボスコープのような効果が現れることで、それがとても気に入った。だからセーヌでジュリエットが水上スキーをしているのをジャン＝イヴが撮影しているとき、僕は肘でカメラに衝撃を与えた。僕がこのシーンのために思い浮かべていた、ショスタコヴィッチの弦楽四重奏曲のなかの、弓の打音のように。

——本作の終盤、刑務所でミシェルとアレックスが面会する場面は、いわゆるクラシックな切り返し(Champ-Contre Champ)で撮られた、とてもシンプルで印象深いシーンとなっていますが、あなたの初期の作品にはほとんど観られなかった手法ですね。

LC　たしかに。主観的なショットというのも、あまり使わない。たぶん『汚れた血』で一カ所、ドニがジュリエットの方に近づくときの、ちょっと非現実的な主観のショットがあったぐらいだと思う。

『ポンヌフの恋人』では、最後にこうした形で二人が面と向き合うのを撮るのはとても興味深いと思った。このシーン以前は、アレックスとミシェルはつねに橋の上で並んでいるか、あるいは動いているかだ。彼らはカフェに行くこともなければ、向かい合って座ることもない。あの刑務所のシーンだけが唯一、彼らが真っ正面から対面するものだ。一緒にいるけれど、でも面会室のガラスにより隔てられている。そこからシンプルな切り返しのショットによる力強さがもたらされたと思う。

——アレックスは不眠症で、ハンスに睡眠薬をもらうことでようやく眠りにつきます。この時代、あなたも睡眠薬なしではなかなか眠れないと語っていたことがありますが、あなたの作品において「眠り」という行為がとても重要なものとしてあるのは、そのことと関係がありますか。

LC　僕が当時なかなか眠りに付けなかったのは、不眠症が原因ではなく、胃が痛かったからだ。まるで鉛の固まりのような感触、それが眠りを妨げた。『汚れた血』で、アレックスがまさに同じ問題を抱えている。彼は刑務所に居るときにそうなった。撮影のとき、ジャン゠イヴが眠りを助けるアルシオンという薬のことを教えてくれた。催眠性のあるものだ。僕はそれを飲み始めて、何週間も狂ったようになった。あとでその薬は違法なものだと知った。飲んだ者が、嫉妬やパラノイアに駆られて人を殺してしまうケースがあったそうだ。

僕は若い頃にいろいろな健康の問題があって、多くの薬を飲んでいた。でも一般的にそういう問題はあまり語られていない。若者たちが、いわゆるドラッグとはみなされていない薬を飲んでいることは。でも僕は、そういう薬のおかげで生き延びることができたと思っている。だから自分の映画にもそういう要素を取り入れた。

――『ポンヌフの恋人』のラストで船上のミシェルが、「まどろめ、パリ」と叫びますが、このセリフにはどんな真意を込めたのでしょうか。

LC 僕はパリに来た頃はとてもこの街が好きだったけれど、だんだんと嫌になっていた。まるで生のない美術館のような、眠った街のようで、目覚めさせるか、あるいはそこから出て行くしかないという印象があって、それが反映されている。

――映画はもともととても暗い終わりだったのを、ハッピーエンドに書き変えられたのですよね？　それはあなたにとってどのような心境の変化だったのでしょう。

LC 最初に書いたバージョンはたしかに、とても暗いエンディングだった。ジュリエットがそれを読んで、涙を流したのを覚えている。彼女は僕が、僕ら二人の実際の人生においてこうしたエンディングを想像していると思って、僕を恨んだ。

最終的に、僕は誰も死なないエンディングを撮影した。というのも、そのあいだに撮影自体がとても苦しいものになっていたから。一部には僕のせいでドニとジュリエットが経験したすべての苦労のあとでは、ミシェルもアレックスも死なせたくないと思ったんだ。

――あなたの作品では、おそらくは『ポーラX』を除いてすべてが、悲劇的なストーリーではあっても、どこかしらロマンティックなコメディの要素が含まれていると思います。

LC それは考えたことがなかったな。『ポーラX』以前の作品は、まさにデヴィッド・ボウイの曲名〈モダン・ラブ〉のように、モダンな愛に関するトリロジーを成す。男子と女子の若々しい愛に関する三部作。三作ともいわば「ボーイ・ミーツ・ガール」と呼べるものだ。

これらの作品は、とても内気で、同年齢の男子や女子から孤立していた当時の僕自身の投影に拠る。僕の映画愛における「借り」のなかにはまた、女性との関係も含まれている。映画によって僕は、女性と出会うことができた。だから若い頃の僕にとって、それは大きなテーマだった。

僕はまた、つねに悲劇やグロテスクなものに惹かれてきた。でもそこに何かしら軽妙なものも見出だしたかった。僕の映画の男性のキャラクターはすべて、軽やかさを求めている。彼らの人生はとても重く、深刻すぎるから、そこから逃れることを求めているんだ。走ったり踊ったり、飛んだりパラシュートをしたり、あるいは愛によって逃れることを。彼らはその重力から解放されることを望んでいる。重力とは地上に引き付けられる力だけど、フランス語でそれはグラヴィテ（深刻さ）とも言う。その意味で、これらは深刻さから抜け出すことを求める深刻な映画なんだ。

『ポーラX』（一九九九）

—難産となった『ポンヌフの恋人』の後、あなたは一九九七年に『無題』*Sans Titre*という短篇を撮られていますね。そのなかで、キング・ヴィダーの『群衆』（一九二八）とチャールズ・ロートンの『狩人の夜』（一九五五）の抜粋を使っていますが、両方とも孤児となった子供たちに関するシーンです。「孤児」に対するあなたのご興味を伺いたいのですが。

LC　たしかに両方とも孤児が出てくる。孤児にはどこかとても惹かれる。僕はしばしば映画の観客の立場と、孤児の立場を結びつけて考える。これらの映画にはまた兄弟姉妹の関係が出てくるが、それも僕にとって大事なテーマだ。僕は三人の姉妹とともに育った。その関係を『ポーラX』で掘り下げた。それと『狩人の夜』ではロバート・ミッチャム扮する〝悪い父親〟が出てくるが、それはアダム・ドライバーが『アネット』で演じた父親に通じる。

『無題』で使った『群衆』のシーンは冒頭、主人公のジョン・シムズがまだ子供の時代で、彼は一人階段を登ってくる、上で彼を待ち受けるものに怯えながら。そして父親が死んだと知らされる。とても印象的なシーンだ。

—今おっしゃった観客と孤児の立場の繋がりという点について、もう少し伺えますか。また、あなた自身も孤児にどこか身近なものを感じるのでしょうか。

LC　小さい頃、『テオ、小さな孤児（*Théo, le petit orphelin*）』という子供向けの、とても印象的な本をもらったんだ。そのあと初めて飼った犬に、僕はこの本の思い出としてテオと名付けた。テオはまた、ヴィンセント・ヴァン・ゴッホの弟の名前でもある。僕は自分の制作プロダクションもテオ・フィルムズと名付けた。

パリに来た当初、よくシネマテークに通って無声映画を観ていた。暗闇のなかで一人映画に向き合っている状態、それは僕にとって孤児の孤独と共通している。暗闇のなかで見知らぬ者に囲まれ、大きなスクリーンを前にちっぽけな自分がいること、まったく未知の世界、自分の家族とは関係のない世界に居るという体験を若い頃にするのは強烈なものだ。

——短篇の最後に一瞬、モノクロの写真の男性が映りますが、あれはどなたなのでしょう?

LC 僕の最初の三作品を製作してくれたプロデューサーのアラン・ダアンだ。あれはキャロリーヌ・シャンプティエに拠るもので、彼女はダアンのために撮ったけれど、僕は当時まだ彼女のことは知らなかった。『無題』は『ポンヌフの恋人』の後の初めての映画だから、彼に捧げた[アラン・ダアンは一九九二年、『ポンヌフ~』が完成した翌年に、病で亡くなった]。

——『ポンヌフの恋人』の次の長篇となる『ポーラX』を撮るまでに、八年という歳月が流れました。この八年はあなたにとって長かったですか、それとも短い印象だったのでしょうか。

LC この時期は底のない大きな穴に居るようだった。長いこと僕は病気だった。それからボスニア戦争の最中にサラエボに旅立った。でも同時に、アメリカで映画を撮ろうとも試みた。マーティン・スコセッシが手伝ってくれて、シャロン・ストーンと撮るという企画だった。でも最終的に予算が高くなりすぎて、撮ることが出来なかった。それで僕が十八歳の頃に読んでいた、ハーマン・メルヴィルの小説『ピエール』(一八五二年)に着手することにした。ピエールのことを考えながら、小説に出て来る若い女性、イザベルはボスニア戦争を生き延びたキャラクターにできると思った。

——この小説はあなたにとって、とても重要なものであるとかつて語っていらっしゃいましたが、その理由はどんな点にありますか。

LC この本は僕の青春期の友人、エリー・ポワカールが教えてくれたものだった。本を読みながら、これが一世紀以上前に書かれたものであるにも拘らず、まるで僕のために書かれたかのような奇妙な感覚を抱いた。ピエールは僕にとって、多くの若者が共感する文学上のキャラクターの一

『ポーラX』

人、ハムレットと同様に重要な人物となった。この本は彼の作品、『白鯨』(一八五一年)の翌年に出版され、まったく評価されなかったが、どうしてだか僕にはさっぱりわからない。『白鯨』も出版当時は評価されなかったらしいが。でも十八歳当時の僕は、この本はあまりに重要すぎるので、映画にすべきではないと思った。そして二十年後にようやく『ポーラX』ができたわけだ。

——『ポーラX』はおそらく、あなたの作品のなかでもっとも暗いものであり、ユーモアとは遠いものだと思います。それは『ポンヌフの恋人』以降のあなたの精神状態を反映していると思いますか。

LC 九〇年代は僕にとって大変な時期だった。僕は病や断絶や死や戦争に囲まれている気がしていた。それに誰も僕が映画を作るのに、金を出そうとはしなかった。そういったすべてのことが『ポーラX』に反映されている。

それに『ポーラX』の撮影も、僕にとってはもっとも不幸なものだった。おもな理由はプロデューサーがひどい奴だったから。現場自体は、たとえ大変なときでも大体は喜ばしいものだった。でもこのプロデューサーはスタッフに対してとてもひどい態度で接する奴で、とくに女性や下の方の地位にいる者に対して陰険な態度を取った。それは撮影に重々しい空気をもたらした。

―映画は冒頭、爆撃のシーンから始まります。「この世の箍《たが》が外れた」というナレーションとともに、世紀末という時代性が強く感じられる強烈で恐ろしい場面です。このような場面によって、この作品の入り口をどのようなものにしたいと考えられたのでしょうか。

LC　ナレーションはハムレットのセリフの一節なんだ。「この世の箍《たが》が外れた。なんの悪意か、それを直す役目に生まれるとは」。この一節は、世紀末的な雰囲気にぴったりであるのと同時に、ピエールというキャラクターにも合っている。彼はまるでハムレットの兄弟のようだ。

戦争の悪夢、破壊による死を越えていくという概念、妄執や憎しみといったものは、『白鯨』や『ハムレット』にも表れている。僕は映画自体とは直接の関わりがない、抽象的なプロローグが欲しかった。それは『ホーリー・モーターズ』でも試みている。

―さきほどイザベルのキャラクターについてのお話がありましたが、ボスニア戦争を背景にしようというアイディアはどのように発展したのですか。

LC　サラエボで僕はイスラム教徒の埋葬に立ち会った。そこでセルビア人はしばしば、イスラム教徒の墓を攻撃すると聞いた。まるで生きている者を攻撃するだけでは物足りず、すでに死んだ者も再び殺さないと気が済まないとでもいうように。それから僕は、若い女性が爆撃を受けた墓から這い出て、まるで亡霊のように僕の方に、すなわちカメラの方に歩いて来るというヴィジョンを抱いた。まるでアベル・ガンスの映画のように。

『ポーラX』はこのヴィジョンと、ロシア人、つまり東人間であるカテリーナ・ゴルベワを映画に収めたいという欲求から生まれた。僕はカティア(カテリーナ)に、ピエールの姉で東欧の戦争を生き延びたイザベルという役を演じさせることができると考えた。「僕のイザベルを見つけた。もし僕のピエールを見つけられたら、この映画ができる」と思った。それでピエールを探し始め、ギョーム・ドパルデューに出会った。すぐに彼のことを好きになったよ。

―この役はとてもフィジカルな面がありますが、彼はバイク事故を経験した後でしたね。すぐに承知してくれましたか。

LC　彼を説得する必要はなかったよ。僕が彼を映画に収めたがっているのを彼はすぐに理解した。彼に出会うまで多くの俳優に会ったけれど、僕からすると彼こそもっとも映画に必要な俳優だった。それは重要なことだ。ギョームは複雑な人間で、多くの逸話があった。彼の家族のこと、ドラッグ、病、刑務所に入った経験等。この映画の撮影が彼にとってプラスに働くものだったかはわからない。僕はそう思っているけれど。少なくともネガティブに働くことはなかったはずだ。

―ピエールというキャラクターはまた、ギョーム自身と共通する部分が多いと思います。裕福な家族、〝プリンス〟のような存在、しかし内奥に何か違うものを抱えていて、家族から逃れようとしている点など。その共通点はとても心に迫るものがあります。

LC　もしカティアが「ノン」と言ったら、僕はこの映画を作っていなかっただろう。ピエール役がギョームに決まったことがどれぐらいプロジェクトに影響したかはわからない。でも君の言うように、彼がこのキャラクターと大いなる共通点を持っていることは確かだ。一見恵まれたかに見える青春時代、反抗心、家族との対立、自己破壊的要素……。

―ギョーム・ドパルデューにはどこかナイーブさがありますが、それはドニ・ラヴァンの持つそれとはまた異なりますね。

LC　ドニは天性の俳優、生まれながらの俳優だと思う。一方ギョームは試行錯誤していた。クラシックの優れたピアニストだったから、ミュージシャンにもなれただろうし、俳優やシンガーや他のものでも成功できただろう。でも彼はあらゆる亡霊にあまりにも揺さぶられすぎて大成することができなかった。ギョームを捕らえるのは難しい。ドニはつねに集中している。でもギョームは、彼自身が撮影中に大いなる努力をしても、集中することは難しかった。でも僕は彼をカメラに収めるのが好きだった。ギョームのことはとても好きだったよ。

―ギョームの身体を撮影したかったともあなたはおっしゃって

いましたが、たしかに彼の裸体のシーンが多いように思えます。

LC　僕の俳優たちは裸でいることが少なくない。トリロジーにおけるドニ、『アネット』のアダム（・ドライバー）。彼らの裸体を撮るのは喜びだ。彼らは美しいし、猫のようにしなやかだ。他の監督たちが俳優の裸体をあまり撮らないのは、僕にとっては驚きだ。

　俳優の生の姿を撮るということは、彼らの別の顔を見せることでもある。身体は、僕らがふだん目にしない顔だ。そして裸の人物を見せるということは、彼らの傷つきやすさを、あるいは反対に、思ってもいなかった強さを見せることでもある。『ボーイ・ミーツ・ガール』でアレックスが冒頭、ブラウスを脱ぐとき、僕らはこの青ざめた青年の身体が意外に逞しく筋肉があるのを見て取る。つまりそこにコントラストができる。それに僕は惹かれる。女性においてもそれは興味深いことだけど、でも男性である僕にとって彼女たちを写すのは、男性と異なり、そこに欲望というフィルターが掛かるから簡単なことではない。女性の裸体を写したとたん、それは別の次元になる。僕はそれでもカメラに収めるけれど、それはより複雑な意味合いとなる。男性なら通りでも半身裸でいることはあるだろう。でも女性の場合はない。男性のエロティシズムは、女性のそれよりも社会から規制されることが少ないからね。愚かなことだと思うけれど。

—イザベルという、とてもミステリアスで亡霊のような役はどのように構想したのでしょうか。

LC　メルヴィルの原作では、彼女が実際に存在するのか、ピエールの頭のなかだけなのかすら定かではない。僕はカティアに『ポンヌフの恋人』の一年後に出会った。彼女は亡霊のような資質を持っていた。すごく存在感があるときもあれば、抜け殻のようなときもあり、捕らえどころのないミステリアスな感じがある。イザベルはピエールに、「わたしはあなたの姉よ」と言い、ピエールはそれを信じる。なぜなら彼はこの亡霊のような姉、素晴らしくも恐ろしい、危険な魂の友を欲するから。

—ピエールとイザベルにおける近親相姦というテーマは大切でしたか。

LC　メルヴィルの小説においてはすべてが近親相姦的だ。ピエールは母を「シスター」と呼び、すべての役柄が曖昧になっている。原作は家族全員についてかなり醜悪に書かれている。ただイザベルだけが、それを免れている。彼女はその外側にいるから。永遠に拒否された存在で、永遠に孤児。だからこの家族の醜悪さは持っていないものの、ファントムとしての重さがあり、それはとても不安を抱かせる。

――醜悪な家族を逃れようとして、ピエールはまた別の悲劇に入って行くという……。

LC　うん。彼は金もない替わりに嘘もない、新しい家族を作りあげようとする。でも彼にその度量はない。悲劇に出て来るキャラクターというものはすべて、神のように振舞おうとする。でも彼らは神ではない、そこまでの高みには達していない。つねにちっぽけな存在だ。だからピエールは誰を救うこともできない。イザベルも、彼のフィアンセ、ルーシーも、彼自身さえも。結局この物語では誰もが転落する。

たしかに『ポーラX』にはユーモアがない。でも醜悪さがあり、それがある種ユーモアの形でもある。たとえ多くの人を笑わせることができなくても。『ポーラX』を気に入る人はほとんどいない。映画はまったくヒットしなかった。でもそれは仕方がない。この映画はそういうものなんだ。

――カテリーナ・ゴルベワはそれまでクレール・ドゥニやシャルナス・バルタスの作品に出ていましたが、イザベル役はおそらく彼女にとって、もっとも代表的なものだと思います。この役のために、彼女にどのようなことを求めましたか。

LC　それはあまり覚えていない。覚えているのは、彼女に長いカツラを付けてもらおうと思ったことだ。ある種彼女の美しさを中和するような。素顔の彼女はとても美しかったから。それは役だったのか、あるいは当時彼女がそんなだったのか、あるいは僕らの関係がそんなだったのかよくわからないが、僕が感じたのは、この映画をやるために彼女は、みんなに反してたった一人でいることを必要としていたということだ。

――それは彼女がパートナーである場合は、なおさら難しいことではありませんか？

LC 「みんなに反して」というのは、僕、ギョーム、スタッフ、映画のプロダクションなどで、それは僕も理解できた。誰も彼女の強さ、反抗心には抗えなかった。そしてそれはもちろん、彼女の演技を豊かにした。『ボーイ・ミーツ・ガール』のときのミレイユ(・ペリエ)もそんな感じだったよ。

―ピエールと、ロラン・ルカが演じた従兄弟のチボーの関係もまた、曖昧でミステリアスですね。チボーはピエールに恋をしているようにも見えます。このキャラクターの存在に込めたものを教えて下さい。

LC さっきも言ったけれど、『ポーラX』ではすべての人間関係が近親相姦的だ。映画は3つのパートに分けられる。僕のなかで最初のパートは、「光の中で」。ノルマンディですべては光り輝き、人々は金髪で美しい。カトリーヌ・ドヌーヴ扮する母親、ピエールのフィアンセなど。チボーは金髪ではないけれど、ハンサムだ。

ピエールはイザベルか、あるいはそれ以外のものかを選ばなければならなかった。イザベルを選んだとき、世界はとても敵意のあるものになった。それが悲劇の核だ。

―カトリーヌ・ドヌーヴに関しては、以前から仕事をしたいと考えていたのですか。

LC いや、でも明白な選択だった。美しいブルジョワの母親で、近親相姦的となったら、カトリーヌ・ドヌーヴほど適した人はいないだろう。フランスでも、世界でも。独創的な選択とは言い難いけれど。

―彼女と仕事をされた経験はいかがでしたか。

LC 『汚れた血』のミシェル・ピコリと、ちょっと似たような経験だった。僕よりずっと年上のとても有名な俳優で、たくさん映画を撮っていて、いつも大勢の取り巻きがいるのがふつうになっている。彼らが撮影に来るときは、一人ではなく、取り巻きが付いてくる。それは大したことじゃない。でもカトリーヌの場合、ヘアの担当がいて、メイクの担当がいてといった具合で、それは僕にとってあまり耐えられることじゃない。でも僕らはうまくいっていたと思う。ともかく今は問題ないよ。でも映画の公開当時はちょっとぎくしゃくした。彼女は映画を気に入っていないと感じたんだ。でもその後で和解した。カトリーヌ・ドヌーヴはミシェル・ピコリと同様に、いろいろな顔を持っている。でも彼女と仕事をすること自体は、大変ではなかったよ。

——俳優としては、彼女は即興的なタイプなのでしょうか。

LC　俳優にとって即興的というのがどういうことか、僕にはよくわからない。でも彼女やミシェル・ピコリのような俳優は、長いことあるイメージを構築して来たから、そこから動かすことは簡単ではない。でも彼らは試みようとしている。カトリーヌはそれに挑んでいたと思う。

——『ポーラX』はあなたにとって、ジャン＝イヴ・エスコフィエのいない初めての長篇です。『ポンヌフの恋人』の終わりに、あなたとジャン＝イヴのあいだには何があったのですか。

LC　ジャン＝イヴと僕は『ポンヌフの恋人』の撮影の最後に断絶してしまった。僕らはずっとプレッシャーのなかにあり、お互い疲れきっていた。彼は僕に腹を立てていた。彼は僕が、製作を引き継いだプロデューサーであるクリスチャン・フシュネールにもっと感謝を表明していれば、撮影の終わりはずっと容易になったはずだと考えていた。でもフシュネールは僕に対して、いわば深刻な脅しを掛けてきたんだ。ただジャン＝イヴは僕の立場にはなかったわけで。

そこから彼と僕の関係は悪化していった。『ポンヌフの恋人』の経験はジャン＝イヴを大きく変えた。映画は三年を擁した。終わりが近づくにつれスタッフはみんな、「この後どうすればいいのだろう？　誰も自分と仕事をしたいと思うものはいないだろう」と思っていた。ジャン＝イヴはもうフランスで仕事することができなくて、それで彼はアメリカに旅立った。でもその後も、僕が向こうに行く機会や、彼がパリに来るときなどに時々会っていた。でも再会するのは生易しいことではなかった。お互いつねにちょっと張りつめていた。それに彼は『ポーラX』をやりたがらなかった。暗すぎると思ったんだ。『ポーラX』の後、僕は『Scars』という、アメリカとロシアで撮る企画を考えた。ジャン＝イヴはこれをやりたがった。僕らが本当に和解したのは、彼がハリウッドで突然亡くなる直前のことだったんだ。

——『ポーラX』では、エリック・ゴーティエが撮影監督を務めま

した。それはブリュノ・ニュイッテン〔『インディア・ソング』(一九七五)『ゴダールの探偵』(一九八五)などの撮影監督。『カミーユ・クローデル』(一九八八)で監督デビューを果たした〕の紹介だったのでしょうか。

LC ニュイッテンに頼もうとして会ったところ、彼から「もう映画はやらない」と断られてしまった。彼は僕がゴーティエに会ったことを知って、勧めてくれたよ。

――ゴーティエを選んだ理由は何でしたか。彼の手掛けた作品のどれかに特に惹かれたのでしょうか。

LC もう覚えていない。でも彼とはいい関係を築けなかった。僕はそれまで、とても身近でとても自由な人間と仕事をするのに慣れてしまっていた。突然、自分が伝統的なフランスの作家映画のなかで立ち尽くすような気持ちになった。

――ではあなたから見て、ゴーティエのスタイルの特色は何でしたか。

LC わからない。もちろん彼は才能があった。優れた生徒のように。記憶の限りでは、僕は彼の仕事にどちらかといえば満足していたと思う。でもジャン＝イヴとの仕事のような喜びを味わうことはなかった。ゴーティエはとてもフランス人的で、僕にとってそれはポジティブなことではない。

――ではあなた自身は、ご自分をあまりフランス人的でないと思っているということですか。

LC 血筋のことを言うなら、僕は四分の一ずつフランスと、ロシア系ウクライナと、アメリカと、ドイツが混じっている。自分がとてもフランス人的だと感じたことは一度もない。それは僕がユダヤ人だからか、それとも孤児でいたいからなのか、よくわからない。フランスは息が詰まる。フランス映画に息が詰まるのと同様に。その家族に属したいと思ったことは一度もない。

――『ポーラX』の一部はドイツで撮影されましたね。ドイツと言えば、インダストリアル系の音楽が盛んですが、そこにインスパイアされたのでしょうか。

LC　ドイツで撮影したのは、共同プロデュースがドイツだったから。でも放置された元工場などがいくつもあって、とても興味深かった。一時は、ドイツのロックグループのラムシュタインと仕事をすることも考えた。彼らにハンブルグで会ったよ。彼らは映画の倉庫のシーンのエレクトリック・ミュージックを作曲して、演奏することになっていた。でもそのあとでスコット・ウォーカーに会って、彼なら映画の音楽全体を作曲してくれるとわかり、彼に頼むことにしたんだ。

―スコット・ウォーカーの音楽はもともとお好きだったのですか。

LC　というわけじゃない。ちょうど彼が出したばかりの、『Tilt』というアルバムを聞いて、気に入ったんだ。それ以前は彼の音楽を知らなかった。でもロンドンで彼に会って、すぐにウマが合った。

『メルド』(二〇〇八)

―『メルド』の発端は、あなたがパリのセバストポール通りを歩いていたときにふと、地下のマンホールを開けて怪人が現れ、次々と人々を殺し始めるというアイディアを持ったことだそうですね。同時に、フランスに対する憎しみの気持ちもあったと聞きましたが。

LC　僕はパリの街をよく散歩する。メトロに乗ることも多い。散歩をしながら、道行く人々にある種共感したり、憐れみを覚える。自分を含むみんなに対して。時々それは憎しみにもなる。あの日セバストポールを散歩していると、たぶん多くの人が街に溢れていて、彼らは僕をげんなりさせたのだと思う。僕は怪人が突然マンホールから現れて僕らみんなを殺し始めるというイメージを抱いた。ちょうどその頃かそのちょっと後で、ミチコ(プロデューサーの故・吉武美智子氏)が僕に、オムニバス『TOKYO!』のプロジェクトを提案したんだ。

―パリのように人の溢れているところに居ると、不安になるのですか。

LC　人混みは好きじゃないが、道に人が溢れているのは構わない。むしろ人々に感じる共感あるいは不快さの問題だ。それはその日の気分や、地区、そして間違いなくその時の世情に拠る。暴動や、テロの後のショック、政治状況。たとえばちょうど今年がそうであるように、大事な選挙の前など［二〇二二年四月の大統領選挙のこと］。フランスでは少なくとも三人に一人は極右を否定しないということが、つねに僕の頭にある。

——あなたはまた、一九八一年にパリでオランダ人女性を殺しその人肉を食べたとされる佐川一政に興味があったそうですが、この事件の何に引かれたのでしょうか。

LC　僕がパリに来たとき、左岸のサンシエの大学（パリ第三大学）のそばに住んでいて、大学によく映画を観に行った。その近くで佐川とすれ違ったことがある。たぶん彼は大学の生徒だったと思うよ。もちろん当時は彼が誰なのか知らなかったけれど、とてもか細くて独特の雰囲気を持ったこの日本人に興味を引かれた。言葉を交わしたことはないが、たぶん二、三回すれ違ったことがあるはずだ。だからこの事件が報道されたとき、とても興味を引かれ、報道記事を見て彼だと理解した。犯罪事件にはつねに興味を引かれる。佐川の事件にはとくに。フランスで不起訴となり日本に戻って、その後マスコミのインタビューに答えたり本を出したり、ガストロノミーの批評をしたりするという経緯も特殊だ。

——メルドというキャラクターを構想する上で、佐川のことを考えましたか。

LC　考えざるを得なかったよ。というのもこれは日本で撮影する企画で、彼は小柄だったし、「海外での犯罪者」という特異な立場でもあるがゆえに。僕は不快感や憎悪や差別を生み出すような主人公を望んだ。「いったい何の権利があって人々を殺しに来たのか」「日本で彼は、日本の女性を食べようとするのか」などと考えた。そこから可能な限り変化を付けていった。外国人、つまり日本における異邦人で、日本を嫌い、日本人から嫌われている。それはまったくもって滑稽なファルス［中世喜劇のジャンル、笑劇］だ。

——ファルスとコメディは、あなたにとって決定的な違いがありますか。

LC　うん。フランスにはファルスの歴史がある。フランソワ・ラブレーの『ガルガンチュア物語』やフランソワ・ヴィヨンの詩、何人かの歌手など。映画ではアメリカにおいてマルクス・ブラザースやジェリー・ルイスなどがいる。エルンスト・ルビッチのコメディにも、ファルスの瞬間はある。でもコメディというのはもっと洗練されたもので、僕には作れない。

僕はつねにグロテスクなものが好きだった。映画はそこに起源がある。初期のグロテスクな映画でもっとも美しいものの一つにトッド・ブラウニングの『フリークス』（一九三二）がある。フリークスは「奇形」と訳すこともできるだろう。映画はそうした、サーカスや市にいる怪人たちから派生している。だから僕は、僕自身の怪人を生み出したかった……。日本でこの映画の試写をおこなったとき、すぐにみんなメルドとゴジラを比較した。僕は最初の『ゴジラ』（一九五四）が大好きだ。だから『メルド』のなかでもその音楽を使用した。

——『メルド』のメイキング映像を観ると、あなたが女性のエキストラに対して、『キングコング』（一九三三）に出て来るフェイ・レイのように驚いてくれと演出している様子が出てきます。

LC　うん、フェイ・レイのあの動作はとても美しくエロティックだと思う。僕は『アネット』でも、アダム・ドライバーがベッドでマリオン・コティヤールをくすぐるときに、マリオンにあの動作をしてくれと演出した。

——怪獣映画のどんな要素があなたを惹き付けるのでしょうか。

LC　怪獣映画に惹き付けられない人なんていないんじゃないかな。文学でも『ジキル博士とハイド氏』や『フランケンシュタイン』といった傑作があり、それらはつねにリメイクされている。

モンスターという言葉はラテン語の「モネーレ（気づかせる、警告する）」から来ている。彼らは鏡、あるいはカメラのレンズのようなものだ。僕らを荒んだ個人、あるいは社会的な動物の集団として映し出す。

——怪物は社会が生み出すもの、とも言えますね。

LC　うん。でも『メルド』の場合、彼がどこから来たのかはわからない。この「種族」は世界に二人しかいない。彼と弁護士だ。メルドは世界のどこにでも出没し得るだろう。実際僕はアメリカで、ドニとケイト・モスを起用して『メルド・イン・USA』を撮るという企画を持っていた。ムッシュ・メルドが忍び込むマンホールがあり、カオスと死が撒き散らされ、社会全体がこの悪魔と対峙するなら、どこでも舞台になり得る。

でも日本は特別な国だ。とても民族主義的で閉じられた島国。すごくモダンな面がある一方で、古風なところがある。ひどい刑務所で未だ死刑が実施されている。それに多くの不可思議な統計のデータがある。自殺率の高さ、出生率の低さなど、不条理なことが多い。そして日本の歴史もまた、中国や韓国のような圧政的な国同様に、僕の興味を惹く。メルドが映画のなかで見つける手榴弾は、南京大虐殺で使用されたものという設定だ。

――本作に登場する日本の姿は、あなたの日本に対する印象から生まれているわけですね。

LC　僕は日本に『汚れた血』の時から行っている。日本人女性たちと関係を持ったこともあるし、日本人男性ともたくさん知り合った。日本人は自分の感情や性的衝動をとても抑制するように思える。でもその分、他のところに欲求が排出される。日本のもっと内奥を旅してみたいけれど、まだ叶ったことがない。東京とその近郊、京都にちょっと行ったことがあるぐらいだ。東日本大震災のあとに、福島にも行ったけれど。でも日本におけるコントラストの強さにはいつも驚かされる。渋谷を散歩すると、とても醜いものを目にする。極端なミニスカートにピンクの靴下、街で酔っぱらって吐いている若者たち……。その一方で、素晴らしく洗練された日本文化を目にする。芸術、エロティシズム、ガストロノミーなど。そして、「いったいこのビザールな混合は何なんだ？ 繊細さと粗暴さ、俗悪さの融合は」と、混乱させられる。そのすべてが僕にとっては興味深いし、だからファルスという形式はそれらを表現するのにぴったりだと思った。

――ムッシュ・メルドは天皇家の象徴である菊の花や、紙幣を食べます。そこに政治的な隠喩を込めましたか。

LC　「政治的」と呼べるかどうかはわからない。僕はこの映画をむしろコンテンポラリーなファルスのように見なしていて、日本について語っているが、それだけじゃない。それに花と金を食べるのはとても詩的だと思う。

—日本で撮影された経験はいかがでしたか。フランスにおける撮影の進め方と異なる点はありましたか。

LC　これが僕にとって初めて日本で働いた経験となった。それまではいつも、映画の公開の際にケンゾー［ユーロスペース代表の堀越謙三氏］に招待してもらって、素晴らしい出会いや食事をしたり、温泉で過ごした。でも仕事をすることでとても異なる印象を受けた。

　最初にロケハンで日本に行ったときにまず、外で撮影をする許可は取れないことを知った。だから東京を写すことができずに、『TOKYO!』というオムニバス映画に参加しなければならなかったわけだ。で、渋谷とか銀座の通りで撮影をするたびに、通行人や近所の人が警察を呼んだ。僕は逮捕されなかったけれど、ミチコが何度も警察に勾留されることになった。

　僕はわずかなフランス人しか連れていかなかった。カメラマンのキャロリーヌ・シャンプティエとアルベール・プレヴォ、ドニ、そして弁護士役のジャン＝フランソワ・バルメール。その他はすべて日本人クルーだ。プロダクションは僕がよく知っているケンゾーとミチコ。そしてセットデザインのスタッフはみんな素晴らしかった。でも僕のアシスタントたちとはうまく行かなかった。彼らは若かったけれど、考え方が柔軟性に欠け、偏狭だった。彼らは撮影の最終日にストライキをした。というのも、渋谷の撮影許可が撮れないなかで、僕らは撮影を決行することにしたから。彼らはつねに、僕らが日本や、日本の法律、そしてスタッフ間のヒエラルキーを尊重しないと非難した。僕にしたらそれは不条理なことだった。だから愉快ではないこともあったけれど、それ以外は素晴らしいアヴァンチュールだったよ。

—本作はなんというか、子供が悪ふざけをして作ったような暴走感があります。

LC　この子供じみた怪物に、グロテスクで挑発的なことをやらせるのはとても楽しかったよ。鼻に指を突っ込んだり、みんなをうんざりさせたり、からかったり。もちろん、ドニ・ラヴァンなくしては出来なかったことだ。

——ドニは、メルドの役は彼にとって理想的なものだったと言っていました。彼とは十六年ぶりの仕事になったわけですが、メルドのキャラクターに関して、お二人の理解は一致したものだったのでしょうか。

LC　この映画は、僕らがお互いにやりやすかった初めての作品だ。多くを語らずとも、すぐに意見が一致した。ドニは日本にいること、そしてこのキャラクターを生み出すことにとても喜びを感じていたよ。彼はジャン＝フランソワ・バルメールともウマがあった。ジャン＝フランソワもまたとても子供っぽいところがあって、すごく喜んでいた。僕らはみんな無邪気な子供のようだった、日本人のアシスタントを除いてはね(笑)。

——あなたは緑色がお好きと聞きましたが、それにしてもムッシュ・メルドのあの特徴的な緑の衣装はどこから生まれたのでしょうか。

LC　緑はこれまで撮影したことがなかった。映画界ではちょっとタブーな色合いなんだ。とくにフィルムで撮影する場合、緑の特性というのはスクリーンだと白っぽく転んで綺麗に映らないことがある。でも長いこと撮影をしていなかったし、本作で初めてデジタルで撮ることになって、緑を使ってみたくなった。ムッシュ・メルドにとってぴったりの色になるだろうと思ってね。

でも特別な緑色を求めた。とくに暗闇でも綺麗に映える緑を探しまわったよ。で、あの色に恋をした。自分のアパートの内装もあの緑色にして、『アネット』でも再び使った。

それからちょうど何かの映像で、赤毛のタリバンを見て、すごく奇妙で面白いと思った。だからムッシュ・メルドの髪を赤毛にした。その他、いろいろな要素で遊んだね。付け髭、長い爪、長い爪の生えた素足。ドニの付け毛も大好きだ。こうしたパートは映画の醍醐味だと思う。モンスターや、モンスターになる人物ばかり演じるロン・チェイニーという俳優がいたが、腕がなかったり、片目だったり、聾唖だったり——たしか彼の両親は聾唖だったと思うけれど、とにかく僕の頭には片目が白いロン・チェイニーのイメージがあり、ドニも片目を白くすることにした。それから彼は歩き方や独特の言語——それがまた楽しかったけれど、それらを発明しなければならなかった。

―ムッシュ・メルドが喋る「メルドゴン（メルド語）」は、ドニと考案したのですか。

LC　最初に僕がスラングと逆さ言葉を混ぜながら作り出した。英語やフランス語、ときには半分英語、半分フランス語、時々ロシア語も混ぜたりして。それからドニが参加した。「メルドゴン」という言葉を生み出したのは彼だ。彼はアフリカの方言の辞書のことも教えてくれた。それで僕はそれらをすべて混ぜた。ムッシュ・メルドがちゃんと表現できるように、いくつかの単語や文法なども考え出した。

映画のなかのすべての「メルドゴン」は翻訳可能だ。ただでたらめな音を発しているわけじゃない。今準備している、二〇二三年のポンピドゥー・センターでの展覧会で上映するヴァージョンには、ムッシュ・メルドと弁護士の最初の会話のシーンに字幕を付けるつもりだ。

―本作はまた、撮影監督キャロリーヌ・シャンプティエとの初めてのコラボレーションですね。彼女を選出された理由と、一緒に仕事をされてどのようなことを感じたか伺えますか。

LC　ジャン＝イヴが数年前に亡くなってしまって以来、僕は誰と仕事をすればいいのかまったくわからなかった。デジタルで撮らなければならないのはわかっていた。経済的な理由と同時に、ジャン＝イヴなしではフィルムで撮ることはできないと思ったから。それで色々な撮影監督に会うなかで、ミチコから「キャラロリーヌに会ってみたら？」と勧められた。彼女は自分がプロデュースした諏訪敦彦の作品でキャロリーヌと仕事をしていたんだ。

最初はキャロリーヌと組むことになるとは思わなかった。もっと若手の新人を探していたから。キャロリーヌのように経験があって、多くのフランス人監督たちの一派に属する人ではないような。でも彼女に会って僕は、「もしかしたらこの小さな映画には向いているかもしれない。彼女はすでにデジタルで撮った経験があり、日本とも仕事をしているのだから」と思った。それに女性の撮影監督と仕事をしてみるというアイディアにも惹かれた。

キャロリーヌはとても寛大で、もちろんとても才能がある。個性が強いから手に負えないときもあるけれど、それは長くは続かない。僕らはとてもうまくいったから、彼女に感謝しているよ。キャロリーヌとアルベールは、『メルド』においてすごく重要な役割を果たしている。そしてこの撮影で僕は、「デジタルに移行しよう。そして絶対にもうラッシュは観ないことにしよう」と決心した。フィルムで撮っていたときは毎晩ラッシュを観て、それに落ち込むことが多かった。再撮したくなることが少なくなかった。それで決心したんだ。ラッシュは編集のネリー(・ケティエ)に観てもらおう、キャロリーヌが望めば彼女にも観てもらえばいいと。「たとえ出来が悪くても、たとえ失敗していても、とにかく続けよう」と思うのは、とても解放感があった。より早く、より軽い気分で撮影することができた。

―でも初めて組む撮影監督との仕事でラッシュを一切観ないのは、かなり大胆ですね。

LC 僕はキャロリーヌを信頼していたし、「もし映像で何か失敗していても構わない、この撮影許可の降りない東京で不可能な映画を撮ろうとしているのだから、自分のエネルギーを他のことに使おう」と思った。それに僕はクルーも信頼していた。セットデザイナー、アルベール、キャロリーヌ、そしてもちろんフランスと日本の俳優たち。日本人俳優たちのこともみんな気に入っている。たとえ小さな役でも彼らは素晴らしかったよ。

―編集のネリー・ケティエは、『汚れた血』以降『アネット』に至るまで、あなたの欠かせないスタッフとなっていますが、どのようにして出会ったのでしょうか。

LC もう良く覚えていないな。覚えているのは、『ボーイ・ミーツ・ガール』の編集の仕事にあまり満足できず、新しい経験がしたいと思ったこと。どちらかといえば女性の編集者を探していた。一般的に、男に囲まれているのは好きじゃない。男性の意見に凝り固まるのは避けたいんだ。ネリーとはウマが合うことは明らかだった。僕は編集が大好きだから、毎日、毎秒、そこにいる。それを受け入れてもらわなければならない。一方僕の方は、彼女が自分のアイディアで試すことを受け入れる。何事も禁じることはない。

―『汚れた血』以降の彼女との仕事はどのように進化しましたか。

LC 定義するのは難しい。つねに一緒に仕事をしているから、飽き飽きするような事柄もある。音と映像の関連で僕らが興味を惹かれることもあれば、実際試してみてやっぱり気が進まないということもある。いいと思うものといらいらするところが似ている。いまやお互いを良く知っていて、言い合うこともあるけれど、それが長く続くことはない。ネリーのことは大好きだ。彼女はとても忠実だ。

——たとえば、あなたが求めるものをとくに説明することなく、あうんの呼吸のように理解するところがあるのでしょうか。

LC　編集は音楽に近い。だから説明するのは難しい。お互い意見が合わないときは、ネリーは彼女のヴィジョンを説明し、僕はそれに反論をするけれど、でもそれはあまり意味がない。やっているうちに話し合えることにたどり着く瞬間がある。まずは編集をしてみなければ始まらない。ネリーは僕同様に、とても頑固で粘り強い。僕がノンと言ったことも彼女は納得しなくて、あとからまた試みることがある。それで僕の意見が変わることもある。

——それによって新しいヴィジョンを発見することがあるのですね。

LC　もちろん。ネリーは僕が撮影している最中から編集を始める。僕は撮影開始の二、三週間後から、毎週末編集に入る。疲れすぎていたり、まだラッシュを観たくないという場合以外は。もしも観て気落ちしたら、それが撮影に影響するのが怖いという場合もある。とにかく、彼女はしばしば一人で編集を進め、撮影が終わった後、僕は編集にどっぷり浸かる。それは彼女にとってつねに、ちょっと容赦ない瞬間でもある。だってそれまでは映画に一人で向き合ってきたのが、突然そうではなくなるわけだから。彼女は僕に、「わたしがやってきたことは、まったく意味をなさないでしょう。あなたが全部破壊するから」と言うけれど、僕は「それは違う。まったく意味をなさないことはない」と答える。彼女の仕事はとても重要だ。でも僕はすべてもう一度観直して、もう一度自問し直す必要があるんだ。それと彼女がカットしたものも僕は観直す必要がある。いろいろなことを試すためにね。

——あなたは映画の最後でムッシュ・メルドの死刑を見せていますね。大島渚の『絞死刑』(一九六八)をご覧になったそうですが……。

LC　うん、それまで観たことがなかったんだ。このシーンを撮るために鑑賞した。

――それは死刑の儀式を出来る限り忠実に行ないたかったからでしょうか。

LC　僕の映画はつねに、ある面で現実主義的な探求がある。リアリズムを求めているわけじゃない。そうではなくて、現実にはとても興味深いことが溢れているから。だから大島の映画を観たり、日本の死刑についての資料を読んだりした。

――でも大島渚のアプローチはとてもシリアスなものですが、あなたの場合はファルスです。

LC　ファルスでは、もっとも醜いことを描いてそれを笑うことができる。死刑の儀式のすべて、絞首刑のやり方は信じられないほどグロテスクだ。醜悪に尽きるよ。

――ファルスとして死刑を見せることで、観客にどんな感情を与えたいと思いましたか。

LC　そういう風に考えたことはないな。自分の映画を海外で見せるとき、多くの人が『メルド』のことを語る。僕は彼らが日本に対してどう感じるのか、とても興味がある。でもそれを知るのは難しい。というのも、僕が出会うのは往々にしてシネフィルで、ネガティブなリアクションをもらうことはほとんどないから。『メルド』の企画は日本が元だけれど、この映画は日本についての映画というわけではない。僕がオファーされた仕事を引き受けたのは、これが初めてだ。覚えているのは、プロデューサーのマサ（澤田正道）が、僕の書いた脚本を読んだとき、ショックを受けていたこと。彼からは、「君の映画はロマンティシズムのあるものとして知られているのに！」と言われた。たしかにこれはロマンティックな映画ではないけれど、僕がとても誇りに思っている作品だ。

――映画にはムッシュ・メルドをアイドルのように慕う若者たちが出てきますが、これは何でもアイコン化してしまう今の社会に対する批判と言えますか。

LC　それは今日の社会で顕著な傾向だ。たとえばドナルド・トランプだってその例だろう。オレンジっぽい髪の彼はいわば、より太って醜いムッシュ・メルドと言える。僕らの時代がそういうものなのだと思う。崇拝されたり、あるいは嫌悪されたりするアイコンというものが作られる世の中なんだ。

――『メルド・イン・USA』を今でも撮りたいと思いますか。

LC　今の気分はノンだ。他の国にメルドを旅させたいという気持ちはすごくあった。それにケイト・モスのための映画を作りたいという思いも。彼女を映画に撮りたかったし、彼女自身も演技に興味があった。アイディアはモデルとムッシュ・メルドのいわば美女と野獣のようなものだった。でも今日でもまだ自分のなかに興味があるかよくわからない。『ホーリー・モーターズ』のなかでは、ムッシュ・メルドを復活させた。ケイト・モスではなく、エヴァ・メンデスとだけど。それにポンピドゥー・センターの展覧会のために、またムッシュ・メルドを撮るつもりだ。ビュット・ショモンの公園で、僕とムッシュ・メルドが会話をするというものなんだ。

『ホーリー・モーターズ』（二〇一二）

――あなたは他の監督の作品に俳優として出演もされていますね。ジャン＝リュック・ゴダールの『ゴダールのリア王』（一九八七）、シャルナス・バルタスの『家』A Casa（一九九七）、ハーモニー・コリンの『ミスター・ロンリー』（二〇〇七）など。俳優としての経験はあなたに何をもたらしましたか。また、『ホーリー・モーターズ』の冒頭に登場されているのは、そうした経験と何か関連がありますか。

LC　いや。たしかに僕は他の監督の作品にいくつか出演し、自分の作品にもちょっと出ているけれど、俳優のように演じたことはない。それはできない。役を演じるなんて、どうしたらいいかわからないよ。興味深いし、楽しい経験だけど、それが僕にとって何かをもたらすわけではないと思う。

――ではそうした機会に、他の監督の仕事を観察するのは興味深かったですか。

LC　それは言えるね。また他の監督のために協力するのは心を動かされる経験だ。

——俳優を演出するという点において、自分が俳優の立場になる経験は役立ちますか。

LC　いや、自分が俳優ではないのがわかっているから……。俳優をうまく演出できる人は尊敬する。僕はどうやったらいいかわからない。それにカメラなしで彼らに対峙するのは、自分が間抜けになったような気がする。

——『ホーリー・モーターズ』の冒頭にご自身が登場するというアイディアはどのように生まれたのですか。あのシーンによって観客は、これからあなたの空想の世界に入り込むという印象を受けると同時に、これがあなたのとてもパーソナルな作品でもあると想像し得ると思います。

LC　それは当時の僕の私生活と関係している。僕は長いこと撮影をしていなかった。その間に子どもを持ち、たぶんどこかほっとしたこともあるのだろう。それで『ホーリー・モーターズ』を、家で撮るホームムービーのように想像した。映画の冒頭に僕と、娘もちょっと映る。『ホーリー・モーターズ』と『アネット』の冒頭に出たのは楽しかった。自分の映画に生身のまま出るのはサッシャ・ギトリが始めたと言われている。茶目っ気があって可笑しくて、同時にナルシスティック。こういうちょっと子どもっぽい喜びを、自分の映画に出る時に感じる。娘と一緒だと尚更だ。

僕は、「時間が経ち、今は子どもも持った。どうやって映画の世界に戻ろう？」と自問した。それで映画を、自分自身と自分の犬、当時六歳だった娘とともに始めることにした。それから映画をドニとエディット（・スコブ）に預ける。『アネット』も同様の始まり方だ。それは僕にとって自然な感じがするし、どこか安心できる。娘に自分のやっていることを見て欲しいという思いも少しあった。彼女にとっては、父親がいつも映画を撮りたがっているのにあまり実現していないのは不思議だろうから。僕が『メルド』を撮ったとき、娘はまだ赤ん坊だった。僕は日本にいて、彼女は何も見ていない。『ホーリー・モーターズ』では六歳になっていたし、撮影はパリだった。『アネット』のときはもう成長し、十五歳になっていた。彼女に映画とは何か、フィクションとは何かということを徐々にわかってもらいたかったこともある。というのも、フィクションが僕の人生を豊かにしているが、それは僕の人生というわけではないから。自分の映画は、僕自身の単純なポートレートというわけではない。娘が混乱することなく、そういうことを理解するようになって欲しかった。

――『ホーリー・モーターズ』には様々な要素――あなたの映画史に対するオマージュや、ドニ・ラヴァンという俳優への敬意、そしてファルスやSF的な要素もありますが、そもそもどういった点からこの独創的な作品を構想されたのでしょうか。

LC 『メルド』を作って、僕は少し自信を取り戻した。僕は自分のスタッフ、キャロリーヌ、アルベール、ネリーを誇りに思った。そしてドニとまた組んで、さらに冒険をしたくなった。それに振り返って思ったのは、これまでずいぶん色々な企画を断念せざるを得なかったのは予算が集まらなかったり、俳優が見つからなかったりしたからだと。だから素早く映画を撮るなら、ドニとともにフランスで、低予算で撮るべきだと思ったんだ。

最初に頭に浮かんだイメージは、老婆の物乞いが立派な

©THEO FILMS

『ホーリー・モーターズ』

リムジンから出て来るというものだった。この豪華なリムジンに興味を惹かれて、カメラに収めたいと思った。それはちょっと棺のようでもあり、同時にエロティックでもある。僕の家の近所のベルヴィルという地域では、中国人が結婚式でリムジンを借りるため、たまに見かけることがある。ああいう車を借りるとき、人はみんなから見られたいものだが、同時に彼らは黒いガラスの内側に居るわけだ。彼らは瓶のなかの泡のように内側に居る。ちょっとインターネットにも似ている。みんな匿名で守られているけれど、同時に目立ちたいという。

かつて僕はポンヌフの上で、物乞いをしている東欧の女性たちを見たことがある。彼女たちは身体を二つに屈めて、背中はほとんど水平になっていた。パリに来て以来僕はつねに、「なんということだろう。彼女たちは背中の病気なのか、でなければどうやって、一日中あれほど身体を折り曲げていられるのだろう?」と思っていた。また僕が子どもの頃は、人種差別主義者が多かった。今でもロマの人々に対する差別主義者は多い。彼らは、ロマの人々は夜メルセデスでやってきては物乞いをすると噂していた。つまり、本当は金持ちなのに、お金を人々から騙しとっていると。それを聞いて僕は、「物乞いがお金持ちというのは、とても屈折していて興味深い」と思った。で、もしこうした物乞いをドニが演じて、彼がリムジンから出て来るとしたら、と想像した。それからドニがリムジンのなかで着替えていろいろな素性に成り代わるとしたら、と考えた。ちょうどウェブ上でみんなが変装したり、フォトショップで加工したり、髭やカツラで変装したりするように。さまざまな人物を生きる主人公を通して、リムジンのなかであらゆる世界が創造出来るのではないかと考えた。とくに我々の世界とパラレルなその世界を説明することなくして。『ホーリー・モーターズ』は抽象的な映画で、僕はすぐに自由に空想することができた。低予算でできるし、どうせみんな観たがらないだろうと自分に言い聞かせたら、幸いなことに気が軽くなって、ドニと何でもやりたいことができるようになった。

―わたしの記憶が正しければ、あなたは以前、『ホーリー・モーターズ』は二つの感情から生み出されたと語っていました。「自分自身であることの苦痛」と「新たに自分自身を作り出す必要」です。

LC　自分自身であることの苦痛というわけじゃない。『La

Fatigue d'être soi(自分でいることの疲労)』[アラン・エーレンバーグ(Alain Ehrenberg)著]というある社会学の本があるが、むしろそんな心情に近い。いかに二十歳、三十歳、四十歳、五十歳、六十歳を自分とともに生きるべきか、それは疲れることだ。六十年を他人と過ごすことはないかもしれないが、自分とは過ごさなければならない。それが疲れることであるのは理解できるし、しかも年を取れば取るほど、それは複雑になっていく。もちろん僕らの社会は、そこから目を背けさせるあらゆるものがある。自分に退屈しないように、気を紛らわす方法はいくらでもある。新しい商品を買ったり、訳のわからない決まりに反抗したり、子どもを作ったり。でも哲学的に人生を眺めようとするなら、つねに自分を見つめ、自分を受け入れたり、少なくとも自分に耐えなくてはならない。そこに俳優がある役から別の役へ移行することのメタファーがある。さらにそこからもたらされる別の感情がある。〝再生〟への渇望だ。それは映画の終わりの歌の題名(〈Revivre〉)でもある。いかに人生を変化させ、再創造して、自分のなかの何か新しいものを信じることができるか。それは愛に関係した大きなテーマでもある。

—レオス・カラックスでいることの疲れる点とは何でしょうか?

LC　みんなと同じように、たった一つでしかいられないことかな。完璧に作り直すことはできない。再創造は他の者によってもたらされる。子どもを持ったり、新しい恋人を持つことで。一人で生まれ変わるのはとても困難だし、消耗する。生きることは疲れることだ。エネルギーがもうなくなる時がある。どこにそれを探し求め、どこから見つけだせばいいのか。それでやっと見つけた時に僕らは、「やった、これで源泉を見つけた。燃料を!」と思う。でもすぐに源泉は尽きて、また新しいものを探さなければならない。

—アーティストでいることは困難なことだと思いますか。

LC　わからない。まずアーティストというのが職業かもわからない。もっと言えば、自分がアーティストかどうかもわからない。アーティストに拘らず、それは誰にとっても闘いだと思う。もちろん楽な人生、あまり多くを考えず、それほど大変でもない人生はあるだろう。でもそう多くはないはずだ。人によっては、人生はとても大変なゆえに考える時間すらない場合もあるだろう。ほんの小さな快適さを得るために、すべてのエネルギーを捧げなければならないような。楽な人生なんてそんなにないと思うよ、愚かな金持ちでもない限りはね。

——本作でドニ・ラヴァンが演じるさまざまなキャラクターをあなたは、それ以前の作品同様、分身のように考えているのでしょうか。

LC　というわけじゃない。でも僕にとって素晴らしかったのは、たった一日で人生を、その経験を大きく広げられること。五十年を描く映画は沢山あるが、それはフラッシュバックを用いたり、異なる俳優が違う時代を演じたりしなければならない。でもこの映画では、ドニを『メルド』のように子どもっぽくすることも、死にかけている老人にすることも、どんな年齢にすることもできるし、貧乏にも金持ちにすることもできる。ただしスケッチのような映画にすることを避けるために、リムジンに乗ったオスカーというキャラクターを追って一日が過ぎて行く感覚を出さなければならなかった。それでセリーヌという、エディット・スコブが演じたドライバーの役を生み出したんだ。

——セリーヌをはじめ、この映画にはさまざまな女性が登場します。他の作品でのヒロインという核とは異なり、多様な女性たちの幅広い魅力によって紡がれていると言えますが、この映画における女性たちは、あなたにとってどんな存在と言えるでしょうか。

LC　それは僕の人生における異なる女性たちとの関係を描いている。セリーヌという、年長の思いやりのある女性がいれば、死にかけている老人を見舞う若い姪もいるし、カイリー・ミノーグ演じる大恋愛の相手もいる。エヴァ・メンデスは魅惑、エロティシズムを象徴している。とはいえ今はこうして答えているけれど、映画を作っているときはそんなことは考えていなかった。この映画は本当に、すぐに頭に浮かんだものなんだ。どうやって組み立てたかはよく覚えていないけれど、とにかく人生の異なる顔を、あるいはもしかしたら僕の人生の異なる面を見せたいと思った。そしてセリーヌは、いわばギリシア神話で冥界の河、ステュクスの渡し守をする闇と夜の息子、カロンのようだ。エディットの顔つきはとても印象的で、ちょっとデスマスクのような雰囲気がある。だから彼女が微笑んだり笑ったりすると、突然そこに生命が感じられて驚かされる。彼女を撮るのは喜びだった。

──ポンヌフを見晴らす工事中のデパート、サマリテーヌでのドニ・ラヴァンとカイリー・ミノーグのシーンは、『ポンヌフの恋人』のアレックスとミシェルのその後と考えずにはいられませんが……。

LC うん、たぶんあのエピソードが一番、僕自身に関連したものだろう。最初僕はジュリエット(・ビノシュ)にあのヒロインの役を頼んだ。でも僕らは喧嘩をした。僕の記憶では、最初はオリジナルの曲はなく、僕が好きなフレンチ・シャンソンのいくつかの断片を集めて、ドニとジュリエットがサマリテーヌでデュエットするというものだった。でもそのあとで僕はまったく書き直した。そして英語の歌を、ディヴァイン・コメディのニール・ハノンとともに書いた。

カイリーの名前は知っていたけれど、彼女の歌のことはあまりよく知らなかった。教えてくれたのはクレール・ドゥニだ。クレールはカイリーに会ったことがあって、とても気に入っていた。それでジュリエットからカイリーにバトンタッチして、僕は初めて映画のために歌詞を書いた。カイリーはプロのシンガーで、その声はほとんどソプラノだ。とても謙虚な人だったよ。アシスタントも誰も付いてこなかったし、ホテル代や飛行機代も自分で出すとまで言ってくれた。一緒に仕事をして素晴らしい経験になったし、彼女のことは大好きだ。それに誰かが歌うシーンを撮影したのは、僕にとって初めての経験となった。

──本作の中盤でドニ・ラヴァンとミュージシャンたちが演奏する「L'Entracte(幕間)」は、あなたの音楽への愛が実現させた素晴らしいシーンだと思います。同時録音されたそうですが、どのようなプランで撮影されたのでしょうか。

LC 僕はフィクションではない、音楽の純粋な喜びやエネルギーのためだけのシーンが撮りたかった。以前アメリカ人の友人が、ルイジアナのニュー・オリンズにいる自分の家族のところへ連れて行ってくれたことがあって、そこで僕はジデコ(Zydeco)という音楽に出会った。しばしばアコーディオンを伴った素晴らしい音楽で、とても心を惹き付ける。「アコーディオンは楽器としてまだその真価が認められていない」と感じた。フランスではアコーディオンと言えば、大衆的なダンスホールやエディット・ピアフや大道芸などの音楽でしか知られていない。子どもの頃、バルバラのコンサートを観に行って、アコーディオン奏者のロラン・ロマネッリが大好きになった。でもアコーディオンの音が、とても喜ばしい鼓動を持ったロックにもジャズにもケイジャンにもなるのだということは知らなかった。

この「L'Entracte」のために、まず十二か十三台のアコーディオンによるオーケストラを作った。それから一、二台のエレキギター、ベース、いくつかのパーカッションを加えた。僕らは教会でワンシークエンスを長回しで撮影した。だんだんと人数が増えて大きくなっていく感じにしたかった。それはムーブメントが大きくなったり、立ち止まったり、また動き出したりする、純粋な音楽の喜びだ。ちょうど『汚れた血』のなかで、デヴィッド・ボウイの曲にのってドニがダンスをしたときの試みに近い。それは苦しみなのか喜びなのか、どうやって発展するのか、ということを考えた。

——ドニ・ラヴァンの俳優として、また人としての成長はどのように感じられましたか。

LC 日本で『メルド』を撮りながら、僕はドニが変化したことを理解した。「僕が二十歳や三十歳のときに知っていたドニよりもさらに豊かになっている。彼とまた新しい映画を撮らなければいけない」と。でも『ホーリー・モーターズ』で車のなかの父と娘のシーンを想像したとき、ちょっと不安を抱いた。どう演出していいかわからなかったし、ドニが父親を演じることができるかも不安だった。それは僕ら二人にとって新しいことだった。僕はそれまで〝真の関係〟というものを描いたことがなかった。むしろ理想や幻想の関係ばかりで。映画における〝心理性〟を僕は好きじゃない。でもこの映画ではちょっと試みた。それで思ったのは、ドニは今や何でも演じられるということ。以前だったら、あの父親のシーンは演じられなかったかもしれない。まだ父親になっていなかったからという意味ではなく、俳優というよりはむしろダンサー、パントマイムやアクロバットの人であり、それが僕の映画に合っていた。でも今日では、彼は何でも演じられることを理解した。それは感動的なことであり、安心させられることだった。

——あなた自身がもし父親にならなかったら、『ホーリー・モーターズ』の父と娘のシーンは想像できたと思いますか。

LC　あのシーンは、僕が読んだある小説から連想したんだ。父親は自分の娘がパーティで人気者になれなかったことを知って屈辱を感じ、彼女を罰しようとする。ふだんは心に残ったものをメモするんだけど、これは記憶にあるだけで、この小説が何だったかどうしても思い出せない。もしかしたら、娘を持つ前に読んだのかもしれない。でも娘を持ったことで興味を掻き立てられた。この映画を撮っているとき、娘はまだ六歳で、映画のなかの娘は思春期ではあるけれど。でもドニには当時、三人の思春期の娘が居た。僕が父親を描く場合、いろいろな質問をして怖がらせるような父親像になる。というのも僕自身が、悪い父親となることを恐れているから。『ホーリーモーターズ』では、悪い父親の側面を表現した。『アネット』は、またちょっと別の側面だ。

——『ホーリー・モーターズ』であなたは、モーション・キャプチャーを用いたシーンを撮影しています。デジタル等の技術の発展についてあなたは今日、よりオープンになっていらっしゃるのでしょうか。

LC　以前よりもさらに、ということじゃない。もしジャン＝イヴ（・エスコフィエ）が生きていたら、あのようなシーンを撮ったかわからない。たぶんデジタルで撮ることもなく、フィルムにこだわっただろう。でも変化や発明というものにはとても興味がある。不安にさせられもするけれど、興味深いものだ。だから状況がそうさせるのであれば、新しいことを試すのは厭わない。

——あのシーンは奇妙にも、エドワード・マイブリッジやエティエンヌ＝ジュール・マレーの写真など、映像の初期の時代を彷彿させます。

LC　うん、マイブリッジやマレーはすでにすべてを発明していたということだね。原動力（モーター）／アクション／筋肉というアイディアは僕にとってとても惹かれるものだ。

——モーション・キャプチャーという最新の技術を使って、逆説的に初期映画への回帰、あるいはそれについて考えさせるというアイディアが頭にありましたか。

LC　たぶんこの映画で僕が示したかったのは、新しい技術というものはより機械的で、顔や身体やその動き、それによるリスクや原動力を失って行くということ。モーション・キャプチャーの技術そのものが悪いわけじゃない。でもそれは我々を怠け者にさせる。我々はコンピューターのボタンを押すだけの存在になってしまう。

マイブリッジのような人はちょっと常軌を逸していたのかもしれない。当時ギャロップする馬を撮影するなんてことは、とても困難だったろうから。そしてすべては飛翔する馬の足の動きを明確にすることが目的だった。モーション・キャプチャーで僕らは同じような興奮を味わえない。そこにはどんな熱狂もない。プログラムが詩情を生み出すことはない。『ロード・オブ・ザ・リング』シリーズなどを観ても、僕が興奮させられるようなものはそこにはない。最近の映画における発明を挙げるなら、『マトリックス』(一九九九)の〝バレット・タイム〟で時間が止まったりスローモーションになり、〝時間の周りをめぐる〟ことができるというもの。それはとても詩的で目眩のするような素晴らしいことだ。でもそうしたアイディアはすでに十九世紀のクロノフォトグラフィにあった。今日、こうしたテクニックは煩瑣《はんさ》に見られる。何か新しいことを発明しなければならない。いつかそれに挑戦してみたいと思っている。

—もっとも、あなたの映画におけるモーション・キャプチャーはとてもエロティックだと思いますが。

LC エロティックなのは生身の身体だ。僕はドニとズラタという曲芸師の男女を組み合わせることにした。彼らはパフォーマンスをするがモーション・キャプチャー用のスーツを着たその身体は僕らには見えない。でもカメラがパンをすると、僕らが最終的に目にする3D画面へと移行し、その結果二匹のモンスターが交尾をしているように見える。僕は一般的にアニメーションや3Dなどは好きじゃないが、この場合はとても面白いと思った。ドニと赤い服を着た女性がモンスターになる。ちょっと『モダン・タイムズ』(一九三六)のなかのチャーリー・チャップリンのごとく、ドニと彼女は機械を埋める現代の労働者になるんだ。

—そういえばあなたはかつて、スーパーヒーローの映画を撮ってみたいともおっしゃっていましたね。

LC 僕が子どもの頃、『ストレンジ(Strange)』という雑誌を購読していて、そこにはスパイダーマンやアイアンマンなどのスーパーヒーローものが沢山載っていた。彼らの物語を読むのは楽しかった。でも実際、自分がスーパーヒーローものを撮るとしたらと考えると、また間抜けになったような気がする。「何か独創的な特殊能力を発明しなければ」と思うけれど、アイディアが湧かない。強くなったり飛んだり、熱くなったり冷たくなったりするのはもう、興奮するようなことではないから。いつかもし興奮するような特殊能力を思いついたら、やりたいと思うだろう。でもたぶん、そのためには神になってみないとだめだな(笑)。

―スーパーヒーロー映画に惹かれるのは、身体の動きという点からなのでしょうか。

LC うん、コレグラフィという観点だね。僕が好きな映画のなかに『クロニクル』(二〇一二)という作品があって、特殊能力というのものを真剣に扱っている。若者が新しい力、飛ぶことができるようになるというとてもシンプルなものだけど。ふつうスーパーヒーローものでは、彼らは超能力をすぐに使う。スパイダーマンは一〇分で自分の能力を発見して、通りに出てビルを登ったりする。でも『クロニクル』では、彼らがその力を発見することにほとんど映画が費やされ、そこが面白いと思う。超能力に喜ぶのも束の間、それがカオスを引き起こす。

―『ホーリー・モーターズ』もしかし、SF的な要素がありますよね。

LC 僕にとって映画はすべてSFだ。映画の科学、その変容、マジックと同時に技術の発明とその進化こそ興味深い。僕は一秒二十四コマのフィルムに愛着がある。とくに映像のなかの目に見えない二十四の黒い穴。『ホーリー・モーターズ』では、映画の科学は映画のフィクションになり得ると考えた。SFというジャンルを考えるとき、それはSF映画というわけではまったくない。あるいはサイエンスよりもフィクションが多い映画というか。科学は原動力であり、フィクションは神聖なものだ。ホーリー・モーターズは神聖な原動力(モーター)なんだ。

―本作でリムジン同士が話しをするユーモラスなラストは、どこから思いついたのでしょうか。

LC 『ホーリー・モーターズ』という題名を思いついたときに想像したと思う。これがガレージの名前でそこでリムジンが眠るということを想像した。大きな倉庫に、一日の終わりにすべてのリムジンが戻ってくる。それで「題名をホーリー・モーターズにするなら、モーターの音を聞かせるべきだ。彼らに喋らせるべきだろう」と思った。彼らは眠る前に何を喋るか？　彼らもまた僕らのように、もはや時代遅れとなり、無用の長物となって消えることを恐れているんだ。

『アネット』(二〇二一)

—『アネット』はスパークスの原案に拠るものですが、彼らはそれ以前に、自分たちのアルバム『The Seduction of Ingmar Bergman(イングマール・ベルイマンの誘惑)』(二〇〇九年)を映画化するアイディアをあなたに持ち込んでいたそうですね。まず彼らとの出会いについて聞かせて下さい。

LC　たしかスパークスはスウェーデンのラジオ局のためにそのアルバムを作曲していたのだと思う。最初に会ったのは、『ホーリー・モーターズ』の翌年のカンヌ国際映画祭だった。彼らは、五〇年代のハリウッドが舞台のそのプロジェクトを映画化する監督を探していた。僕は彼らに、「僕には向いていない。時代ものは僕には撮れないし、イングマール・ベルイマンという人物についての映画なんて撮ることができない」と言った。一、二ヶ月後、彼らは『アネット』の数曲を持って、再び僕に連絡をしてきた。その時点で、主要人物たちと物語の基本の輪郭はすでに書かれていた。

—その後あなたと彼らは、どのように脚本を膨らませて行ったのですか。

LC　僕は子どもの頃からスパークスが好きだったけれど、むしろ七〇年代の彼らの音楽のファンだった。ロサンゼルスに生まれ育ったメイル兄弟の音楽は、華やかなファンタジー・ポップだ。でも華やかさのなかに多くの皮肉があって、彼らの音楽、その世界観に似合っている。でも皮肉が映画にとってつねに興味深いとは限らない。それは危険にもなるし、それが僕を不安にさせた。

スパークスが考えたシナリオではすでに、ヘンリーはスタンダップ・コメディアンでアンはソプラノのオペラ歌手だったが、その仕事の場面は出て来なかった。まずは僕がこの二つの世界に興味を持たなければならなかった。スタンダップのショーはすでに知っていたし、つねに僕の興味を掻き立ててきたけれど、オペラについては何も知らなかった。それでリサーチを始めた。それから舞台上と舞台を降りたときのヘンリーのキャラクターを作り上げなければならなかった。シナリオの中では、成功していたショーが突如人気を失うものの、その理由については書かれていなかった。僕の大きな課題は、ヘンリーを創造して、彼の二つのショーとその転落を書くこと。と同時に、アネットの存在もより大きくすることだった。たとえば彼女の誕生のシーンや、ラストの刑務所のシーンを加えたり。僕はまた、アンのパートも増やしたかった。でもマリオン・コティヤールがアン役に決まったのがとても遅く、撮影に入る三ヶ月前だったから、彼女のために何か付け加える余裕がなかった。それでもマリオンがプールと自分の寝室で歌うシーンと、ヨットの中で子守唄を歌うシーンは、彼女のために書き加えた。

スパークスと僕は、歌詞についてずいぶん一緒に考えたよ。彼らは最初からすでに曲を用意していたけれど、歌詞は異なるものだった。一曲だけオリジナルのまま何も変えなかったのは、〈We Love Each Other So Much〉だ。たとえば〈So May We Start〉は、曲はすでにあったけれど、歌詞は半分ぐらい僕が書き換えた。それから他の多くの曲は、途中で出来上がった。たぶん全部で八十曲ぐらいあって、映画に使用したのはその半分ぐらいだと思う。

——ヘンリーのスタンダップ・コメディのセリフもあなたが書いたのですか。

LC　セリフの部分はすべて僕が書いた。歌詞だけ僕とスパークスの共作だ。

——ヘンリーのキャラクターはとてもダークで、自己破壊的です。こうした暗さはすでに最初から設定されていたのですか。

LC　スパークスが書いたオリジナル版ですでに、ヘンリーのキャラクターはとてもダークだった。彼は妻をヨットの上で殺し、あるいは少なくとも妻を救わず、さらに指揮者まで殺す。それでもどこかまだ、ヘンリーは本当に存在するとは言えなかった。僕は「ヘンリーはもうすぐ殺人を犯す。そんな人間は、それ以前どんな風であり得るだろうか?」と考えた。スパークスが提案した話から出発して、実際はもっと皮肉っぽさと軽妙さが薄れていった。なぜダークな方向に行くのかはわからない。僕はヘンリーがそれらしく見えるように創造しようとしたまでだ。僕自身は今でもそこまでダークだとは思わない。ヘンリーは自分のショーですべてを晒す。あたかも彼は〝超自我〟を持っていないかのように、抑制しない。彼は完璧に裸だ。「僕は妻を殺した」と語ったり、観客の前でまるで精神分析医に語るみたいに話す。それは滑稽なトーンであり、ダークなことを語り、それについて笑わせるためのものだ。優れたスタンダップ・コメディはすべてそうだ。レニー・ブルース、アンディ・カウフマン、ルイ・C・Kやリチャード・プライヤーなど。

―ヘンリーとアネットの父と娘の間柄にはとても心を動かされるものがあります。あなたはまさに冒頭で娘さんのナスティアさんとともに登場されていますし、この映画自体を彼女に捧げています。そのようにプロジェクトをできるだけ自分のものとすることは、大事なことでしたか。

LC もちろん。それは僕が最初にスパークスに伝えたことだ。「あなた方の企画と音楽がとても気に入りました。これらのメロディとリズムで歌う人々をフィルムに収めたいと思います。でも僕が映画にするためには、どのようにすべてを具体化するか、映像に写すもの、耳にする旋律、言葉、すべてを自分自身で見つけなければならない。そうでないと、どうやって映画にしたらいいのかわかりません。もしあまりピンと来ない曲や、自分で本当に信じられないものがあったら、僕は映画にできないでしょう」。でもほとんどにおいて、僕らは容易く仕事をした。お互い納得しない場合もあったけれど、多くはなかったし、長く続いたわけじゃない。彼らはとても寛大で仕事が早く、自分たちの音楽を知り尽くしていた。お互いに信頼を得ることができたよ。

―映画が始まる前に、あなた自身の声によるイントロダクションが流れます。とてもユーモラスであると同時に、挑発的でもありますね。

LC オペラではしばしばプロローグがある。僕はアメリカのミュージカルに革新をもたらしたスティーヴン・ソンドハイムが大好きだが、彼が書いたミュージカルの一つのイントロダクションに、「観客に向けた願いと助言」という素晴らしいものがある。僕はそこからヒントを得て、「僕も同じように観客に話しかけよう」と思った。でも異なるのは、『アネット』はステージではなく映画であること。でも僕はこれまでそんなことをした経験はなかったから面白かったよ。以前は観客のことなんて考えたことがなかった。

――そのイントロダクションのなかであなたは観客に、「上映中の呼吸は一切禁止です」と語りますが、俳優やオペラ歌手がいて、さらにミュージカルである本作自体が、呼吸のメタファーと言えるのではないでしょうか。

LC　オペラは高貴な芸術と目されるが、コメディはより低い大衆的な芸術とされる。両者の観客は同じではない。このコントラストは興味深いものだ。その一方で、二つの芸術の一致する点もある。歌うこと、笑わせること、それらは人々の前で自分を曝け出すことだ。そして歌うことが呼吸をすることなら、笑いは呼吸のアクシデントとでも言うものだ。僕はこうした要素をすべて活用したかった。そこからプロローグのアイディアを思いついた。で、偶然にもこの映画が出来上がる前にＣＯＶＩＤ－19が発生して、あのプロローグはさらに意味を持つようになった。というのも、いまや隣人の近くで大きく息を吸うなというアドバイスがあるわけだから。

――先ほどオペラの世界は詳しくなかったとおっしゃっていましたが、アンをポップ・ミュージシャンに変えるという誘惑には駆られませんでしたか。

LC　オペラの世界をよく知らなかったからこそ惹かれたんだ。と同時に、オペラなら、セットの中にまたセットを作ることができる。そこからアンがアリアを歌うシーンのアイディアが生まれた。彼女は森のセットの中で歌い始め、そこから奥の森に踏み込んで行く。それによって残りのシーンも連鎖的にオペラチックなフォルムにすることできた。たとえば嵐のシーンは、本物の海で本物のヨットを使って撮る必要はなかった。それに出来上がった映画は僕にとって、ミュージカル映画よりもオペラに近い。ダンスシーンはない。オペラのように歌のシーンがあるだけだ。

――同時録音で撮影されたということで、技術的には難しかったと思うのですが、どうして〝ライヴ〟にこだわられたのでしょうか。

LC　僕はつねに俳優を生音で撮影したいと思う。古い映画で後からアフレコされているものも好きだから、いつか自分でも試したいとは思うけれど、それは別の種類の仕事だ。『ホーリー・モーターズ』ですでにカイリー・ミノーグが歌うシーンを同時録音で撮影した経験もあった。まあ彼女はプロのシンガーで俳優とは異なるけれど。『アネット』ではプロの歌手を起用しなかったから、彼らが歌うときに生まれる脆さを生かしたいと思った。

　人々が実際に動きながら歌っているのをカメラに収めるのは、とても美しいと思う。単純に僕やスタッフにとってそれは心を動かされるもので、集中力をもたらされる。それに俳優は歌うことで不安定になり、新しい顔が見える。『アネット』ではよく知られた俳優を起用して――通常それは僕の好みというわけではないけれど――、彼らにとって未知の領域である、歌うことによってある意味、キャストの誰もが平等の立場になったというか。誰もが謙虚になったと思う。

―あなたはまた、ミュージカル映画という形式は監督に多くの自由を与えてくれると語っています。たしかにあなたのミュージカル映画は、ハリウッドの古典的ミュージカルとは異なるものですね。技術的に考えれば、ミュージカルを撮ることはより複雑で制約が多くなりそうですが、あなたの言う自由とは、物語を語る方法、という意味なのでしょうか。

LC　僕は自分を〝俳優を演出する〟監督とは考えていない。今回は僕がよく知らない俳優たちとの仕事で、それは僕にとってとても稀なことだ。僕はキャストの誰のことも良く知らなかった。でも音楽にずいぶん助けられたと思う。音楽こそが俳優を導いてくれたのであって、僕ではない。で、それによって僕と俳優のあいだもとても自然で自由な関係となった。彼らは歌うことで不安定になったがゆえに、オープンで協調性があった。率直に言って僕は俳優に対して大したことはしていないよ。『アネット』は僕にとってもっともシンプルな撮影だった。もちろん技術的には複雑だけど、人間的にはとてもやりやすかった。

―アダム・ドライバーは今回プロデュースも手掛け、プロジェクトの救世主とも言える存在ですが、彼とのコラボレーションはこれまでの他の俳優と比べてとくに異なる点はありましたか。

LC　彼を〃突き動かしているもの〃が何なのか、正直僕にはよくわからない。僕との仕事を気に入ってくれていると感じられたし、僕も彼と仕事をするのが好きだった。でも理解できたわけではなく……。アダムとドニ・ラヴァンにはちょっと共通点がある。とくに二人とも、つねに仕事をしていないとだめな点。ドニはいつも舞台や映画、詩の朗読などをやっているし、アダムもつねにプロジェクトがある。二人とも舞台上ではアニマルだし、仕事のアニマルだ。僕にとってはその感覚はとても不思議なものだ。「なぜつねに演じることを必要とするのか。もし中断することになったらどうなるのだろう？」と。それでも生まれながらの俳優であるようなドニの方が、アダムよりは少しわかる気がする。

——俳優として、アダム・ドライバーはどのようなタイプですか。

LC　彼はどんなシチュエーションにも対応できると思うけれど、そのやり方はとても対照的なものを含んでいる。たとえば、彼はこちらの提案や状況に関して激怒しているときでも対応できるし、素晴らしい演技をすることができる。彼の場合、怒りはいい演技をする妨げにならないし、楽しんでいるときもいい演技ができる。それらは演技の原動力になっているんだ。彼の頭のなかがどうなっているかはわからないが。でも撮影で三、四ヶ月ずっと一緒に過ごしたから、僕は彼との仕事のこつを覚えた。素晴らしい演技を引き出すために彼を安心させるのか、不安にさせた方がいいのかもわかるようになった。思うに彼は僕と同様に、仕事においてカオスと緻密さの両方を必要としているのだろう。

——もともと彼に惹かれた決め手は何でしたか。

LC　テレビシリーズの『GIRLS／ガールズ』だ。彼の作品はそれしか観たことがない。スパークスから連絡がある前に観ていた。このシリーズを観て、「この変わった男は誰だ？」と思っていた。彼はまるでゴリラというか、奇妙で可笑しいキングコングのようだった。僕は猿が大好きなんだ(笑)。小さい頃に何匹も飼っていた。ドニもまた僕にとってはどこか猿のような要素がある。ともかくこのシリーズを観て、頭の片隅にアダムのことが残った。「いつ

『アネット』

か彼のことをフィルムに収めたい」と。

スパークスが『アネット』のことで連絡をしてきたときは、ヘンリーをアダムよりもっと年上のキャラクターとして考えていた。僕が初めてアダムに会ったのはたぶん彼が三十歳の頃だったと思うが、四十から四十五歳ぐらいの、ホアキン・フェニックスぐらいの年齢をイメージしていた。でもアダムと最初に会ったときにお互い「ウイ」と合意した。で、ようやく撮影にこぎ着けたとき、アダムは七、八歳年を取っていたんだ。

――当初アン役には、複数の女優の名前が上がっていましたね。マリオン・コティヤールに至った経緯を教えてください。

LC 最初、アンはアメリカ人という設定だった。多くの女優に会ったよ。アメリカ人はもちろん、イギリス人、オーストラリア人等。女優だけではなくシンガーも候補に考えた。でも満足できなかった。アンに出会えなかったんだ。それから「アメリカ人である必要はない。どこの人間でも、ロサンゼルスに住んでいるという設定ならいいじゃないか」と考えた。それでマリオンが出た、フェリーニの『8 1/2』(一九六三)のアメリカ版リメイクであるミュージカル

『NINE』(二〇〇九)を観たことを思い出した。映画はまったく頂けないものだったが、彼女は光っていて、歌も巧いと思った。それまでマリオンと撮るなんてことは考えたこともなかったけれど——というのも僕はつねに、フランス人スターを主役にするのは避けていたから。それでもとりあえず彼女に会ったところ、とても惹かれた。そしてアダムとカップルになるのは面白いと思った。彼女はアダムより年上で、それはエディット・ピアフと恋人のテオ・サラポを彷彿させた。彼はピアフの二倍ぐらいあって、年下だった。でもマリオンに会った当時彼女は妊娠していたから、撮影は叶わなかった。でも不幸中の幸いというか、資金やプロダクションの関係で撮影は遅れたから、最終的にマリオンに出てもらえることになった。

—彼女とはどのように仕事をしましたか。アダムとはまた違ったやり方でしたか。

LC 仕事をしているときのマリオンはとてもミステリアスだ。オンとオフでは、彼女は同じ人物ではない。でも僕にとっては、一緒に仕事をするのはとても容易だった。多くを話す必要もなく、安心させる必要もない。彼女には驚かされた。素晴らしい経験だったよ。

—アンの短髪に関しては、何かレファレンスはありましたか。個人的にはジーン・セバーグを彷彿させられましたが。

LC この映画のなかでアンは髪型を何度も変えている。長髪、短髪、赤茶色、茶色。オペラの舞台上はほとんど赤だ。映画のなかの短髪のイメージといえば僕にとっては、カール・Th・ドライヤーの『裁かるるジャンヌ』のルネ・ファルコネッティと、ジャン＝リュック・ゴダールの『勝手にしやがれ』(一九六〇)のセバーグ。短髪の女性には特有の美しさがある。『ボーイ・ミーツ・ガール』では、最初は長髪のミレイユ・ペリエが途中で髪を切る。『ホーリー・モーターズ』では、カイリー・ミノーグは短髪で登場するけれど、後でそのカツラを取ると長髪になる。そして『アネット』ではマリオンが様々に異なる長さの髪型で現れる。女性の髪の毛というのは、ちょっと洋服を着替えるのと似ていると思う。髪の毛を短くすると、顔は突然晒される。それは悲痛にも、エロティックにもなり得る。『アネット』は間違いなく、僕の映画のなかでもっともカツラや付け髭を使った作品だと思うよ。おそらく『ホーリー・

モーターズ』よりも多く。

——さらにアンがいつも食べている林檎ですが、これはやはりアダムとイヴの禁断の林檎に由来しますか。

LC 僕は映画を撮るとき、想像を働かせる一方で、リアリティに対するリサーチもおこなう。叙情的なソプラノのオペラ歌手を撮る場合、リアルな歌手を撮る必要はないけれど、それでも実際のソプラノ歌手について知る必要がある。だから『アネット』では複数のソプラノ歌手に出会って、彼女たちの生活について尋ねた。朝どんな風に起きて、どのように眠るか、何を食べるか、どうやってその声を保つか、病気にならないために何をしているか、など。そのなかで誰もが語っていたのが、水をたくさん飲むことと、林檎をたくさん食べること。もちろん君の言う通り、アダムとイヴのストーリーゆえに林檎を考えたと言える。〝アダム〟・ドライバーと〝イヴ〟・コティヤール。それに「白雪姫」では林檎には毒がある。こうした偶然も伴ったすべての要素が揃ったとき、僕はこの映画が存在し始めたと感じた。そして血のように真っ赤な林檎をマリオンが手に持っているのを、撮らずにはいられなくなった。

——刑務所に入ったヘンリーの顔の痣も特徴的ですが、アンによる怨念と考えずにはいられません……。

LC マリオンはおでこに黒子《ほくろ》があって、僕はそれを気に入っていた。でももちろん、彼女の映画で僕らはいつも観慣れているわけだ。マリオンを選んだとき、それはある意味、彼女の黒子を選んだことにもなる。でもそれはたとえば衣装やカツラのように、彼女が他の映画から持ち込んだもののようでもあると思った。それで僕は、だったらもう一つ黒子を足してみようと思い、首に付けることにした。それから、アダムにもマリオンの黒子に匹敵するような何かを加えられないかと思い、あの痣を付けることにした。『ホーリー・モーターズ』で僕はミシェル・ピコリの頭に赤痣——ミハイル・ゴルバチョフのような赤茶の痣を付けた。今回メークを担当したベルナール・フロシュに、ヘンリーの顔の赤痣のことを相談したらベルナールは「人によってはトラウマや極度の苦悩によって、痣が時間とともに大きくなることがある」と教えてくれた。それで僕らは、アダムの顔の痣が時とともに、まるで蟹が顔に広がっていくようにした。最初はほとんど見えないものが、だんだんと大きくなっていく。悪魔の印とも、罪悪感の表れとも考えられる。それはヘンリーを徐々に食い尽くして行くんだ。
　僕にとって子どものときからとても重要だったものに、ナサニエル・ホーソーンの『あざ』という小説がある。優れた科学者が頬に小さな痣のあるとても美しい女性に恋をする。彼は恋いこがれて彼女と結婚するが、やがてその痣が気になって仕方がなくなり、ついに彼をぞっとさせるその痣しか目に入らなくなる。それで実験室に籠って、そのおぞましい痣を消す薬を開発しようとする。ようやく彼が魔法の薬と思えるものを開発し、妻に飲ませたところ、彼女は死んでしまうという物語。僕はこの痣の話、恐ろしくも危険な完璧さの追求にずっと魅了されてきた。もしかしたら僕自身が、狂った科学者のようになるのを恐れているからかもしれない。

――あなたはアネットを、アニメーションでもCGI(Computer Generated Imagery)でもなくマリオネットにすることに、大変こだわっていたそうですが、それはなぜですか。

LC　興味を掻き立てられ、心に留まる企画というのはつねにどこか、不可能に見えるものがある。想像できないもの、構築できないもの、あるいは予算が集まらないもの。『アネット』はいろいろなことが不可能に見えた中で、最大の難関がまずアネット自身だった。〇歳から五歳の赤ん坊が見事に歌う。まず本物の赤ん坊で実現できるはずもない。
　CGIや3Dやアニメーションは避けた。自分がコントロールを失う気がしたから。撮影後のポストプロダクションですべて行なわれるか、あるいは撮影で感情の欠けたものになるか。自分がコンピューターでプログラムされたロボットの少女と何か関係を築ける気がしなかった。だから僕や俳優たちが実際に眺められて、触れることができ、その腕に抱くことができる、何かリアルなものを見つけなければならなかった。僕にとってその唯一の解決策がマリオネットだった。僕はマリオネットのアートについては門外漢だったけれど。マリオネットなら、何か高貴で美しいものが望める。と同時にそれは、とてもシンプルで原始的で、どうやって動くか僕が理解できるものでなければだめだった。木や紙で作られた心棒やヒモがあるような。次の難関は、誰かそれを作ることが出来る人物を探さなければならないことだった。最初はアメリカで、それから日本で探し回り、最終的にフランス人のカップルのエステル・シャルリエとロミュアルド・コリネを見つけた。彼らをすぐに信頼することができたし、僕はとてもラッキーだったと思う。こうしてあのアネットが出来上がったわけだ。

――アネットが月の光によって歌い出すというのは、あなたのアイディアだったのでしょうか。

LC　いや、それはスパークスの最初のバージョンにすでにあった。彼女が初めて歌うのが、ヨットが遭難して打ち上げられた島というものだった。それから僕が、ヘンリーが買ってきたランタンのシーンを書き加えた。映画のために、あの魔法のようなランタンを創造するのは楽しかったよ。あれはマジック・ランタンやゾーエトロープといったかつての装置を彷彿とさせるものだ。

――ヘンリーとアネットが漂着した島は、まるで他の惑星のようで、ちょっと「タンタン」の世界を彷彿とさせられました。

LC　うん、あれはタンタンの『ふしぎな流れ星』が入っている。僕自身の子ども時代と、一般的な子どもの世界とタンタン、それにオペラの世界の混合。すでにヨット自体が非現実的なものだ。僕はアダムに、ハドック船長の帽子を被ってもらい、マリオンにはタンタンのアノラック（フード付きのアウター）を着てもらった。タンタンは僕の作品につねにちょっと関連している。とてもインスパイアされるんだ。ヨットと海と島は、ブリュッセルにある同じスタジオの中で撮影された。どれも作り物ゆえに、全体の調和が求められた。それは撮影監督のキャロリーヌ・シャンプティエとセット・デザイナーのフロリアン・サンソンの功労に拠るものだ。

――まさにキャロリーヌ・シャンプティエの撮影による映像が本当に素晴らしいですが、彼女とはどのようなプランを立てられたのですか。

LC　キャロリーヌはいつも「私はサイレント映画を撮る」と言っていた。彼女は音楽の仕事には興味がない。一方、僕は「キャロリーヌとサイレント映画を作り、それから俳優やスパークス、音響スタッフらと音楽映画にしよう」と思っていた。キャロリーヌは三年前から準備を始め、僕らはさまざまなカメラ、レンズなどを試し、ヨットやスタジアムの模型を使ってずっと準備をしていた。だから撮影のときにはもう、あまり話し合う必要もなかった。三年ものあいだ長い滑り台の上にいたから、もうあとは水に飛び込めばいいだけだった。

撮影はシンプルでいて、歌や音楽がなくても面白い映像でなければだめだった。すなわち各シーンに強力な要素がなければならない。光、コントラスト、アングルなど。キャロリーヌといろいろなことを創造するのはとても楽しかったよ。僕らは『ホーリー・モーターズ』でもすでに組んで、各シーンをほとんど異なる映画のように撮影した。今回もちょっと似ていた。とはいえ、それぞれ現実味の度合いが異なるから、全体を通じて調和が取れていないといけない。俳優たちがロサンゼルスの通りにいたかと思えば、続くシーンではベルギーのスタジオやドイツの通りにいたからね。

僕が心配したのは、多くの歌があるから、観ている方はまるでずっと鳴り響くジュークボックスのように、息をつく間もなく疲弊するのではないかということ。だからセリフや沈黙を入れ込んだ。ミュージカル映画における沈黙は、とても重みを増す。ミュージカルの多くがそうであるように、『アネット』もまた、三つの空間に分けられている。実際の人生、舞台、そして舞台裏。その空間から空間にどう移行するか。たとえばリアリティから非現実的な世界へ、実際の舞台から作りものの海へ、そういった点においてキャロリーヌと大いに冒険をした。

——ヘンリーの着ている緑のガウンに、ジャック・ドゥミの『都会のひと部屋』(一九八二)でミシェル・ピコリの着ている緑のスーツを想起させられました。この映画はセットでも緑が基調になっています。ドゥミのこの映画もあなたの映画と同様に、恋と仕事と生活を営む人々の悲劇がミュージカル形式で語られているわけですが、本作は『アネット』に何らかのインスピレーションを与えていますか。

LC　ピコリのコスチュームのことはよく覚えていないけれど、この映画は大好きだよ。本作のピコリは素晴らしい。むしろ彼の赤毛をよく覚えている。ドゥミの映画はほとんどすべて好きだ。僕がミュージカル映画を撮る以前にも、ドゥミはつねに僕の頭のなかにいた。だから無意識でもその影響は僕のすべての映画に現れているかもしれない。

——本作は英語による映画ですが、母国語でない言語で映画を作ることは、どのような経験となりましたか。

LC　撮影前に英語で書くことがまず、大きな喜びだった。歌詞やセリフ、ヘンリーのショーの台本など。僕はつねに英語の映画を撮りたいと思っていた。英語は僕の第一言語だ。僕はフランス語よりも前に英語を話していた。フランスでずっと暮らしてきたからちょっと英語力が鈍ってきたけれど、本を読むのは英語の方が多いし、僕が聴く多くの音楽は英語だ。『アネット』の後は、フランス語に戻るのがちょっと難しいだろう。本作の英語の仕事や歌がとても気に入ったから。音楽と英語は、僕を別の場所に誘い、解放してくれる。

——『アネット』では、ヘンリーとアンの出会いは描かれません。つまりあなたのこれまでの作品にあったボーイ・ミーツ・ガールの瞬間は描かれず、映画が始まった時点ですでに二人は恋仲になっています。そのような物語の描き方の選択には、どんな意図があったのでしょうか。

LC　スパークスの原案がすでにそうなっていたんだ。たしかに僕のこれまでの映画とは異なるから、むしろそこに惹かれた。映画において、カップルが出会ったばかりのところから話が始まるのは稀だ。僕らはいわば出会いを見逃すわけで、ボーイ・ミーツ・ガールの話なのに、もっとも大切な場面に欠ける。どうやってそれを表すか、いかに彼らが出会ったばかりでお互い愛し合っているかを表現すればいいか？　それを考えるのは面白かった。特に二つのシーンに気を配った。アンの舞台公演が終わってから、ヘンリーとともにパパラッチに囲まれるところと、森の中で彼女が愛の歌を歌うシーン。そこに新しい恋における臆病さや困惑、あるいは希望などが見てとれる。と同時に、すべては台無しになるのではないか、裏切られるのではないか、といった恐れや不安も表現されている。

——この映画はまた、マスコミの存在もかなり揶揄していますね。

LC　僕の映画はいつも考え抜いて作っている。マスコミの外からの視線、それはスパークスの原案にあったものだった。最初はそれをキープするかどうか迷った。どう撮ればいいのかわからなかった。再びアイロニーを映画で表現することの難しさを感じた。でも試してみることにしたんだ。そして思いついたのは、当初のシナリオにあったように、テレビのショーにするのではなく、インターネットのニュースのようにして、報道もパパラッチが撮ったヘンリーとアンの写真が出るだけにすること。それによって物語を加速させることができた。アナウンサーの声を伴った子どもたちのコーラスを入れることにした。オペラではよく幕の冒頭に、これから起こる事を二、三のフレーズに要約して歌うことがあるように。とにかく、演出を考えるのは面白かった。

——でも先ほどの全体の調和性という観点からすると、入れ込むのはかなり大胆な冒険だったのではないでしょうか。

LC　『アネット』のような映画の場合、多くのことができると思う。たとえば誰もが歌い出したり、映画のなかでみんながマリオネットと認識することなくマリオネットが出て来たり。アネットが生まれたとき、誰も驚かない。だから観客は、「これはマリオネットであるが、でも……」と思いながら観るわけだ。多くの異なる度合いのリアリティがあり、疑念がある。イギリスの詩人、サミュエル・テイラー・コールリッジが言うところの「疑惑の保留」すなわち「虚構を信じること」が、『アネット』ではもたらされていると思う。たとえば本を読むとき我々は、一旦疑いを保留して物語に浸る。もし実際の人生のように「そんなことは不可能だ」と思ったら、小説を読むことはできないだろう。つまりその世界を信じなければならない。『アネット』では僕自身、どこまで行けるかを楽しんだ。「誰もが歌いながら喋り、マリオネットがいて、ロサンゼルスからブリュッセルのスタジオ、そして真ん中にはショービズニュースを入れよう」というように。

——水辺も、あなたの映画においてつねに重要な場所としてあります。本作でも、ヘンリーとアンの家のプール、海難事故など水辺が悲劇に関わっています。あなたにとって水が象徴するものとは何でしょう？

LC　僕はもう三十年来、水辺の家を探しているが、未だに見つけられないでいる。海や沼、あるいは川に面した家。僕にとっては水が必要だ。川も橋もない街だと息が詰まる。水の美しさや神秘やそれが巻き起こす不安などは別として、なぜだかはわからない。たとえば『アネット』に出てくるプールは考え抜いた。水に対してどんな色合いにするか、どんなライトで、周りにはどんな植物があるか。そしてそれは映画のなかでどう変化するか。それはキャラクターが老いるように変化していかなければならない。とても惹き付けられる問題だった。

——あなたの映画ではまた、しばしば何かの「終焉」が描かれます。人間関係の終わり、人生の終わり、あるいは映画の歴史の黄昏など。少し抽象的な質問ですが、あなたの映画において何かの終わりとはどのような重要性を持つのでしょうか。

LC 映画を作る者なら誰でも、いかに映画を始めていかに終えるべきか、ということを考えるはずだ。それはとても大切なものだ。世界を創造し、世界に別れを告げる。もちろんそこには、生まれてから死ぬまでの人生との類似がある。

僕の最初の作品『ボーイ・ミーツ・ガール』では、映画はそれを表現する役目を果たすという考えがあった。芸術の、映画自体の、人生の、愛の始まりと終わりを探求すること。毎作品ごとが、そのテーマのバリエーションと言えると思う。

——「終わり」ということに関連してですが、最後に刑務所で父と娘が面会するシーンも最初からあなたの構想にあったのでしょうか。

LC いや、それは後から生まれた。プロジェクトがスタートしてから何年か経った、たぶん撮影の一、二年前だったと思う。ずっと僕は何かがこの物語に欠けていると思った。というのもこの企画のなかでもっとも僕が惹き付けられたのは、父と娘の関係だったから。でもスパークスのバージョンでは、父親が娘を利用するという以外には、大したことは書かれていなかった。それであのラストの刑務所のシーンを付け加えたんだ。

——あそこでアネットはヘンリーに向かって、「もうあなたには何も愛するものがない、あなたには何も愛せない」と言います。つまり娘が父親に突きつける決別の、とても厳しい言葉です……。

LC うん、それは誰もが恐れることだ。たとえ親でないとしても、大人同士の恋愛にも当てはまることだろう。でも父親、あるいは母親にとって子どもに「もう愛していない」と言われることは、さらに辛いことだ。でもあそこでアネットは、そうは言わずに、「あなたにはもう私を愛する権利はない……もう何も残っていない、誰も愛する人がいない……だって人を愛することを知らないから」と言う。

僕にとってそれはとてもひどいことだ。

——こうした悲しい作品をあなたが娘さんに捧げるというのは、ちょっと意外な気がしますが……。

LC　いや、少なくとも僕はそう思わない。愛とは、愛されることを信じられなければだめだ。そうでなければそれは大したものにならない。僕は自分の娘に、「この映画は僕らの関係のヴィジョンだ」と言っているわけじゃない。そうではなく、「これは父と娘の関係において怖いもの。この映画で僕が行なったことは、その恐れを探求することだ。お前ならわかってくれると信じている」ということなんだ。

——本作の経験は、あなたに何をもたらしたと思いますか。

LC　最近の三作、『メルド』『ホーリー・モーターズ』『アネット』は、とてもいい環境で作ることができた。僕にとっては新鮮で、素晴らしい経験だった。でも同時に、僕も年をとって、自分の映画が決して大ヒットをすることはないだろうということもわかってきた。もし再び『アネット』のように〝高い〟映画を作りたいと思ったら、たぶん作れなくはないだろうが、さらに困難になるだろう。でも世界のあちこちにいる僕のようなシネアストは、自分たちの低予算の範疇で映画を作り続けることはできるだろう。というのも僕らの映画はよく旅をしてあちこちで受け入れられるし、長生きをするから。出資者も彼らのカタログのなかで、たんに素早く稼いですぐに忘れられる作品だけではなく、長生きするような作品も欲しているはずだ。この後僕自身がどうするか、という点を言えば、「また低予算の作品を撮るか、それとも『アネット』のような英語の大作をまたやりたいという情熱に従うか、あるいはもう止めるのか？」。すべての可能性はある。今のところはまだわからない。

——たとえば以前だったら、今回のように他人の企画を受けて映画を作ることはできたと思いますか。

LC　僕はつねに、誰かが僕を信頼して面白い企画を預けてくれることを願っていた。でもいつも不可能だった。『アネット』では本当に運に恵まれた。僕の好きなスパークスが、音楽と英語と、映画の原動力をもたらしてくれたから。

—あなたは若い頃、ミュージシャンになりたかったそうですね。映画と音楽がもたらしくれるものの違いについて伺えますか。

LC　ずっとミュージシャンか作曲家かシンガーになりたかった。今日でも僕は、音楽に関わる人生こそもっとも美しいと思っている。シネアストは一人では何もできないと同時に、他人とダイレクトに何かを分け合うこともできない。だから映画監督は作品がいつまでも古びずに生き残り、できるだけ遠くまで旅をすることを望む。ひとたび映画ができてしまえば、映画監督は必要とされないから。僕は自分の作品とともに旅をするのが大好きだけど、実際は付いて回ったからと言って大したことをしていないのを自覚している。中国やメキシコで見せたこと「レトロスペクティブ」は、すでに過去のものだ。死んでからでもそれは変わりはない。

一方ミュージシャンは旅をして、直に世界の人々と出会える。彼らが行くところにはつねにピアノやギターがあり、歌を歌うことができる。音楽は本当に素晴らしいものだ。

音楽と文学は僕にとって映画よりも以前に、とても大切なものだった。もしかしたら今はさらに大切かもしれない。もしよく言われるように、無人島に一人で行くことになったら、僕は音楽と本は必要とするけれど、映画は絶対必要だとは言えない。でも映画に救われたことはたしかだ。十六歳の苦しいときに救われ、そしてそれだけが後に僕ができることだったんだ。

第3章

レオス・カラックス——映画を彷徨うひと

協力者たち

Leos Carax

Le Vagabond du Cinéma

Interview

［俳優］ドニ・ラヴァン……Denis LAVANT

レオスは僕らの限界を越えて、僕らをどこかに連れて行く

レオス・カラックスの名声を世界へと広げた「アレックス三部作」は、もちろんドニ・ラヴァンの存在なくしては成立しなかっただろう。カラックスという人物に出会ったとき、作品に身を投げたとき、そこから身を剥がしたとき、そして再び帰還するとき、この一人の俳優はどのような思いと共にあったのか。

聞き手・構成・撮影＝佐藤久理子　SATO Kuriko

――レオス・カラックス監督と初めて出会ったときのことを覚えていますか。

ドニ・ラヴァン（**以下DL**）　はっきり覚えているよ。僕と同じような背格好で、一歳しか違わなくて、瞳が大きい青年だった。当時僕はまだ、フランス国立高等演劇学校（コンセルヴァトワール）の生徒で、映画の仕事はほとんどしていなかった。クロード・ルルーシュやディアーヌ・キュリス、ロベール・オッセンの作品などには出ていたけれど、どれも小さな役だった。たぶん僕のことを、無名の俳優を扱うエージェンシーのファイルで見つけたのだろう。レオスは当時パリの五区に住んでいて、『ボーイ・ミーツ・ガール』（一九八三）のことで連絡をしてきた。最初の出会いはとても簡潔だったよ、その後で複雑になっていったけれど（笑）。僕らはお茶を飲みながらちょっと話をして、彼から『ボーイ・ミーツ・ガール』のシナリオをもらった。すでにとてもよく書かれていたものだった。彼の脚本はつねに小説を読むような楽しみがある。レオスの最初の印象は、たしかに口数は少なかったけれど、感じが良くて飾らない人という印象だった。その後半年ぐらいしてから、予算の工面ができたということでまた連絡がきて、オーディションを受けた。でも自分が演じることになるとは思ってもいなかった。レオスは多くの若い俳優に会っていたから、その中からなぜ僕が選ばれたのかは、まったくわからない（笑）。

――シナリオを読んだ印象はどのようなものでしたか。

DL　自分がやりたいと思うような世界観ではなかった。というのも僕は演劇志向だったから、たとえばシェイクスピアに出てくるような、現実離れした劇的な役を演じたかった。でも『ボーイ・ミーツ・ガール』は僕らと同時代の現実的な話で、主人公アレックスは恋人と別れたばかりの青年だ。ただそれだけではなく、他に詩的な要素もある。たとえばミレイユ・ペリエ演じるミレイユとアレックスの会話に出てくるように、レオ・フェレやバルバラの歌詞が引用されていたりする。バルバラやレオ・フェレはまさに当時の流行で、僕の両親もよく聴いていたから、僕自身もそうしたカルチャーに浸かって育っていた。そういう子供時代の思い出と重なるディテールが脚本にはあって、そこにピンときたんだ。あるいはアレックスが電話ボックスを出て走り出す場面で、舗道の羽目石を交互に飛び越えながら走ったりするような、子供時代を思い起こさせる遊びとか。そんな細部に親近感を見出だして、彼との繋がりを感じた。

彼の映画に出てくるような現実的なキャラクターは、芝居の世界の詩情に浸っている僕からすると遠いものだけれど、だからこそ僕にとっては新しい世界だった。ともかくそれが『ボーイ・ミーツ・ガール』の出発点で、アレックスはどこか僕とレオスのハイブリッドな人物だと言える。

――当時すでに、アレックスという役はレオスの分身であると理解していましたか。

DL　いや、まだわかっていなかった。僕は彼とまったく異なるし。それに、レオスとの最初の出会いはとてもシンプルだったけれど、いったん彼が僕を選んでからの関係はまったくシンプルではなくなった。なんというか、レオスは当時もその後もつねに、俳優に求める要素というものが明確に彼の中にあって、そこに俳優をあてはめようとする。それは『ボーイ・ミーツ・ガール』で共演したミレイユ(・ペリエ)に対しても同じ。たとえば、多くの昔の映画を観るように言われ、特に(D・W・)グリフィスとリリアン・ギッシュの映画だけど、肉体的な動きとしては拘束がありつつ、感情を表現することを望んだ。そういうこだわりを彼は強く持っている。ただエネルギーに任せて演じさせるのではなく、顔の表情なども細かく演出した。出来る限りしかめ面をしたり、むやみに口を開けたりしない、とか。それまで演劇の世界で自由に表現することに慣れていた僕にとっては、新しいことだった。

――それは彼のサイレント映画に対する愛から生まれたものではないでしょうか。

DL　そうだね。音がないサイレント映画における演技はナチュラリズムとは異なる。彼には映像を絵画のように捉える傾向がある。もし口をむやみに開けたら、画面に黒い穴が開いてしまう、というような。映像の審美性に関する並外れた感性と関心があり、それゆえにクローズアップの表情にもこだわりがあって、それは『ボーイ・ミーツ・ガール』から『ホーリー・モーターズ』(二〇一二)まで一貫している。違いは、『ホーリー・モーターズ』のときは、僕の方でもそのことを理解していたこと。この映画でレオスは僕を、ほとんど振付師のように演出した。感情面での演出はまったくなく、動作の指示だけ。でもお互いの仕事は相互

『ボーイ・ミーツ・ガール』 ©THEO FILMS

補完的なものだった。反して『ボーイ・ミーツ・ガール』のときは、僕にとってそうしたことは初めての経験だったからよく理解できなかった。演劇では俳優に戯曲からキャラクターを膨らませる自由や空間があるものだけど、レオスの世界は演技に関して、とても形式的なものが求められる。

──『ボーイ・ミーツ・ガール』のアレックス役に関して、他に参考にするように言われたものはありましたか。

DL 『M』（一九三一、フリッツ・ラング）のピーター・ローレを参考にするようにと言われた。僕は彼が大好きだ。俳優として身近に感じる。あとは覚えていないな。『汚れた血』（一九八六）のときは『ローラ殺人事件』（一九四四、オットー・プレミンジャー）のダナ・アンドリュースを参考にするように言われたけれど、僕にはその関係性がさっぱりわからなかった（笑）。たぶん彼女のすごく簡潔で抑制された演技という点で繋がりがあったのかもしれない。たとえば『メルド』（二〇〇八）のキャラクターは、メイクは派手だが、表現という点ではとても控えめだ。彼は手榴弾をぽんぽん投げて、それが後ろで爆発するけれど、顔の表情は変わらない。

――完成した『ボーイ・ミーツ・ガール』を初めてご自身でご覧になったときは、気に入らなかったというのは本当ですか。

DL 自分の姿にがく然としたよ。映画そのものを気に入ったか？　それもよくわからない。自分が出ている映画というのはつねに、公平に作品として評価するのは難しい。初めて観るときは尚更だ。たとえば『汚れた血』や『ポンヌフの恋人』（一九九一）を観ると、当時のことを思い出す。だからまるで家族のアルバムを観るようにセンチメンタルな視点になってしまう。まして『ボーイ・ミーツ・ガール』の場合、僕は撮影中何も理解できていなかったし、レオスとの関係もぎくしゃくしていた。だから映画を観てがく然とした。正直言って、消えてしまいたかったね。それでさっさと演劇の世界に戻った。それに映画でキャリアを築こうなんてまったく思っていなかったから「やれやれ失敗した。自分が選んだ元の道に戻ろう」と。だから再び『汚れた血』に誘われたときは、とても驚いた。

――どんな形で連絡があったのですか。

DL レオスがあるとき、僕が演じている芝居を観にきたんだ。オデオン劇場で上演した『アディエディ』*Adiedi* という演目で、僕は犬を演じていた。ふと客席を観ると、一列目に周囲の雰囲気からはまったく浮いた男がいた。というのも演目はコメディだったから観客はよく笑っていたんだけど、その男は終始むっつりとしていた。それがレオスだった。芝居の後に楽屋に来て、だけどそのときはあまり話しをしなかった。『汚れた血』はまだトップシークレットで、僕はシナリオを家に持ち帰ることができなかったから、その後カフェで会って、その場で読ませてもらった。その形式にも驚いた（笑）。

――『汚れた血』は彼があなたをアレックスに配役することを念頭に書いたものですが、脚本を読んだときにどう感じましたか。

DL びっくりしたよ。彼はいつも重々しく寡黙だから、それが僕を戸惑わせる。それに『ボーイ・ミーツ・ガール』での僕らの関係性は沈黙から始まったから、そのバリアを砕くのは難しかったんだ。脚本は探偵小説のように面白く、鮮烈だった。でも同時に、こんなことすべて演じられない、とも思った。パラシュートやオートバイでの疾走など、危険な行為がたくさん書いてあって、怖くなった。まるでジェームズ・ボンドの脚本を読んでいるようだった（笑）。

―でも結果的に引き受けたわけですね。

DL だって断れないだろう。それに多くの準備が必要という点では演劇と同じだった。僕はバイクの免許を取ったり、準備にとても時間を掛けた。それはまるで、他人に僕の人生を手配してもらってどこかに連れていかれるようなものだった。だから最初はちょっと抵抗しても、結局好奇心に導かれる。動物のように（笑）。それに当時僕は二十四歳で、自分自身の探求の途中だった。とはいえ、レオスとは共犯関係になったことがない。私生活でそういう親密さを持ったことはない。でもその一方で、撮影監督のジャン＝イヴ・エスコフィエとはすごく仲良くなった。彼はレオスとは『ボーイ・ミーツ・ガール』から『ポンヌフの恋人』まで一緒に仕事をして、レオスがとても信頼していた人だ。それからジュリエット（・ビノシュ）。『汚れた血』で彼女はレオスと初めて仕事をして、映画に新鮮さ、美しさ、女性的なものをもたらした。でも僕にとってはすごく奇妙な感覚だった。つまり僕は演劇が主体だったから、映画に出るということは自分の好きなものを中断することで、それも『ボーイ・ミーツ・ガール』が幸福な経験だったとは言い難いなかで、演劇を裏切って、自分がもともと選んだわけではない、しかも知らない人ばかりで身の危険も心の不安もあるところに戻るということがとても奇妙だった。でもその裏切り行為がかえって、映画に完璧に没頭するエネルギーを僕にもたらしたんだ。

―『ボーイ・ミーツ・ガール』のときは、ヒロイン役のミレイユはカラックス監督と恋人関係にあったわけですが……。

DL いや、むしろ撮影のときはふたりの関係は終わりにあったんだ。でも監督の元恋人だった人が演じる役に恋する役というのは、とても奇妙な感覚だった。

―『汚れた血』を観ても、その当時、監督がジュリエットにぞっこんだったというのは明らかですが、監督の分身を演じるあなたはいわば媒介とも言える存在なわけで、そういうポジションで演じることはいかがでしたか。

『汚れた血』 ©THEO FILMS

DL 困難に尽きるよ(笑)。とはいえ、『ボーイ・ミーツ・ガール』に比べると、『汚れた血』と『ポンヌフの恋人』はもっとダイナミックだ。もっとも、レオスの話はつねに恋愛ドラマだ(笑)。『ホーリー・モーターズ』にしても、男女の恋愛ドラマのさまざまなヴァリエーションに変わりない。ともかく、『汚れた血』でアレックスが恋をするアンナにはマルクという、ミシェル・ピコリが演じる愛人がいて、その関係性はワーグナーの『トリスタンとイゾルデ』に大きく影響を受けている。マルクという名前が『トリスタンとイゾルデ』に出てくるマルケ王を示唆するように。そして撮影当時、レオスはジュリエットに恋をした。実際『汚れた血』から『ポンヌフの恋人』の終わりにふたりが別れるまで、あらゆる恋の段階があった。『汚れた血』はまるで恋物語の序章のようだった。でもヒロイックなアレックスを演じるために、僕はある意味、実際の愛の感情を消し去って、それを演技に変換した。一方、『ポンヌフの恋人』は逆で、ものすごく孤独感があった。というのも、僕とジュリエットは撮影の現場ではほとんどいつも、孤立していたから。

——浮浪者のキャラクターを演じた『ポンヌフの恋人』では、本物の浮浪者と同じ状況で過ごしたそうですね。

DL　まったく同じとは言えないよ。望めばもう少し快適さを得ることができたし、いずれにしろそれは撮影のためだから。それでも状況はきつかった。レオスの場合、作品ごとに狙いが異なる。『ボーイ・ミーツ・ガール』は現実にとても近いフィクションだけど、詩的でスタイリッシュ。『汚れた血』は非現実的で、幻想的なスリラー。そして『ポンヌフの恋人』は、現実に直面した作品だ。だから俳優として、ストリートで生活するキャラクターに身体を預け、孤独、苦しみ、過度のアルコールなどをくぐり抜けなければならなかった。最終的にその状態に三年も浸ったのはとても苦しいことだった。自分にとってあの経験はとても大切で、まったく後悔はないけれど、『ポンヌフの恋人』以前と以後では、自分の人生はまったく異なったと言える。多くのことを経験し、俳優として覚醒した。

——三年にもわたった撮影で、多くの困難に見舞われた『ポンヌフの恋人』ですが、精神的にそこからどのように抜け出したのですか。

DL　三年も浸かっていたから、抜け出すのは大変だった。その刻印は僕の中に深く残っていると思う。ただ幸いというか、途中八九年の九月に二度目の中断を迎えたときは、その後一年近く時間が空いたのでいくつかの芝居に出演することができた。演劇に戻れたことが、僕のなかでずいぶん救いになった。それから翌年の八月にやっと、セットを組んでいたモンペリエで撮影が再開した。最後のシーンの撮影は九一年の三月だった。最後の日はなんというか、自由になるのが信じられない心境で、周囲のスタッフに、「本当にこれで終わりなの?」と聞きまわってしまった。三年もの間、僕は役のためにすごく禁欲的に過ごし、撮影が再開するたびにあの重々しいキャラクターの心情に戻って、ずっと拘束されているような気分だったから。終わって一週間はパリのカフェに入り浸ったよ(笑)。でもそのあとまた芝居を始めた。三本続けて芝居を演じた。エネルギーを与えてくれるものが必要だった。そんななか、芝居のメイクを担当していた今の妻(現在は演出家)に出会った。それで彼女と結婚して、自分の家族を作り始めた。あの長く苦しい撮影を経験して、自分自身のなにか錨になるようなものを持ちたいと思ったんだ。フィクションの世界よりも、もっと現実的なしっかりしたものを。その年僕はちょうど三〇歳になった。その二年後に、最初の娘が生まれた。

──それから次のカラックス監督との再会まで、十五年の時間が流れたわけですね。その間彼は『ポーラX』(一九九九)を撮影していますが、この作品はご覧になりましたか。

DL TVで放映されたロング・ヴァージョンを観たよ。それがレオスの映画を初めて、観客としてふつうに観る機会だった。すごく感銘を受けた。キャラクターの信ぴょう性という点でちょっと疑問が残ったけれど、作品全体としては圧倒された。そして、レオスは僕よりもっと複雑な俳優と仕事をしたんだな、と想像した(笑)。

──たしかにあの映画からは、ギヨーム・ドパルデューの苦しみも滲み出ているようです。

DL ピエールという役のそれと、彼自身の苦しみとの融合だね。そして彼にとっても、興味深いシチュエーションだったのは、カテリーナ(・ゴルベワ)とレオスは撮影のときカップルだったわけだから、僕のときと同様に、複雑な立場に置かれたわけだ。レオスの場合、つねに人生の話と映画の話が平行しているんだ。

──『メルド』はあなたにとって理想的な役だったとおっしゃっていますが、カラックスから話が来たときはどう思いましたか。

DL 驚いたよ。だって十五年のあいだ、ほとんど会っていなかったから。僕らは近所に住んでいるから、たまに偶然カフェで出くわしたり、どこかの上映の際に一緒に呼ばれたり、といったことはあったけれど、たとえばときどき電話で話したりお茶したり、といった友だちのような間柄ではまったくない。あくまで監督と俳優としての絆。僕からは彼に何か訊くようなこともない。もちろん、また声を掛けてもらったのは大いなる喜びだった。

彼の脚本を読んでつねに感じるのは、彼の世界には子供時代を彷彿させるような要素があって、そこに僕はとても惹かれる。たとえばさっき挙げた、『ボーイ・ミーツ・ガール』のアレックスの子供っぽい仕草とか、『ポンヌフの恋人』で、僕とジュリエットが酔っ払ってまるで子供のように笑い転げるところなど。

―たしかに彼の世界にはある種、子供らしい詩情がありますね。

DL そこに何かとても貴重なものがある。失ってはいけないものが。

―それがあなたにとって、カラックス映画の魅力なのでしょうか。

DL 間違いなく。僕にとってはもっとも心打たれる要素だ。そして『メルド』はまさにその代表だった。怪物的な子供のよう。

レオスから脚本をもらって読むたびに僕は、「今度はどんな危険なことをやらされるんだろう」と思うけれど、『メルド』の脚本は読んで仰天した（笑）。面白いのは、じつはその前年、アヴィニョンの演劇祭がストで中止になったとき、僕は怒りに燃えて、異性装者の格好をして、街を無言で歩きまわったんだ。デモンストレーションのつもりで。それで『メルド』を読んだとき、まさにその感覚が蘇った。メルドはそういう荒々しい面が結晶したようなキャラクターなのだと。同時に、すべてが生々しいむき出しの感情を求められた『ポンヌフの恋人』とは正反対に、メルドは究極の作り込むべき役柄で、そこがとても面白かった。それで僕は徹底的にキャラクターを作り出した。長い爪、長いあごひげ、盲目の瞳、丈の短いズボンを履いて裸足で歩くとか、そういったメルドの外観とそれによって作り出される立ち振る舞いをね。撮影で東京に行く前、パリでレオスといろいろなことを試したんだけど、そのとき彼との仕事において初めてすんなり意見が一致したんだ。というのも、それまではつねにお互い試行錯誤で、キャラクターがどんな人物かは、映画を撮るプロセスで探って行く感じだった。でもメルドのときは最初のミーティングからレオスは、「ああ、キャラクターが見えた」と。

僕にとってメルドは、俳優生活を通して培ってきた積み重ねの結果のようなものだった。コメディア・デラルテ［イタリアで生まれた仮面を用いた即興性のある伝統的な風刺喜劇］、サーカス、パントマイム、芝居で演じてきた多くの役の経験を生かす集大成というか。実際、僕はメルドを演じる上で、コメディア・デラルテに登場するプルチネッラというキャラクターをイメージした。いじわるで、気難しい役柄だ。僕にとってメルドは、子供が喜んで演じたがるような理想の役なんだ。愚かなことしかしない。それに誰も理解できない〝メルドゴン〟(『メルド』のために作られた人工言語)をしゃべる(笑)。

撮影もそれまでのレオスの映画に比べて、とてもラジカルだった。法廷のシーンはスタジオだったけれど、外の撮影はすべて即行の撮影。まるでストリート・パフォーマンスのようで、とても面白かったよ。それまでのレオスの撮影といえば、完璧主義で求める美を得るために何度も何度も撮り直しをした。俳優にとってはなぜ撮り直しをするのかほとんどわからないほどで(笑)、その間に感情的なものすらわからなくなっていった。でもメルドの場合は、一、二回撮ったらすぐその場を離れなければならなかったから、自分にとってはとてもダイナミックで楽しかった。

僕にとってメルドを演じることはまた、『ポンヌフの恋人』まで続いたアレックスというキャラクターから立ち直ること、お祓いをするようなものだった。孤独で自閉的なアレックスから、錯乱した狂喜の状態のメルドへ。それはなんとも爽快だった!


――『ホーリー・モーターズ』についてお伺いします。本作はあなたに対する、そして俳優の仕事に対する美しいオマージュとも言えます。あなたは十一人もの異なるキャラクターを演じ

『ホーリー・モーターズ』撮影中のレオス・カラックスとドニ・ラヴァン

©THEO FILMS

たわけですが、その体験はどのようなものでしたか。

DL　レオスは毎回、役を作り出すにあたって僕と僕の振る舞いから何かを引き出す。『ポンヌフの恋人』から『メルド』に至るあいだ、彼は映画を一本しか撮っていないが、僕はひっきりなしに芝居や映画に出ていて、レオスにとってそれは驚異的なことだったようだ。

『ホーリー・モーターズ』のムッシュ・オスカーはたしかに、僕の俳優としての仕事、その在り方に直接的に結びついている。でもそれだけではない。演技と結びついた俳優の振る舞いやカメラの動き、演劇的なシーンがレオスなりのやり方で表現されていて、しかもそれらは現実なのかフィクションなのかもよくわからない(笑)。だからとても特別だ。と同時に、僕にとっては、アレックスやメルドの役があり、レオスと一緒にやってきた他の映画の集大成のような要素がある。また、老人の役は、年を取った僕とレオスの反映なのだと思う。娘とオスカーのシチュエーションは、レオス自身の体験から創作されたものだろう。レオスの洋服や、彼の髪型も反映されている。リムジンのなかで会うミシェル・ピコリが演じるプロデューサーは、僕とレオスの間柄の総括のようなものだ。実際、あの役は最初レオス自身が演じるつもりだったんだよ。両者は観る者と観られる者の関係を定義し、僕とレオスとの、とても親密な関係を反映するものでもある。とにかくこの映画には、僕にとってはそんな明らかな刻印がたくさんある。

——死を待つ老人、あるいは娘を持つ父親という役柄はたしかに、これまでのカラックス映画にはあまり見られなかった類ですね。彼自身の反映でもあるということですが、こうした役柄について、彼から具体的な説明というものはなかったのでしょうか。

DL　具体的な説明というのは一切ないんだ。老人を演じること自体は難しくなかったけれど、レオスはつねにリアリティに執着しているから、老人となったら本当に痩せ細って弱々しくならなければならない。もしもう少し予算があって、時間の余裕があれば、僕はもっと肉体的に老人に近づけられただろう。それは必ずしも僕にとって演じる上で必要ではないけれど、レオスとの仕事においてはつねに求められるものなんだ。僕が恐怖に陥ったのは、なぜこんなさまざまな役をやらせるのかということだった。ヘアメイクが決まってからようやく安心できるようになった。すべてのキャラクターのポートレートを俯瞰して、どこからこのキャラクターに入り込めばいいか、この映画的な冒険に着手すればいいのかをなんとか理解した。いろいろなカツラをつけて変貌し、五時間近くかかるメイクで新しい顔が現れていくにつれ、そのキャラクターという人間、振舞い、リズムなどが燻り出されていった。

現場で僕をずっと支えてくれたのは、最近亡くなってしまったけれど、ドライバー役のエディット・スコブ［二〇一九年没］だった。映画が始まる前に、僕とエディットとレオスで、リムジンのなかでカメラテストをしたんだ。僕は気後れしていたけれど、エディットが僕の恐れを振り払ってくれた。「こんなにいろいろな役を演じられるなんて、俳優にとって素晴らしい贈り物じゃないの」と。その言葉を聞いて、僕は「たしかにそうだ！」と目が覚めた。それで別の視点でこのプロジェクトをとらえられるようになったんだ。

——出来上がった映画を観たときはどんな印象を持ちましたか。

DL　これまで自分が出演したレオスの映画のなかで、もっとも喜びを感じるものだった。というのも、これまでの長篇作品に比べてもっとユーモアがあって、特に『ポンヌフの恋人』と比べて重苦しさが薄れていたから。それに多くのキャラクターがいるから、僕はそこに自分を見出すことがなかった。冒頭、象徴的にレオス自身が出て来て、ダンテの神曲のように暗い森を彷徨う。これはレオスの物語だ、というように。だから僕自身は観ることに素直に喜びを見出せた。

——ユーモアもありますが、同時にメランコリーもありますよね。特にあなたとカイリー・ミノーグのシーンは、ポンヌフの恋人たちのその後を彷彿させ、観ていてせつない場面です。

DL　もちろんそうだね。実際あの役は当初、レオスはジュリエットに打診していたんだ。映画のなかでふたりが語っていることはまさに、『ポンヌフの恋人』後の僕と彼女の軌跡でもあったから。ジュリエットはアメリカに旅立って、オスカーを取って世界に知られるようになった。一方僕はフランスに残り、アーティスティックな自由のなかで、自分の活動を続けた。そのことがあの話に影響を与えている。でもジュリエットは演じたがらなかった。『ポンヌフの恋人』は彼女にとってもトラウマになっていたから、戻るのを怖がったんだ。ましてやポンヌフを見晴らすところで飛び降りる役なんてね。
そしてあの映画にはもう一つの要素があった。『ポーラX』を撮った後、カテリーナ・ゴルベワが亡くなったことだ[二〇一一年没]。『ホーリー・モーターズ』はその悲しみを下敷きにしたところがある。映画の持つエネルギーも逆説的にそこからもたらされていると思う。というのも、レオス自身だけでなく、彼と一緒に働いてきたスタッフがその悲劇を経て、前に進むために団結していたから。それは僕にとっても、とても大切だった。だから再び、映画と人生の物語が交差していたわけだ。

——今日振り返って、あなたにとってレオス・カラックスとはどんな監督ですか。

DL いろいろな人から、またレオスから役を頼まれたら演じるかと訊かれることがある。もちろん演じるよ。なぜかは自分でもわからない。でもたしかなのは、彼のように素晴らしい映像を撮る監督も、その要求の高さによって俳優を未体験の領域まで導いてくれる監督もそうはいないということ。俳優を演出するのは大変なことだと思うけれど、レオスはこちらの限界を越えて我々をどこかに連れて行く。そんな唯一の監督だと思う。

撮影：佐藤久理子

Interview

［撮影監督］キャロリーヌ・シャンプティエ……*Caroline CHAMPETIER*

撮影、畏れとともに前進すること

『ポンヌフの恋人』を最後に、レオス・カラックスは自身の相棒たる撮影監督、ジャン＝イヴ・エスコフィエと決裂する。その後、修繕の契機は幾度かありつつも、エスコフィエは二〇〇三年に事故によってこの世を去り、カラックスは二度と映画を撮ることはできないとまで考えたという。しかし二〇〇八年の『メルド』にて、彼はふたたび自身の「眼」となる新たな仲間に出会い、今日に至るまでその関係を継続している。現代フランス映画における最も重要な撮影監督の一人、キャロリーヌ・シャンプティエに、そのキャリアとカラックスとの仕事について話を聞いた。

聞き手・構成――澁谷悠 SHIBUYA Yu

――まず、撮影監督としてのあなたのキャリアについて教えて頂けますか？

キャロリーヌ・シャンプティエ（以下CC）　私はＩＤＨＥＣ［国立高等映像音響芸術学校／現・La Fémis］の卒業生です。私が学生だった一九七〇年代には、女性が映画の世界で働くためには学校に行くしかありませんでした。当時、フランスの映画界に女性の撮影監督は皆無でしたが、一方で女性解放運動が盛んな時代だったこともあり、女性が禁じられているところにあえて飛び込んでやろう、と考えたのが撮影というセクションを選んだ動機です。当時の私はまだ熱烈な映画ファンではなく、ＩＤＨＥＣに入った当時は映画のことはよく知りませんでした。本当の意味で映画に出会ったのは入学後です。ただ、父が建築家だったこともあり、映画をつくるという行為が芸術的なものなのだと理解するのに時間はかかりませんでした。父の職業は私の物事の見方に大きな影響を与えていると思います。父は建築家として設計図（plan）を書くのが仕事でしたが、私は撮影監督としてショット（plan）を作ることを仕事にしたわけです。映画に関心を持つには様々な入り口があると思いますが、私にとってまず重要なのはイメージだったんです。

――映画と建築には親和性があると思いますか？

CC　建築と映画の共通点は設計図（plan）とカット（plan）です。映画も建築も、部分の積み重ねによって組み上げられていくもので、それは空間と時間と密接な関係をもっている。事実、建築物の本質は時間を経ることでこそ明らかになるのだと思います。

――撮影監督としてキャリアをスタートさせるまでのことを教えてください。

CC　今、実の父のことを話しましたが、私にはもう一人、映画における父のような存在がいます。［撮影監督の］ウィリアム・リュプシャンスキーです。彼と知り合ったのは二十歳のとき、彼のアシスタントをしていたドミニク・シャピュイを介してでした。リュプシャンスキーがクロード・ランズマンの『SHOAH ショア』（一九八五）に参加したとき、シャピュイが自分のアシスタントとして、つまりリュプシャンスキーのセカンド・アシスタントとして私をその現場に呼んでくれたんです。そしてドミニクが『SHOAH ショア』の撮影中に別の撮影に参加するために抜けてしまってからは、その代わりに二年間、私がリュプシャンスキーのファースト・アシスタントとして『SHOAH ショア』の仕事を続けました。その後にフランソワ・トリュフォーやジャック・リヴェットの現場でもアシスタントをつとめ、撮影監督として初めて参加した作品がシャンタル・アケルマンの『一晩中』*Toute une nuit*（一九八〇）です。とても刺激的な経験でした。その後にまたいくつかの作品でカメラ・アシスタントをしていたときにゴダールから声がかかりました。『映画というささやかな商売の栄華と衰退』（一九八六）のためでした。その後、八五年から八七年まではゴダールとしか仕事をしていません。

―カラックス監督とあなたはほぼ同世代にあたりますが、当時は彼の映画をどのように捉えていましたか？

CC レオスのほうが私より年下ですが、映画的な《シネフィリック》影響の面では同じ世代に属していると言えると思います。彼も私もシネマテークに足繁く通い、そこで数々の映画と出会いました。レオスはサイレント映画から、私はネオレアリスモから強い影響を受けています。レオスの「運動（連続した運動であると同時に分解された、プロクシノスコープのそれのような運動）」を映すことへの愛着もそれが理由だと思います。

―カラックス監督とは当時から面識があったのですか？

CC 最初の出会いは学生時代に参加したラジオ番組です。当時、クロード・ジーン・フィリップという批評家がＩＤＨＥＣの学生に声をかけ、学生たちに映画について語らせるという番組があったんです。最近、録音技師のエルワン（・ケルザネ）がその音源を発見して私に送ってくれたことで思い出しました。レオスに出会ったのは、その番組に彼がジャン＝イヴ・エスコフィエと一緒に出演した時です。私は観客として彼らの作品を見ていましたが、当時、若い映画監督がスタジオで映画を撮るというのはあまり例がなく、『汚れた血』（一九八六）を見て彼らの仕事に強い興味をもっていました。説話よりも彼らの画作りが強く印象的でした。レオスとちゃんと知り合うのはもっと後、『メルド』（二〇〇八）のときです。

―そのラジオ番組から『メルド』までの間に接点はなかったのですか？

CC　直接の交流はありませんでした。ただ、その間に私はスはゴダールやガレルと一緒に仕事をしていたので、レオスは彼らの映画を通して私のことを認識していたと思います。レオゴダールはレオスに強い影響を与えた監督ですし、ガレルはレオスを非常にかわいがっていました。ただ、若い頃のレオスにとって女性の撮影監督と組むという選択肢はあまりなかったのではないかと思います。というのも、彼にとっての女性は女優です。つまり、女性とはカメラで撮る対象であり、一緒にカメラの後ろで仕事を存在するではない。ただ、彼も年を取り、子供を持ったことで変化したのではないでしょうか。レオスには十五歳になる娘［ナスティア・ゴルベワ・カラックス］がいますが、彼女の存在が彼の女性観に大きな影響を与えていると思います。私は自分でも男性的な性格だと思いますが、レオスが私と仕事ができるのはそうしたことも理由のひとつでしょう。ガレルもそれは同じで、彼が女性である私と組んだのもなかば偶然です。本来ならば、彼が女性の撮影監督と組むことは考えられなかったと思います。

―カラックス監督への興味の中心はジャン＝イヴ・エスコフィエとのコラボレーションだと仰っていましたが、エスコフィエとはすでに面識があったのですか？

CC　ええ、ジャン＝イヴはランズマンの『SHOAH ショア』で数週間ほど撮影を担当したジミー・グラズベルグ（Jimmy Glasberg）という撮影監督のアシスタントでした。ジャン＝イヴはドキュメンタリーを多く経験していたので、ジミーのために機材まわりの責任者をしていたんです。私はリュプシャンスキーのアシスタントとして作品に合流したので、そのときにジャン＝イヴとやり取りはしていました。また、当時の私のエージェントはジャン＝イヴの担当でもあったので、パーティがあったりしたらすれ違うこともよくありました。とても繊細な人で、レオスのように物静かでした。彼が今も生きていたらどんな画を撮ったのか……。『SHOAH ショア』の編集は六年かかっていますが、撮影自体は七六〜八〇年の間に行われました。私がそこでジャン＝イヴと会ったときは、彼はまだレオスと一緒に仕事をしていなかったはずです。

―カラックス監督とエスコフィエの仕事の何に興味を持たれたのですか？

CC　それはイメージに現れるものであって、言葉で表現することはできません。私たちの世代にとって監督と撮影監督のコラボレーションはとても大きな意味をもっています。リヴェットとリュプシャンスキーや（イングマール・）ベルイマンと（スヴェン・）ニクヴィストのように。そのような監督と撮影監督の共犯関係というものをレオスとジャン＝イヴには感じました。そうした関係は最近の監督や撮影監督にはあまり感じないことです。監督は作品によって撮影監督を変えるし、撮影監督も様々な企画に参加する。監督と撮影監督の共同作業において、お互いの仕事を良く理解するためには時間がかかります。一朝一夕にはいきません。その意味でも、私にとってレオスとのアーティスティックな関係はとても重要です。監督と撮影監督の間には、時間をかけ年月を共にすることでしかたどり着けない、深い相互理解があると思うんです。

——『ポーラX』（一九九九）に関してはどのような印象を持ちましたか？　本作で撮影監督を務めたエリック・ゴーティエとカラックスとのコラボレーションは短いものでしたが……。

CC　『アネット』（二〇二一）を準備していた頃、ルイ・ルミュエール国立学校（École nationale supérieure Louis-Lumière）のシネクラブでゴーティエのティーチインつきで『ポーラX』が上映された機会があり、そこで久々に見直したのですが、公開当初とはまったく違う印象を持ちました。まばゆい光の中で作品がはじまり、次第に色々なものが裸にされていく……作品の壮麗さに圧倒されました。最近、レオスの代理でゴーティエのリマスター作業を手伝ったのですが、『ポーラX』は35ミリだけでなく、デジタルで撮影された部分もあるしスーパー16ミリの部分もあるので、リマスターはとても骨の折れる作業でした。森のシーンはデジタルで撮られているのですが、あのシーンの光についてはゴーティエとあまり意見が合いませんでした。

——公開当時に見た『ポーラX』の印象はどういったものだったのですか？

CC　（沈黙）公開当時は映画が持つ野心に対して当惑しました。

——野心とは？

CC　作品の野心。それ以上のことは言えません。

―それはカラックスの他の作品には感じなかったものですか？

CC　いいえ。なぜなら他の作品は原作がありませんから。私は『ポンヌフの恋人』(一九九一)がとても好きでした。ポン・ヌフ橋の上でのシーンや、セーヌ川上で展開されるジェットスキーのシーンなど、キネティカル〔動力学的〕な部分に魅せられました。題材的にもパリや恋愛など、間口が広い作品ですし。

―それから時間が経ち、カラックス監督とは『メルド』で再会するわけですが、その再会の経緯を教えてください。

CC　レオスは日本で撮影するための撮影監督を探していました。そこで私に連絡があり「誰に撮影をオファーしたらいいか迷っている」と言われたんです。当時、私はアモス・ギタイの作品の準備で忙しかったし、「そんなこと私に言われても」という気持ちで「誰か紹介してほしいなら候補をあげる」と言いました。そうしたら「あなたは僕の作品はやりたくない？」と彼が言ってきたんです(笑)。私は「いや、そんなことはない。やってみてもいいのでは？」と答え、気づいたら仕事が始まっていました。「誰に声をかければいいかわからない」と言ったカラックスと「じゃあ、誰か紹介しようか」と言った私……お互いが熱烈な何かを共有してはじまったコラボレーションではないんです。

―でも、カラックスは本当は最初からあなたと仕事をしたいと思っていたんじゃないんでしょうか？　気になっている女性にうまく声をかけられない男の子のようですね……。

CC　どうだか(笑)。それはレオスに聞いてください。ただ、その後はとても刺激的な経験の連続でした。なんせ、日本人スタッフのなかでレオスと私二人きりでしたから。ところで、日本のスタッフの仕事は素晴らしいものでした。メイクにしても、衣装にしても、小道具にしても、美術にしても……とくに磯見(俊裕)さんの美術は本当に素晴らしかった。当時、レオスはまだデジタルで撮ったことがなかったのですが、「デジタルにも独自の良さがある、良いカメラがあるからそれでテストをしてみないか」と彼に提案しました。それがパナソニックＤＶＸ－１００です。とても素晴らしいカメラで私のお気に入りでした。音楽家にとっての楽器のように愛用していました。レオスがその提案にノッてくれたので、まずは試し撮りをすることになり、パリのアヴェニュー・ド・フランス(Avenue de France)に行き、メルドが銀座を闊歩するシーンをレオスとドニ(・ラヴァン)と一緒にテスト撮影しました。その頃はまだあの緑のベロアのスーツはなかったので緑のケープで代用したのですが、カメラを回しはじめた瞬間、ドニがあのメルド氏独特の身振りで歩き始めたんです。通りの端から端まで行った頃には、もうあのキャラクターが誕生していました。テスト撮影でそんな風に作品が立ち現れるのは稀です。その後で、オープニングになる街の望遠ショットのテストも行いました。デジタルといっても、あの頃のカメラの機構自体はアナログで、今のデジタルカメラとはテクスチャが違いました。レオスはその独特な映像を気に入ったようでした。そして、気づいたときにはそのカメラで全編を撮影することになっていたんです。

——諏訪敦彦監督の『不完全なふたり』(二〇〇五)でも同じカメラを使ってらっしゃいましたよね?

CC　はい、幾つかのカットはＤＶＸ－１００で撮影しています。もしかするとそのときの経験があったから、『メルド』でもＤＶＸ－１００を使いたいと思ったのかもしれません。ただ、今振り返ると、日本で素晴らしいプロフェッショナルの皆さんと仕事をし、壮大なシーンを撮ろうとしているところで、あの小さなカメラを使うのはなかなかの決断だったと思います。

　ところで、レオスがいつだったかエルワンに「キャロリーヌと出会い、それまでとは違う撮影の方法を学んだ」と言っていたことがあります。「それまでとは違う」というのが彼にとって何を意味しているのか、私が彼に代わって言うことはできません。ただ、ＤＶＸ－１００を使ったことで、それまでにあったテクニカルな面での重み、大きなカメラを使うことのテクニカルな負担から彼が解放され、カメラの前で起こっていることだけに集中できるようになったのは事実だと思います。『メルド』はまさにそれを象徴する作品です。もちろんライティングが施されているシーンもありますが、基本的にはとてもシンプルな機材で撮影されています。技術的な煩雑さから解放され、目の前で起きることに全神経を集中させることができる作品だったんです。『メルド』におけるもうひとつの大きな変化は、撮影中にラッシュを見るのをやめたことです。レオスはすべてのディテールに強い拘りをもっていて、テストをしても常に新しい改善点を思いつきます。実際の現場でも完璧なテイクというものはなく、すべてのテイクが次のテイクのためのテストのような性格がある。事実、レオスはそれまでの映画ではかなり多くのテイクを撮り、リテイクもたくさんしていました。『ホーリー・モーターズ』（二〇一二）のときも、撮影初日に「いずれにせよ、最初の週の素材は使えないからリテイクすることになるだろう」と言われたんですが、そんなことをする資金的余裕はなかったのでとても困惑しました。

実は、『メルド』のときにラッシュを確認するのをやめた理由は私にあるんです。レオスにラッシュを見せるのが嫌だったからではなく、ラッシュを見せるためにカセットを消耗して映像にダメージを与えたくない、というテクニカルな理由でした。結果的に後ろを振り向くことなく、常に前に進んでいくしかない状況ができあがっていたんです。レオスにとってあの経験は大きな転機になったのではないかと思います。後ろを向くことなく常に前を向き、考える前にまず行動に移し撮影する。もちろん畏れはあるし失敗することもある。でも、とにかく前進する……実際、『メルド』には相対的に見て完璧ではない部分もあります。しかし、その方法で最後まで撮りあげることができましたし、レオスは編集にも歓びをもって取り組んだようです。あくまでこれは私の考えでレオスは違った認識をもっているかもしれませんが、レオスがエルワンに「キャロリーヌのおかげでそれまでとは違った映画の撮り方を学んだ」と言ったのは以上のようなことが理由なのではないか、と思います。ただ、私はそうした撮り方を〝教えた〟つもりはありません。諸々の状況から必然的にうまれた方法論だったんです。

──『メルド』には映画を撮ることへの純粋な歓びが溢れているように思います。カメラをはじめて触った子供のような無邪気さにも似た興奮を感じます。きっとそれは今仰ったような制作のプロセスとも無関係ではないと察します。

CC　「歓び」というのは的確な指摘だと思います。ただ、そこには怒りもあるでしょう。『ポーラX』の後、作品のアイディアはあっても資金集めに苦労しレオスは長い間撮影できないでいた。メルドというキャラクターはレオスのそうした怒りも体現しています。またドニとレオス、そして、メルド語通訳の役を演じたジャン゠フランソワ・バルメールとの共犯関係も、歓びに寄与していると思います。

――渋谷や銀座でのロケ撮影ではいわゆるゲリラ撮影が行われたようですが、パリだけではなく東京でもリハーサルはされたのでしょうか。

CC 渋谷の歩道橋のシーンや銀座のシーンは日本に着いた後も公園などでリハーサルをしました。『メルド』は入念な準備をしたからこそ可能になった作品です。それは『アネット』に関しても言えることです。テストやリハーサルによって、どのように実際の撮影に臨めばよいか、カット割りやフレーミングのアイディアはそこで初めて生まれてくるんです。

――『ホーリー・モーターズ』はどのようにコラボレーションが発展していったのでしょう?

CC 『ホーリー・モーターズ』は『メルド』から派生して生まれた作品です。『メルド』が終わって数ヶ月後にレオスから連絡があり、家に呼ばれて『ホーリー・モーターズ』の企画について聞かされました。脚本を読んだとき、最初は何が

『ホーリー・モーターズ』

©THEO FILMS

作品の中心にあるのかうまく理解できませんでした。作品によっては脚本を読んですぐにイメージが湧いてくるものもありますが、『ホーリー・モーターズ』は違った。作品の本質を掴みはじめたのは、プリプロダクションの段階、ロケハン(ロケーション・ハンティング)の過程においてです。それぞれのロケーションでどのようにシーンを撮っていくのか、それを思考していく過程でやっと作品が自分のなかに存在しはじめました。レオスとの映画づくりはそうした現場での実際のやり取りなくしては不可能です。実際の現場でのアクションを詰めていくなかで、やっと作品の本質が見えてくるんです。

『メルド』のときと同様、『ホーリー・モーターズ』のときもカメラの選択は大きな問題でした。当初、レオスも私も35ミリで撮りたいと思っていて、スペースの少ないリムジンのシーンではAatonのA-Minimaという16ミリのカメラで撮影する予定でした。しかし、資金的にそれは難しく、デジタルで撮影をすることになりました。また、レオスは複数のカメラを場面によって使い分けるのではなく、ひとつのカメラで全編を撮ることに拘っていました。私のなかではフィルムカメラが使えた場合と同じように、リムジンのシーンとその他のシーンで別のカメラを使うという構想を練っていたので、そのふたつの空間を一台で撮り分けられるカメラが見つかるかどうかは死活問題でした。とても苦労したのですが、当時、フランスでちょうどRED Epicというデジタルカメラが使われはじめたんです。リムジンと同程度のスペースでREDのテストをしたところ、「我々に必要なのはこのカメラだ」と感じました。ほかにも五つくらいのカメラを試しましたが、どれもしっくりこなかった。REDに決めた後、アレクサンドル三世橋で撮影のテストをしました。街灯や橋、川など背景がヴァリエーション豊かで、テストに最適だと思ったんです。それをレオスに見せたらとても気に入ってくれ、REDを使うことに決めました。

──REDは付属のパーツが必ずしも専用に作られていないため、たとえばALEXAといった機種よりもガジェット感が強く、扱いにくい局面もあるカメラだと言われますが、そうした点は問題なかったのでしょうか。

CC　私がREDを気に入ったのは、まさにそのようなガジェット的性質があったからです。つけるパーツを最小限にして、レンズとボディーだけにしてしまえば、自分でフォーカスを操れる小型の手持ちカメラのようにもなる。もちろんパーツを組み合わせれば大型のカメラのようにも使える。その使用方法のヴァリエーションこそがＲＥＤの魅力でした。『アネット』ではSony Veniceを使いました。このカメラのセンサーは素晴らしいのですが、難点があるとすれば、それはボディの大きさです。ただ、Sony Veniceはセンサーの部分とバッテリーの部分を分割して撮影することができるので、そうすれば軽量なボディで撮影することもできるのですが……。でも、『ホーリー・モーターズ』で重要だったのは、狭いリムジンのシーンをどう撮るかということです。このシーンでは本物のリムジンを買って、それを真っ二つに分割し、スタジオで撮影するという手法を取ったのですが、問題は車窓から見える風景をどのように処理するかということでした。レオスは最初からグリーンバックによる合成はしたくないと明確に意思表示をしていたので、スクリーン・プロセス(リア・プロジェクション)という選択肢を考えていましたが、スタジオのサイズ的にスクリーンの後ろにプロジェクターを置くことは難しかった。なので、フロント・プロジェクションをリムジンのセットを囲うように半円形に並べて背景をつくりました。当時、私の公私に渡るパートナーだったジャン＝ピエール・ボーヴィアラがどのようにスクリーンを配置すべきかアドバイスをくれました。どのようにして投影する映像素材を撮るべきか、どのようにそれを並べれば自然に見えるか、その筋の専門家と話し合いを重ねていきました。背景の映像はどんなものでも良いというわけではなく、レオスがイメージしていたパリの街並みでないといけなかったので、そうしたリアリズムの要請と、スクリーンプロセスという人工的な手法の持つ独特な詩情をどのように融合させるかというのが課題でした。最終的には四つのプロジェクターをリムジンの上に設置し、ひとつの背景を四分割して上映する手法をとりました。分割した映像を部分的に重ね合わせることで、それがひとつの一体的な背景として見えるよう工夫しました。

——なぜカラックス監督はグリーンバックを使いたがらなかったのでしょうか?

CC　レオスはアナログな制作手法が好きなんです。これは映画を撮る歓びという観点にも通じることです。手法としてグリーンバックの方がシンプルです。でも、そこには何かを創り上げることの歓びがない。演技の面でも、俳優たちに自分が演技している空間がどんなものであるかを知らせずに演技をさせてしまったら、創造の歓びは半減してしまうでしょう。その気持ちは私も深く共有します。

——録音技師のエルワン・ケルザネは、カラックス監督にとっては自身のイマジネーション（非現実）を現実の只中で実現することが最も重要なのだと仰っていました。

CC 「現実の只中」、それはつまり撮影現場ということですね。ポスプロではなく撮影の現場で作品世界を構築する、それがレオスの方法論です。言い換えるなら、それはメリエス的な映画の解釈・アプローチだと言えるでしょう。なにかが突如出現したり、消えたり、そうしたものを現場の創意工夫で表現する——レオスはその意味でとてもメリエス的な監督だと思います。目の前に広がる空間や俳優の表情の壮麗さに魅せられる彼の感性にはリュミエール兄弟的なところもあります。でも、やはり彼が強く持っているのは、自分の演出を現場の創意工夫によって実現させるという、メリエス的なモチベーションです。

——カラックス監督にはエティエンヌ＝ジュール・マレーの映像にあるような身体、そして身振りへの強い関心がありますよね？『ホーリー・モーターズ』においてはそれが明確なテーマとして打ち出されてもいます。

CC でも、マレーの連続写真の特徴とは運動の解体であり、それはリュミエール／メリエスという構図に先行するものです。つまりマレーはメリエスのような映画の魔術師ではない。彼が魔術師であるのは、キネティックな「動力学的」側面においてだと思います。それは『アネット』でも同じです。身体、そして、その動きに対する執着はレオスのすべての作品に共通するものです。たとえば『アネット』でマリオン（・コティヤール）がアネットを抱えて踊るシーン、ここを撮る際にレオスがレファレンスとして挙げていたのは、『ポンヌフの恋人』でドニがジュリエットを抱えて回転するシーンです。事実、誰かの腕に抱えられて踊る身体、そこには操り人形のような動作の特徴があると思います。他にも、美術やフレーミングなど、レオスはしばしば自作から引用をすることがあります。

——先程、『メルド』であなたと出会ったことでカラックス監督は自分の方法論に変化が生まれたと言ったと仰っていました

『ホーリー・モーターズ』

©THEO FILMS

が、『メルド』と『ホーリー・モーターズ』の間でなにか変化は感じましたか？

CC　『ホーリー・モーターズ』はとても素晴らしい経験でした。照明部と特機部とのコラボレーションも非常にうまくいき、とくに夜のサマリテーヌ百貨店をどう照らすかという難題に向かうときに、彼らと良い関係性を築けていたのはとても大きかった。あの広大な吹き抜けをどうライティングするか、レオスはガラスの天井窓にも光が欲しいとまで言い出すし……。あの撮影はリムジンの場面と相克する難しいシーンでした。教会での幕間のシーンについて大変そうだとよく言われますが、ワンシーン・ワンカットで撮ることの難しさこそあれ、教会のライティング自体はそれほど困難ではなかったんです。レオスとの関係について言うなら、『メルド』のときよりは距離感があったかもしれません。『メルド』のときは私たち以外のスタッフが全員日本人だったこともあって、二人の結束は自然に強くなったし、機材がシンプルだったことで彼と直接対話することも多かった。一方、『ホーリー・モーターズ』はより規模の大きい座組でやった作品だったので、私も撮影部とのコラボレーションに時間を割く必要があり、レオスと二人だけで、という状況ばかりではなかったんです。

―あなたが参加された『メルド』以降の作品では、カラックス監督の好む色彩にも変化があったように思います。以前は青や赤が象徴的に使われていることが多かったですが、『メルド』からは緑、そして『アネット』では黄色が存在感を増しています。色彩についてはどのように決まっていったのでしょう？

CC 『メルド』の緑は先ほどお話しした、アヴェニュー・ド・フランスでのテスト撮影でドニが纏っていたケープの緑に由来します。レオスが緑のベロアが欲しいとスタッフに用意させたものですが、その緑色が実際に使われました。ところで、最近ジャック・ドゥミの『都会のひと部屋』(一九八二)が上映されていて再見したのですが、この映画でミシェル・ピコリが演じるキャラクターは赤い髪をしていて、緑のジャケットを着ているんです。レオスに『メルド』の緑色はここに由来しているのかと聞いたら「どうだろう、わからない」と言って濁されました。

『アネット』の緑はより暗い緑で、『メルド』のそれとは少し違います。いずれにせよ、レオスの世界感には常に闇が伴います。特に『アネット』はほとんどが夜のシーンですが、その闇が生きるのはそこに色彩が共存しているからです。『アネット』では、暗い世界観のなかに色彩の活力をいかにもたらすかというのが大きなテーマでした。その意味でも、色彩の再現性が素晴らしいSony Veniceを使いました。

―カラックス監督の作品を見ていると、『ホーリー・モーターズ』以降、演出的な省略をあえて避けるようになったような印象を持ちます。そして、それが『アネット』では更に強調されている……。

CC それは物語に由来していると思います。初期作品はいわば古典的な説話です。だから、物語の原理によって省略的に演出された場面がある。ただ、彼の作品にはいつも、先程話した『ポンヌフの恋人』でのジェットスキーのシーンのような、単なる説話を超えたイメージの力があります。『アネット』における変化の理由は明らかです。あの映画は三十九の楽曲から成っています。レオスにとってそれぞれの楽曲は分割し得ないひとつの一体を成していて、切り刻むことはできないんです。アネットがツアーで世界中を旅するような場面は編集によって細かく繋がれていますが、撮影に入る以前から基本的にすべての歌唱シーンをワンシーン・ワンカットで成立するように撮りたい、というのがレオスのスタンスでした。ただ、実際にすべてのシーンをワンシーン・ワンカットで成立させるのは厳しい。マリオン（・コティヤール）がトペカを歌う場面や、アダム（・ドライバー）のショーのシーンは尺も長いので、テイクを重ねすぎると俳優も体力を消耗してしまう。だから、マルチ（複数のカメラ）で撮影しています。アダムのショーは私が担当していたメインのカメラはトラベリングで舞台を正面からのロングショットで狙い、他のカメラは別アングルからアダムと観客をそれぞれ狙っていました。

——カラックス監督がこれまでにマルチで撮影したことはほとんどないですよね？

CC　『メルド』では裁判のシーンをマルチで撮影しています。『ホーリー・モーターズ』でマルチ撮影はありませんでした。『アネット』で複数のカメラを使うというのはレオスの要望でした。長丁場の歌唱シーンで俳優の体力を消耗させない、そして、ワンシーン・ワンカットがうまくいかない時にカットを入れられる余地を残す、という現実的な理由です。

——しかし、実際に作品を見ると極力ワンカットでシーンを成立させたいというスタンスを感じます……。

CC　私もそう思います。当然ですが、複数のカメラを回す場合、各カメラの配置に気を配る必要があります。しかし、結果的にはメインカメラのロングショットが編集では多く使われています。海辺のシーンを撮っていたときにもそうした状況がありました。アダムが船から降りて、アネットを地面に座らせ崩れ落ちる場面。あのシーンを見たとき、「ここはトラベリングで彼の動きに沿って撮影するべきだ」と思いました。でも撮影中、レオスは引きの画に集中していて、そのカットにあまり興味を示さなかった。自分が見ている夢の全景を把握したい、というような欲望が彼のなかにあったんだと思います。ただ、最終的に編集では私が提案したトラベリングのカットが使われていました。面白いのは撮影時の欲求が編集で変化するということです。たとえば、『ホーリー・モーターズ』の幕間のシーン。レオスはあのシーンをワンシーン・ワンカットで撮ると心に決めていました。しかも、最後にカメラが舞い上がるようにしたいということだったので、そのために準備を重ねました。しかし、編集ではカメラが舞い上がる直前でカットが入っている。なぜか？　リズムのためか、それともカットに問題があったのか？　理由はわかりませんが編集の段階になって、撮影のときとは違う発想が生まれ、シーンに変化が生まれるというのはよくあることです。

——監督は撮影の段階から編集を想定しカットを綿密に割るのですか？

CC　レオス自身は事前にどう編集するか定めたうえでカットを割っていると思います。私ももちろん編集は念頭においていますが、考え方が少し違います。どのように編集してシーンをつくるかというより、編集するうえでどのようにカットを撮り分ける必要があるかを考えるんです。たとえば、編集でどう繋がれるかを念頭において、カットごとに被写体に対する角度の付け方を変えたりします。レオスはとても準備に時間をかけるので、撮影当日はすでにどこにカメラを置きたいか決めた状態で現場にやってきます。スタッフたちもカット割りに関する正確な共通認識をもっています。現場でカメラの動きやライティングを確認するためのテストは行いますが、それはレオス本人とスタッフで行い、そこに役者を入れることはめったにありません。実際、『アネット』の現場でアダムをセットに呼んでテストをした記憶はありません。アダムが現場に来たときは、もう撮影の準備ができている状態です。『アネット』でいえば、裁判のシーンなどがその例です。あの場面では、アダムが下にいてアネットが上にいるという、役者の位置関係がとても重要な意味を持っていたので、カット割りはすでに細かく決まっていました。ただ、先程話した海辺のシーンのように現場でカット割りが微妙に変化することはあります。

——予定していたカットを撮らないというようなことはありますか？　たとえば、撮影する過程で不必要なカットに気づき、それを省略したりすることはありますか？

CC　『ホーリー・モーターズ』の殺害シーンのように、ある種のトリック撮影をするような場合はもちろんカットを割りますが、それ以外では基本的にレオスはワンシーン・ワンカットで撮りたいというスタンスなので、事前にカットを割りすぎてそれを現場で減らすということはありません。

——『アネット』は歌唱というファクターもさることながら、役者の身体性も重要な位置を占めてると思います。カラックス監督の映画における身体性は今までドニ・ラヴァンが象徴的に体現していましたが、今回は主演にアダム・ドライバーが起用されています。撮影監督の立場から見て彼はどんな俳優でしたか？

CC 凄まじい俳優だと思います。でも、そうした感覚は初日からすぐに感じるものではありません。実際、初日のシーンはとても動きの少ないシーンだったので、彼の才能が全面に出てくるという状況ではありませんでした。でも、撮影を重ねていく過程で、彼の持つ魅力が徐々に明らかになり、撮影が終わる頃にはそれに打ちのめされていました。カメラと俳優の関係はとても特異なものです。言葉による直接のやり取りがなくても、ある種のフィジカルな対峙がある。俳優はカメラがどこにあるか認識しているし、こちらも俳優自身が自分の演技に満足しているのか、不満なのかも感じ取ることができてしまう。ナンニ・モレッティは「役と同時に俳優自身を感じたい」と言っていましたが、アダムに感じるのは役です。純粋に役を感じる。彼の集中力は凄まじいもので、現場に訪れる時には彼の体は役のそれになっています。こうした印象をフランスの俳優に感じるのはとても稀です。『君が死ぬのを忘れるな』*N'oublie pas que tu vas mourir*（一九九五）を撮った時のロシュディ・ゼムや、『ポネット』（一九九五）のときのヴィクトワール・ティヴィソルには同じ印象を持ちました。でも、多くの場合フランスの俳優は頭で演技をしがちです。そして、フランスの俳優は役作りにしっかりと時間をかけない。だから、身体と心が乖離していることが多くある。でも、アダムは身体と心が完全に一体になった状態で演技をしていると思います。アダムは元々海兵でしたが、彼の演技のアプローチには軍隊の訓練に通ずるものがあると思います。闘いに備え準備をする——この場合の「闘い」は単に戦争ではなく、内面的な自己との闘いです。

——『アネット』の撮影で最も困難だったのはどのシーンですか？

CC 面会室のシーンの撮影には苦労しました。役者の身長も違うし、二人の動きや歌のリズムもずれたりするので大変でした。あの場面は二つのカメラで——アダム向きとアネット向き——で撮影していますが、アダムがアネット無しで演技しているときもあります。アネット役の女の子の音程がずれてしまったりして、集中力を維持するためにひとりでやりたいと言ってアダムが彼女無しで演技したカットもあります。編集が素晴らしいので気づきませんが、撮影自体はパッチワークのような状況だったんです。あとは、アネットの最初の公演のシーン。あの場面はレオスとしては三日間の時間が必要でした。しかし、スケジュール的に一日で撮影しなくてはいけなかった。三日で想定していたものを一日で撮るのは容易なことではありませんでした。撮影の難しさは単純なシーンの複雑さと比例するとは限りません。撮影の前半と後半ではスタッフの状況も違う。なので、一概にどのシーンが難しかったとはいえないんです。撮影にはある種のスポーツのような側面がありま す。困難を乗り越えるとその分だけスタッフも強くなる。すると困難であったはずのシーンがそれほどでもなくなることもあるんです。

——面会室の場面は『アネット』のなかでも白眉と言えるシーンだと思います。『アネット』にはそれまでのカラックス作品ではまれだった二者の向かい合い/対峙/対立というテーマがカットバックによって象徴的に表現されていると思いました。

CC　カットバックをするときは、シーンのなかにカットバックをすべき必然性があるときです。そうした演出の選択はテーマ的な要請によって行われるものではありません。面会室のシーンは、今言ったような困難な状況ゆえに二人を別々のフレームで撮影し、それをカットバックで繋ぐという演出になっています。映画をどのように解釈するかは観客の自由です。ただ、私は観客ではなく映画の作り手です。私の仕事はレオスと一緒に目の前のシーンをどのようにして表現するか考え実践することです。だから、そこで産まれた結果が観客にどのような印象・解釈をもたらすかを説明することは私の役割ではありません。

——あなたが撮影をしているときに強い興奮を感じるのはどのようなときですか?

CC　「映画を作っている」と感じられるときです。私にとって「映画を作る」というのは、そこにある「時間」と「空間」を写し取ることです。言い換えるなら、ひとつのカットのなかにある独自の時間と空間が立ち上がって来る瞬間を捉えることです。それは、光であり、俳優であり、物語であり、そのすべてが一体となったときに「時間」と「空間」が立ち上がってくる。その何か一つが欠けてしまっただけでも、「時間」と「空間」は捉えられない。観客としてカットの繋ぎや、撮影以外の要素によって魅了されることはあります。でも、純粋な撮影行為において私が興奮を覚えるのは、そうした瞬間をカメラに収めることができたときです。イ・チャンドンの『バーニング』(二〇一八)で女性のキャラクターが夕暮れ時に踊り始める場面がありますよね、あそこで起こるカメラの動きと少女のダンスの融合——カメラがそこに独立して存在し「時間」と「空間」を捉え映画のなかにそれを刻み込む——そういう瞬間に本当の意味での「演出」が宿るんだと思います。たとえば、諏訪の『不完全なふたり』の最初のカットを撮ったときにもその感覚を覚えました。タクシーを別の車で並行して撮っている長いカットです。あそこにも「時間」と「空間」が刻まれていると思います。どうすればあのようなカットが撮れるか、日曜日なら交通量が少ないからそれを狙って撮るとか、事前の入念な準備が必要です。そうした諸々の労力が実りあのような成果に結びついたときは強い興奮を覚えます。それからヴァレリア・ブルーニ・テデスキがホテルの部屋で扉を閉めて、その向こうで演技を続ける場面にもそれは当てはまります。扉が閉まった後にもかかわらず誰もカットをかけず撮影がつづく。監督、否、すべての偉大な監督、私が一緒に仕事をしたいと思う監督は皆そうした奇跡的な瞬間を撮ることを目指して映画作りをする人たちです。自分の想像したものをただ実現しようとする監督には魅力を感じないし、そもそも、そんなことできない。映画作りにはある種のパラドックスがあると思います。ある一つの何かに向かって準備を重ね前進していく。そうすると自分たちの想像や意図を超えた奇跡的な瞬間が訪れる。自分たちの意図を超越するものを撮るのであれば、ただそこにカメラを置いてその瞬間を待てばいいのではと思うかもしれませんが、それだけでは奇跡の瞬間は絶対に訪れません。

——『アネット』におけるその瞬間はどのようなものでしたか?

CC　マリオネットを撮ったシーンです。マリオネットに関しては、最初のテストから撮影までに一年くらいの時間がかかっていますが、その長い準備の時間を経て、はじめてマリオネットが空を舞う場面を撮ったときには得も言えぬ感動がありました。ライティングもかなりアンダーだったこともあり、ギミックもあまり見えない状態で、本当にマリオネットが宙を舞っているようでした……。ところで、マリオネットに関しては、マリオネットを操るパペット・マスターをどのように後処理で消すのかが大きな課題でしたが、それを可能にしてくれたのは日本人スタッフの方々です。日本から来たふたりのスタッフがじっと撮影を観察し、どのような動きであればパペット・マスターを消すことができるのかできないのかを見極め、ポスプロでは素晴らしい手腕でそれを実現してくれた。それから、船の上の嵐のシーンも私にとって思い入れのあるシーンです。あのシーンでは『ホーリー・モーターズ』の経験が生かされていて、リムジンのシーンと同様正面からスクリーンに映像を投影し背景を再構成するシステムが採用されています。あのシーンは美術のフロリアン(・サンソン)の功績がとても大きいですが、波の映像や水しぶきなど、諸々の要素を構成するのは私の仕事でした。それがうまく機能したのを見たときの感慨は大きかったです。

—カラックス監督とのコラボレーションで一番幸福な瞬間はいつですか?

CC 『ホーリー・モーターズ』の教会での「幕間」のシーン、そして、サマリテーヌでのシーンです。スタッフもみんな疲れていたし、夜の撮影なので普段の昼の撮影とは違う精神状態でした。そのなかで、あのようなシーンを撮りあげることができた瞬間には言葉では表現できない達成感があります。実際、カイリー・ミノーグと撮影した一連の歌唱シーンでレオスはとても大きな歓びを感じていたんだと思います。そして、それが『アネット』を産んだんだと思います。

Interview

録音、現実の再構築のために

［録音技師］エルワン・ケルザネ……*Erwan KERZANET*

ゴダール然り、ブレッソン然り、偉大なる映画作家は映像に対して音を軽視することはなく、むしろそれに勝るとも劣らない重要性を与える。カメラには映し出されない現実の鼓動をよりよく聴きとり、現実を別の形で再構成すること。『メルド』以降の作品で録音を担当するエルワン・ケルザネは、カラックス映画の現在において最も重要なセクションを担う一人だ。

聞き手・構成――澁谷悠《SHIBUYA Yu》

――レオス・カラックス監督とのコラボレーションについてお尋ねする前に、まずあなた個人のこれまでのキャリアについて話を伺えますか?

エルワン・ケルザネ（以下EK）　僕の両親は二人とも演劇やテレビ、映画の分野で仕事をしていました。なので、僕にとって映画を仕事にすることは医者や弁護士になることよりもずっと自然な成り行きでした。小さな頃から両親の仕事場に行っていたのですが、彼らが楽しそうに仕事に取り組んでいる様子が刺激的に写りました。映画の世界はとても身近なものだったんです。では、なぜ音に興味を持ったか。それは母の「きっとお前は音に携わる仕事が向いている」という言葉がきっかけでした。

母の言葉は漠然としたものでしたが、すでに映画の制作に携わりたいという気持ちははっきり持っていました。異なる分野の人たちが集まって一丸となって作業し、それが一つの作品に結実していく……共同作業がもつ魔法のような魅了に強く惹かれていたんです。どういう結果が生まれるかは最後の最後までわからない。映画作りとは、帆船で広大な海を旅するようなものです。その魅力に惹かれて、映画の世界に飛び込みました。

最初にそのことを強く実感できたのは『ホーリー・モーターズ』（二〇一二）に参加したときです。そこには一心に遊びに取り組む子供の情熱に似たようなものがありました。レオスは［現場では］多くを語りません。ですから、撮影の間は自分たちの船がどこへ向かっているのかよくわからない。毎晩、家に帰って妻に一日の出来事を話すのですが、その日の経験がはたして現実のものなのか否か、わからないような曖昧さがありました。何かすごいことが起きているという実感は強くあっても、それが実際にどんな作品として結実するかは理解できていなかった。出来上がった作品を見て初めて「あぁ、こういうことだったのか」と気づかされました。この作品の不思議なところは、見るたびに新しい発見があり、それまでは注意を払えていなかったディテールを見出せることです。それがこの作品の持つ深い詩情なのだと思います。

――音の仕事に携わるという考え以前に、まず何よりも映画の制作に関わりたいという気持ちがあったのですね。

EK　はい、本格的に音の世界と関わりを持ったのは二〇歳か二一歳の頃、ルイ・リュミエール国立学校に入学してからです。母のアドバイスに従いサウンド部門で入試を受けました。ルイ・リュミエール国立学校は基本的には映画の制作を教える学校なのですが、プログラムはかなり領域横断的で、ラジオや音楽についても学ばねばならず、映像と音の関係だけを学ぶ時間は意外と少ないのです。当時、僕は写真にも興味があって、かなり多くの時間を学校の現像所で過ごしていました。そのこともあって、リュミエールを卒業した時にはもっと映像との関わりのなかで音を探求したという気持ちが強くなっていました。その後エコール・デ・ボザール［高等美術学校］に入学し、美術史家のジャン＝フランソワ・シュヴリエの講義を受講、ウォーカー・エヴァンスやポール・ストランドなどの一九三〇〜七〇年代の写真家のことを知り、リー・フリードランダーの写真に出会いました。ボザールでは美術史を専攻し、修士号の研究テーマは七〇年代のアメリカのドキュメンタリー写真でした。それまで知らなかったたくさんのアーティストを知る機会にもなり、その後の仕事の大きな礎になりました。フランス生まれの写真家パトリック・フェイゲンバウムと知り合ったのもそのころで、現像のテクニックや写真の見方を教えてくれたのは彼でした。彼は絵画とドキュメンタリー写真とを横断的にアプローチし、絵画の知識を援用しながらどのように写真が「現実」を変容させ、表現し得るのかということを研究していました。

彼との交流を通して、写真という表現手法と音の表現の親和性を感じました。写真によって「現実」を具現化することは、音にたんなる環境音以上の意味と存在を与えることと、ほとんど同じなのだと気づいたんです。音も物語を語り得る、映像が持つ物語に音がそれ独自の物語を持ち込むことができる。それは大きな発見でした。ドキュメンタリーの写真／映像には同時録音の音と強い親和性があります。どのように「現実」を切り取り見る者の目や耳に届けるのか、これは写真と音の共通テーマだと思います。

——映画の音響にかかわる役職の呼び方は、国や地域によって異なることも多いと思いますが、あなたの仕事の詳細について教えていただけますか？

EK 英語圏では、現場での録音を担当するスタッフはミキサー［Mixer］と呼ばれ、ポスプロ［ポスト・プロダクション——編集・整音・色調補正など、現場での撮影の後で行われる作業工程の総称］の技術者はリ・レコーディング・ミキサー［Re-recording Mixer］と呼ばれます。それに従えば僕はミキサーですね。

一概には言えませんが、アメリカでは映画における音のクリエイティヴィティは、現場よりポスプロにおける音編集やダビングにおいて発揮される印象を受けます。一方、フランスでは現場での録音自体がとても重要な意味を持ちます。他の国の現場でよく言われるような「No Dialog, No Sound［セリフなくして音はない］」という考え方で現場での録音をすることは少なく、環境音にも対話と同じくらいの重要さがあると考える傾向があります。仮に人の足音しか聞こえない場面でも、多くのフランスの監督は現場の自然音を残したがる。時には、足音を録るためだけにマイクを配置したりすることもあります。些細なディテールがシーンの印象を大きく左右するからです。「静寂」を示すような場面でも、実際にそこにはたくさんの音が鳴っているわけで、そうした音をポスプロで表現することももちろん可能ですが、現場で鳴っている音の個性を完全に再現することはなかなか難しいんです。

――カラックス監督作品に限らず、あなたはアフレコではなく同時録音（同録）での仕事を積極的に用いることを選択されているようにお見受けします。同録を優先することは、ごく単純に考えるとリアリズムを尊重する選択のように思えますが、あなたの同録の捉え方はそれとは一線を画すものですよね。

EK　映画における録音とは、現実に響いている無限にある多様な音をマイクによって取捨選択し、「現実」を再構築するという仕事です。ポスプロにおける音編集は、色々な音を付け加えながら「現実」の再構成を行うわけで、これはいわば演出に近い仕事だと言えます。一方で、現場での録音はむしろ彫刻家の仕事に近いところがあります。役者の声や美術や小道具の音、そして諸々の環境音など、監督の演出によってもたらされる諸々の音のディテールから、自分の感性を指標に「現実」を再構成していくんです。「現実」の伝達者のような仕事だと言えるかもしれません。

よく、映画を専攻する学生に「どんな本が仕事の参考になりますか？」と聞かれることがあるのですが、僕はいつもマルセル・プルーストの『失われた時を求めて』だと答えています。なぜならこの小説には、登場人物、映像、音、編集、美術、小道具、衣装、そのすべてが作品の欠かすことのできない要素として描かれているからです。「どのようにして「現実」の美しさを表現（再構築）するのか」というテーマが作品全体を貫いているんです。現実を表現（再構築)するという意味においては、映像による表現と音による表現にそれほど大きな違いはないように思います。

――録音という仕事を「現実」の再構築の過程として捉えることは、とても興味深い姿勢ですね。

EK 『ホーリー・モーターズ』のなかで(ミシェル・)ピコリの演じるキャラクターが「美しさとはそれを見る者の眼差しに宿る」と述べる場面がありますが、このセリフはレオスが有する「現実」の認識を象徴するセリフだと思います。美しさとは、ただそこにあるだけでは美しさとして他者に伝わらない。映画監督――あるいは芸術家、詩人――の仕事とは、その美しさを各々の眼差しによって捉えて表現(再構築)し、他者へ届けることだと思うんです。そして、それは時に現実がもともと有していた美しさを超える美を実現することもあります。

――あなたがカラックスと仕事をしたのは『メルド』(二〇〇八)が最初ですか。

EK 『メルド』は日本とフランス両方で撮影があり、フランスでの裁判所の場面の撮影に録音技師として関わりました。撮影監督のキャロリーヌ(・シャプティエ)が現場に呼んでくれたんです。プロデューサーのミチコ(吉武美知子)と知り合ったのもそのときでしたが、キャロリーヌとはそもそも音響技師のフランソワ・ミュジーを通して知り合いました。昔、僕はミュジーと仕事をしていたのですが、彼の五〇歳を祝うパーティーがスイスのジュネーヴであり、キャロリーヌはジャン゠ピエール・ボーヴィアラと一緒に来ていました。僕は当時まだ録音技師としては新米で、フランソワ(・ミュジー)がボーヴィアラに話して、彼が発明したAaton社のCantar X1というレコーダーを分割払いで買えるよう話をつけてくれたんです。

それからしばらくして、ボイエナ・ホラクヴォカ(Bojena Horackova)の『私の東へ』*A l'Est de moi*(未/二〇〇八)という作品に参加しないか、とキャロリーヌが声をかけてくれました。それ以来、キャロリーヌとはよく一緒に仕事をするようになり、アモス・ギタイやジャック・ドワイヨンの現場にも参加しました。録音の仕事としても、とても独創的な現場が多かったです。

もちろん『ホーリー・モーターズ』に参加できたのもキャロリーヌのおかげです。ある日彼女から「シナリオを読んでどう思うか聞かせてくれ」と連絡がありました。まずタイトルが素晴らしかった。当時の仮タイトルは「Holly Motors」、「Holy」ではなく「L」が二つあったんです。これは「Hollywood（ハリウッド）とGeneral Motors（ゼネラル・モーターズ）を融合させたタイトルじゃないか！」と。想像力の豊かさと説話のオリジナリティ、そして現代の美術的感性や技術の発展を問う映画的詩情に魅了されました。パリやサマリテーヌを舞台に据えた、十九世紀的、（シャルル・）ボードレール的なセンスにも惹かれました。また僕の父親が舞台俳優だったこともあり、「演じること」が作品のテーマになっていることも自分にとっては大きかった。一日という時間のなかで、各々のシチュエーションが違った役（役割）を演じることを要請し、身体と精神がそれらを横断していくという設定は慧眼です。

―カラックス監督の映画では現実と非現実が常に拮抗しています。状況設定はかなり奇抜でも、小道具やセットなどを含め、技法的には古典的なアプローチが重視されているように思えます。

EK　デヴィッド・リンチやフェデリコ・フェリーニとレオスの音に関する大きな違いは、あえて言うなら先の二人が幻想を重視し現実の音にそれほど重きを置かない一方で、レオスが同時録音に強い愛着を持っている点です。これはあくまで僕個人の見解ですが、レオスの映画作りは、彼が抱く夢や幻想を映画という装置によって「今」という現実のなかに受肉化する営みだと言えるかもしれません。リアリズムには収まり切らない世界観を描きながらも現実の音を重視する彼のアプローチはそうしたスタンスから来るんだと思います。

―今まで一緒に仕事をした監督で、カラックス監督と同じように同録を重視する監督にはどんな人がいましたか。

EK　黒沢清監督ですね。キヨシは現場で鳴っている音にとても愛着を持っていました。たとえば音の編集では普通は加えないような特殊な音、たとえばうまく閉まらない蛇口の軋みなど、現場で偶発的に鳴った音を積極的に作品に取り入れる。そうした柔軟性が彼の素晴らしさだと思います。僕が参加した『ダゲレオタイプの女』（二〇一六）の撮影の際に、美術の造りが甘いところがあり、雨漏りしないよう大きな防水シートでセット全体を覆っていました。するとその防水シートが風に揺れて大きな音をたてたんです。キヨシはそれを聴いて「この音が欲しい、こんな音は編集では思いつかない」と言っていました。僕はその音を録音し、映画のなかでそれが環境音として鳴るように調整し、結果としてその音が美術に得も言われぬ存在感をもたらすことになりました。蛇口の軋みの音は、撮影の間の休みにセットに戻って再度別録りを試みたのですが、キヨシは現場で鳴った自然な音の方を好んでいました(笑)。

キヨシの映画における幽霊の表現は、先ほどの質問にあった「現実と非現実の拮抗」という問題と深くつながっているように思います。幽霊はいわば現実と非現実の中間にある存在ですが、キヨシにとって重要なのは、その非現実が紛れもない現実として存在していることなんです。「幽霊の音はどれが聴こえて、どれが聴こえてはいけないのか?」と彼に聞いてみたところ「幽霊自体の足音は聞こえない、でも彼らが物に触れる音や他の登場人物、つまり現実世界と幽霊が関係を持つ時はすべての音が聴こえる」と言っていました。

レオスとキヨシに共通点があるとすれば、それは幻想や夢、非現実といったものを紛れもない現実として表現しようとするモチベーションだと思います。レオスの音のアプローチに関して言えば、『ホーリー・モーターズ』のモーション・キャプチャーのシーンが象徴的です。闇から光へ、それに従い現実からヴァーチャルの世界へと作品が移行する場面です。あのシーンで唯一存在していた環境音は、光の変速機が発していたノイズです。それがあの現場に存在している唯一の現実の音［環境音］でした。僕は変速機の近くにマイクを置いてそれを録音し、レオスはそれを作品に取り入れました。レオスはコラボレーターたちからの提案を積極的に取り入れます。編集のネリー(・ケティエ)や、撮影のキャロリーヌ(・シャンプティエ)に対しても同じです。キャロリーヌはとても鋭い感性を持っている人で、現場でいま何が起きているのかを瞬時に把握する力がある。彼女からは本当に多くのことを学びました。俳優の発する音の聴き方を僕に教えてくれたのも彼女です。正直に言えば、僕は彼女と仕事するまで、俳優の声を優先して考えていませんでした。それは自分がドキュメンタリー的なバックグラウンドを持っていたことも影響していると思いますが、俳優の声は全体の構成要素の一つであって、特権的な地位を与えるべきではないと考えていたんです。でも、キャロリーヌと仕事するなかで俳優の発する声の力を再認識させられました。そのことは『ホーリー・モーターズ』や

『アネット』(二〇二一)でもさらに強く感じたことです。

——カラックス監督の作品では俳優の身体がとても重要な位置を占めていると思います。それは『アネット』でも強く感じることです。

EK 身体、そして機械も重要です。『アネット』のアダム・ドライバーにはV8エンジンのような力強さがあります。機械にも似た身体の力強さをフィルムに収めるということは、映画が本来的に持っていた欲望だと言えます。ある意味で非現実的な身体が、映画を介することで現実になるんです。フランス語では「監督」を「réalisateur(具現化・現実化する者)」と呼びます。一方、英語では「director(導く者)」。イマジネーションのなかに存在している理想を現実に落とし込み具現化・現実化すると言う意味で、レオスの映画作りはまさに「réalisateur」のそれです。レオスは3Dやグリーンバック合成は好みませんが、スクリーンプロセスには愛着があります。自分の目で魔法が見えること、俳優が自分の目で魔法を見ることが重要なんです。その意味で、レオスの映画作りは、リュミエール兄弟よりもジョルジュ・メリエスのそれと新和性があるように思います。『アネット』で、アネットを表現するためにCGではなくマリオネットが使われたのもそれが大きな理由です。俳優がアネットという存在に直接触れられることが重要だったんです。

——『アネット』はミュージカル映画ですが、ほぼすべての歌唱シーンが同録(同時録音)で撮影されていると伺いました。『ホーリー・モーターズ』の「幕間」の場面もそうですが、このような強烈なイマジネーションを現実化しようとする作品において、同録で収録するというのは至難の業だったのではないでしょうか。

EK 『ホーリー・モーターズ』の楽団のシーンは大きなチャレンジでした。レオスからこのシーンの撮影について事前に連絡があり、「楽団が廃墟、もしくは森か教会で楽器を演奏するのを同時録音するにはどうしたらよいか」と質問され、どう返事を書けばいいか、二日は悩みました(笑)。本当にすべきことがわかったのは、実際にそのシーンの準備を始めてからです。重要だったのは僕がどのようにそれを録音するのかではなく、どのようにすればその現場でミュージシャンたちが演奏することができるかを考えることだったんです。こちらの録音の状況に合わせてミュージシャンたちが演奏を妥協するなんてことはあってはならない。彼らがちゃんと自分たちの力を発揮できるようにすることが重要でした。いくら録音を工夫しても、演奏自体がダメではシーンは成立しませんから。

リハーサルでは、実際のセットと近い音の響きのする場所に毎週末集まって、演奏やカメラの動きを反復練習しつつ、どのように録音すべきか探っていきました。まずはアシスタントがカメラの横からマイクでドニ（・ラヴァン）の演奏を狙い、次第にオーケストラが増えていくにつれて、他のスタッフがそれぞれポータブルの録音機を持ち、動きに合わせてそれぞれ別の楽器の音を狙う。そうしてリハーサルを重ねているうちに、そのような録音行為自体が一つの機械のように、そして撮影クルーとオーケストラ全体が一つの装置のようになっていったんです。あのときは自分たちが文字通り映画の一部になっているような感覚を覚えました。

——そうした録音のアプローチは『アネット』にも受け継がれているのでしょうか。

EK　『ホーリー・モーターズ』には、廃墟となったサマリテーヌでカイリー・ミノーグがアカペラで歌う場面がありますが、『アネット』での仕事はその発展形と言えると思います。歌のシーンが難しいのは、それがたんなるミュージック・ビデオにならないよう気を配ることです。先ほど話した『ホーリー・モーターズ』の「幕間」と考え方は同じで、24トラックの録音機を三つ使用し、状況に応じて足し引きしました。

——具体的にはどのシーンが録音的に困難でしたか？

EK　オーケストラのシーンもそうですが、個人的にはヘンリー（アダム・ドライバー）のスタンダップ・コメディのシーンが難しかった。このシーンは言うなればヘンリーが自分自身と格闘するシーンです。二度目のスタンダップのシーンで、観客たちが次第にヘンリーの言うことに違和感を抱き、最終的にはスパークスの音楽にのせて《Get off the stage》と叫び始めるのですが、ここはマルチカメラでのワンカットによる撮影で、十五分くらいの長さがありました。女性たちのコーラス、モノローグ、そして観客のリアクション（あの場面で観客はイヤホンで再生音を聴きながら歌っています）にいたるまで、すべてに適応するバランスを見つけ、

『ホーリー・モーターズ』メイキング

©THEO FILMS

劇場の空間の広がりを忠実に再現する必要がありました。しかも、アダムはスピーカーから聴こえる自分の声やマイクの音、そして観客の声を聴きながら演技をしていたので、僕は録音だけではなく、ヘンリーの声がどのように実際に劇場内で響くかもコントロールしなくてはならなかったんです。ヘンリーの声の持つ親密さをしっかり表現しながら、観客との衝突における暴力性も表現する必要のある難しい場面でした。

―アダム・ドライバーの相手役である、マリオン・コティヤール(アン)は『ホーリー・モーターズ』のカイリー・ミノーグのキャラクターと親和性を持っているような気がします。

EK　マリオンのキャラクターは前半は怪物的なオペラ歌手として存在し、その後はヘンリーのキャラクターに取り憑く幽霊のようになります。『アネット』でマリオンは実際に歌っているのですが、オペラの場面だけはカトリーヌ・トロットマンという実際のオペラ歌手の音声を混ぜています。カトリーヌの歌声は実際のセットで、撮影のときと同じ距離感で録音しましたが、カトリーヌとマリオンは同じタイミングで同じ場所にいたわけではなく、歌を通して二人は一人の登場人物になっています。二人の声をかけ合わせる手法を使ったことで、そこに存在しているようで存在していないような、アンの存在の不安定さを表現できたと思います。その不安さは『ホーリー・モーターズ』のサマリテーヌのシーンでカイリー・ミノーグが持っていた幽霊的な存在感につながるものかもしれません。ところで、サマリテーヌのシーンは、風の音がとても強かったので、カイリーに大きな声で演技してもらうように頼んだのですが、思うようにはいきませんでした。でも編集技師のネリー(・ケティエ)のおかげで最終的にはほぼ同録の音を使うことができ、結果としてカイリーのセリフの線の細さ、か弱さがあの場面に漂う孤独や未来への畏れを体現していたと思います。

――今回劇伴を担当したスパークスの音楽は『ホーリー・モーターズ』でも流れていますよね?

EK ドニ・ラヴァンが赤いプジョーを運転していたシーンですね? あれは、『Indiscreet』というアルバムの〈How are you getting home?〉という曲です。レオスはスパークスのパリでのコンサートの際に彼らと出会い、オペラ・ロックとして構想していた『アネット』を彼らがレオスに提案したんです。それから二年後にレオスの家にみんなで集まり最初のミーティングをしました。レオスは『アネット』の全編を、『ホーリー・モーターズ』のサマリテーヌの場面と幕間の演奏場面のように撮影したいと言っていました。『ホーリー・モーターズ』の撮影の記憶が彼のなかに強く残っていたのでしょう。

僕自身、『アネット』はシナリオを読んで、毎日が困難な撮影になるのではないかと少し不安を感じていました。容易なシーンは正直ひとつもありませんでした。録音を別に行うかたちで――つまりアフレコで――撮影することもできたでしょうが、それではこの映画は二時間のミュージック・ビデオになってしまったと思います。複数の国や都市を股にかけた撮影にも入念な準備が必要でした。心強かったのは、スタッフの多くが『ホーリー・モーターズ』の撮影をすでに経験していたことです。レオスとスパークスのコラボレーションに他のスタッフが徐々に加わり、最終的には一つの大きな一体を成していったんです。

――本作はもちろん形式的にはミュージカルと言えるような作品ですが、その本質は『ラ・ラ・ランド』(二〇一六)のような歌

『ホーリー・モーターズ』 ©THEO FILMS

とダンスの絡み合う伝統的なミュージカル・コメディとは一線を画すものです。

EK 最初の段階ではリアーナやマイリー・サイラスのようなポップ歌手が歌って踊るようなシーンをレオスも構想していました。でも、結果的にそうしたシーンは『アネット』にそぐわなかった。精神的にはハリウッドのミュージカルから影響を受けていても、『アネット』にはそうした作品群にはない暗さやメランコリーがあります。レオスが望めば、もちろんきっと素晴らしいミュージカル・コメディを撮ることもできたでしょう。でもそれは彼が目指す作品ではなかったんです。

――『アネット』は一つの夢が崩れゆく物語でもあります。そして、そこには人と人との対峙や対立というテーマがあります。

EK この映画で重要なのはヘンリーという主人公を断罪することではありません。もちろん道徳的な側面は大きな意味を持っています。ただ、僕が素晴らしいと思うのはむしろ、映画の最後に未来を体現する子供が「私はもう歌わない！ マリオネットとしての人生を押し付けられるのは耐えられない！」としっかりと意思表示をすることです。彼女の言葉には真実がある。それがこの作品の力強さだと思います。ここにはもちろん相当な過酷さ、残酷さがある。でも、未来を思考する美しさがあるんです。

―カラックス監督との仕事には、どのような喜びや驚きがあるのでしょうか？

EK　レオスの映画では、カメラの前で起こっていること以上に、カメラの後ろでも様々なことが起こります。たとえば『ホーリー・モーターズ』でドニ・ラヴァンのキャラクターが自分に似た男を殺して、その男になりきる場面がありますよね。ドニが自分自身を殺して生まれ変わるというシチュエーション自体、色々な解釈を喚起させるシーンですが、あそこでドニのスタンドインをやっていたのはアレックスという名の人だったんです。そう、「アレックス」はレオスの本名です……。もちろんその名前を意識してキャスティングしたわけではないのですが、レオスの現場ではそういう偶然がよく起こるんです。

『アネット』ではこんなことがありました。サイモン・ヘルバーグがピアノを弾き、マリオンが観客の前で実際

『アネット』

のオーケストラの演奏に合わせてアリアを歌う場面。リハーサル中、マリオンは本作の音楽監修でもあるフィオラ・カルターのコーチングのおかげで、どんどん歌唱力が上がっていました。先ほどお話ししたように、オペラの場面では他の歌手の声とマリオンの声を混ぜ合わせることが最初から決まっていたのですが、できるだけマリオンの声を生かせるように、現場で歌だけを別録りしたんです。撮影が終わったあと、舞台のカーテンを閉めてステージと観客がいる空間を区切り、マリオンが歌に集中できるようにして同じステージで音声だけの録音を行ないました。レオスはステージの隅にいてマリオンの方を見ながら、彼女をサポートするように彼女の歌に合わせて小さな声で歌っていました。レオスの犬のジャヴロもそこにいました。難しい歌だったので、マリオンもかなりの集中力を使い、歌い終わる頃には疲労困憊。録音は四十分ぐらいかかりました。その時です、カーテンの向こう側から劇場に残っていたエキストラの観客たちが拍手喝采を送ってきたんです。僕は録音に集中していましたし、しかもカーテンが閉まっていたので観客の存在を完全に忘れていました。その歓声をきいたマリオンとレオスの表情には、得も言われぬ感情が読み取れました。

レオスの現場にはこんなふうに、チームが一丸となってそれぞれが労力を注ぎ込み、一つの作品を作り上げるというチームワークの精神があります。『アネット』はまさにそうした作業の結晶なんです。『ダゲレオタイプの女』の現場に参加した時に教えてもらったのですが、日本では一日の仕事の終わりに「お疲れさまでした」って声を掛け合うんですよね。この言葉にあるような、互いの疲れ、労力、仕事をねぎらう気持ち。レオスの現場に参加する者はみな、そうした精神を共有しているように思います。

Interview

［編集技師］ネリー・ケティエ……Nelly QUETTIER

レオス・カラックスの映画制作において、長篇第二作『汚れた血』以来、全作品の編集を務めるネリー・ケティエは、カラックス映画の中核と言っていい技術者の一人だ。「編集」という仕事、そしてカラックスという個人に彼女はどのように向き合っているのだろう。

編集、魂を出産する技法

聞き手・構成——澁谷悠 SHIBUYA Yu

―まず、あなたのキャリアについて伺います。編集技師を志すことになったそもそものきっかけは何だったのでしょう?

ネリー・ケティエ(以下NQ) 最初に興味を持ったのは十三歳のときです。もともと映画は大好きでした。暗闇に座り、スクリーンに光が投影され、今からどんなことも起こり得る……そんな興奮の虜でした。それは今も変わりませんが、子どもの頃は自分が見ている映画が編集という過程を経てできていることをあまり意識していませんでした。そんなとき、お父さんが映画監督をしている友人がいて、彼女がお父さんの編集の現場に行った時のことを教えてくれたんです。彼女の話を聞いて、編集によって映画が大きく変化することを知りました。それで編集をやろうと決意したんです。それから、ラグナー・ヴァン・レイデン(Ragnar Van Leyden)という編集技師と出会いました。彼のアシスタントとして仕事を始めて、一番最初に関わったのはウィリアム・クラインの『ハリウッド、カリフォルニア:ある敗者のオペラ』*Hollywood, California: A Loser's Opera*(一九七七)という作品です。本当に多くのことを学びました。

―ラグナー氏とはどのように知り合ったのでしょう。

NQ 最初は映画学校に入ろうとルイ・リュミエール国立学校やIDECHを受験したんですが、最終的にパリ第八大学に入ることになりました。そこでドキュメンタリー作品の編集をしていた先生が、作業を手伝ってくれないかと声をかけてくれたんです。最初はアシスタントとしてお茶を入れたりしていただけだったんですが、そのスタジオがラグナーのもので、あるとき彼のアシスタントとしてウィリアム・クラインの作品に関わることになったんです。二十歳の頃でしたが、最初の仕事は映像と音のシンクロ作業で、それ以来、徐々に知り合いを通じて編集仕事の話が来るようになったんです。

そのうちにちゃんと映画学校で編集を学びたいという気持ちもありましたが、学校に行っていないからこそ型にはまった考え方をしないのが自分の強みだとも思えるようになりました。ラグナーはそんな私を後押ししてくれて、短篇映画の編集をたくさん手がけるようになったんです。リュック・ベッソンの最初の短篇(『最後から2番目の男』*L'Avant dernier*[一九八一])も私が編集しました。ピエール・ジョリヴェの出演したノイズミュージックのPV的な趣のある作品でした。あとは、地方局のニュース映像なんかもやりましたし、一日のうちに8ミリ、16ミリ、35ミリと、規格の異なる複数の作品を掛け持ちすることもありました。

——編集技師として、最初に独り立ちされたと考えられているのはどの時期ですか?

NQ　二十六歳の頃に、初めての長篇映画の編集の仕事を受けました。ピエール・ジョリヴェの『フレンチ・ノアール／真実と裏切りの掟』(一九八五)です。二本目が一九八六年の『汚れた血』でした。レオスは私より三歳年下ですが、世代はほぼ同じで、ともに経験を重ね成長した感覚があります。一緒に試行錯誤して、一緒に色々な発見をしたことはとても貴重な経験でした。最初に会ったのは一九八五年、『汚れた血』の編集技師を決める面接の場でした。共通の友人がいたので、それ以前にすれ違ってはいましたが、ちゃんと知り合ったのはそのときです。

——当時、すでに『ボーイ・ミーツ・ガール』(一九八三)はご覧になられていたのでしょうか。

NQ　はい。映像と音のズレを使ったインターフォンのシーンなど、とても大胆な作品だと思いました。実はこの作品でも連絡はもらっていたんですが、私が他の作品で忙しかったり、まだ長篇映画の経験がなかったこともあって参加しなかったんです。レオスは『ボーイ・ミーツ・ガール』の編集作業には満足していなかったようで、チーフ助監督を務めたアントワーヌ・ボーを通して、編集技師候補として私に再度声がかかりました。当時、レオスはとても無口で……。

——今もそうだと伺います(笑)。

NQ　当時は今よりもっと無口だったんですよ(笑)。面接の場で印象に残っていることが二つあります。一つ目は、彼が私に〈ヴヴォワモン★01[vouvoiement]〉で話しかけてきたことです。私が「君[tu]」と〈テュトワモン[tutoiement]〉で声をかけたのに、彼は「あなた[vous]」と応えてきて、最初はすこしびっくりしましたが、いつの間にかそれが自然になって、今でも私はレオスと〈ヴヴォワモン〉で呼び合っています。周りからはよく変だって言われますけどね(笑)。もう一つは、「まずはお試し期間を設けよう」と言われたことです。「二週間か三週間、一緒に作業してうまくいけばそのまま続ける。もし違和感があれば、僕も君もいつでも辞めていいということにしよう」と。映画の編集作業はとても親密なものです。非常に長い時間を監督と編集技師は共有しなければならないわけで、レオスの提案はとても自然に思えました。『汚れた血』のとき、私は一人で、つまりアシスタントもなしで、シンクロ作業までやっていました。

――『汚れた血』の編集に取り掛かって、最初の印象はどのようなものだったんでしょうか。

NQ　『汚れた血』はワンシークエンス・ワンカットがとても多い作品でした。ラッシュを見ていると、個々のカットが「始まり」「真ん中」「終わり」といった独立した美しさをもって存在していました。そこに不用意にカットを入れてしまうと元々の強度を落としてしまうようで、私もまだ経験が浅かったこともあり、どのように繋いでいけばいいのか戸惑いました。そうした経験は他の作品では感じたことのなかったものです。

――当時の作業過程で印象に残っていることはありますか？

NQ　ラッシュ上映ですね。当時、ラッシュを見るときは、劇場で大きなスクリーンに上映し、スタッフや俳優みんなで見ていました。デジタル化に伴い、そうした機会はなくなってしまいましたが、すごく重要な時間だったと思います。みな、そこで初めて現場で撮影された映像を見るわけですから、できるだけ良い状態で上映できるよう最善を尽くすわけです。その緊張感は特別なものでした。当時は携帯電話もないので、遅れて来るような人がいると、痺れを切らす上映技師に頭を下げて開始を待ってもらったり……。

特に印象に残っているのは、デヴィッド・ボウイの〈Modern Love（モダン・ラブ）〉が流れるあのシーンのラッシュを見たときのことです。夜に撮影されたシーンで、最初のラッシュ上映があったのは翌日の朝。上映室にはプロデューサーのアラン・ダアンと私、そしてレオスの三人だけしかいませんでしたが、あのシーンを初めて見たときの感動は今でも忘れられません。

今はそうした機会はなくなり、デジタルになってからは撮影中にラッシュを確認することもなくなりました。「撮影中にラッシュを見ると撮り直したくなってしまう」というのが理由のようです（笑）。

レオスの場合、撮影が終わる前に編集を始めます。なので、基本的に粗編集はほぼ私が一人で仕上げることになります。ただ、『汚れた血』のときは粗編集を終え、そろそろ本編集を始めなければならないというタイミングで、レオスはまだ撮影中で編集室に来られませんでした。当時の私はレオスが不在のままで編集を始めていいのかわからず、二の足を踏んでいました。そうしたらプロデューサーのアラン・ダアンが編集室にやってきて、私に「編集を始めなさい」と言ってきたんです。どうしたらいいのだろうと思っていたら、撮影がとある理由で中断になり、レオスが編集室に来られるようになったんですね。その期間から二人で一緒に作業を始めることになりました。お互い改めて言葉にすることはありませんでしたが、そのときに、このまま二人でやっていくことが決まっていました。

―編集を始める前にひと通りラッシュを全部確認しますか?

NQ いえ、そういうことはありません。もちろん作業を進めていくなかで、ラッシュを見直して他のテイクを使う可能性を探ったりすることもありますが、レオスはとても記憶力がよくて、現場でどういうテイクがあったのか細かく覚えているので、それを手がかりに別テイクを探すんです。

―ラッシュを全て見ずに編集を始めるようになったのは、やはり素材がフィルムではなくなってからなのでしょうか。

NQ はい、『メルド』(二〇〇八)の時からだと思います。『ポーラX』(一九九九)は撮影こそフィルムでしたが、編集ではAvidを使ってノンリニア編集★02をしたので、フィルムだけで編集したのは『汚れた血』と『ポンヌフの恋人』(一九九一)までですね。

―カラックス監督とは編集の構想について事前に話し合いなどをされるのでしょうか。

NQ レオスとの作業に長い話し合いはありません。お互いの様子や作業を見ながら、自然と流れが決まっていきます。レオスは自分で編集機材に触れて作業もします。監督によってはそれをしたがらない人、あるいは(編集技師への敬意から)遠慮する人もいますが、私はそうしたことを嫌だとは思いません。レオスの様子を見ているとそのうちに彼が何を探しているのかが見えてくるんです。お互いが編集台に座りフィルムに手を触れることで、相互浸透のようなアプローチで作業は進んでいきます。彼は口数が少ないと言いましたが、長いディスカッションをしなくても、彼の短い言葉のなかには作品を理解するうえで必要な情報がすべて詰まっているんです。

かといって、レオスはすべてを独断で決めていくわけではありません。私を含め、作品にアドバイスをくれる人の意見にはとても真摯に耳を傾けます。ディスカッションが始まるというわけではなく、彼なりにそれらの意見を咀嚼して、取捨選択をするんです。レオスとの仕事にはとても大きな自由を感じます。というのも、一緒に仕事をする監督によっては「こういう提案はするべきではないだろう」と気を遣わねばならない人もいるんです。でも、レオスと私との間にはお互いに何を提案しても良いというような空気がある。もちろん、彼が私の意見をそのまま採用するとは限りません。でも、何を提案しても彼が怒ったり、気分を損ねたりすることはないんです。

——カラックス監督は、現場でも後の編集を意識して撮影をしている監督なのでしょうか。シナリオ執筆の段階、あるいは撮影の段階でも、編集についてプランを立てているのでしょうか。

NQ シーンによると思いますね。明確なイメージのあるシーンもあれば、編集段階でも漠然としているようなシーンもあります。彼が「こうしたい」とわかっている場面に関しては、まずは彼の意図に沿って繋いでいきます。一つ確かなことは、彼が編集作業を好んでいるということ。編集作業を苦痛だと思ったり、あまり重視しない監督もいますが、レオスは編集によって様々なことができる可能性をとてもポジティブにとらえています。たとえば、『メルド』の裁判のシーンではスクリーン分割が使われていますが、これはシナリオの段階にも撮影の段階にもなかったアイディアで、編集の過程で思いついたものです。

——初期のカラックス監督の作品はシナリオを厳密に構築するよりも、撮影後の編集における発見によって映画のフォルムが形作られているような印象を受けます。

NQ どうでしょう……レオスの脚本はとても細かく書き込まれているので、編集はあくまでもシナリオに沿って行われます。なかでも特徴的なのは、音の描写がとても仔細に指示されていることです。それが編集を進めていくうえでの大きな指針になるんです。

——編集ではまず映像についての作業が行われ、音の作業はその後に行われるのでしょうか。

NQ 映画は、映像、音、そして音楽が相互に絡み合ってできています。映像編集と音の編集［日本の現場では「効果」と呼ばれるもの］は、それぞれ作業としては独立していますが、ある一つの音の有無で映像の編集は否応なく影響を受けます。その意味で、映像編集の段階で音の構成について考えるのは必然です。『汚れた血』で印象に残っているのは、アレックスがリーズから逃げてメトロに乗る場面。あのシーンでは手紙を読む声がオフの音声で流れますが、シナリオ上はこの朗読のために、ある種の回想シーンが撮られる予定でした。しかしそのシーンは結局撮ることができず、当初の編集ではその場所に黒味の画面をおいて対応し、追加撮影素材を待っていました。でもある日、手紙の朗読をその前のアレックスの逃げるシーンにそのまま被せてみてはどうか、という話になった。確信はありませんでしたが、やってみたらその選択が素晴らしい効果を生みました。こうしたアイディアによって作品をより良く変化させられるというのは、自分にとっても大きな発見でした。

同じような経験は『ポンヌフの恋人』の時にもありました。プロデューサーのクリスティアン・フェシュナーと試写をした時のことです。彼から冒頭の浮浪者たちを写したドキュメンタリー的な一連のシークエンスを外してみろという指示があったんです。しかし実際にそうしてみた結果は最悪なものでした。あのシークエンスがないことによって、映画に出てくるアレックスもミシェルもどこか作り物の存在のように見えてしまったのです。ハリウッドの映画によくあるような「嘘だとわかっていながらそれを現実として受け入れなければならない」ような違和感があり、冒頭のシークエンスの重要性を再認識した瞬間でした。

——編集において、カラックス監督と意見の相違があった局面もあるのでしょうか。

NQ 難しい質問ですが……たとえば、『汚れた血』で頻出する黒画面に私は抵抗がありました。でもレオスにはそれが重要だった。先程も言ったようにレオスは他の人からの助言をとても大切にします。自分のアイディアに意固地になったりはしない。他の人からの提案に良いものがあれば、それを積極的に採用します。とはいえ、どうしても譲れないところはあるんです。それは必ずしも私や他の人がすぐに理解できるものではないかもしれない。でも、そこにこそ映画が監督のものである理由があるように思います。同じ物語でも監督によって完成した作品は大きく異なる。それぞれの監督が持つ感性がそうしたディテールに宿る。そのようなディテールの積み重ねがあることで、すべての作業工程を終えた際に「これは紛れもなくレオスの作品だ」という結果になるんです。

――『汚れた血』から『ポンヌフの恋人』の間に、カラックス監督の映画制作のスタイルに変化は感じられましたか。

NQ レオスとの会話は増えましたね(笑)。『汚れた血』の時は本当に口数が少なかったんですが、あの作品での編集を通して信頼関係も生まれていたんだと思います。それから、編集のリズムです。『ポンヌフの恋人』は何年にもわたり制作が続いた作品で、途中で何度も作業が止まりました。レオスとジュリエット(・ビノシュ)が先頭に立ってチームを引っ張っていた時期もあれば、二人に元気がないときにはまわりのスタッフが彼らを鼓舞していた時期もありました。この間に他の作品からのオファーもあったんですが、『ポンヌフの恋人』の編集を続けられるよう、長期間拘束される作品は断り、私は広告の編集などをして食い繋いでいました。また、『汚れた血』はそれぞれのカットがほぼワンシーン・ワンカットで独立していて、それぞれが短篇映画のような力強さを持っていました。一方で、『ポンヌフの恋人』では全体の構成のなかで、それぞれのカットが撮影されている印象がありました。

――『汚れた血』と『ポンヌフの恋人』の二作品で、編集のアプローチに変化はありましたか?

NQ どうでしょう。なんと答えればよいか……。時間が経っているので本当であれば私も客観的に比較できる距離感を持っているはずなんですが……理論的・分析的な質問はどうしても……。というのも、レオスとの作業は一切そういうものではないからです。自分たちの目の前にあるこのシーンをどう繋ぐか、そしてそれをどうやって一本の映画にしていくか……私たちが作業をする時にあるのは、そうした極めてプリミティブな目標です。だからそういう質問にどう答えてよいのか正直わかりません。ただ、強く印象に残っているのは、『汚れた血』のラッシュを見ながら、撮影が進むにつれてレオスとジュリエットがお互いに惹かれ合い、恋に落ちていくのがわかったことです。撮影のはじめにあった二人の距離が、徐々に縮まっていくのがラッシュを見ていてわかってしまう。とても美しい瞬間でした。

──『ポーラX』は、制作体制においても大きな変化があった作品であるように思います。まず、主演がドニ・ラヴァンではなくなり、編集にもAvidを用いられるようになり……

NQ　［撮影監督の］ジャン＝イヴ（・エスコフィエ）の不在もそうですね。レオスにとって彼がいないことはとても大きな変化でした。ジャン＝イヴはレオスのかけがえのないパートナーでしたし、仕事以外でも交友がありました。私と違って、二人は〈テュトワモン〉で呼び合っていたと思います。『ポンヌフの恋人』の後でジャン＝イヴがアメリカに渡り、彼が亡くなってしまったことは、レオスにとってとても大きな衝撃だったと思います……。編集に関して言えば、Avidの導入はたしかに大きな変化でした。撮影においてレフレックスカメラの登場が一つの革命をもたらしたように、編集においてはノンリニア編集の登場が革命をもたらしたといえるでしょう。

『ポーラX』

――それは良い変化ですか、悪い変化でしょうか。

NQ　一概に言うことはできません。ただ、私自身はフィルムを使った編集を学ぶことができてよかったと思っています。編集は全体と部分からできています。あるシーンを繋いでいても、つねにそれがシークエンスとして、作品全体としてどのような効果を生むかを考えなくてはなりません。ディテールが変われば全体の印象も必然的に変化するわけですから。デジタルによるノンリニア編集では、そうした全体と部分の比較が容易にできてしまう。アイディアがあればそれをひとまず繋げることができてしまう。フィルム編集の場合、実際にフィルムをつなぐ前に、想像力を最大限に働かし全体の構成を考えあげてから作業を行わなくてはいけません。また、身体的な意味でも仕事の仕方が違います。フィルムの場合、まずフィルムの入ったリールを運んで持ち上げて、自分の身体を使って編集台にセットしなければなりません。時間の感覚も、タイムコードを見ることはできませんから、フィルムに対して手を広げて身体的な感覚によって認識していました。そういう体験がデジタルにはない。フィルムの時にあった一日の作業を終えた時の疲れが今はないんです。監督や編集者のなかにはフィルムで編集をしていた時代のそうした時間を惜しむ人がいます。なぜならその時間で色々なことを考えたり、別のアイディアを思いついたりしていたからです。とはいえ、デジタル技術のおかげで、それまでできなかったようなカットの印象を大きく変える後処理ができるようになったといった利点はあります。

――最近では、シーンの印象は良いけれども、役者の演技に問題がある場合など、別のテイクから同じ役者の顔を編集で合成したり、登場人物を後処理で消したりということもよく行われるようになりましたが……。

NQ　カットをリサイズしたり、左右を反転させたり、カメラの動きを足したりすることはありますが、レオスの作品ではそれ以上の後処理はしません。もちろん、そうした大胆な処理の必要性があれば、彼はそれを選択すると思いますが、今までの作業ではそうした処理が必要になるような局面はありませんでした。もちろん『アネット』は、そのようなデジタルの技術があるからこそ作ることのできた作品だと思います。ＶＦＸも多く使われていますし、万一あの作品をフィルムで撮ろうとしたら、撮影の方法論を根本から考え直さなくてはいけなかったと思います。

――映画監督によってはそうしたデジタル処理全般に抵抗がある人もいると思いますが、カラックス監督はどうでしょう？

NQ　レオスにそうした抵抗はないと思います。実際、撮影のやり方もそれによって変わってきていると思います。撮影フィルムの時は、レオスは現場ですべてを完璧に撮り上げようとしていました。今は撮影時に完璧でなかったとしても、編集の後処理でリカバリーできるとわかっているので、それ以前とは別の基準でＯＫを出すようになっているように思います。デジタルになってテイク数も減ってきています。

――とはいえ、フィルム撮影に強いこだわりをもった人ではありますよね？

NQ　もちろん。でも、現実問題として以前と同じような感覚でフィルムで撮ることはできないと彼もわかっていますし、新しい技術に対する関心も高いんです。

――『ホーリー・モーターズ』にも歌のシーンはありましたが、ミュージカル作品である『アネット』では、それが全編において展開されます。編集で困難な場面はありましたか？

NQ　最後の面会室の場面は苦労しました。アネット役の女の子（デヴィン・マクドウェル）はとても歌がうまかったのですが、とてもよく体を動かして演技をするので、その想定外の動きに応じて編集していくのがとても難しかったんです。そのことはレオスも撮影の時から感じていたので、編集に入ってからかなり早い段階であのシーンの編集を始めました。それ以外ではＶＦＸやトリック撮影が多かったせいで、編集段階では未完成の試作映像を使ったり、時にはそうしたものを私が自作して作業を進めなくてはなりませんでした。たとえば、ベイビー・アネットがスーパーボウルのハーフタイムショーに出てくる場面は、ほぼすべてがＶＦＸです。それ以外にもコヨーテの雄叫びなどはストックの素材を使ってそれを実写と組み合わせたり……技術的な難易度は今までに経験したどの作品よりも高かったと思います。でも、それは『アネット』が他の作品に比べ編集しづらい作品だったということではありません。ただ、普段は編集を進めていく過程で作品のことを知らない人に編集した素材を見せて意見をもらうようにしているのですが、今回はコロナのせいで上映室にも入場制限があり、そうした時間を十分に設けることができず大変でした。

――そうした上映にはどのような人を呼ばれるのでしょうか。

NQ　名前を挙げることは控えますが、レオスの映画や彼の映画づくりをよく理解している人たちですね。必ずしも映画関係者というわけではなく、レオスの友人や私の友人もいます。

――ところで、あなたはなぜカラックス監督がアダム・ドライバーに惹かれたとお考えでしょうか。

NQ　まずは彼が素晴らしい俳優だということですね。そして、歌も歌えること。ドニ・ラヴァンと真逆のようで、アダムも素晴らしい存在感を持っています。大きな耳や特徴的な顔、そして身体と仕草。レオスの映画において俳優の身体はとても重要な役割を持っていますから。

――女性俳優についてはいかがでしょうか。男性たちと違い、カラックス監督の映画に出てくる女性たちは、必ずしもはっきりとした身体的特徴を持った人ばかりではないですよね？

NQ　女性俳優について私がレオスの代わりに話すのは難しいですね。でも、きっと彼と女性俳優との関係には、男女の一目惚れに近いものがあるのではないでしょうか。「彼女を撮りたい」という欲望のようなものがあるはずです。

――監督によってはそうした男女の惹かれ合いに一切左右されない方もおられるように思います。

NQ　どうでしょう？　本当にそう思います？　ある監督が、その人が男性であるとして女性俳優を選ぶ時には、程度の差こそあれ絶対にそうした惹かれ合いがあるのではないでしょうか。そうした感覚なしに選ぶことなんてできないと思いますよ。

――あなたはカラックス監督のコラボレーターのなかでも、最も長い時間を共有したお一人ですが、彼のキャリアを俯瞰して、その変化をどのように捉えていますか？　彼の映画づくりはやはり大きく変わったと思いますか？

NQ　もちろんです！　当時はフィルムだったのが今はデジタルになり、彼も年を取り、私も年を取りました。その間にさまざまなことを経験し、お互いに変化したと思います。

——具体的な部分をお伺いすることはできますか？

NQ　それはわかりません。私はそうした分析的な考え方が苦手なんです。私が興味を持つのは、実際に対象に触れて、考えて、作品を作っていくこと。もちろん出来上がった作品を見た人が意見を持つのは素晴らしいことだと思います。でも、編集をはじめる時はもっと乱雑な状態なんです。バラバラのままで、それ自体では独立していないラッシュに抱く印象というのは、完成した作品に抱くそれと大きく異なります。そこで問題になるのは「この映画が映画史的にどんな意味を持つのか」といった形而上学的な問いではなく、より具体的でプリミティブな事柄なんです。

——とあるインタビューであなたは編集の仕事について「魂を出産する技法(L'art de faire accoucher les esprits)」だと仰っていました、素晴らしい表現だと思います。

NQ　そこに存在しているけど、まだ生まれていない作品を一つの形にしてこの世界に迎え入れる、編集はそういう作業だと思います。

——カラックス監督とはプライベートでもお会いになられるのでしょうか。

NQ　もちろん。毎週会うというわけではないですが、たまに会ってコーヒーを飲みながら話をしたり。何かあれば私がいると彼も思ってくれていると思います。

——カラックス監督との仕事において、あなたが重要だと思われているのはどういう点でしょうか。

NQ　レオスとの仕事には他の監督との作業にはない自由を感じます。レオスとの仕事で自分を制限する必要はありません。人の想像力を開放し、それに形を与えるという彼の役目は、本当に素晴らしいものです。そして、なにより彼は編集という作業を楽しむ人です。レオスは現場でも俳優や小道具、美術に直接手で触れて演出します。デジタルになったことでフィルムという素材自体に直接手を触れる機会はなくなりましたが、編集におけるそうした根本的な彼の精神は今も変わっていません。

―編集作業の際に、仕事のレフェランスとなるような作品をカラックス監督と共有したりすることはありますか?

NQ　編集作業中に他の映画の話をしてそれが作業に影響することはあります。ところで、『アネット』にはキング・ヴィダーの『群衆』(一九二八)が引用されていますが、私はこの作品を『アネット』が公開されてから初めて見ました。『アネット』の冒頭に聞こえる音は世界で初めて録音された人の声[★03]ですし、『ホーリー・モーターズ』ではエティエンヌ=ジュール・マレーの写真銃の映像が使われています。それらは必ずしも脚本の段階では明確に示されてはおらず、編集作業の過程で作品に取り入れられていったものです。

―最後にあなたがカラックス監督と一緒に仕事をされている中で、特に忘れられない瞬間について教えていただけますか。

NQ　『ホーリー・モーターズ』のカンヌ国際映画祭での上映ですね。あのときは本当に上映の数日前まで作業をしてい

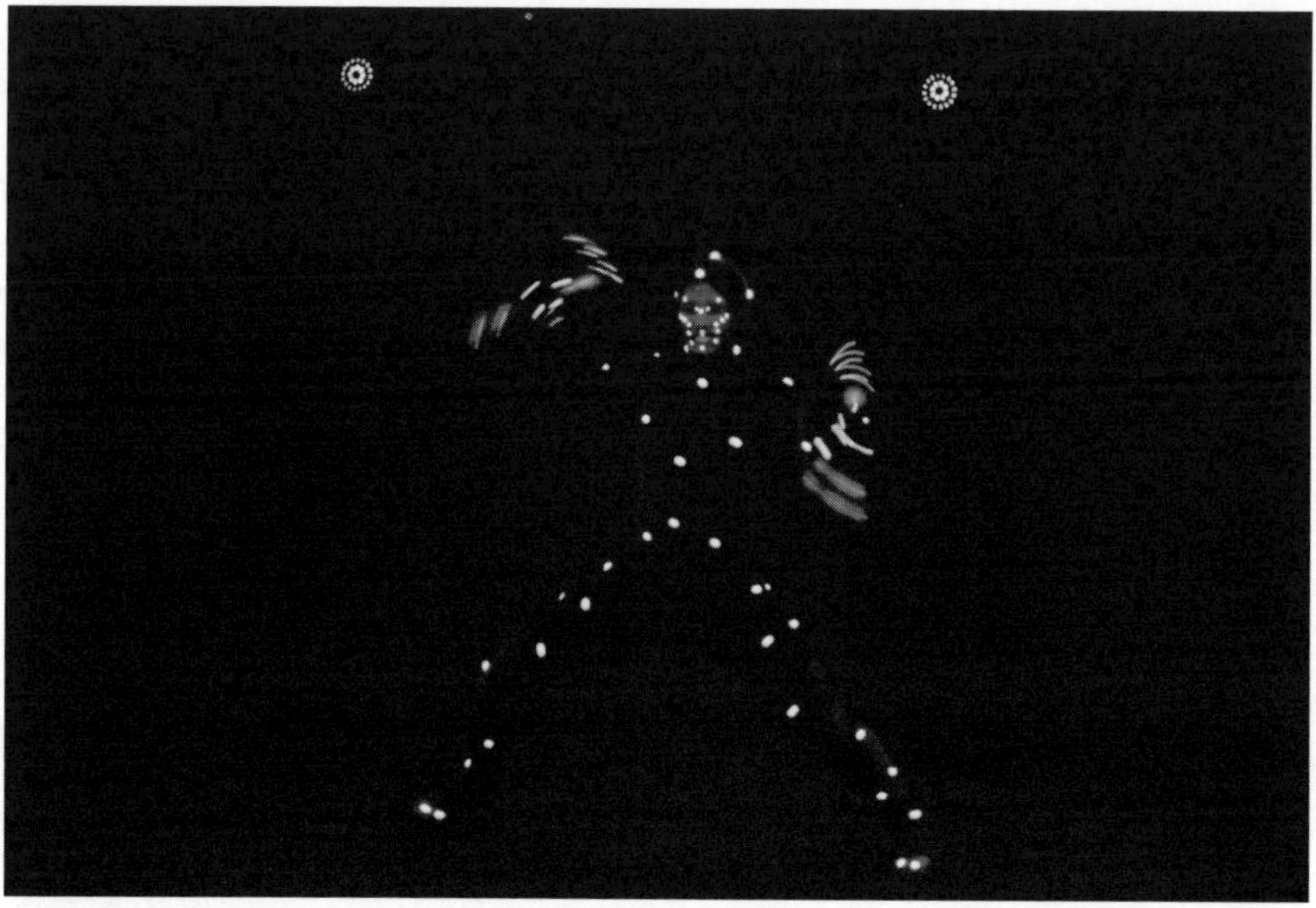

『ホーリー・モーターズ』

©THEO FILMS

たんです。この作品は映画史を強く映し出す作品ですが、編集中にはそうしたことを客観的に考えている余裕はありませんでした。なんとか作品を完成させ、それをカンヌで上映したとき、深く感動してくれる人がたくさんいた。その様子を見て、あの作品が持っている豊かさを改めて認識しました。タイムリミットが迫るなかで直前まで作業し、作品を完成させ、多くの観客と共有した時の達成感と感慨はひとしおでした。一本の作品がこんな感情を呼び起こすことに驚き、そして心動かされました。

★01——フランス語には二人称代名詞に［tu］と［vous］の二種類があり、友人や親族、知人など親しい間柄では［tu］を、初対面の間柄や公の場での会話には［vous］を用い、それぞれの形での会話のことを「テュトワモン［tutoiement］」「ヴヴォワモン［vousvoiement］」という。仕事の同僚のような間柄であれば「テュトワモン」を用いるのが自然。

★02——映画編集は、かつてはポジフィルム素材をスコープで視認しながら直接つなぎ合わせることで完成形を整えてから、ネガフィルムの仕上げをするという手法が広く用いられていた（リニア編集）。一九九〇年代半ば以降、文中に登場するAvidのようなデジタル編集システムが広まり、元素材をデジタルデータに置き換え、元の素材には手を加えることなくデジタルデータ上で編集を行う手法が一般化した（ノンリニア編集）。

★03——『アネット』の冒頭、クレジットが映し出される中で司会者が息を止めたのち、暗闇の街並みが映し出される場面で、フランス・パリの発明家エドアール＝レオン・スコット・ド・マルタンビル（Edouard-Leon Scott de Martinville）が発明したフォノグラフ（phonautograph）によって録音された、世界最古の録音記録（女性による〈Au Clair de la Lune［月の光に］〉の歌唱）が流れる。厳密には、最古の記録は一八六〇年四月九日のものであるが、ここではそれに次ぐ一八六〇年四月二〇日の録音が用いられているように思われる。［参照——http://www.firstsounds.org/sounds/scott.php］

1 9 8 3
Boy Meets Girl
ボーイ・ミーツ・ガール

Les films de Leos Carax

1 9 8 6
Mauvais Sang
汚れた血
©THEO FILMS

1 9 9 1
Les Amants du Pont-Neuf
ポンヌフの恋人
©THEO FILMS

第4章

レオス・カラックス――映画を彷徨うひと

全監督作品

Leos Carax

Le Vagabond du Cinéma

1983

『ボーイ・ミーツ・ガール』

Boy Meets Girl

©THEO FILMS

星、水、血、時間、動体、地図、足跡、板、足音、窓、鏡、無時間、寸断、不断、夜

文—五所純子
GOSHO Junko

1．はじめに星、おわりに星

ボーイ・ミーツ・ガール。それはハリウッドの伝統的かつ定型的な物語構造であり、主人公の少年が見知らぬ少女と運命的に出会うことでドラマが駆動する恋愛物語のことだ。往々にしてボーイ・ミーツ・ガールの作品には、少年の成長譚でめでたしめでたし、痛みに耐えてよく頑張った、ところで少女の夢はなんだったんだろう、という展開がなきにしもあらずだ。近年日本を見渡してみると、人類史規模の破局の予兆に気づいた少年と少女が手に手をとって歴史的な考証なしに一足飛びで過去を書き換え未来を救済するかわりに二人が出逢えた奇跡の記憶は消えてしまうけれどボーイとガールの永遠性はきっと来たるべき平行未来においてボクとワタシにたがいの存在を思い出させてくれるはず、という御都合主義の歴史修正に近接した欲求が果たされるような、あるいは平行世界にしか希望を見出せないほど閉塞した気分が蔓延したような、そういった作品が散見されて危うい。さかのぼって一九八三年フランス、レオス・カラックス監督作『ボーイ・ミーツ・ガール』は、冒頭に星条旗の装飾が映され、結末にはそれと類似するような人工的な星空が輝いていることからも、既存のボーイ・ミーツ・ガールの物語構造に批判的な構えをとっているのがわかる。最終的に悲運の不可逆性に落とし込まれる本作は、とりかえしのつかなさが題材としてある。くわえるなら、レオス・カラックスの作品群はつねにとりかえしのつかなさが不可分にあるようにも思える。だからこそ本作は、時間そのものが検証されるようなシークエンスのいくつかが強く印象に残される。たとえば、パーティーでのキッチンの場面や、ラストシーンの部屋がそうだ。先んじて言えば、前者のキッチンは、夜が深まっていく様子を光の明暗によって多少なりは演出しつつも、時間は単線的な進行からだぶついて重複し、無時間あるいは多重的な時間の感覚をくりかえし描出しているように感じられる。後者のラストシーンの部屋は、一度ある出来事を描いたあとにわずかに時間を遡らせ、もう一度それを描きなおす。一つの時間が重複して描かれるわけだが、そこで二重化された時間は未来を好転的に書き換えるためでなく、一つの悲運について二つのアングルによって段階的に真相を告げるためだ。これはまるで無声映画のショットの繋ぎでよく起こっていた時間の重複が引き伸ばされたシークエンスのようにも見える。少なくとも筆者にはその印象が強いせいか、長篇デビュー作である本作とともにレオス・カラックスの登場が「ヌーヴェル・ヴァーグの後継者」や「ゴダールの再来」などと称されたことは、本作における映画史的な引用の系譜（D・W・グリフィスの説話文法、カール・Th・ドライヤーのスクリーンに満ち満ちる顔、バスター・キートンの戯れ、フリッツ・ラング『M』［一九三一］、ロベール・ブレッソン『スリ』［一九五九］の窃盗の手つき、ジャン＝リュック・ゴダール『気狂いピエロ』［一九六五］のパーティー場面、など）から十分に理解しつつ、本作がその系譜からほど解けていく可能性とともに、新たに再見されることを期待する。

2. 水か、血か

水と血を見分けさせること。カラー映画ではたやすい。無色透明か、赤色か。その色調の別をおよそワンショットであたえることができる。モノクロ映画はどうか。白と黒のあいだのグラデーションにおける色の位置どりと液性の質感であらわすことができるが、それだけでは不鮮明ではある。むしろショットの組み立て、モンタージュ、ありていに言ってしまえばストーリー上の文脈に大きく拠っている。たとえば直前のショットで、河川や蛇口やピッチャーが映されていれば、これは水だと観者は判断するだろう。病室や銃や傷口が映されていれば、これは血だと判断するだろう。

では、飢える人ならどうか。愛に飢える人、不和に震える人、孤独に苛まれる人ならば。しかも傍らに水の張られたバスタブが設置され、その人の片手にナイフが握られていたなら。次のショットで捉えられるのが水であっても血であっても、なんら不自然でも不整合でもない。

『ボーイ・ミーツ・ガール』には、水か血か、見分けがたいショットがある。水と血を瞬時には見分けさせないこと。ほんの一瞬、水と血を見まちがえさせること。一九八三年に制作されながらモノクロのフィルムが選ばれた理由は、ここに極まれるのではないかと思うほどだ。モノクロ映画がもつ魅惑的な詐術を使うため、その詐術によって、悲運の不可逆性を描いたラストシーンに観る者をひといきに導くために。——いきなりラストシーンから語り始めてしまったことに筆者自身が戸惑っているが、冒頭より孤独と待機が謳われ「じきに終わりがくる」と予言される本作にむしろふさわしい気もして、続ける。

ボーイの名はアレックス(ドニ・ラヴァン)、ガールの名はミレイユ(ミレイユ・ペリエ)。自室の電話を鳴らしているのが破局しかけている恋人・ベルナールであると疑わないミレイユは、実際はアレックスからである電話を受けない。アレックスはミレイユの部屋へと急ぐが、その間にもミレイユの部屋のバスタブにはみるみる水が溜まり、アレックスが到着する頃にはバスタブの淵を超えて、さらに玄関外の廊下にまで溢れ出している。

廊下の床の水溜まりは、直前に映されたバスタブから溢れ出す透明度の高い液体と異なり、黒々として、粘性の高い質感をたたえ、表面張力をぞんぶんに発揮して隆起している。この対比によって、バスタブから溢れた無色透明な液体は水であり、床の液体は血ではないかと観者に緊迫感がもよおされる。いったい部屋の中でなにが起きているのか。一見するとアレックスも同じように緊迫し、惨状に備える。スカーフで鼻と口を覆い、もしや発生しているかもしれない有毒物質を吸い込まないように防御する。目は覆わない。アレックスも観者も見ている。しかし次の瞬間、観者はアレックスの足によって惑わされる、あるいは裏切られる。水溜まりはアレックスの足底に踏みつけられるとさらっと飛沫をあげ、その色調の濃さにもかかわらず、粘性の低さを暴露される。照明によって黒々と隆起して映されているが、これは血ではない。アレックスは観者よりも先に、ミレイユの部屋に流れていたのは水にすぎないことを知りえていたのだ。モノクロの、ほんのワンショットで起きたこと。観者はまだ水か血か判別しきれず、アレックスの背中を追うようにしてミレイユの部屋に駆けこむ。

ところで、『気狂いピエロ』にまつわるインタビューで作中の血について問われたゴダールが、血など一滴も流れていない、あれは赤いペンキだ、というふうに答えた。そんな有名な挿話がある。たしかに『気狂いピエロ』の血は嘘くさく毒々しいほど鮮明に赤い。血が血ではなく血を表象しながら血でないことをも支持して作品世界が成立するというフィクションの自己言及的な表現についての言葉だが、この発想から『ボーイ・ミーツ・ガール』が遠いことはすでにおわかりのとおりだろう。

『ボーイ・ミーツ・ガール』

3．一つの時間、二つの動体

続くシークエンスで、衣服から滲み出る液体を目撃することになる。アレックスも観客も見ている。今度こそ、これは血であるとだれも疑うことがない。けれど、カメラはこのシークエンスを二度つかまえる。一瞬にして時間が逆行して数分前の過去に戻り、異なる角度からつかまえる。一つの時間を二つのバリエーションで映しだす。一度めは、観者にたいしてアレックスとミレイユの顔相を精緻に与えるのと引き換えに、出来事の真相を隠す。二度めは、観者に真相を明かしてから、とりかえしのつかない真実に刺された直後のアレックスとミレイユの身振りまでを延長して提示する。このように描出された〈二つの時間〉は、〈一つの時間〉を数台のカメラで同時に撮影したものを二つに分けたのでない。一つの身振りを二度三度と演じる俳優の身体をいくつかに分けて撮ったものと、一連の動体を引いた位置から撮ったものを、組み合わせて構築した〈二つの時間〉だ。ほしいままに時間の逆行をつくりだせる映画表現において、過去をとりかえすこともまた容易い。しかしながら本作は、過去をとりかえす手法に依りながら、それを〈このようにしてとりかえしのつかなさが発生したのだ〉と強調するシークエンスに構築する。

ここまで書いて筆者はふと思う。アレックスとミレイユに時間の逆行を実感しているふうはなく、あたかも客観的な時間に則って一度めと二度めは同じ出来事として演じられている。しかし、一度めでは省かれ、二度めで延長された部分がある。アレックスがばたりと倒れ、ミレイユがぐらりと椅子から転げる身振りだ。あの踊るような身振りは、はたして〈一つの時間〉の再演なのだろうか。あれは再演でなく、悲運を書き換える可能性をふくむ一種のタイムスリップのなかにあって、それでもとりかえしのつかなさを選ぶという意志の舞踏だったとしたら。これぞロマンスの狸寝入りというか、きわめて冒険的な偶然性への態度を示しているのではないか。だからだろう、筆者は本作を何度見返したところで、ミレイユが絶命したとも、アレックスが絶望するとも感じられない。もし本作にさらなる延長部分があるとしたら、アレックスの部屋の壁に隠された〈地図〉には、この夜の出来事が、地点と年月日、ミレイユのイニシャルMをともなって刻みつけられる。そんな気がする。

4. 地図と足跡／板と足音

これは水だと知りながら観客を惑わせる役割という意味で、アレックスは優れた狂言回しだ。なおかつ、これは水だと知りながら焦ってミレイユを抱擁したために血を流させてしまうという意味では、アレックスは愚かな道化である。この道化というモチーフは、アレックス三部作と呼ばれる『ボーイ・ミーツ・ガール』『汚れた血』(一九八六)『ポンヌフの恋人』(一九九一)のみならず、最新作『アネット』(二〇二一)の主人公ヘンリー(アダム・ドライバー)にいよいよ引き継がれている。水との関係も深く、ミレイユもまた妻・アン(マリオン・コティヤール)へと変奏されている。

これは血でないとアレックスの足が判明させるショットより以前に、バスタブに水が溜まりゆくショットには階段をのぼるアレックスの足音が鳴り響いており、ここでは音のみでアレックスの歩行が表現され、足音をアクセントにしたシークエンスとしてやけに記憶に残る。ふりかえると硬質で規則的なその足音は、水だ、水だ、水だ、と前もって知らせていたようにも感じられる。そこに至るまでアレックスの歩行は、音よりも姿態としてとらえられていた。

カラックス作品の主人公、とりわけ男たち《ボーイ》はとにかく歩く。〈歩く〉よりも、煩悶や葛藤の身体表現として〈うろつく〉のほうが正確かもしれない。とりわけアレックスは歩行の跡を独特のしかたで記録しており、それが本作の魅力でもある。壁に手書きされた地図だ。アレックスの部屋には一枚の絵画が掛けられているが、その額縁を外すとパリの地図が現れる。カメラが地図を眺めまわすと、ところどころに「本屋で最後の万引き　68年」「F．に初めての嘘　81年3月13日」「F．と初めてのキス　80年11月22日」「コシン病院で誕生　1960」などが点在している。恋人を奪った親友・トマと河岸でナイフを挟んで揉み合った夜、帰宅したアレックスは河岸の位置に「最初の殺人未遂　83年5月25日」とペンで書きこむ。自分史、未完成の図形年譜、自己愛的な渉猟の跡。アレックスの身に引き寄せられたものごとはこの平面上に留めおかれ、青春が形質を欲して浮いている。

一方、女《ガール》たちはどうか。冒頭に登場するマイテはスキー板がフロントガラスを突き破った車を疾走させるのが痛快だが（助手席にいる幼児の挙動は切なく愛らし

『ボーイ・ミーツ・ガール』

く、ここにも『アネット』の原型がうかがえる。さらに言ってしまえば、本作後半、子守りの女一人にたいして大量の乳児が集められた部屋はほとんどだれかの強迫観念のようでもあり、『アネット』の原型により近いと思える)、主人公の女《ガール》・ミレイユは屋外を走らないし歩かない。ミレイユがとらえられるのはつねに屋内であり、その逡巡や衝突はレコード盤をターンテーブルに載せたりインターフォンの受話器を握ったりする挙動によって表現されるが、ミレイユの〈話す〉がデッド・ケネディーズの楽曲やアレックスのボイスオーバーによって掻き消されるように代理表象されているようにも見える。

　端的に本作におけるボーイ《アレックス》とガール《ミレイユ》が対比され、その異同が照らし合わされているのは、インターフォンを手にしたミレイユの背景の壁に貼られた二枚の紙だろう。一枚はコミック『タンタンの冒険』、もう一枚は腕を交差させ足を投げ出して電話する女のグラビアである。外をうろつきまわるがタンタンのように快活な冒険譚をくりひろげることのないアレックスと、内で唇を開いても口ごもりグラビアの女のように愉快げに会話することがないミレイユ。二枚の画像はそれぞれの比喩であるとともに、両者に共通する不足ないし欠乏をあらわしている。

　ミレイユはその部屋ごと窒息感が強い。いや、カメラの位置から推察されるに同じくセットで建て込みされた部屋として、アレックスの狭い部屋もぞんぶんに息苦しくはあるのだが、ミレイユの部屋はいかにも採光のよいガラス張りの窓が一面に広がるにもかかわらず、まるで水槽だ。ミレイユは水槽に泳ぐ魚であり、酸素不足で息を喘いでいるように観察される。

　だが、だからこそ輝くのは、もう一つの対比であるミレイユのタップダンスだろう。アレックスの部屋では絵画の下に地図が隠されているように、ミレイユの部屋では寝台の下に板がしまいこまれている。ミレイユが靴を履き、寝台の下から板が引きずり出されると、板の上でタップダンスが披露される。踊るミレイユの姿態は晴れて伸びやかであり、その足音はアレックスの単純拍子的なそれよりも変拍子を含んで硬く高らかに勇ましい。物理的な空間規模ではアレックスがうろつきまわる街は広く、ミレイユが踏み踊る板はたいへんに狭い。しかし精神的な運動として、アレックスの足跡がさらに小さな地図に凝縮されていくのに比して、ミレイユの足音は枠線に限定されることなく音響としてどこまでも拡散していく。

水の比喩に則して、ミレイユの足音は蒸発するといったほうが美しいだろうか。しかしながら、いかにも消え入りそうなミレイユだからこそ、むしろ本稿では音をもって広がっていくイマージュのほうを指摘したい。旧態依然として移動の自由を抑えられ女たち《ガール》へ、窒息のみを引き継ぐことのないように、踏み鳴らされて炸裂する足音を聞きつけるほうへと。

5. 窓＝鏡

ミレイユの部屋についてもう少し続けたい。前述のとおり、ミレイユの部屋のセットでなにより目を引くのは、一面に大きく張られた窓のガラスだ。とある目利きのアートコレクターが言っていた。写真家には二つのタイプがあって、レンズを〈窓〉にする人と〈鏡〉にする人がいる、と。窓は世界を覗き、他者を象るために開かれる。鏡は自分を映し、自己像を確かめるために据えられる。この話は、さまざまな視覚表現を分類してみたい気にさせるし、窓と鏡の相反する特性を抽象的にわかりやすく言いあらわしていると思う。さて、そのうえで、ミレイユの部屋のガラスは奇妙である。なぜなら、窓と鏡の性格が一体化しているからだ。

先ほどの〈冒険するタンタンの画〉と〈電話する女の写真〉が、ボーイとガールのいわば理想と現実を同時にうかがわせるものであるのと似ているかもしれない。ミレイユが窓辺に立つとき、かならず向かいの建物の小窓にも一人のガールが立つ。そのシークエンスは二カ所しかないのだが（一つは、ミレイユがはじめに登場したとき、すなわちベルナールに取り残されたとき。もう一つは、アレックスがやってきて、ミレイユがおわりにフレームアウトした後だ）、どちらの場合も、ガラスのこちら側にいるミレイユはボーイとの仲がもつれて打ちひしがれており、ガラスのあちら側にいる名の知れないガールのもとには恋人らしきボーイが寄り添いにくる。戯画的なまでに不幸と幸福である。あるいは観者にとっては、多重露光の原理を立体的に解体しているような配置でもある（本作前半に、河岸を歩き去っていく人物の背中を遠くとらえた映像に、その人物の脳裏に浮かんでいるだろう相手の顔のアップを宙空に浮かべるという、多重露光的な技法が使われたシークエンスがある）。

このとき、ミレイユの部屋のガラスは〈窓〉となり〈鏡〉となる。あちら側の理想的なボーイ・ミーツ・ガールの景観を〈窓〉として覗かせながら、こちら側の不遇にあるボーイ・ミーツ・ガールの情況を〈鏡〉として映しだす。なかなかに残酷な装置であり、しまいには名の知れぬボーイとガールが人工的な星々を自動人形のようにわざとらしく見上げる始末である（アレックスがうろつくなかで目撃した、橋の上でキスしあうボーイとガールも自動人形のオルゴールのように回転していた。アレックスはいかにもよい見世物《スペクタクル》だというふうに投げ銭をよこす）。観者は、この窓＝鏡に引き裂かれながら、引き裂かれることによって、ボーイ・ミーツ・ガールというフィクションの陶酔をあらたに得ずにはいられない。

6. 無時間、寸断と不断の夜

陶酔と書いた。陶酔とは、陶然と酔うこと、うっとりしてその気分に浸ること、うっとりするほど心を奪われること、などと辞書に書いてある。本作において、もっとも酔い、もっとも気分を浸潤させ、もっとも時間を奪われるのは、ホームパーティー会場のキッチンでアレックスとミレイユがふたりきりになってからのシークエンスだろう。

とても不可思議なシークエンスだ。アレックスとミレイユが出会い、キッチンカウンターに横並びになり、欠けたティーカップで飲み物を分け合いながら、一晩じゅう言葉を交わすという場面だ。そういう場面のはずである。本作中でも多くの時間が割かれるシークエンスであるにもかかわらず、この夜は時間が失われている。あるいは失われゆく時間感覚によって夜を描いている。

アレックスとミレイユがふたりきりになると、色調を濃くすることによって夜が更けていく推移をかろうじて示していると言えなくもないが、しかしショットごとに位置や角度を変える照明に連続性はなく、まるでショットが切り替わるごとに夜はべつの夜へと移動している。これは単線的に進行する時間を逆行させ重複させたラストシーンよりも、あるいはもっと激しく、タイムスリップを起こして夜を重複させている。アレックスとミレイユは、一夜の一地点において、いくつもの夜を多重的に過ごしているのではないか。

キッチンには扉があって、そこからスリットのようにアレックスとミレイユ以外の人たちの動向が垣

『ボーイ・ミーツ・ガール』

©THEO FILMS

間見える。やがてパーティーの客たちが列をなして帰りゆき、主催者のマダムがアレックスとミレイユに宴の終焉を告げにくる。夜は更けきったのだという報せだが、しかしアレックスは無言で扉を閉めてしまう。これは、あなたがたの時間とわたしたちの時間は同じように進んでいないという態度表明であり、そのようにしてアレックスとミレイユは黙して夜に立てこもったのだろう。

本作に時折さしこまれる暗転、この瞬《まばた》きにも似た短い暗転は、観者に夢に触れているような情緒をあたえる。映画史的な記憶からいえば、この暗転こそ、無声映画のクロスカッティングがわずかに引き起こしていた時間の逆行と重複の合図のようでもあり、そのわずかな重複を引き伸ばし再構成したものではないだろうか。無声映画が複数の異なる場所で同時に起きている出来事を並行して描き出していたところを、本作は一つの場所で起きている出来事を複数に多重化して描いてみせる。そんなふうに感じられる。そうであればこそ、キッチンにいるアレックスとミレイユが、ショットが切り替わるごとに別人に変わって喋っているのではないかという想像までしてしまうのだが、それはさすがに夢想の域に突っ込みすぎかもしれず、ここでとどめておく。

合図といえば、最後に。『気狂いピエロ』の引用であるパーティー場面において、サミュエル・フラーの位置にある老父が手話で語ったことが、いまこそ思い出される。かつて無声映画が上映された映画館で聾唖者だけが笑っていた。スクリーンに映し出された俳優たちは作品の役柄を演じながら、作品のストーリーと関係ない猥談をして会話の演技をしていたからだ。聾唖者たちだけが読唇術によって俳優たちの会話をで聞きとることができた。ここにある合図のようなもの、作家が意図せずとも作品にふくんでしまう合図と、その合図を受けとってしまう観者。この合図、この密約のような関係が、いま抹消されつつある気がしてならない。

[**日本公開題**]ボーイ・ミーツ・ガール
[**原題**]Boy Meets Girl
104分／ヨーロピアン・ヴィスタ(1:1.66)／35mm／モノクロ／1983年
[**監督・脚本**]レオス・カラックス[**製作**]アラン・ダアン[**製作指揮**]パトリシア・モラーズ[**製作会社**]アビレーヌ[**撮影**]ジャン＝イヴ・エスコフィエ[**美術**]セルジュ・マルソルフ、ジャン・ボエール[**編集**]ネリー・ムニエ、フランシーヌ・サンベール[**録音**]ジャン・ユマンスキ[**音楽**]ジャック・ピノー[**使用歌曲**]デヴィッド・ボウイ、ジョー・ルメール(セルジュ・ゲンズブール)、デッド・ケネディーズ
[**出演**]ドニ・ラヴァン、ミレイユ・ペリエ、キャロル・ブルックス、エリー・ポワカール、マイテ・ナイール、クリスチャン・クロアレック、ハンス・メイヤー、アンナ・バルダチーニ、ジャン・デュフロ、アルダグ・バスマジアン、ロベール・ブナヴェント、マルク・デクロゾー、アルベール・ブローン、ロロ・ピガール

1986

『汚れた血』

Mauvais Sang

©THEO FILMS

疾走する愛とは何か

文＝三浦哲哉
MIURA Tetsuya

「実現不可能」なことの「実現」

レオス・カラックスは『汚れた血』の公開時になされた『カイエ・デュ・シネマ』によるインタビューの中で、次のように述べている。

はったり、それがこのシナリオだ。つまり、まったく実現不可能なことは何か、と考えて思いついたことを映画の中に入れたんだ。あるいは、何から逃れたいか、と考えてそれを入れた。シナリオというものは、不条理を経由して(par l'absurde)実現されてゆく。あれやこれを撮りたいから書くというだけのことではないんだ。★01

たしかに、本作の物語設定だけを取り出してみるなら、「不条理」あるいは「荒唐無稽」の印象を抱かないでいることはむずかしいだろう。――愛のないセックスで感染するという奇妙な伝染病ＳＴＢＯが蔓延する都市で、新開発されたワクチンをダーレイ・ウィルキンソン社から盗み出し、自分たちの命を狙う「アメリカ女」に対抗しながら、愛する女のため、仲間たちにふたたび希望を回復させようとする、というのが『汚れた血』の主人公の物語なのだから。だがすでに述べたとおり、カラックスは、自分の好きな趣味をリミックスしてこのシナリオを書いたわけではない。むしろ、それが「不条理」かつ「実現不可能」なことに思えたからこそ書いたというのだ。また、それに加え、他人の映画を見ていて「嫌悪」感を催すようなこと、「悪夢」に思えることを経由して、シナリオはできあがっていったともつけ加えている。なぜそのようなことが必要だったのか。

劇中で語られる「疾走する愛」と、それは関わる。おそらく『汚れた血』の「悪夢」めいた奇怪な設定は、一息にそこを駆け抜けて通過しなければならない状況として必要とされたのだ。カラックスは同じインタビューの中で次のようにも述べる。

（……）まだ誰も知らないような幸福に到達し、がちがちに石化してしまうのを免れることが望みだ。幸福を見つけ出せば、腹痛に苛まれることもなくなる。それが実現するのは、優美な恩寵のときだ。ダンスするときのアレックスがまさにそれだ。（……）僕はこの映画の中の疾走が好きだ。アレックスの疾走（ダンス）と、最後のアンナの疾走だ。疾走はつねに飛翔の試みだ。アレックスは、「ずっと走りつづけること」と言うけれど、僕が考えているのもそのことだ。跳躍、それこそが美しい。だから冒頭に白鳥のショットを入れたんだ。★02

実際、シナリオ上では「荒唐無稽」にしか思えないできごとの数々が、スクリーンの上では——その運動状態においては——軽やかに実現する。「実現不可能」なことの「実現」。重たく淀み、人を「石化」に追いやろうとする「悪夢」的状況がまずあり、だが、そのような状況でこそ、「恩寵」あるいは「跳躍」が起こる。

飛躍と三つのパパパパ

ではそれは具体的にどのように実現されるのか。まずごく短く比喩的に述べよう。パラパラ漫画のコマを猛烈に、目にも止まらぬ早さでめくるようにして、できごとを、通過させることによってだ。もっと端的に言えば、

「飛躍」によってである。つぎつぎとショットを畳み掛け、その勢いを維持したまま、難所を「飛躍」してしまうのだ。

冒頭から見てゆこう。水面の白鳥が粗いモノクローム・フィルムで捉えられる、本編とは物語上無関係の場面であるが、すでに重要な要素がいくつも示されている［図❶－❹］。第一に、フィルムのざらついた粗い粒子があえて強調されている。これは懐古趣味ではなく、白鳥が、フィルムに焼き付けられた映像であるということ自体を端的に意識させる点に意味がある。フィルムの粒子を際立たせ、フリッカー（ちらつき）をあえて入れるということがこのあとも繰り返される。先にパラパラ漫画に喩えたのはこのことと関わる。第二に、動く被写体がフレーム一杯に収められている。望遠レンズをもちいた極度のクローズアップを『汚れた血』はごく頻繁に用いる。第三に、タイトなフレームであるため、被写体の動きがある種の「明滅」を生じさせる。白鳥が羽ばたくたびに、羽の白と水面の黒が明滅するように見える。「明滅」もまた、『汚れた血』全体を貫く造形的なモチーフである。空間的な動き＝羽ばたきは、同時に、時間的な軸における明滅のリズムである。パパパパと

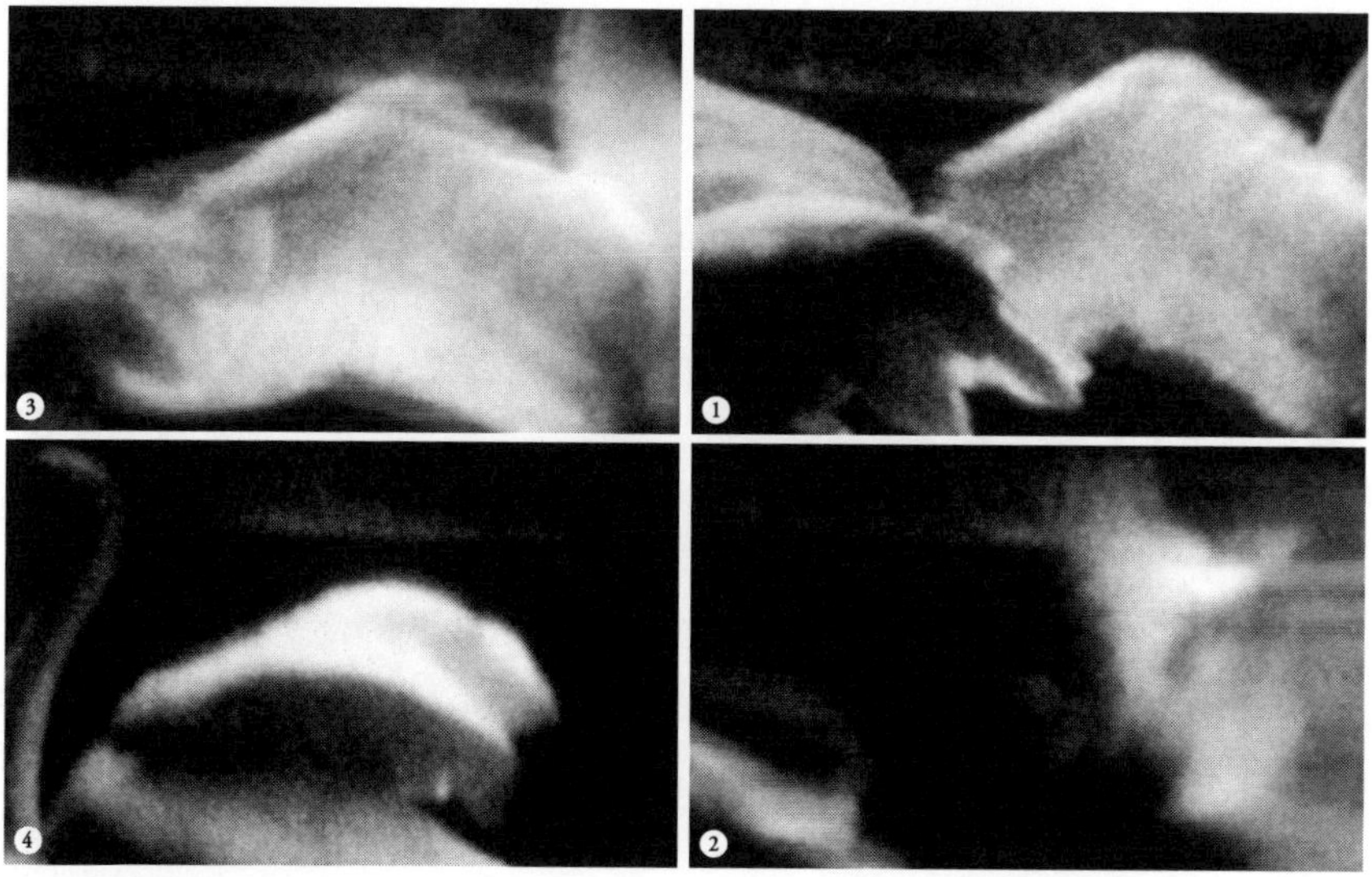
『汚れた血』冒頭の白鳥

いうはばたきは、白と黒のパパパパという明滅になる。また、この場面は無音であるので先取りになるが、映像と音声のリレー関係がそこに付け加えられる。これが第四の要素だ。動きと明滅のパパパパは、音声トラックにおいて物音として示されうる。そのとき、「動き」と「明滅」と「音声」の三者は、互換可能になる。一つの運動は三つの表象を持ち、この三つのうちどれかがどれかを代行して示しうる。足音がパパパパと聞こえれば、視覚的なパパパパが見えていなくとも、それが継続されていることになる。この三者のリレー関係が、本作の尋常ではない速度を成立させる。大胆な飛躍と省略が可能になるのは、この速度ゆえのことだ。そのことは、次の場面——地下鉄で、白シャツの男が轢死する——において、はっきり示されるだろう。

まずここでも明滅が起こる。ただし白と黒ではなく、地下鉄の白い壁の上に置かれた黄・青の太い縦線が画面を通り過ぎることによる、色彩のゆっくりした明滅である。カメラの左から右へのトラッキング移動によってそれは起きる[図❺-❻]。ロケーションの地下鉄構内は、あらかじめこのように彩色されていた(もし無地だったならば、動きは明確に表象

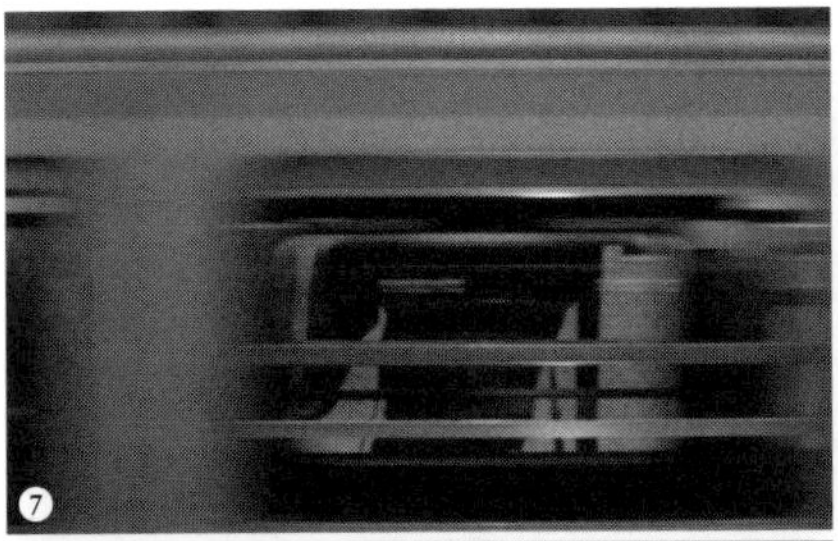

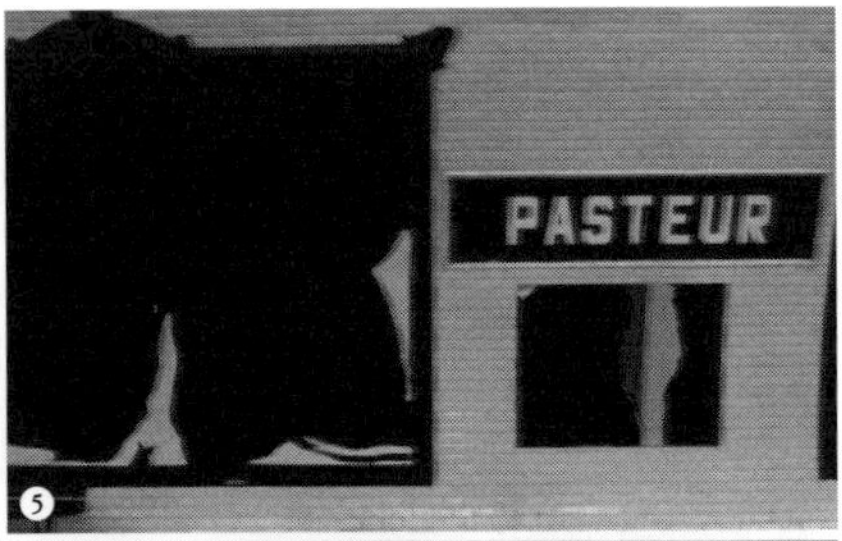

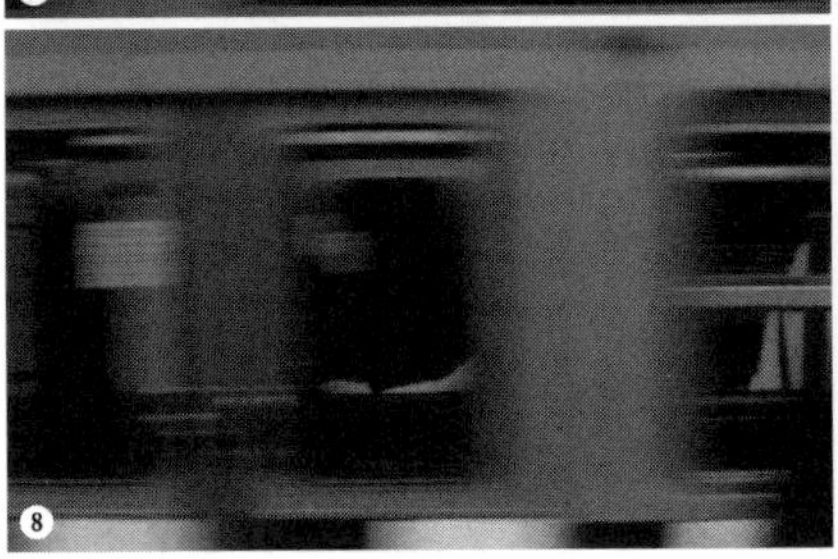

『汚れた血』地下鉄

されず、明滅のパパパパへ変換されえない）。さらに、赤い電車が、カメラの前を、フレームの左から右へ走り抜ける。こんどは車窓がスリットとなり、第二の明滅が起きる［図❼－❽］。電車の走行音がさらにそれと重なる。カメラは、白シャツの男（やがてアレックスの父親だったことがわかる）の背中の前で静止する［図❾］。電車も停まる。「MAUVAIS SANG」などのタイトルが黒画面の上に表示され、その最中に、接近してくる電車の音が聞こえ、だんだんと高まってゆく。白シャツの男を捉えていたカメラは、こんどは前方にトラッキングし、あたかもその動きに押し出されたかのように、彼がホームに跳ね飛んだ瞬間にカット［図❿］。無関係の赤いガスライターが左から右へフレームインする［図⓫－⓬］。

以上が、物語上のファーストシークエンスである。アレックスの父親が轢死し、物語が始動する。くりかえすが、轢死するさまは「省略」、あるいは文字通りの「飛躍」によって示されている。複数の動くものが目の前を通り過ぎてゆき、その中の二つ、赤い電車と赤いライターが左から右へ動き、ちょうどそのあいだで、白シャツの男が消失する。そのように事態は示されている。すでに述べたよう

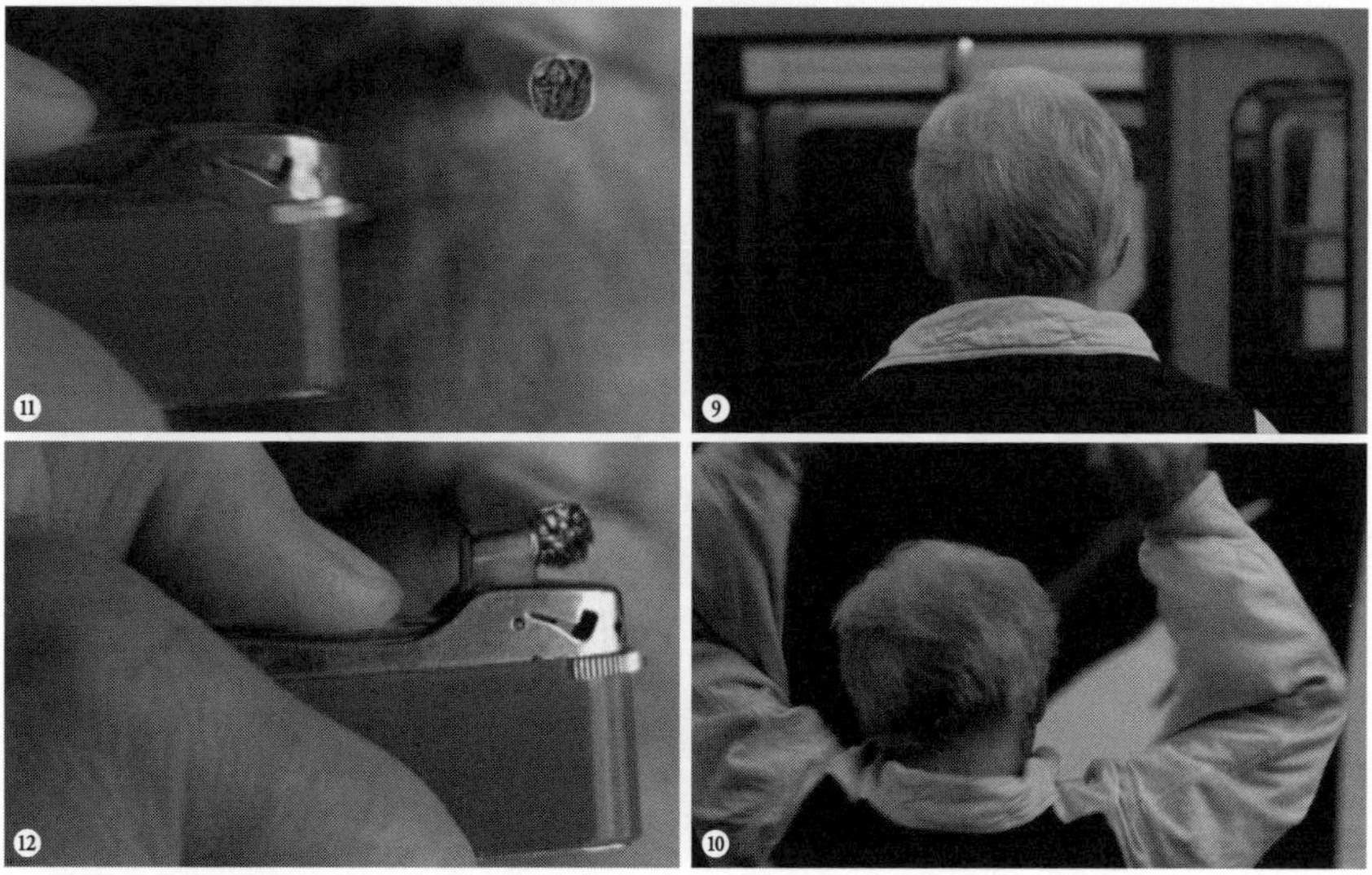

『汚れた血』地下鉄からライターへ

に、運動の三つの表象——「空間的動き」、「明滅」、「音声」がリレーしながらその勢いを持続しつづけるからこそ、この飛躍を含む場面は成立する。

「Suicide, suicide, suicide!(自殺、自殺、自殺、どれもこれも自殺だと書いている!-)」と言いながら、ハンスが複数の新聞紙をつぎつぎに投げつけるその手元を捉えたショットでも、明滅が起きる。その少しあと、アレックスと愛し合う前にリーズが黒いセーターを勢いよく脱ぐときも、カメラは望遠レンズでその顔をごくタイトなフレームで捉えつづけるため、肌の白と衣服の黒の明滅へと動きは還元される。殺しも、性愛も、パパパパと明滅する不可逆的なリズムとともに目の前を通過する。通過することで、観客は、それが起きたのだと知る。

実現させるのが最も不可能だと思われるのは、ダーレイ・ウィルキンソン社からSTBOワクチンを盗み出す場面である。もうあえて詳述しないが、それもまた、動き、明滅、音響をリレーしてゆきながら、一気に駆け抜けるようにして実現してしまう。★03

『汚れた血』 ©THEO FILMS

だが、それを本当に「実現」と呼んでよいかどうか、疑問の余地はある。手品のように、肝心な何かが観客の死角に隠されただけではないのか。「実現不可能」なことを「実現」させる飛躍に本作の作り手たちの挑戦があったのだとして、その飛躍において、リアリスティックに対象を見つめる姿勢からときに本作が離れ過ぎ、それゆえ、空疎さの印象を覚えさせることは否定できない。中条省平は、カラックスが八〇年代フランスに現れた「もっとも独創的な才能」であると認めつつも、『汚れた血』については、「マニエリスム的美学に屈しはじめ」た、「ほとんど活劇のパロディ」だと評している。[★04] たしかに直接示さぬことによる「空疎さ」は、ときにパロディの印象に結びつく。この空疎さを正面きって克服する試みこそが、次回作の『ポンヌフの恋人』（一九九一）だったのだろうか。そこでは巨額を用いて実寸大のポンヌフ橋が建造され、路上で実際に暮らす人々が記録映画的に撮られた。

だがやはり、空疎さに陥るリスクさえも引き受けながら、あくまで「疾走」と「飛躍」に賭けた点にこそ、『汚れた血』の比類のない価値はある。本作の「疾走」は、ここまでまだ指摘してこなかったモーターを持っている。主演俳優ドニ・ラヴァンの身体のことだ。彼とともに本作は、無声喜劇映画へ、運動表象装置としての映画の始原へと接近する。

バーレスク俳優、ドニ・ラヴァン

カラックスは、本作においてチャップリン映画を参照したと述べている。[★05] 赤ん坊が登場する場面では『ライムライト』（一九五二）の音楽が重ねられる。ジュリエット・ビノシュには、初期チャップリンが撮影現場で俳優たちと仕事をする様子を収めたＶＨＳテープを見せたのだという。アレックスと、とりわけキャリアの初期のチャップリンには、多くの共通点が見い出せる。他者への傲岸不遜な態度。好色。どこにも所属していない浮浪者性。自分がしたくなどなかった役割を押し付けられ、最終的にはそれを実行してしまうという筋立て。無口であること。手先の器用さ。札束をパパパパと捲るチャップリンの身ぶりをアレックスは反復する(器用さについてはあとでもう一度戻りたい)。

ドニ・ラヴァンもまた、チャップリンを始めとした無声喜劇映画の熱心な愛好者だった。愛好するだけではなく、彼はストリート・パフォーマーとしての経験を積み、バーレスク俳優たちがスクリーン上で演じるたぐいのアクロバットをこなす身体能力があった。最近出版された自伝の中で、彼はカラックスとの共同作業について振り返っている。いわゆるキャラクター造形や物語について、自分が口をはさむことは基本的になかったが、シナリオ上に書かれた離れ業をどう実現させるか、具体的にどんな準備が必要か、そのプランを一緒に練る役割を担っていたのだという。★06 本作の離れ業は、さまざまな意味においてドニ・ラヴァンの存在なしにはありえなかったということだ。

参照されているのは、無声喜劇映画だけではない。ドニ・ラヴァンが演じるアレックスの映像は、チャップリンらバーレスク俳優たちの時代を通り越し、フェナキトスコープやゾーエトロープやプラクシノスコープといった映画以前の視覚的玩具の中に登場するキャラクターたちを彷彿とさせる。この印象は、本作の最も不可思議な魅力につながっている。この点についてもう少し掘り下げて考えてみよう。

あれら映像を動かす玩具の中で、回転する帯の中に一つひとつ描かれていた無名のキャラクターたちは、何をしていたのだったか。運動を生成させる装置の驚異を示すために、飛んだり跳ねたりしていた。あるいは、物を上に放り投げて落下させたり、棒を振ったりという動きのストロークを繰り出していた。繰り出すと、回転運動が続くかぎり、そのストロークは反復された。この装置の物質性(止まればコマであるにすぎない)、有限性(回転する帯に並ぶコマに描くことのできる身ぶりはごくかぎられている)と、動こうとするキャラクターの存在は一体化しているように感じられる。その点が魅力的なのだ。

運動を生成させる装置それ自体の物質的有限性と、俳優身体の動きのある種の同調。これこそが、一九八〇年代中盤、すでにまったく別の体制に入っていた「映画」に、ドニ・ラヴァンとカラックスが再び、別の仕方で取り戻させようとしたものだった。実際、『汚れた血』の中のドニ・ラヴァン＝アレックスは、ある瞬間、ゾーエトロープ等の回転する帯に描かれたキャラクターたちと同質の魅惑を帯びる。繰り返し述べるが、擬似的な古い質感のコピーが問題なのではない。様々な操作がなされている。重要な点について順に見てゆこう。

一つに、肌の主題がある。「女の子みたいにきれいな肌ね」とアンナが半裸のアレックスをからかう台詞をカラックスは書いた。口紅で赤のバッテンを引いて、その肌をさらに強調する［図⓭］。アレックスとリーズが初めて登場するとき、二人は全裸である。マルクもハンスも室内で過ごすとき上半身は裸になる。カミソリで彼らは

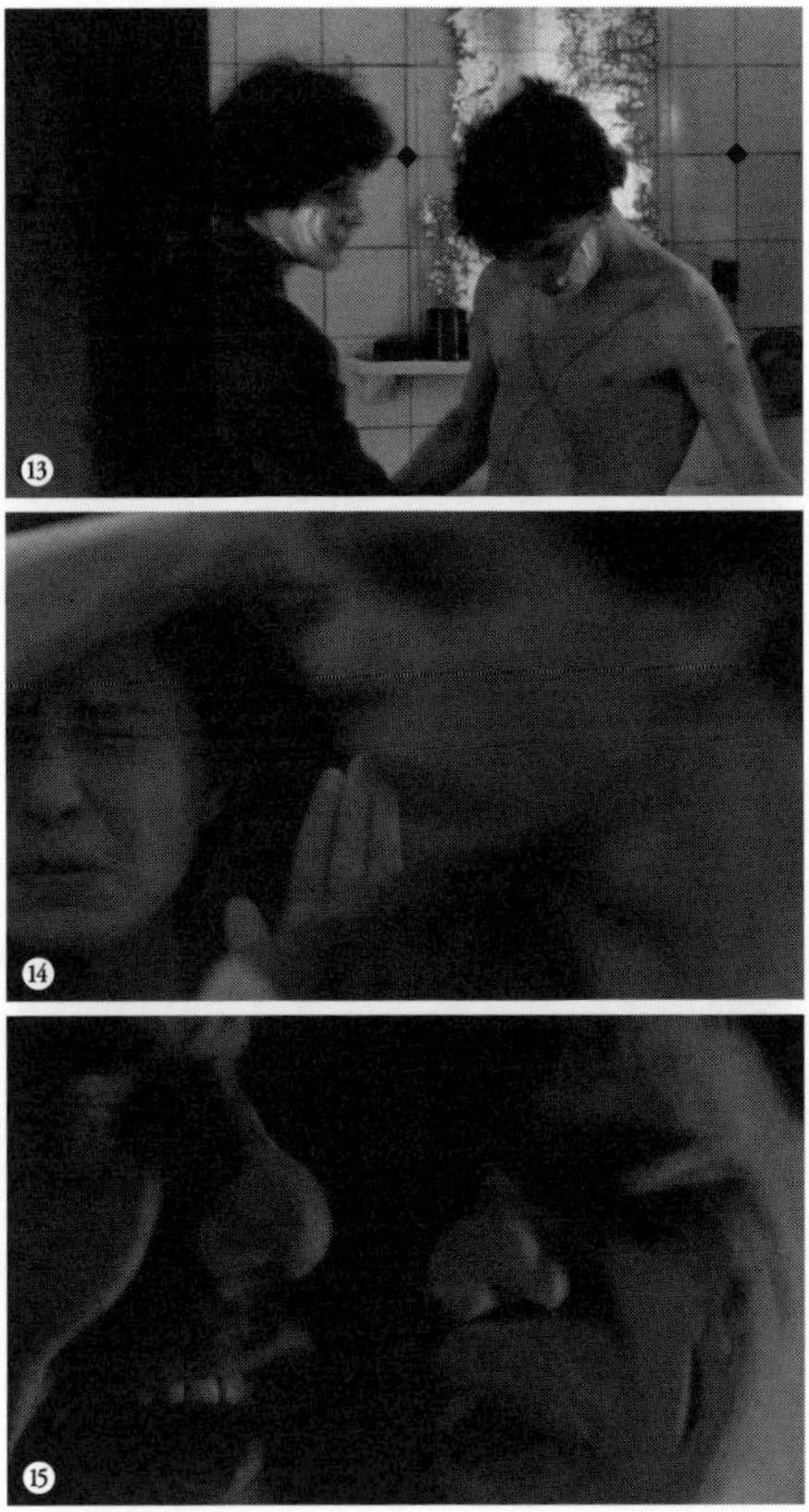

『汚れた血』肌の主題

ひっきりなしに肌の手入れをしている。アレックスの友人のトマも裸だ。ハレー彗星の接近が原因の暑苦しさゆえということらしいが、そもそもこのようなアリバイが用いられるのは、登場人物たちを裸にするためにほかならない。撮影監督ジャン＝イヴ・エスコフィエによる肌の質感の描写は繊細で美しく、男の肌も女の肌もみずみずしい透明感を帯びて目を惹きつけずにいない。肌はしばしばガラス窓に押し当てられ、平面化する［図⓮-⓯］。鏡に写る平面的な肌も頻出して印象を残す。

フィルムのことをフランス語で「pellicule」とも呼ぶが、この語には皮膚の意味がある。『汚れた血』はこの二重性の通りに、キャラクターの皮膚をフィルムの表皮にリテラルに重ねる。

目くるめく速度でショット断片を繰り出して、省略と飛躍をつぎつぎに実現することが、単なる空疎さに帰結しなかったのどうしてか、ということともこれは関わる。フィルム断片の表皮とキャラクターの肌を重ねることで（想像的な）触覚性が付与されているのだ。めまぐるしいショット連鎖によって起きているのは、官能的な接触の劇である。

触覚性は、「手先の器用さ（agileté）」という主題とつながる。奇妙なことに、巨大企業の近代的ビル内で厳重に管理されているらしいSTBOワクチンを盗み出すための能力が「手先の器用さ」なのだと登場人物たちは確信している。これはどういうことか。手が、ほとんど、フィルムの薄片そのものを直接にめくり、ありえないはずの飛躍を実現させてしまう何かだと考えられているからではないだろうか。序盤の、路上における賭博の場面が示唆的だ。アレックスの手が、トランプのカードをパパパパと繰り出す動きと、ショット連鎖そのものが連動しているかのような錯覚が生じる。

あからさまなメタフィクション的な設定が示されるわけではないが、しかし、『汚れた血』はこのようなトポロジー的なねじれの感触を含む。自分がその中に写されているアナログフィルムの帯に、じかに手で触れ、じかにそのうえで走る、そのような存在がアレックスである。一見、法外に思えるが、しかし、無声喜劇映画や実験的な初期映画においてはポピュラーなギャグでもあった。[★07]ここで起きているのは、たとえば次のような事態なのだと言えば分かりやすいかもしれない。ゾーエトロープの中に描かれた登場人物が、自分の置かれた状況を自覚して、こう思う。「私は静止したままでは存在できない。運動しなければならない。走るんだ。私は走り、フィルムの回転と一体になるんだ」。

デヴィッド・ボウイの〈Modern Love〈モダン・ラブ〉〉がラジオから流れアレックスが疾走する場面の不可思議な感触は、このようにして説明されうる。原色のスリットの入った背景の壁の前をアレックスは疾走し、カメラが並走する。カメラが横移動する速さについていけず、フレームから遅れそうになる——フィルムそのものから脱落しそうになる——が、ふたたび加速してもちこたえる。

〈モダン・ラブ〉は単純な愛の讃歌ではない。[★08] ボウイの歌にはアイロニーがあり、恋愛の高揚と、それが錯覚にすぎないという幻滅の両方が示されている。《Dont'

『汚れた血』

believe in modern love》。だが、その両義性ゆえに、カラックスはこの曲を選んだにちがいない。ここでアレックスが身を任せる「疾走する愛」が、フィルムの回転が作り出す束の間の「映像」でしかないこと、止めたら消えてしまうだけの、確かめようのないものであることが自覚されている。それはそれでよい。アレックスは自分が走っているのがあくまで動くフィルムの上だということを知ったうえで、それを試みているのだ。離れたところにいる別の誰かにこの身ぶりが模倣されることを夢想して。《I try. I try.》。

★01——Marc Chevrie, « La beauté en révolte : entretien avec Leos Carax », par Marc Chevrie, Alain Philippon et Serge Toubiana, *Cahiers du Cinéma*, numéro 389 et 390, novembre et décembre 1986, pp. 25.

★02——Ibid., p. 26.

★03——ここまで示してきた『汚れた血』の構成法の着想源は何だろうか。ゴダールだろうか。カラックスはゴダールへの尊敬の念を何度も繰り返し述べている。映像と音声の相互的な自律性について、ゴダール作品から学んだことは当然、少なくないだろう。劇伴音楽、登場人物の内面の声をオフボイスで唐突に重ねる仕方に、とりわけそれはあらわれている。しかし、平倉圭が『ゴダール的方法』で見事に示しているる、あのラディカルな映像と音響の関係をめぐるゴダール的諸実験を、カラックスが継承し、推し進めているとはおそらく言えないだろう(平倉圭『ゴダール的方法』、インスクリプト、二〇一〇年)。カラックスにおいて映像断片と音響断片は、観客をつきはなす真の無関係性へ至ることはない。後述するが、両者を支える俳優の身体感覚が前提されていることもその一因だろう。ゴダールと異なり、とくにこの時期のカラックスは俳優との絆を強調する。また、静止と運動の関係が問題になるのだとして、ゴダールがしたように、運動から脱落して本当に静止するフォトグラムそれ自体が提示されることも、カラックスの作品では起きない。本作が最終的に示すのは何より「運動の称揚」であり、それゆえ、バーレスク映画や、映画以前の視覚玩具への関心が優先されている。

★04——中条省平『フランス映画史の誘惑』集英社新書、二〇〇三年、二三一−二三二頁。

★05——Marc Chevrie, *op. cit.*, p. 27.

★06——Denis Lavant, *Ecahappés belles*, Les Impressions nouvelles, 2021, p. 99.

★07——バスター・キートン『キートンの探偵学入門』(一九二四)において、キートン自身が映画内映画に出たり入ったり、その映画の編集に自分の身体だけついていけずに転んだりする場面はその最も有名な例である。

★08——デヴィッド・ボウイのラディカルなアイロニーについては次の文献から多くを学ばせていただいた。田中純『デヴィッド・ボウイ——無を歌った男』、岩波書店、二〇二一年。

[**日本公開題**]汚れた血
[**原題**]Mauvais Sang
125分／ヨーロピアン・ヴィスタ(1:1.66)／35mm／カラー／1986年
[**監督**]レオス・カラックス[**製作**]アラン・ダアン、フォリップ・ディアズ[**製作会社**]レ・フィルム・プラン・シャン、ソプロフィルム、FR3フィルムプロデュクシオン[**撮影**]ジャン＝イヴ・エスコフィエ[**美術**]ミシェル・ヴァンデスティヤン[**編集**]ネリー・ケティエ[**音声編集**]エレーヌ・ミュレール[**録音**]アリック・モリー[**衣装**]ロベール・ナルドーヌ[**使用楽曲**]ベンジャミン・ブリテン、プロコフィエフ、チャーリー・チャップリン[**使用歌曲**]デヴィッド・ボウイ、シャルル・アズナヴール、セルジュ・レジアニ
[**出演**]ドニ・ラヴァン、ジュリエット・ビノシュ、ミシェル・ピコリ、ハンス・メイヤー、ジュリー・デルピー、キャロル・ブルックス、ユーゴー・プラット、セルジュ・レジアニ、ミレイユ・ペリエ、ジェローム・ズッカ

1991

『ポンヌフの恋人』

Les Amants du Pont-Neuf

愛の映画

文——濱口竜介 HAMAGUCHI Ryusuke

1.

レオスの映画の主要なテーマは、愛への恐れであり、愛することの困難さだ。愛が作りだす恐怖はあまりに大きいので、それを手なずけることはできないんだ。その恐怖が現われた瞬間から、物語はその恐怖を消そうと速度を増す。だから物語が愛を語るとき、そこには大きな恐怖があるんだ★01

撮影監督ジャン＝イヴ・エスコフィエのこの発言以上に、レオス・カラックスの映画――特にエスコフィエが撮影を担当した「アレックス三部作」――を端的に言い表すことは不可能に思える。愛と、それを失う恐怖が『ポンヌフの恋人』の物語上の主題としてあるのは明らかだとしても、それを具体的な「速度」つまりは運動へとアクロバティックに関連づけてみせるのは誰よりも彼自身が撮影者として、加速していくスピードを身に迫る危険とともに体感したからに他ならない。だが、なぜ愛と恐怖は同時に生まれ、それは最終的に速度を有した運動へと転じるのか。

恋愛とある種の恐怖が同時に生じることは誰でも知っている。それは『ポンヌフの恋人』に描かれてもいる事態だ。愛を知らない浮浪者・アレックス（ドニ・ラヴァン）が失明危機にある画家・ミシェル（ジュリエット・ビノシュ）と出会い、恋をする。やがて二人は恋愛関係に至るが、アレックスは彼女が失明から回復すれば自分を捨てることを恐れて、その回復の可能性を隠してしまう…、といった具合に。ただし、最も端的にその恐怖を言い表すのは前作『汚れた血』（一九八六）のアレックスだ。「もし君とすれ違ってしまったら、世界全体とすれ違うことになる」。この台詞は大仰だけれど、恋する当人にとっては真実だ。恋愛における悦びはその対象と「すれ違う」＝掴むことも触れることも叶わずに失ってしまう可能性を基盤として生じる。すれ違う可能性が無限にあったにもかかわらず、今こうして一緒にいる、という「奇跡」を感じることが恋愛における悦びの根幹にある。恋愛は喪失に対する無限の恐怖とともに成立すると言っていい。ただ、この恋愛と恐怖の一般的関係をカラックスが十代に送ったシネフィル生活が、運動へと関連付ける。

十三歳から二十歳ぐらいまでのあいだ、僕はほとんど他人と話すことを拒絶して生きてきた。そのころ、僕が夢中になれたのは映画、それもサイレント映画だけだ。そして、映画を発見するのと同じように、女性への目覚めがあった。映画への愛と女性への愛は、僕のなかでほぼ同時に形成され、持続してきた。このふたつを切り離すことは不可能だと思うね★02

カラックスにとっての愛は、二つの対象＝映画と女性をまったく同時に持ちながら形成されたものであり、それ故に不可分なものだとまで彼は言う。彼が夢中になったのは何よりも「サイレント映画」であった。サイレント映画を愛するということは、視覚のみを頼りに映画と自身を結びつけようとすることであり、画面上で生起する運動を眼差しでもって捉え、愛撫しようと試みることだ。しかし当然、「瞳による画面上の運動の愛撫」には根本的な不可能性がある。映画が「いま・ここ」とは別の時空で既に起きた事柄の記録、その集積であるのが理由だが、それだけではない。観客は映画内の出来事を自己に取り込むことから、幾重にも隔てられている。カメラという機械の光学的記録能力は、関心に基づいた人間の外界知覚を遥かに凌駕する情報量をワンショットのうちに記録する。カメラが捉えるものをそのまま見ることは叶わない。つまり、映画を見ることと見逃すことは常に同時に生じる。人の瞳は画面上の運動を完全には捉えられない、にもかかわらずそこには記憶や認識が生じる。人が「映画を愛する」と口にするとき、多くの場合それは「記憶違い」や「認識違い」、もしくはそれに基づく感情へと向けられた自己愛でしかない。ただ実際のところ、映画におけるこの絶対的なまでの他者性は新たな快楽の源泉でもあるのだ。見返すたびに見落としていた細部を発見して認識が更新されるとき、それまでの自分の不明を撃たれながら、同時に自身が刷新されたような感覚を味わう。こうして自己の欠落を暴露されながら共にあることしか「映画を愛する」術はないとも言える。共にあるためには逃げ去るものを追わなくてはならない。

カラックスは、サイレント映画を発見したときに「自分のために作られたと思ったほど」それを愛したと言う。このある種の誇大妄想は、自己愛的な恋愛におけるロマンティシズムとも通ずる。女性への愛と、映画を愛することはまさに「自己愛的傾向」と「自己への取り込みの不可能性」において重なり合うことは言うまでもない。ただカラックスの場合、映画を見ることから撮ることへと歩を進めることで、その重なり合いは完全に一致を見ることになる。彼が少なくとも『ポーラX』(一九九九)までは自身の私生活のパートナーを撮り続けたことは説明無用に有名な話だけれど、これはカラックスにとってはどうしようもなく自然なことなのだ。二つの愛は、カメラを被写体へと向けることで一つとなる。ただ、それは単にカメラを通じてパートナーを愛でることとはまったく違う。カラックスにとってこの愛の一致は「逃げ去るものを追う」ことによって成就するからだ。そのために、カラックスは映画内に自分の「分身」としてアレックス＝ドニ・ラヴァンを、愛と恐怖に憑かれた存在として招き入れるだろう。ラヴァンは単にアクターと言うよりは、エージェントに近い。彼自身も動くが何よりも、カラックスに成り代わって映画内に動きを直接的に誘発する存在でもある。カラックスは自分のパートナーとエージェントを通じて、「愛」と「恐怖」を「運動」そのものへと昇華していく。その試みが最もよく結実するのが、『ポンヌフの恋人』に他ならない。

2.

「革命二〇〇年」の祝祭を予告するトリコロールのスモークを引きずった編隊飛行に続き、メトロ構内の動く歩道に乗ったミシェルと、彼女から目を離せなくなり尾行をしているアレックスを映画は示す。尾行である以上、当然二人は距離を置いて同方向に動いている。しかし、ある時この方向性が乱れる。チェロの音が響くとミシェルは振り返る。アレックスは咄嗟に身を伏せる。ミシェルは動く歩道の手すりを超えて逆方向に乗り換え(!)、音の方へ走り出す。アレックスもまたそれを追って方向転換し、動く歩道を逆進する。邪魔とばかりに人をかき分ける。

特筆すべきは、ここで疾走を始めたミシェルを追うカメラの横移動だ。この速度に合わせてカメラを載せた台車を動かすことは、直線とは言え、下手すれば滑車がレールから脱線しかねない危険行為でもある(撮影現場のスチールを見ると実際に移動撮影のためにレールを引いている)。ここでは相当に重い35ミリフィルムカメラと三脚、そしてカメラマン及びピントマンの体重自体が脱線を防ぐ要素ともなるだろう。しかし、その重みもまたリスクなのだ。仮に台車を急ブレーキで止めれば、カメラと撮影スタッフは投げ出されることになる。カメラと人を十分に台車へと固定した上で尚、減速用のレール尺が必要になる。しかも、これほどのスピードで人が走る以上それなりの距離が踏破されてしまう。それを追う移動撮影用のレールは相当に長く敷かれなければならない。こうしたすべては究極的には物量の問題であり、金をかければ準備できることだ。ただ、どれだけ繊細に事故予防の作業を行ったとしても、この撮影に伴うリスクは決してゼロにはできなかったはずだ。にもかかわらずカラックスはこの場面で明らかにビノシュに、カメラへの配慮なしの疾走を課している。身体能力がそもそも異常に高いラヴァンに対しては、片足にギプスをはめ、逆方向の動く歩道に乗せ、通行人に進行を妨害させることで、何とかカメラが追いつける存在にしている。とは言えこの条件下において、カラックスはラヴァンの肉体にもあくまで「全力」を課す。このチャレンジによって得られるものはもちろん「全力で走る人(肉体)」が捉えられた画面だ。ただ、それは必ずしも明確に捉えられているのではない。むしろ全力で走る人の身体とそれを追うカメラの関係から生まれるのは、その身体を撮り逃しかねない緊張感を孕んだ画面であり、そのことは続く場面においてより顕著だ。

初恋の人・ジュリアンを射殺したという恐怖に駆られ(後で夢と分かる)、ミシェル＝ビノシュは革命二〇〇年祭のパレードのさなかを走る。カメラは兵士や戦車の行進に視界を塞がれながらも、やはり全力で走る彼女を追う。実際のパレードを背景に使ったこの撮影では、レールを敷くことも、撮影車両を用意することもはばかられたのだろうか。結果として車椅子に乗せられたというカメラの激しいブレは、この疾走を「追う」ことの困難をより明確に画面化している。それがどれほど現場における危険や困難を経て得られた画面であるか、当然ほとんどの観客は想像しない。にもかかわらず、観客はその異様さを触知せざるを得ないだろう。『ポンヌフの恋人』における逃げる被写体と追うカメラの張り詰めた糸のような関係性から、観客はカラックスの「カメラが被写体を撮りおおせること」への執念を感じずにはおれない。そんなことは当たり前で、カメラが被写体を収めずして映画は映画にならないと思うかも知れない。いや、当たり前ではない。少なくともカラックスにとって、それは十分に自らの信ずる映画の条件を満たすものではない。

映画を見ることが常に見逃すことと同時に生ずるように、映画撮影は常に「撮り逃し」と共に生じる。そのことはリュミエール兄弟による初期映画にはあられもなく映ってもいる。もし単にカメラを現実に対して据えるだけでは、被写体である人はカメラの前を立ち去るか、通り過ぎるのみだ。被写体はカメラと何の関わりも持たない他なる運動体なのだから当然だろう。ただ、もしここで映画製作のために被写体と特殊な約束(契約)を交わせば、彼らにカメラの前に留まってもらうことはできる。役者という被写体と契約を交わすことで劇映画制作は成立することになる。このときにこの約束事は一見、「撮り逃し」の可能性をなくすことに成功しているように見える。しかし、ここでなお撮り逃がされているものがある。それは他者性それ自体である。契約によって被写体をカメラ前にとどまらせることは、他者性を単に隠蔽してしまう。そんな形でカメラ前にいてもらうことは、少なくともレオス・カラックスにとっては無意味なことだ。もう一度、他者が他者であることを明らかにしてもらう必要がある。目の前から、逃げ去ってもらわなくてはならない。この撮影において求められているのはあくまで、他者性をまったく隠さずに逃げ去る誰かが、それでも自分＝カメラと共にいてくれる、というほとんど「奇跡」に近い事態の記録だからだ。これは勿論、失うことの恐怖を前提として愛の歓喜が成立する事態とあまりに近い。「こんなものを見たことがない」というカラックス映画を見る際に生じる感興は、画面に含まれる顕在化しなかった無数の「撮り逃し」の痕跡から得られるものだ。画面に張り詰めた「撮り逃し」の可能性が、「こんなものが映っているのは異常なことなのだ」ということを私たちに直観させる。

ただ、この強迫的な「逃げ去るもの」への執着が、撮影現場を危機に陥れていくことは言うまでもない。本気で逃げ去る者は、当然その速度に比例した距離を踏破する。カメラがそれを追うならば、この逃亡と追跡は映画撮影に必要な空間を肥大化させていく。その空間はプロダクションが用意しなくてはならないものでもある。現実空間の何処かを借地契約する必要があり、時間に応じて賃料が発生する。本気で逃げ去る者を捉える試みは、必ず失敗を繰り返す。時間がかかれば賃料はかさんでいく。予算は無限ではないのだから、破綻は目に見えている。それでもカラックスはやめないだろう。恐怖を感じなかったはずもない。生半可な野心など叩き潰されて然るべき、身の破滅に面した恐怖だ。ただ、この恐怖は「それでは自分の愛する映画を撮り損ねる」という彼の身体に根ざしたより根源的な恐怖によってのみ克服される。その結果として我々は「ポンヌフ」の巨大セットで繰り広げられる、製作中止という究極的な「撮り逃し」の兆しをそこかしこに含んだ画面を、運動を見ることになる。

3.

ミシェルとアレックスが飲み干したであろう酒瓶や、煙草の吸殻が俯瞰の横移動撮影で提示されていく。その先に、すっかり酔っ払った二人が地べたに崩れ落ちて、ほとんどヒステリックなまでの笑い声を上げる。酒瓶や煙草に比した彼らの身体は現実離れした縮尺で、小さく、せいぜいネズミ大のサイズで示される。この荒唐無稽なショットは幾つかの機能を果たす。過剰に酔った二人が薬物中毒的な幻覚に引き込まれたようにも思えるし、世界全体がこれまでになく拡張している印象も与える。ただ何よりも、強い幻覚性を持ったこのショットがここに配されることで、のちに起こる事態は相対的に「現実的」に見えやすくなる。以降の場面はそれを現実として考えたときには不思議なことも多いのだが、観客はそれを違和感なく受け入れるだろう。そういう点でカラックスは単に誇大妄想的というより、実にクレバーに自身の欲望を着々と叶えるある種の周到さを備えている(そうでなくては映画製作という複雑怪奇なプロセスを遂行することはやはりできないだろう)。とは言え、続く場面で観客の批判能力が無効化されてしまうのは、何よりも「実際に起きていることの凄絶さ」による。

幻覚的ショットの最終部、閃光と爆発音を受けて彼らは起き上がる。背後の夜空に花火が打ち上がる。アレックスは「爆竹と花火だ!」と快哉を叫ぶとともに、松葉杖をセーヌへと放り投げる。ミシェルはアレックスに銃を渡してまず七発撃たせ、その後に自分が七回発砲する。この発砲は、拳銃を操る二人の身体と花火の爆発を段階的に同化させていく。準備は整った。遂に始まるのがポンヌフ橋における狂乱のダンス・シーンだ。「祝祭的」という言葉がこれほどに当てはまる場面も他にない。身体そのものの祝祭化がここでは生きられる。祝祭化とは自他の境界の融解のことだ。それは花火の爆発音と閃光に刺激された身体の運動を通じて達成される。腕を振り回し、雄叫びを上げる二人の狂気じみたダンスは、過剰どころかむしろ画面全体との調和を果たすことになる。ポンヌフの巨大セットはまさにこのために作られたと言ってもいいようなダンスフロアと化す。ここまで直線的な運動を繰り返してきた二人の身体はここで「行ったり来たり」の回帰運動をするようになる。二人が頭部を互いの肩にもたせかけ、互いの身体を回転させる。ダンスとはまさに限定空間で最大限の運動を可能にするような回帰・回転運動のことだ。二人の身体は踊ることを通じて、同一画面内に映る「爆発」そのものと共振する。ここではモーションがそのままエモーションと化す。それを映画と呼ばずに何と呼ぶのか。音響は次元の隔たりを超えて二人のエモーションを直訳する。爆発音だけでなく物語内の現実には存在しないサウンドトラックが、二人の高揚と観客を直接的に結びつける。複数の楽曲がＤＪプレイのようにつながれ、重ね合わせられ、映画は複数のリズムを同時に生きる彼女らを言祝ぐ。

見直した際、この場面のショット構成が実にシンプルであることに驚かされた（初見時には、とにかく画面と音響に圧倒されるほかなく、分析的に見るどころではなかった）。俯瞰気味のヒキ、二人それぞれへのヨリ、二人の身体を同時に捉えることも可能な中間的なサイズ。これらはすべて同方向から、常に画面奥に花火を捉えつつ、踊る二人の動きに合わせて移動撮影を続ける（編集のネリー・ケティエはこれらのサイズのうち、その場で起きる運動－感情が最もよく捉えられているショットを次から次へと継起させている）。予算超過を重ねた製作の後半で撮られたというこの撮影では、そう何度もテイクを重ねることはできなかったはずだ。いちどきに花火を打ち上げ、それを最低回数で撮り切る必要がある。そのために四〜五台のカメラを用意したとエスコフィエも述懐する。エスコフィエは画面奥に行くにつれて小さくなるポンヌフ橋のセットに合わせて、花火を低い位置で爆発させるために真上ではなく斜めに打ち上げさせた。そうでなくては今あるように、同一画面内で花火が捉えられることもなかった。煙が視界を塞ぐことがないように照明の光が花火のほうに行かないようにしたと彼は回想している。実地のテストも本番の失敗も多くは許されないなかで、どれほどの思考実験を経ただろうか。この場面を成立させた撮影者、そして現場スタッフのリーダーでもあったジャン＝イヴ・エスコフィエの存在の大きさはどれだけ強調したとしても、し過ぎるということはないだろう。編集・音響などのポスト・プロダクション的な操作も印象に寄与しているのは間違いない。けれども、この二人の身体と花火の爆発の同調から成る「祝祭的できごと」は、あくまで具体的に身体と花火を同一画面に捉えた記録映像の力がなくては——それはカメラ位置と被写体の運動のアレンジメントからのみ得られる——観客に感知されることは決してなかった。

シンプルと呼んだカメラ位置及びその複数台の配置は、被写体の運動を限定せず、彼らの感情を一切損なうことなく捉えるためのものだ。結果として、爆発を模して自分の内にあるものを残らず発散させるような彼らの感情表現は、単なる喜びという以上にエクスタティックで、どこか自己破壊的ですらある。全感情が発露するとき、彼らの人生の傷もまた噴出するのだ。ポンヌフのセットが完成したのが、撮影の後半に至ってのことと考えると、度重なる撮影中断を経た俳優自身の痛みもまたここで昇華されているように感じる。物語と現実の最高度の一致がここにはある。だが、二人にとっての革命の祭りはまだ終わらない。

川沿い。アレックスが守衛を頭突きで気絶させたかと思うと、盗み出したモーター・ボートをアレックスが操縦し、ミシェルを水上スキーに連れ出している（リアリティという点では非常に危ういが、そんなことはもう気にならなくなっている！）。滝状に水がこぼれる橋のアーチをくぐり抜けるボートとミシェル。水を浴びながら「スピードはどうだ！」と尋ねるアレックスに、ミシェルは「聞こえない。でもあんた素敵よ！」と返す。二人の幸福は遂に絶頂を迎えようとしている。物語上は二人の「愛の始まり」はまだ到来していないのに。いや、だからこそ。

直線的に進むボートと異なり、スキー板に乗ったミシェルは水上を右に左に振られる。ミシェルは船尾から垂れた綱を握り、それだけが生身のミシェルをボートのスピードへと一致させている。ここまであくまで生身の肉体における速度とリスクを描き出していた本作で初めて、モーター・ボートという機械が生身の限界を超えたスピードの世界へと二人の身体を連れ出していく。

ここで生きられるリスクもまた、スピードに応じて最大限高まる。花火が火を吹く壁面に彼女が近づく度、そこに叩きつけられるのではないかと見ている我々は恐怖を覚える。これが吹き替えでなくビノシュ本人なのは、映像から明らかだ。この生身の限界を超えた速度とリスクは、『汚れた血』冒頭のラヴァンとジュリー・デルピーのバイクシーンも想起させるが、この水上スキーによる運動が更に魅惑的に感じられるならば、これが異なる運動体が分かれたままに繰り広げる、同一速度の運動だからだ。他者が、他者のまま共にある。その歓喜は単に演じる二人だけのものではない。ボートの内外から彼女らを捉えるカメラもまた、同じスピードの世界の中にいる。だから観客は彼女らの歓喜を感じることができる。ほんの一瞬、誰かが誰かから「逃げ去る」ことが無効化されたかのような、複数の運動体による速度の一致が生きられる。いやむしろ、被写体とカメラが共謀して世界そのものからの逃走に成功したかのような集団的エクスタシーがここにはある。ただ、その時間は永遠ではない。やがてビノシュは転び、水面に打ち付けられる。それを見たラヴァンもボートから飛び降りる。二人の身体は、投げられた小石のように水面を跳ねる。墜落のこの瞬間は、それがどれだけ危険でも撮られなければならなかっただろう。スピードと幸福の絶頂でシーンを終わらせてしまえば、彼らが生身の肉体にそぐわないスピードのなかで生きていたこと、そのリスクが観客にまざまざと実感されることはなくなってしまうのだから。それでは、彼らが為したことの価値が真に観客に伝わることはない。

4.

物語上の順番は前後するが、アレックス＝ラヴァンの「火吹き」の場面にここで言及しておきたい。鮮烈さにおいて、本作をこの場面とともに記憶をしている観客も多いはずだ。先述の尾行の場面に先立って、アレックスは口に含んだ液体燃料を噴き出すとともに着火させる「火吹き」を披露する。ラヴァンは準備期間に十分な訓練を通じて、この大道芸を体得した。訓練の成果は我々が映画で見る通りのものだ。彼の身体は『汚れた血』のときよりも随分と筋肉がついて逞しい。大事故のリスクを孕んだこのパフォーマンスを通じてドニ・ラヴァンは単に「俳優が役を演じている」という次元をはみ出す。いや、「役を演じる」ということはこれほどのものであり得るのだ、と再定義されるというのが正確だろうか。それはこの場面から始まり水上スキーまでの数十分でずっと起き続けていることだ、そのことがこの時間を映画史上、唯一無二のものにしている。

この「火吹き」のスペクタクルは単に観客の瞳に焼き付くのみではない。ミシェルも躍動するアレックスの身体を見つめていた。ミシェルは露出した片方の瞳を濡らし、初めて柔らかい微笑を浮かべる。しかしその直後、眼痛に襲われてミシェルはアレックスを見続けられなくなってしまう。鮮烈な光景は、その鮮烈さの理

『ポンヌフの恋人』

由である「明るさ」を通じてミシェルの瞳にダメージを与える。だが、その光景はミシェルの意識下に固着したようでもある。

祝祭の翌朝、橋にうずくまるミシェルのもとにハンスがやってきて出ていくように言う。ミシェルは聞き入れず、充血した目を指して「絵を描こうとすると右目がカタツムリみたいに飛び出すの」と告げる。このとき、火を吹くアレックスの後ろ姿がインサートされる。画面はまたミシェルの表情に戻る。このインサートは、何とかミシェルのフラッシュバックとして了解できなくもない。「飛び出す」ことと「噴き出す」ことのアナロジーによって、この編集の断絶感は、多少は和らげられているかもしれない。しかしどう考えても、この「火吹き」の光景はまったく前後との脈絡を欠いている。これはミシェルの意識的な想起とも受け取れない(この時点のミシェルには、もっと深い関わりを持った思い出が幾らでもあるだろう)。このつなぎは何の説明にもなっていない。にもかかわらず、見る者には深い納得が生じる。不思議には思わない。このつなぎが単にミシェルの内面の表現ではなく、この映画全体のありようを示すつなぎになっているからだ。編集者がこの映画の言語化されていない原理を身体的に掴むことでしか、このようなつなぎを選択することはできない。おそらく最初から想定されたインサートではあるまい。しかし、発見されたこのつなぎに『ポンヌフの恋人』のすべてがある、とまで言いたくなる。確かに見たこと。なのに忘れてしまうこと。見逃したこと。それなのに覚えていること。まだ愛は始まっていないのに、その人を見つめたこと。人称と非人称、意識と無意識の間の領域を現出せしめるこのインサートは、本作を再見するなかで鮮やかに自分のうちに残った。このようなつなぎを、自作をつくるうちに発見できたら映画をやめてもいいかもしれないという気さえした。このつなぎをインスパイアしたショットの「質」は、ラヴァンの肉体から実際に火が吹き出されている、その記録映像からしか得られなかったということもまた、肝に銘じたい。

ラヴァンの「火吹き」アクロバットのみならず、ダンスも水上スキーも俳優二人の十分な訓練を経たうえで撮影が為されたという。『ポンヌフの恋人』の製作においては、まず撮られるべき場面が想定され、それに対する周到な準備があった。にもかかわらず、カメラが収めているのが「出来事そのものの生起」と呼ぶべき事態である。そのことに、我々は真に驚かなくてはならない。それは多額の予算やそれが可能にする準備以上に、身体や映画製作自体を破壊しかねないようなリスクを請け負う者たちがなければ決して得られなかったものだ。それはカラックスの恐怖に触発された集団的狂気の賜物か、それとも愛と信頼の果実であるのか。わからない。そのどちらでもあるというのが本当だろう。どちらにせよ、カラックス、ラヴァン、ビノシュ、そしてエスコフィエらが同じ速度の運動体となるのでなければ、決して存在しない映画を私たちは見ている。それは肉体的にも、社会的にもその生命を賭けた結果だ。そのことで我々は「こんなものを見たことがない」映画を目にする。彼らがそれを為したのは誰のためでもあるまい。それでも感謝の念は沸いてくるし、それだけでは足らない気持ちにもなる。観客としてまだ多くを見逃しているからだ。だから何度でも、瞳をこの映画に差し出すしかない。

★01——鈴木布美子『レオス・カラックス——映画の二十一世紀へ向けて』、筑摩書房、一九九二年、六二頁。
★02——同掲書、一八五頁。

[日本公開題] ポンヌフの恋人
[原題] Les Amants du Pont-Neuf
125分／ヨーロピアン・ヴィスタ（1:1.66）／35mm／カラー／1991年
[監督] レオス・カラックス **[製作]** クリスチャン・フェシュネール **[製作指揮]** ベルナール・アルティーグ **[製作主任]** エルヴェ・トリュフォー、アルベール・プレヴォ **[共同製作]** アラン・ダアン **[製作指揮]** パトリシア・モラーズ **[製作会社]** アビレーヌ **[撮影]** ジャン＝イヴ・エスコフィエ **[美術]** ミシェル・ヴァンデスティヤン **[編集]** ネリー・ケティエ **[音声編集]** ナディーヌ・ミューズ **[録音]** アンリ・モレル **[特殊効果]** ジャック・デュビュ **[衣裳]** ロベール・ナルドーヌ **[監督補]** エリー・ポワカール **[音楽]** アルヴォ・ペルト、ベンジャミン・ブリテン、ヨハン・シュトラウス、ゾルタン・コダーイ、ディミトリー・ショスタコーヴィッチ、スヴェン・エイナル・エングルント **[使用歌曲]** リタ・ミツコ、デヴィッド・ボウイ、イギー・ポップ、パブリック・エネミー
[出演] ドニ・ラヴァン、ジュリエット・ビノシュ、クラウス＝ミヒャエル・グリューバー、ダニエル・ビュアン、マリオン・スタランス、クリシャン・ラルソン、ボーレット・ベルトニエ、ロジェ・ベルトニエ、エディット・スコブ、ジョルジュ・アプリジ、ミシェル・ヴァンデスティアン、アラン・ダアン、アルベール・プレヴォ

1999

『ポーラX』

Pola X

永遠に君を愛す

文—宮代大嗣
MIYASHIRO Daishi

孤児の夢想／暴かれた墓

「スクリーンの前にいる孤児のイメージは、私がいつも戻る感覚です」

——レオス・カラックス★01

『ポンヌフの恋人』(一九九一)後のレオス・カラックスは、一時的に映画への情熱を失っていたという。「アレックス三部作」のキャスト、スタッフ(特に自他共に〝レオス・カラックスの分身〟と認められていた名カメラマン、ジャン゠イヴ・エスコフィエ)との解散を経て、レオス・カラックスは自分を新たに作り直す必要に迫られる。後年、『ホーリー・モーターズ』(二〇一二)で十九世紀に活躍した生理学者エティエンヌ゠ジュール・マレーによる「写真銃」が召喚されたように、レオス・カラックスには映画の原点、自身の原点、強い動機、映画を駆動させる力に、いま一度還っていく必要があった。

『ポーラX』が発表される以前、カンヌ国際映画祭の要請により制作された短篇『無題』(一九九七)には、『アネット』(二〇二一)にまで繋がっていくモチーフが詰めこまれている。ベッドに横たわる孤児の夢想。チャールズ・ロートンによる伝説的な作品『狩人の夜』(一九五五)で、両親を失った兄妹。ここでレオス・カラックスは、まるで『狩人の夜』の続きの物語、その後に起こり得たかもしれない兄の姿を夢想している。大切な妹すら失ってしまった兄による、中断されてしまった人生への夢想。それは引用されているキング・ヴィダーの『群衆』(一九二八)で、娘を失った両親のイメージと共振する。孤児として育った少年が、大人になり、幸せな結婚を迎え、交通事故で娘を失う。『群衆』の娘に迫りくる車のイメージは、『ポーラX』のイザベル(カテリーナ・ゴルベワ)、そしてマリー(カトリーヌ・ドヌーヴ）が迎える死のイメージへと召喚され、結果的に災いを招くことになった「人形」のイメージは、『アネット』に召喚される。『狩人の夜』で、妹が大切に抱えていた人形に札束が隠されていたことを思い出すとき、イメージの召喚によって引き出されたこの感情は、事態をより複雑なものにしている。

また、『無題』における『群衆』の引用は、『ホーリー・モーターズ』と『アネット』において、劇場にいる「観客」のイメージとして変奏するような形で召喚されている。このことは、かつて『ボーイ・ミーツ・ガール』（一九八三）と『汚れた血』（一九八六）について「死者と会話するために作った映画」と語ったレオス・カラックスらしい引用であり、ここからまた始めなければならなかった強い動機でもあるのだろう。この物語でなければ始められない。なにより彼や彼女でなければ始められない。敢えて選択肢のなさに追い込まれることによって、映画制作を始めてきたレオス・カラックスの動機。『ポーラX』、『ホーリー・モーターズ』の奇妙な扉のイメージ、『汚れた血』のシェービング・クリームのイメージ。キング・ヴィダーによる『群衆』には、レオス・カラックスの夢想の原点、モーション／エモーションの原点が、それこそ秘密の宝箱のように敷き詰められている。

アベル・ガンス『戦争と平和』（一九一八）にインスパイアされたという、『ポーラX』の冒頭を飾る墓石の空爆。死期が近づいていることを思わせる咳こんだ男性が、オフの声で『ハムレット』の有名な台詞を読み上げる。「世界の箍《たが》が外れてしまった。何の因果か、それを直す役目を負うとは」。生きている者だけでは事足りず、死者をも殺そうとする空爆。そして暴かれてしまったその墓から、この世に召喚されてきたような女性。それがイザベルだ。アルテのテレビ放映用に再編集された『ポーラX』のロングバージョン、『ピエール、あるいは諸々の曖昧さ』の冒頭で、ロングショットで捉えられた空爆後の世界からこちらに向かってくるのは、イザベルではなく、母親のマリーだった。このことは、ピエール（ギョーム・ドパルデュー）にとっての「姉」の存在、その曖昧なイメージの焦点、そして深度をよく補完している。ピエールは、イザベルのこともマリーのことも「姉」と呼んでいるのだ。

イザベルの原風景

「シャルナス・バルタスの映画は、世界が世界であったときから常に存在していたのです。しかし、私たちはどこにいたのでしょうか？」
「そう、世界は何も生えていないところでも美しいのです。少数の人々がそこに住み続け、幻滅した者の大胆さが、種を蒔き続ける限りは」

——レオス・カラックス★02

『ポーラX』の廃墟でノイズ楽団の指揮を振るうシャルナス・バルタスが撮った極めて美しい作品『三日間』*Trys dienos*（一九九一）について、レオス・カラックスは、珍しく長文のコメントを寄せている。一九九二年のベルリン国際映画祭で上映された『三日間』を見た、クレール・ドゥニは、『パリ、18区、夜』（一九九四）でカテリーナ・ゴルベワとシャルナス・バルタスをパリに招く（クレール・ドゥニは『ポーラX』の撮影中、カテリーナ・ゴルベワに付き添って彼女を何度も励ましている）。同じく、ベルリンでカテリーナ・ゴルベワを発見したレオス・カラックスは、スクリーンに映る彼女を、たったの数十秒見つめただけで魅了されてしまう。シャルナス・バルタスの作品群で、カテリーナ・ゴルベワが放つ鮮烈なイメージ。エキゾチックで、どこか魔女的な雰囲気とまなざしを持った「偶然の女優」カテリーナ・ゴルベワは、そのまなざしによって世界を焼き尽くす、まるで「画家が夢見る以上に、崇高な天使の顔」をしている。

『ポンヌフの恋人』の公開後、しばらく東欧に移り住んでいたというレオス・カラックスが『ポーラX』の構想に着手したのは、本人曰く、三十三歳(ということは、世間が言うほど、そして本人が語るほど、映画制作のブランク期間はなかったと思われる)。ハーマン・メルヴィルが『ピエール』を著したのは、同じく三十三歳。また、ハーマン・メルヴィルと『ピエール』に触発され、自身の名前をジャン＝ピエール・メルヴィルと名乗った偉大な映画作家が『恐るべき子供たち』(一九五〇)を撮ったのも三十三歳。かつて「恐るべき子供」と呼ばれたレオス・カラックスを、この運命的とか言いようのない軌跡へと導いたのがイザベルを演じたカテリーナ・ゴルベワなのだ。『ポーラX』のイザベルは、凍えるような寒さがうかがえる船の上で「友達はみな、海の底にいる」と呟く。そのときに広がっていく彼女の視界、風景にはなにがあるのか。イザベルの抱える秘密をシャルナス・バルタスの初期の映画は明かしている。

リトアニアに生まれ、モスクワで映画を学んだシャルナス・バルタスは、ソ連崩壊前に『三日間』を撮っている(公開までに数年かかっている)。元々写真家志望だったことの影響もあるのか、初期のシャルナス・バルタスの作品には、ほとんど台詞がない。『コリドー』*Koridorius*(一九九五)には、『三日間』で余ったフィルムで撮られた当時の騒乱の風景が挿入されている。しかし、シャルナス・バルタス自身が演じる男は、窓の外の騒乱に目をやるだけで、特別な感情は決して描かれない。あくまで風景としてそれらはあり、そこに住む人々の暮らしが原始的・幻視的に描かれている。レオス・カラックスの言うように、世界が世界である以前、世界が「物語」を発見する以前の風景がカメラに捉えられているといえばよいか。たとえば『三日間』で俳優として出演しているアウドリウス・ストーニーズの撮った短篇ドキュメンタリーには、作品にも出演していた世捨て人のような老詩人の生活が、ただ其処に在るものとして描かれている。しかしそれはシャルナス・バルタスの作品と同じように、どこか幻視性を帯びている。筋肉の動きを捉えるのと同じように、景色の細やかな動きが捉えられ、二つの間には決して衝突は生まれず、広大な余白だけがフィルムに浮かび上がる。響き渡る鐘の音、広場での爆発。それらはシャルナス・バルタスのフレームに捉えられた町全体に降りかかる雪、あるいは灰になった音であり、その中心に、カテリーナ・ゴルベワという決定的な視線があった。カテリーナ・ゴルベワのドキュメンタリーを撮ったナタリヤ・ユは、かじかんだ手で村の雑用を卒なくこなす彼女の姿に驚いたのだという。パリへ移る以前においても、カテリーナ・ゴルベワは異邦人として原始的・幻視的な無二の俳優だった。

「人物が傷つき、迷った野生動物のように、もはや身を隠せずにいる真実の瞬間」 ――カテリーナ・ゴルベワ★03

『ポーラX』のイザベルは、シャルナス・バルタスの映画を介してカテリーナ・ゴルベワが見てきた景色を、彼女の「原風景」として予め身に纏っている。イザベルというキャラクターには、雪と灰がその身に降り注いでいた過去がある。それは名家の跡取りとして育ったピエールが求めていたものだった。イザベルとピエールが暗い森の中を歩く八分間に及ぶ「独白」のシーン。イザベルを憑依させたカテリーナ・ゴルベワは、台本にない言葉も発していたという。逃げ場をなくした野生動物の本能。このシーンの出来が『ポーラX』を象徴しているのは、レオス・カラックスの望んでいたものが、その大胆さを越えてフィルムに刻まれているからでもあるのだろう。森のイメージは『ホーリー・モーターズ』の冒頭で、レオス・カラックス自身に引き継がれる。それは『アネット』における「深淵」というキーワードと共鳴していくことになる。『ポーラX』という作品の凄まじさは、レオス・カラックスという映画作家による傷だらけの渾身の一作であるだけでなく、カテリーナ・ゴルベワとギョーム・ドパルデューという、今はいない二人の破格の役者が、一世一代の演技を披露してしまったことにも多くを依っている。本作のインタビューで、二人の役者は、共に作品に出会えた喜びを噛みしめている。と同時に、カテリーナ・ゴルベワは、「大きな力を与えてくれましたが、私から大きな力を奪いもしました」と語り、ギョーム・ドパルデューは、「空っぽになってしまった」とコメントを残している。

シャルナス・バルタスの作品と『ポーラX』の深い関わりといえば、ドイツで撮影された倉庫のような廃墟では、明確に彼の作品が参照されている。メイキングには、ノイズ楽団の指揮を執るレオス・カラックスや、音楽を担当したスコット・ウォーカー、大掛かりなクレーン撮影の機材、犬や山羊や鶏、といった「カオス」そのものの記録が残されている。ヒッピーのキャンプのような光景。レオス・カラックスが俳優として参加したシャルナス・バルタスの『家』*A Casa*（一九九七／カテリーナ・ゴルベワが共同脚本を担っている）を経由した、バルタス＝ゴルベワの風景といえる。また、カテリーナ・ゴルベワが演奏するクロマチック・アコーディオンの魔術的、且つ、亡霊を呼び起こすようなドローンの響きは、シャルナス・バルタスの映画におけるアコーディオンの音色を経由しつつ、ヴェルヴェット・アンダーグラウンドの歌姫ニコが残した孤高のアルバム『DESERTSHORE（デザートショア）』の足踏み式のオルガン、ハーモニウムの響きと共鳴する。フィリップ・ガレルとニコによる傑作『内なる

『ポーラX』

傷跡』(一九七二)でも使用された、あのドローン・ミュージック。『ポーラX』の廃墟のシーンがドイツで撮影されたのは、まったくの偶然かもしれないが、ニコはドイツ人である。この魔術的、呪術的な響きは、カテリーナ・ゴルベワを介してニコの記憶までをも掘り起こす。

無謀な狂気／フォルム

「彼(ギョーム・ドパルデュー)の曖昧さ。決して美しいとは言えない彼の美しさ。お金持ちの子供でありながらチンピラでもあり、女性的でありながら強いという点」

——レオス・カラックス★07

『ボーイ・ミーツ・ガール』でヘッドフォンをかけたアレックスが、まだ見ぬ女性を夢想しながら歩くシーン。デヴィッド・ボウイの〈When I Live My Dream(僕の夢がかなう時)〉を聞きながら、アレックスは〝夢見られた娘〟のフォルムを夜の闇に描いていく。何もない宙にこれから出会う女性のフォルムを手探りでなぞっていくその様は、そのままレオス・カラックスによる俳優のフォルムの探求と繋がっている。レオス・カラックスにとって女性は〝夢見られた娘〟として描かれてきた。一方で、レオス・カラックスの描く男性は『アネット』のヘンリー(アダム・ドライバー)に至るまで、怪物化していく内なる魂に対して自身の体を支えきれずにいる。アレックス＝ドニ・ラヴァンの驚異的な身体能力が、抱えきれなくなった内なる魂の発露としてあったように、『アネット』でスタンダップ・コメディアンとしてステージに立つヘンリーの身体は、その大きな体を使って笑えない笑いを観客に提供し続ける。彼らは内なる自身の怪物性を抱えきれず、そのことに苛立ってさえいる。レオス・カラックスの映画における男性主人公のフォルムは、魂の大きさに体のサイズが追いつけない。彼らは自らにふさわしい「身体

／フォルム」をいつも探している。

その意味において『ポーラX』のピエールが、母親の前で「僕が醜かったら？」と言いながら怪物のジェスチャーでおどけるシーンは示唆的だ。ピエールは怪物の美しさに対して憧れを抱いている。ピエールは自身を作り直すことを切実に望んでいるが、隠された野心に体が追いつけず、バイクで転倒してしまう。ギョーム・ドパルデューの傷だらけの大きな体が、レオス・カラックスの傷だらけの小さな体と共鳴を起こす。『汚れた血』で歓喜のダンスを中断されたアレックスは、アンナの元へ急旋回の疾走をみせる。『ホーリー・モーターズ』のオスカーは、モーション・キャプチャーを捉えるための疾走シーンで転倒してしまう。レオス・カラックスは疾走そのもの以上に、唐突に中断されてしまった運動の断面、その切断された断層をフィルムに露出させる。ピエールにとってイザベルは、その断層に浮かび上がってきた美しきフォルムであり、同時に、自身の身体を支えるために希求された無二のフォルムでもある。ピエールとイザベルは、

『ポーラX』

近親相姦的に体を重ね合わせることによって、そして血の海で共に溺れることによって、初めて希求されたフォルムとして鏡像関係を結ぶ。しかしピエールによって希求されたフォルム／鏡像は依然として曖昧さの中を漂っている。ピエールに疑われたと悟ったイザベルは、自殺未遂を図る。なによりイザベル自身が果たしてこのフォルム／鏡像を望んだのだろうかという問いに対して、『ポーラX』は自分が自分であることに対する「罰」をピエールに用意することになる。

レオス・カラックスとギョーム・ドパルデューは、撮影中に何度も衝突と和解を繰り返したという。『ポーラX』の後、『プロセス』*Process*（二〇〇四）という実験的な作品で二人は共演している。レオス・カラックスはワンシーンしか出演していないが、そのときの信頼する兄を見つめるようなギョーム・ドパルデューのまなざしは、『ポーラX』のメイキングでの仲睦まじい二人の姿を思わせる。スクリーンでもプライベートでも破格の俳優だったギョーム・ドパルデューが、唯一兄のように慕っていたのはレオス・カラックスだったのかもしれない。

瞳の奥、森の奥

「美は見る人の瞳の中に宿る。でも見る人がいなくなってしまったら？」

——『ホーリー・モーターズ』

レオス・カラックスはたとえばインタビューを受ける際など、撮影現場にいないときは、自分がペテン師になったような気分に陥るという。映画を志したそのときから、カメラを介してコミュニケーションをとってきたレオス・カラックスらしい言葉だが、ここには同時に喪失の恐怖に怯える「映画の孤児」の残像がちらついている。『ホーリー・モーターズ』のミシェル・ピコリの台詞は、瞳＝カメラアイを失いつつあること、あるいは既に失ってしまったことへ向けられた「喪」の言葉として響く。『ポンヌフの恋人』のミシェル（ジュリエット・ビノシュ）が、視力を失いつつあったように。『ポーラX』の深い闇に覆われた森、二人の彷徨は、失われつつある光の中においても、相手を見つめ続けること、相手の美しい所作を瞳に記録すること、それを瞳の奥で永遠に愛し続けることに向けられているのかもしれない。

レオス・カラックスは『ホーリー・モーターズ』を撮影の直前に早逝したカテリーナ・ゴルベワに捧げている。また、シャルナス・バルタスは『ピース・トゥ・アス・イン・アワー・ドリームズ』*Peace to Us in Our Dreams*（二〇一五）において、カテリーナ・ゴルベワと娘がメリーゴーラウンドで微笑み合うプライベートフィルムを使用している。カテリーナ・ゴルベワを追悼する言葉として、レオス・カラックスはロベルト・ムージルの言葉を捧げている。『ポーラX』という破格の作品を駆け抜けるように生きた、破格の俳優へ捧げられた言葉として、これ以上の言葉は他にない。

『ポーラX』

「美とは、あるものが愛されてきたという事実の表現にほかならない」

★01——«Leos Carax on 'Annette'and the Cinema of Doubt», *The New York TIMES*, Aug. 13, 2021. [https://www.nytimes.com/2021/08/13/movies/leos-carax-annette.html]

★02——Leos CARAX, «De quoi sommes-nous la somme ? Le cinéma de Sharunas Bartas…», *Extrait de la présentation des films Trois Jours et Corridor de Sharunas Bartas au festival de Tours 1995*. [http://derives.tv/de-quoi-sommes-nous-la-somme-le/]

★03——『ポーラX』パンフレット、ユーロスペース、二〇〇〇年。

★04——«Entretien avec Leos Carax, à propos de la version télé de "Pola X"», *Télérama*, 26 June 2012. [https://www.telerama.fr/cinema/entretien-avec-leos-carax-a-propos-de-la-version-tele-de-pola-x,83483.php]

［**日本公開題**］ポーラX

［**原題**］Pola X

134分／ヨーロピアン・ヴィスタ(1:1.66)／35mm+16mm／カラー／1999年

［**監督**］レオス・カラックス［**原作**］ハーマン・メルヴィル『ピエール』［**脚本**］レオス・カラックス、ジャン＝ポル・ファルゴー、ローラン・セドフスキー［**音楽**］スコット・ウォーカー［**製作**］ブリュノ・ペズリー［**製作会社**］アレーナ・フィルム、ポーラ・プロダクション、テオ・フィルム、フランス・2・シネマ、パンドラ・フィルム・プロダクション、ユーロスペース、ベガ・フィルム［**共同製作**］カール・バウムガルトナー、堀越謙三、ルート・ヴァルトブレガー［**助監督**］ガブリエル・ジュリアン＝ラフェリエール［**ディスコンティニュイテ**］エリー・ポワカール［**撮影**］エリック・ゴーティエ［**編集**］ネリー・ケティエ［**音響**］ジャン＝ルイ・ユゲット、ベアトリス・ヴィック、ジャン＝ピエール・ラフォルス［**美術**］ローラン・アレール［**衣装**］エステル・ヴァルツ［**メイク**］ベルナール・フロック［**デジタル特殊効果**］エクス・マキーナ EX MACHINA(マルク・ベラン)［**資料楽曲**］スコット・ウォーカー、ヘンリー・パーセル、ブラームス、アシ＆マンソール・ラーバニィ、ワン・ルオビン

［**出演**］ギョーム・ドパルデュー、カテリーナ・ゴルベワ、カトリーヌ・ドヌーヴ、デルフィーヌ・シュイヨー、ペトルータ・カターナ、ミハエラ・シラギ、ローラン・リュカ、サミュエル・デュピュイ、パタシュー、シャルナス・バルタス、ミゲル・イエコ、マティアス・ムレキュズ、ディーヌ・スーリ、ムルード・ララビ、キレディーヌ・メジュービ、アルベール・プレヴォ

2012

『ホーリー・モーターズ』

Holy Motors

©THEO FILMS

生と演技、現実と映画のあわいで

文——角井誠
SUMII Makoto

1.

眠り込んだように不動の映画の観客たち。通りの音、男の声、銃声、そして船の汽笛が聞こえる。ホテルの一室、汽笛の音に眠りを妨げられて、一人の男が目覚める。演じているのはレオス・カラックスその人。傍らには犬が眠っている。パジャマ姿の映画作家は音の出所を探すうち、壁に隠し扉を見つける。扉は先程の映画館につながっている。動いているのは赤ん坊と犬ばかり。やはり船の汽笛やカモメの鳴き声が響いている。男がスクリーンの方を見やると、丸い船窓越しの少女の映像へと切り替わる。続くショットで、そこが森のなかに立つ船の形をした豪邸であることが示される。そして家族に見送られて白い船を後にしたオスカーなる男が白いリムジンへと乗り込んでいく。

こうして『ポーラX』(一九九九)から十三年ぶりとなる長篇『ホーリー・モーターズ』は、映画作家自身が目覚めて、映画館へとカムバックしてくるところから始まる。覚醒と夢、現実と映画のあわいにあるかのようなこの謎めいたオープニングは、E・T・A・ホフマンの短篇『ドン・ファン』から着想を得たものであるという。★01『ドン・ファン』では、夜中にホテルの一室で目覚めた旅人＝作曲家が、その部屋が劇場の客席に通じていることを知り、モーツァルトの『ドン・ジョヴァンニ』の理想的な上演に立ち会う。『ホーリー・モーターズ』の映画作家は、彼自身によって作られた映画、理想の映画かどうかさておき少なくとも彼自身が夢見た映画に立ち会う。娘のナスティアが、カラックスの視線を受け止め、「本篇」へと橋渡しする窓辺の少女として登場する(彼女は『アネット』[二〇二一]のプロローグにも登場する)。

やがて「オスカー」と呼ばれていた男が俳優であることが判明する。彼は、白いリムジンでパリの街を移動しつつ、銀行家から乞食の老女、モーション・キャプチャーの俳優、『メルド』(二〇〇八)で登場した怪人メルド、思春期の娘をもつ父親や死にいく老人に至るまで様々な演目——「アポイントメント(rendez-vous)」と呼ばれる——をこなしていくことになる。しかし彼は何を相手に演じているのか。カメラもなければ、監督もスタッフも見当たらない。その都度渡される「ファイル(dossier)」の指示に従って、みずからメイク、衣装を変え、孤独に演技を繰り広げていくばかりである。映画中盤、カメラが小型化し「目に見えない」ものとなったことが語られる。リムジン、カメラに象徴される「目に見える機械」の時代から「目に見えない機械」の時代へ。もはや「モーター(=カメラを回せ)!アクション!」のかけ声もなく、俳優たちはただ演技を繰り広げる。ヴァーチャル時代の俳優たちは、私たち自身たち自身の姿に似ていく。私たちもまた日々さまざまな役柄を演じながら生きている。そして俳優たちが、目に見えないカメラを相手にするように、私たちの生もまた目に見えないカメラに囲まれている(銀行家の屋敷には無数の監視カメラのモニターが設置されているし、リムジンに乗り込んできた謎の男は監視カメラに言及する)。ここでの俳優は私たち自身の「メタファー」でもある。[★02]

2.

オスカーを演じるのは、『ボーイ・ミーツ・ガール』(一九八三)以来、カラックスの分身を演じてきたドニ・ラヴァン。彼の存在なくしてオスカーは存在しえない。一九六一年にパリ郊外に生まれたラヴァンは、マルセル・マルソーに憧れて一三歳でアクロバットを始め、国立演劇芸術技術学校、次いでパリの国立高等演劇学校《コンセルヴァトワール》で古典的な演劇(モリエール、シェイクスピアなど)を学ぶ。舞台俳優としてのキャリアを築きつつあったラヴァンは、八二年、自身の分身となる俳優を探していたカラックスと出会う。そして『ボーイ・ミーツ・ガール』、『汚れた血』(一九八六)、『ポンヌフの恋人』(一九九一)でアレックスを演じることになる。

『ホーリー・モーターズ』で、仕事を続ける動機を問われたオスカーは「身ぶりの美しさのために」と答える。「アレックス三部作」において、人並み外れた身体能力で離れ業を繰り広げてきたラヴァンにいかにもふさわしい回答である。『汚れた血』での見事なカード捌き、デヴィッド・ボウイの〈Modern Love(モダン・ラブ)〉にあわせての全力疾走、『ポンヌフの恋人』での口から火を噴く大道芸やダンス、アクロバット。しかしラヴァンの魅力はその驚異的な身体能力に尽きるわけではない。舞台俳優として教育を受けた彼は同時に「言葉」の俳優でもあるのだ。『ボーイ・ミーツ・ガール』ですでにラヴァンは、カラックスの詩的な台詞を見事に演じていた。パーティー会場のキッチンで、ミレイユ(ミレイユ・ペリエ)に愛を語る場面、アレックス=ラヴァンは沸き立つ言葉の奔流に身を委ねるかのように詩的な饒舌を繰り広げている。「アクロバットな身体表現から出発して、言葉による表現の方へと向かい、最終的にそれらを混ぜ合わせること」——『危機一髪』と題された自伝のなかで、ラヴァンは自身の課題をそう要約している。[★03] 台詞=言葉もまた、ラヴァンにとって「決定的な重要性」をもつものだった。彼は、マルセル・カルネの『北ホテル』(一九三八)や『天井桟敷の人々』(一九四五)などでの「詩情」溢れる台詞への愛を語ってもいる。[★04] とりわけパントマイム師のバチスト(ジャン=ルイ・バロー)と饒舌な悲劇俳優のフレデリック・ルメートル(ピエール・ブラッスール)らを描く『天井桟敷の人々』は、まさに「身ぶり」と「言葉」の結合というラヴァン自身の課題と深く響き合う作品であった。[★05] 『ホーリー・モーターズ』は、ラヴァンにとっての『天井桟敷の人々』であり、そこで彼は同時にバチストでありフレデリックである。モーション・キャプチャー俳優やメルドのパートでは「身ぶり」の俳優としてのラヴァンの力が、父親や老人のパートでは「言葉」の俳優としてのラヴァンの力がいかんなく発揮されることになる。

カラックスは、五十代に差しかかり「二十歳のときよりも遥かに偉大な俳優」となったラヴァンの可能性を前提としてオスカーを作り上げていった。「ドニ・ラヴァンであれば、脚本を書くときに、自分の空想力をまったく制限する必要がない」★06。ここでは俳優ドニ・ラヴァンの多様な可能性が最大限に引き出される。カラックスは準備段階で、ラヴァンとスタッフに「アポイントメント」の「ファイル」さながらの指示書きを与えていた。そこには、それぞれの役柄(ドニ・ラヴァンのイニシャルをとってDL1、DL2…とナンバリングされていた)の容貌や役作りのためのタスクが書き込まれている。★07ラヴァンは、まさにオスカーのように、カラックスからの高度な要求に最高のパフォーマンスで答えていった。ラヴァンの身体と経験なしにオスカーは存在しえないのである。

3.

オスカーはまず銀行家に扮する(DL1)。というよりもむしろ――この時点ではまだ彼が俳優と明かされていないので――たんに銀行家として登場する。国際通貨基金前専務理事で大統領候補であったドミニク・ストロス＝カーンをモデルとするこの人物について、カラックスはラヴァンに「感じのよい」人物として演じるように指示している。長いこと権力の座に居座ってきたこの男には、もはや虚勢を張る必要などない。オスカーは落ち着いた物腰でタバコに火を付け、眼鏡をかけて書類に目を通す(タバコも眼鏡をかける身振りもカラックスからの指示にある通り)。そして電話で、何やら数字を並べ、貧民から命を狙われる身の上を嘆き、「今夜フーケッツで」と和やかに会話を締め括る。ラヴァンは銀行家をエレガントに演じてみせる。

やがてリムジンがセーヌの川岸で停車すると、みすぼらしい老女(DL2)に変貌したラヴァンが姿を現す。老女は二人のボディガードに付き添われ、杖を突いて脚をひきずりながら歩く。金持ちの奇矯な趣味だろうか。橋の上に出た老女はロマ語で独り言を呟きながら物乞いを始める。一時期、カラックスは、シャンジュ橋でいつも見かけるロマの老女についてのドキュメンタリーを撮りたいと考えていたという(隠し撮りのようなカメラのぶれはその名残だろう)。しかし、ここでの老女は「まったくフィクションの人物」であり、口にされる言葉もカラックスの創作である。「短い松葉杖をもち、体を半分に折り曲げて歩く練習をすること。彼女たちが、通行人をなんとなしに追いながら、物乞いする手(かすかに震えている)を差し出すやり方を見ること」という指示はラヴァンによって忠実に実行される。

裕福な銀行家と貧しい乞食の老女。両者は、実在の人間をモデルとした虚構の人物であるという点で共通しているが、社会的にも経済的にも、さらには性別、容貌、身なりなどあらゆる点で対極的である。二人の人物は、死との関わりにおいても遠く隔たっている。民衆に標的にされる銀行家は、ボディーガードを付け、武器を携帯し、おのれの命を守ろうと躍起になっている(じっさい映画後半で彼は命を狙われることになるだろう)。他方で、老女は「こんなに老いさらばえても、決して死ねない。それが恐ろしい」と呟く。死への恐怖と、死ねないことへの恐怖。映画の後半で前景化する死のモチーフがここでさりげなく導入されている点に注目しておこう。

老女がリムジンに戻ると、それまで寄りでとらえられていた車内の全景がついに映し出される。それは銀行家の自家用車ではなく、衣装や小道具が積まれた移動式の楽屋であり、オスカーは銀行家ではなく俳優であることが明らかになる。アポイントメントの登場人物たちはそれを演じる俳優オスカーによって二重化される。それはさらにオスカーを演じるラヴァンによって二重化される。

4.

次なるアポイントメント、モーション・キャプチャーの俳優(DL3)は、カラックスによる、ヴァーチャル時代の俳優論になっている。真っ黒な全身タイツに身を包んだオスカーは、工場の一室で、電子的な音声の指示に従いながら、種々の肉体的なタスクをこなしていく。見えない敵を相手に棒を振り回し、アクロバットを繰り広げ、銃を撃ちながらランニングマシーンの上を全力疾走し（『汚れた血』の疾走シーンを想起させる）、曲芸師のズラータ扮する相手役と性交の場面を演じる。[★08]
そして、二人の動きのデータを落とし込まれたCGの怪物たちの映像が映し出されるに至る。モーション・キャプチャーが工場で繰り広げられることが端的に示すように、ここでのパフォーマンスはもっぱら「労働」として描かれている。カラックスは、DL3を『モダン・タイムズ』（一九三六）のチャップリンになぞらえている。「DL3には、少しばかり『モダン・タイムズ』のチャップリン、大きな工業機械の歯車に挟まれた一般労働者に似ている。ただし、機械とモーターは消え去っているという違いがあるが。DL3は、ヴァーチャルな歯車の中で孤独にもがく」[★09]。DL3は、モーション・キャプチャーの「一般労働者」――特殊な技能をもたず単純な作業をこなす労働者――である。ここには、機械の歯車はおろか、カメラという機械、そして演出家や撮影スタッフもない。かつてヴァルター・ベンヤ

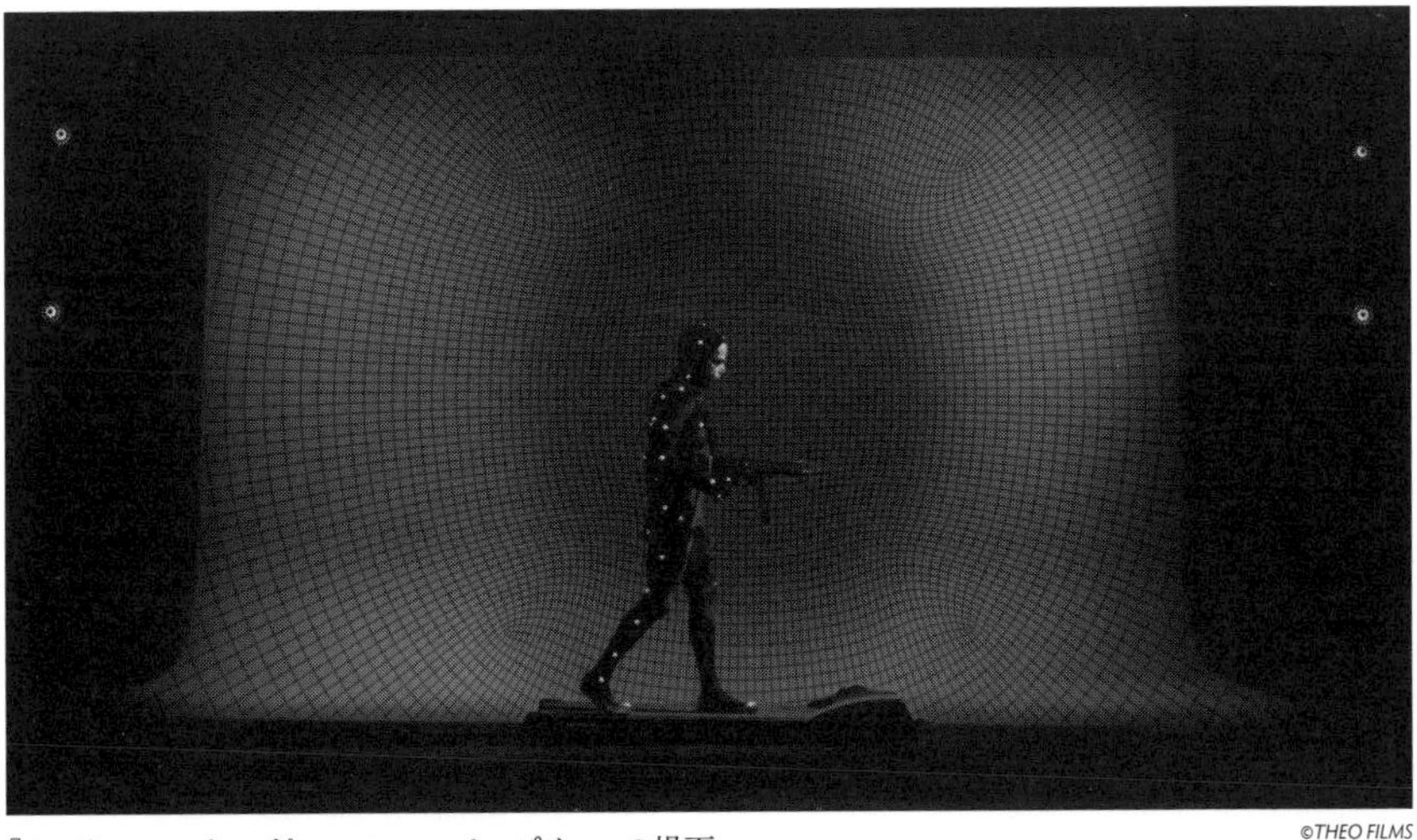

『ホーリー・モーターズ』モーション・キャプチャーの場面

ミンは「複製技術時代の芸術作品」――『モダン・タイムズ』と同時代の論考――において、観客の前で演じる舞台俳優と比較しつつ、機械装置と「専門家」からなるスタッフの前で演じる映画俳優について考察した[★10]。俳優からは「アウラ」が脱落し、演技は労働の現場における「テスト成果」のごときものとなる。『ホーリー・モーターズ』が描くのは、カメラと「専門家」たちさえも消え去ったヴァーチャル時代の俳優の姿である。俳優たちは、カメラやスタッフなしに、ただ非人間的な電子音声に従って、黙々と断片的なタスクをこなしていく。どんどん加速していくランニングマシーンが示すように(オスカーは付いていけなくなって崩れ落ちる)、演技はまさに「テスト」となる。そして加工された映像からは、俳優たち固有の身体の痕跡すらも消し去られてしまう。労働の成果からの完全な疎外。ただしカラックスが、CG映像よりも、加工される以前の身体のモーションの方にカメラを向けている点を見逃してはならないだろう。ラヴァンとズラータという特異な身体から繰り出される超人的な動き。それをとらえることが本物のモーション・キャプチャーなのだといわんばかりに、俳優たちの身体の動きそのものが、ときにスローモーションを交えつつ画面上に繰り広げられていく。カラックスはここで、エドワード・マイブリッジやエティエンヌ＝ジュール・マレーの連続写真におけるような、身体のモーションを記録するという根源的な映画の力へと立ち返ってもいるのだ(『ホーリー・モーターズ』は、マレーのクロノフォトグラフィーに基づく動画が挿入されている[★11])。

続いて怪人メルド(DL4)が再登場する。ここでもラヴァンは怪物へと変貌するのだが、デジタルの力を借りるのでなく、ロン・チェイニーのようにメイクとパフォーマンスによってそれを行う。ペール・ラシェーズの墓地に姿を現したメルドは、杖を振り回しながら花を食らい人々に襲いかかり奇矯な振る舞いを繰り広げる。ファッション誌の撮影現場に出くわしたメルドは、撮影への協力を依頼するカメラマンのアシスタントの指を食いちぎり、エヴァ・メンデス演じるトップモデルを地下へとさらっていく。ここでは、作中でほとんど唯一、カメラとスタッフ――映画でなく劇中の写真撮影のものであるが――が登場する。戯画化されているものの、メルドに嬉々としてカメラ、デジタル一眼レフでなく旧式のフィルムカメラを向ける写真家に、ラヴァンを撮影するカラックスの姿を透かし見ることができるかもしれない。メルドというキャラクターは、演出家と俳優の共同作業の産物であり、そこには二人の身体が刻印されている。メルドは、カラックスいわく「僕ら二人に対等に属する人物」[★12]、ラヴァンいわく「レオスと僕の中間にある」[★13]人物である。『メルド』の撮影において、カラックスはラヴァンに、左肩を上げて、脚を左右に広く開けて歩くように指示した。ラヴァンはあるとき、それがカラックス自身の身体の癖を誇張したものであることに気づく。それは「メルド氏への彼の身体的な刻印」だったのである。[★14] ラヴァンは、それを自身の身体と経験（コメディア・デラルテのプルチネッラの要素など）によって膨らませていった。

　続くDL5では、現実離れしたトーンから一転して、父親と娘の会話を描く日常的な場面が展開する。オスカーはリムジンから別の車へと乗り換えると、スパークスの〈How Are You Getting Home?〉を聞きながらパーティー帰りの娘を迎えにいく。娘が父親に「疲れてるの」と尋ねると、父親は「ああ、次から次へとアポイントメントがあってね」と答える。ここで「疲

『ホーリー・モーターズ』怪人メルド

©THEO FILMS

労」というテーマが導入されるとともに、疲労において、DL5とオスカーとが重なり合う。役柄とオスカーの境界が揺らぎ始める。そればかりでない。DL5は、カラックス自身、さらにはラヴァン自身とも重なり合う。この父親は、娘をもつカラックス自身の分身であり、いわば二〇年後のアレックスであった（髪型や衣装は、「レオス・カラックス風」にという指示がなされていた）。準備段階では、この後の「幕間」のアコーディオン奏者がDL5となっていて、『汚れた血』でのアレックスの髪型と衣装、黄色に黒い菱形の模様の革ジャンで若返ったラヴァンがアコーディオンを演奏することになっていた（衣装合わせの写真も残されている）。二〇代のアレックスから五〇代のアレックスへという流れだったのだろう。他方で、この父親は、三人の娘をもつラヴァンの分身でもある。カラックスはラヴァンに、メソッド演技のように、「個人的な経験」を持ち込むことを求めた。「レオスに頼まれて、僕は三人の娘の父親という個人的な経験から着想を汲んだ」[★15]。ラヴァンは、目に涙さえ浮かべながら嘘をついた娘を激しく咎める父親を演じる。ここでは、DL5とオスカーが、そしてDL5とラヴァン自身——そしてカラックス自身——がほとんど識別不可能に重なり合う。ラヴァン自身さえ、撮影された映像を見て、自分の顔の背後に「レオスの仕草や経験」がふと透けて見えるのに戸惑いを覚えたという。車を止めた父親は、嘘をついた娘に罰を言い渡す——「お前自身でいること」。なんとも残酷な罰である。同時に、この罰は、俳優を主人公とするこの映画において独特の、自己言及的な響きをもつことになる。嘘の芝居でなく、自分自身の経験に裏打ちされた本物の演技をすること。それはこの若き女優（彼女もまたアポイントメントを演じているはずだ）への助言だろうか。それにしても「自分自身」とはいったい何か。ここでのDL5には、幾重にも「自分自身」が重なり合っている。娘を送り届け車を走らせる男はいったい誰なのだろうか。DL5のパートは、単純でリアリスティックでありながら同時にきわめて複雑で思弁的なものでもある。疲労が次第に蓄積されるなか、役柄と俳優の境界が揺らぎ、映画そのものが次第に混濁していく。

5.

「幕間」（ＤＬ６）を経た後半部分では、死のモチーフが前景化し、それにつれてオスカーの疲労が加速していく。後半では、幾度となく死がくり返される。次なるアポイントメントで、オスカーは一人二役で、人殺し（ＤＬ７）とその犠牲者（ＤＬ８）を演じる。ＤＬ７はＤＬ８を殺害し、髭と髪を剃り自分と同じ傷を付けて、自分そっくりの容貌へと変えていく。しかし、ＤＬ７もＤＬ８に殺害されてしまう。同じ容貌をしたオスカーが血を流して床の上に横たわる。人殺しは自分自身によって殺される。なんとも現実離れした夢のような場面であるが、じっさい、このアポイントメントは夢を着想源としていた。『ポンヌフの恋人』の後でカラックス自身が繰り返し見た、殺したり殺されたりする夢、そして「強制収容所の夢」という文章でジャン・ケロールが語る、人殺しが犠牲者を自分そっくりにするという夢。★16 自分を殺害したい、自分自身から逃れたいという願望を読みとるべきだろうか。自分で自分を殺すというモチーフは、オスカーが突如、フーケッツで食事をする銀行家（ＤＬ１）を殺害するくだりでも反復される。しかし、どれほど人物たちが命を落とそうとも、俳優であるオスカー自身が死んでしまうことはない。いくら死のうとも、彼は「自分自身」から逃れることはできない。そして疲労ばかりが蓄積していく。

ミシェル・ピコリ扮する上司らしき謎の男がふと姿を現し、狙いすましたかのように「最近、君が疲れていると感じているものがいる」と切り出してくるのはそんなときだ（もともとカラックス自身がこの男を演じるはずであった）。「カメラが懐かしい。若い頃は、カメラはわれわれよりも重かった。それから頭よりも小さくなって、今や目に見えない。だから時々カメラの存在を信じられなくなる」とオスカーは嘆く。オスカーの信念が揺らいでいく。

続いて彼は、老齢のヴォガン氏（ＤＬ９）に扮し、姪のレアに看取られながら息を引き取る場面を演じる。白髪の鬘を付けたラヴァンの顔には深い皺が刻まれている（サミュエル・ベケットとその友人で画家のブラン・ヴァン・ヴェルデがモデル）。姪とのあいだで繰り広げられるアポイントメントの「本番」も感動的であるが、それ以上に印象的なのは、その前後の部分だろう。ホテルの一室に到着したオスカーは、ベッドに横になると、夢にうなされながら寝言を呟く。口を突いて出るのは、父娘やＤＬ７とＤＬ８、その他過去に演じたアポイントメントの役柄の台詞。夢のなかにあってさえ彼は役を演じ続けているのだろうか。ふとベッドの傍に一人の女性が腰掛け、額の汗をそっと拭う。目を覚ましたオスカーと女性が静かに見つめ合う。女性は立ち上がり別室で衣装を着替える。そして「本番」が始まる。ヘンリー・ジェイムズの『ある婦人の肖像』での主人公イザベルと結核を病んだ従兄のラルフのやりとり――カラックスいわく「かつて書かれたなかでもっとも美しい対話の一つ」[★17]――の自由な翻案である、この感動的な場面では、疲労、死、苦悩、欲望、そして愛をめぐる濃密な対話が繰り広げられる。二人の俳優は、ささやくようなか細い声で台詞に生を吹き込んでいく。「言葉」の俳優としてのラヴァンの面目躍如たる感動的なシーンである（相手役のエリーズ・ロモーもコンセルヴァトワールに学ぶ舞台俳優で、現

『ホーリー・モーターズ』リムジンの中のミシェル・ピコリ ©THEO FILMS

在はコメディー・フランセーズに在籍）。ヴォガン氏が息を引き取ると（それは演じられた死でしかない）、オスカーは何事もなかったようにベッドから起き上がる。しかし女優の方は、うつ伏せになったまま動けないでいる。オスカーが「先に失礼するよ」と声をかける。「もう一度きっと一緒に」という女優に、オスカーは「あぁ、きっと」と返し、名前を尋ねる。彼女が口にする「エリーズ」という名前は、女優自身の名である。オスカーは「ありがとう、エリーズ」と労いの言葉をかけてホテルを後にする。『ホーリー・モーターズ』で、本番前後の「素」の俳優どうしのやりとりが描かれるのは初めてのことである。[★18] 役柄がそれを演じる俳優によって二重化される。随所に現れる鏡が、そうした二重性を強調する。そして役柄としての俳優＝オスカーは、それを演じる俳優＝ラヴァンと識別不可能に混じり合っていく。

だから、この後に、アポイントメントではない「素」のオスカーのエピソード、かつての恋人と思しきジーン（カイリー・ミノーグ）と再会する場面が続くのも、そこで鏡がきわめて印象的に使われているのも決して偶然ではないのだ。車窓越しに楽屋鏡に映ったジーンをとらえるカメラがゆっくりと移動してジーン本人をとらえる。画面の下部には、半開きのウィンドウにオ

©THEO FILMS

『ホーリー・モーターズ』死の間際にあるヴォガン氏

スカーの顔が映る。オスカー氏はヴォガン氏のかつらのまま、ジーンはこれから演じるエヴァ・グレースの扮装をしている。役と生のあわいで二重化された二人が、改修中の老舗百貨店サマリテーヌ――『ポンヌフの恋人』(一九九一)を想起させるこの百貨店はいまやそれ自体かつてのポンヌフと同様廃墟と化している――へと入っていく。二〇年前のことを静かに語らううち、ふとジーンは歌い始める。彼女は生のもっとも内密な瞬間においてさえも演じることをやめない。むしろ彼女は演技のうちにおいてのみおのれを明らかにしうるのかもしれない(そもそもジーン・セバーグそっくりの見かけの彼女は、それ自体演じられた存在でしかないかのようだ)。生と演技はもはや区別されえない。だからこそ彼女の歌う「私たちは誰だったのか」という問いが痛切に響く。果たして彼らが会ったのは、生においてなのか、それとも演技においてだったのだろうか(先のアポイントメントでのエリーズの「もう一度」の言葉が思い出される)。屋上で、オスカーは彼女に秘密を打ち明けようとするが、時間が非情にも二人を分かつ。屋上の扉口で右手を挙げて手を振るオスカーと、左手を挙げて手を振るジーン。ジーンのショットは観客に軽い違和感を残すだろう。それはオスカーの位置とは微妙にずれているものの(その後、彼が画面左からフレームインしてくる)、窓越しに、生い茂る草木をなめてとらえられていて、何者かの見た目であるように感じられる。この自由間接話法的ともいうべきショットにおいて、いったい誰が見ているのだろうかと考えるうち、ふとそれがジーンを送る――というよりもジーンを通して撮影直前に自殺を遂げたカテリーナ・ゴルベワを送る――カラックス自身の眼差しではないかと思い至ったとき見る者は戦慄を覚える(『ホーリー・モーターズ』は彼女に捧げられている)。一人残されたジーンはコートを脱いで金髪の鬘を外し、フェンスを越える。地上に降りてきたオスカーは、血まみれのジーンとその相手役の死体を日の当たりにする。ここでの死もおそらく演じられたものなのだろう。だが、それを見て絶叫しつつリムジンへと駆け込むオスカー同様に、私たちもまたその光景を冷静に眺めることはできない。

6.

そしてオスカーは最後のアポイントメントへ向かう。食事もろくにとらず、だらしない格好で酒を飲み、〈My Way（マイ・ウェイ）〉を口ずさむ（映画前半のオスカーがリムジンで食事をとっていたのに対して、後半の彼はろくに食事をとろうとしない）。もはや肉体的にも精神的にも疲労はピークを超えている。リムジンは建売住宅が延々と並ぶ住宅街に到着する。セリーヌと別れたオスカーは、タバコを吸いながらそのうちの一軒に向かって歩き出す。彼にとっては、家に帰って眠ることさえも演技＝労働なのである。数々のアポイントをこなし疲れ切ったオスカーが、仕事を終えて疲れ切った労働者（DL10）を演じる。廣瀬純が指摘するように、ここで「疲労がおのれ自身と短絡回路をなし結晶してしまう」のだ。[★19] 玄関先で、鍵を差し込むのを一瞬躊躇い、壁にもたれて咳き込む男は、DL10なのかオスカーなのか。疲労において役柄と彼自身が識別不能に重なり合う（指示書には、「疲労「自分自身に対する疲労／仕事の疲労」」とある）。そして一服を終えて「ただいま」と勢いよく扉を開けた労働者＝オスカーを迎えるのは、人間ではなく、類人猿（ボノボ）の妻子である。一日の最後に待っていたのはとびきり苛酷なアポイントメントである。そうした労働者＝オスカーの姿に、ジェラール・マンセの歌う〈Revivre〉がかぶさる。「できることなら再び生きたい。つまり、もう一度同じことを生きたいのだ」と始まるその歌は、一人称の「je」でなく不定代名詞「on」を主語としている。それは、もはやDL10なのかオスカーなのかラヴァンなのか、あるいはカラックス自身でもあるのかわからない「誰か」を指しているだろう。今にも力尽きんとしながらも、なお「同じこと」を再び生きたいと欲する、この歌詞はオスカーにふさわしい。それはまた、廣瀬純のいうように、オスカー自身ではない誰か、もはや「個別性も人称性もとらわれないような誰か」でもあるだろう。[★20] オスカーは、かつて「誰か」によって繰り返し生きられた

「同じこと」を、数多のアポイントメントにおいて「生き直す」。そこには、当然、死者たちも含まれる。この曲はもともと、カラックス作品のプロデューサーを務めてきたアルベール・プレヴォが『ポンヌフの恋人』の後で贈ったアルバムに収録されていた曲であるという。プレヴォは『ホーリー・モーターズ』の完成直前に亡くなった。「再び生きたい」という歌詞は、死者たちの叫びでもある。非人称な存在からの呼びかけに応じて、もはや彼自身非人称な存在と化したオスカーは「同じこと」を生き直すという不可能を終わりなく反復していく。

映画のエピローグ。セリーヌの運転するリムジンは「HOLY MOTORS」というネオンを掲げた駐車場へと帰っていく。そこには同じような白いリムジンが無数に止められている。セリーヌは車を降りて家路につくまさにそのときに仮面をつける。セリーヌ役のエディット・スコブが、ジョルジュ・フランジュの『顔のない眼』(一九六〇)で付けていたのとそっくりの仮面。仕事を終えて人生に戻るときこそ人は仮面をかぶる。彼女が去ると、リムジンたちが会話を始める。一台のリムジンが「人間たちはもはや目に見える機械を欲しない」という。カラックス自身が声を当てている(ここでもまた映画作家自身の介入)。別のリ

『ホーリー・モーターズ』 HOLY MOTRS(MORTS)、聖なる死者たち ©THEO FILMS

ムジンが応じる。「人間はもはやモーターも、アクションも欲しない」。リムジンたちは動揺しながらも次々と「アーメン」と唱えて、映画は幕を閉じる。リムジンやカメラのような大きな機械、モーターは時代遅れのものとなった(「HOLY MOTORS」のネオンは「O」が一つ消えていて「MOTRS」になっている。並べ替えると「MORTS」=死者たちとなる。聖なる死者たち)。

大きな機械の時代の終焉、映画の終焉。だが、それは映画の一つの時代の終わりであって、映画そのものの終わりではない。『アネット』は、再び俳優、演技を主題としながらも、より単純に力強く映画の可能性を示してみせる。『アネット』と同じ年に、女性ドライバーと彼女の運転する自動車で移動する俳優を主人公とする映画——濱口竜介の『ドライブ・マイ・カー』(二〇二一)——が公開されたのも偶然ではないような気がしてならない。

★01——Jean-Michel Frodon, « Leos Carax: "Jamais aucune idée au départ de mes projets, aucune intention" », Slate.fr, 24 mai 2012 (http://www.slate.fr/story/56643/carax). なおカラックスに、この短篇を紹介したのは、カテリーナ・ゴルベワであったという。また、『ドン・ファン』と『ホーリー・モーターズ』については以下を参照。Cristina Álvarez López, « An Opening », *Lola Journal*, Issue 3, December 2012, (http://www.lolajournal.com/3/hail_holy_motors_1.html).

★02——「レオス・カラックス『ホーリー・モーターズ』来日記者会見全文掲載」(採録=上原輝樹)、『Outside in Tokyo』、二〇一三年四月五日(http://www.outsideintokyo.jp/j/interview/leoscarax/)。

★03——Denis Lavant, *Échappées belles*, Les Impressions Nouvelles, 2020, p. 15.

★04——*Ibid.*, p. 33.

★05——*Ibid.*, p. 35.

★06——「レオス・カラックス インタビュー——モーションとエモーション」、『キネマ旬報』二〇一三年四月下旬号、九一頁。ラヴァンにとって、『ホーリー・モーターズ』は「レオスが贈ってくれた、役者として生きる僕へのオマージュ」であった(魚住桜子『映画の声を聴かせて』森話社、二〇二一年、三五九頁)。

★07——それらの指示は、準備のためカラックスが収集した映像(ロケハンやテストの写真、ネットで見つけた画像など)とともに、以下の書籍に再構成されている。Judith Revault d'Allonnes, Holy Motors *de Leos Carax: les visages sans yeux*, Yellow Now, 2016.

★08——ラヴァンへの指示は「スタンドイン相手のアクロバット、ランニングマシーンの上での失踪と落下、軟体の曲芸師ズラータとのエロチックなシーンの練習をすること」(*Ibid.*, p. 84)。

★09——Leos Carax, « Sacrés cœurs », *Cahiers du cinéma*, n° 680, juillet-août 2012, p. 95.

★10——ヴァルター・ベンヤミン「複製技術時代の芸術作品」、『ベンヤミン・コレクション① 近代の意味』ちくま学芸文庫、一九九五年、五八三–六四〇頁。

★11——マレーは鳥の羽ばたきや人体の動きをただ記録するのに飽き足らず、光る白い点の付いた黒いスーツに身を包んだ人体を黒い背景の前で運動させ、その運動の軌跡を抽象的な図像として記録する「幾何学的クロノフォトグラフィー」という「モーション・キャプチャー」の元型を発明してもいた。

★12——Carax, *op.cit.*, p. 98.

★13——Lavant, *op.cit.*, p. 101.

★14——*Ibid.*, p. 102.

★15——*Ibid.*

★16——Carax, *op.cit.*, p. 100.

★17——*Ibid.*, p. 101.

★18——仏版DVD特典の未使用場面には、メルドとモデルがマンホールから出て互いのリムジンに乗り込む映像がある。この場面が削除されたのは、映画の構成上必然であったように思う。

★19——廣瀬純「レオス・カラックス『ホーリー・モーターズ』——疲労、ルックス映画の極北」、『シネマの大義——廣瀬純映画論集』フィルムアート社、二〇一七年、二四四頁。

★20——同書、二五三頁。

[**日本公開題**]ホーリー・モーターズ

[**原題**]Holy Motors

115分／アメリカン・ヴィスタ(1:1.85)／カラー／2013年

[**監督**]レオス・カラックス[**製作**]マリティーヌ・マリニャック、モーリス・タンシャン、アルベール・プレヴォ[**撮影**]キャロリーヌ・シャンプティエ[**編集**]ネリー・ケティエ[**音響**]エルワン・ケルザネ、カティア・ブタン、ジョセフィーナ・ロドリゲス、エマニュアル・クロゼ[**メイク・ヘアデザイン**]ベルナール・フロック[**SFXメイク**]ジャン＝クリストフ・スパダッチーニ、ドニ・ガストー[**美術**]フロリアン・サンソン[**衣裳**]アナイス・ロマン[**助監督**]ジュリー・グエ[**制作担当**]ディディエ・アボ[**記録**]マチルド・プロフィ[**ポスト・プロダクション・マネージャー**]ウジェニー・ドプリュ[**サイバーモンスター・デザイン**]ディアン・ソラン[**データモッシング**]ジャック・ペルコント[**視覚効果ディレクター**]ティエリー・ドロベル[**VFX監修**]アレクサンドル・ボン[**VFXプロデューサー**]ベレンジェール・ドミンゲス[**3D監修**]オリヴィエ・マルシ

[**出演**]ドニ・ラヴァン、エディット・スコブ、エヴァ・メンデス、カイリー・ミノーグ、エリーズ・モロー、ミシェル・ピコリ、ジャンヌ・ディソン、レオス・カラックス、ナスティア・ゴルベワ・カラックス、レダ・ウムズンヌ、曲芸師ズラータ、ジェフリー・キャリー、アナベル・デクスター・ジョーンズ

2021

『アネット』

Annette

Everything Under The Sun

文——樋口泰人
HIGUCHI Yasuto

二〇〇五年公開の『スター・ウォーズ　エピソード3／シスの復讐』は、果てしない絶望と微かな希望の重なり合った状況を示して終わる。父は煮えたぎる溶岩に呑まれてダース・ベイダーへと転生し、母は絶望の中で二人の子供を出産して力尽きこの世を去る。生まれたばかりの二人の子供はダース・ベイダーとなった父を弟のように可愛がった男の手で、そして彼はまた二人の子供の母を愛していたかも知れないのだがただそれは誰にもわからない、そんな男の手配によって別々の里親に預けられ、いつかこの二人が成長して世界を救うだろうという望みを託される。

その時生まれた二人の子供、ルークとレイアの物語を七〇年代後半、ハリウッドの再生とも言われた喜びとともに受け取った世界中の人々は、それをどんなふうに受け止めただろうか。ルークとレイアが正しいフォースを使ってどんなにこの世界をよきものにしていこうとも、彼らの築いた今が未来に向かってどんなによき種を蒔いたとしても、その根っこにはこの絶望と底知れぬ闇が錘のようにぶら下がっている。誰にも変えることはできないそれは運命というようなロマンティックな響きはなく、ただひたすら何もかもを飲み込んでしまう闇の暗さと重さが常に付き纏い気がつくと自身を黒く染め上げていく自動運動のような乾いた不毛感を伴うものだ。

七〇年代から八〇年代、父たちの世代の物語に先駆けて公開されたルークとレイアの物語である『エピソード4／新たなる希望』(一九七七)から『エピソード6／ジェダイの復讐』(一九八三)には、そんな予兆は示されていたものの単にそれは予兆であることによってわれわれなのか彼らなのか映画なのかの未来は約束されていたように思う。しかしそれから約三十年後に『エピソード3』としてはっきりと語られた彼らの過去は、まさにそれが時間を前後して作られたように未来を飲み込むようにしてしか成立しない果てしなく暗い闇が広がり、そこに埋め込まれた希望の種さえ暗闇の中に葬ってしまう時間のブラックホールのようなものとしてあった。しかもそのことに対してわれわれが決して自覚的にならない形で。そしてそこから逃れようとするならばその闇に向き合わざるを得ず、もちろんそれはダース・ベイダーとなったアナキン・スカイウォーカーの二の舞になるしかない。そんな決定的で誰も気に留めることとさえない闇の機械的な自動運動が彼らやわれわれの足元にあったことがただ退屈に語られていただけだった。

一方『エピソード7／フォースの覚醒』(二〇一五)から『エピソード9／スカイウォーカーの夜明け』(二〇一九)までは、ルークやレイアの子供たちの世代であるレイとレンの物語である。レイアとハン・ソロの子供として生まれたレンは、ひたすら迷う人であった。ダース・ベイダーとなった祖父アナキンのような徹底した絶望もルークとレイアのような明日への信頼もなく、そのどちらにも足をかけられずあるいはどちらへも足をかけざるを得ず引き裂かれたままその暗闇へと沈んでいく。自身の中にある闇と光が自身を引き裂いてその引き裂かれた自身の底抜けの闇に向き合うしかないレンの空虚な表情をわれわれはひたすら観続けるばかりの3部作であった。もちろん2012年にスター・ウォーズの権利を買収したディズニーとしてはそのようなレンには死んでもらい、われわれの明日を託すに足る人物としてのレイを最後に作り上げその希望とともに『スター・ウォーズ』最後の三部作は終了することになるのだが、約四十年にわたって語られてきた未来の惑星の物語をすべて観た観客たちにとって、アナキンの絶望とレンの迷いこそ、このシリーズを象徴するものとなったはずだ。いや、結局のところこのシリーズはそのふたつのことしか語っていなかったのではないか。

もちろんそんな絶望と迷いなら、ニコラス・レイの映画を観ればよい、ダグラス・サーク映画のロバート・スタックの姿を観れば十分である。わざわざ四十年もかける必要もなく九〇分のうちにその深淵の深さも暗さもこの胸に刻みつけられるだろう。確かにもうそれで十分なのだがしかしこのアダム・ドライバーの空虚な佇まいをいったいなんと言ったらいいのか。誰かに何かを訴えようとしているのでもない、自身の中にあったはずの希望や野望や誇りや驕りと向き合っているわけでもない、自身の前にも後ろにも内にも外にも希望はなくただひたすら暗闇の沈黙が足元から身体を侵食する。その侵食の静けさの絶対的で正確なビートに対応できず受け入れることもできずひたすら困惑するばかり。心ここに在らず、しかし事態は自動的に進んでいく。狼狽えはするが自虐的にはならずその空虚な身体とともにただそこにいる。『エピソード9』の最後で彼はレイを救うため自身のすべてのエネルギーを注ぎ込んで命を絶つのだが、もちろんそれは自殺でも生贄でもなくただそうしただけなのだと言いたくなるような爽やかさを伴ってもいた。

この爽やかな死、闇と光に引き裂かれながら自身と世界とを呪いつつ決定的な悲しみと痛みをわれわれに伝えるのではない、全身を闇に侵食されてもなお悲しみと怒りに満たされるのではない、どこかあっけらかんとした死とともに存在することのできるゆえの悲しみと怒りと愛と優しさを、ハリウッドは四十年かけてようやく見つけたように思う。それは「アダム・ドライバー」という特異な身体を持つ俳優の個別の力によるものでもあるだろうし、同時にやはり『スター・ウォーズ』シリーズの約四十年がその時間をかけることでしか示し得なかったもの

『アネット』

でもあったはずだ。そしてその時間の重さをまったく感じさせない死と、迷いながら時間をかけて重さを少しずつ取り除いてきた挙句の死に向けての軽やかな飛翔とが生み出す新たな物語を映画が夢想し始める……。

『アネット』にはそんな肉体が必要だったのではないだろうか。生まれてくる人形に拮抗しうる空虚かつ強靭で軽く爽やかな人間の身体。生まれてくる人形に戸惑いつつしかしあっけらかんと受け入れもしてともに暮らすこともできるしそれを不幸とも幸運とも思わずただ単にそれをきっかけにして新たな時間を作り出し、しかしそれを不幸とか幸運とかどこかで思ってしまう人間やそこに過去や自分の人生を投影しようとする人間はあっさりと殺してしまうことができるような迷いの果ての鋭利な明晰さを持つ肉体。つまりそれは監督の演出意図を超えて、その声の中に孕まれているはずの映画の夢想と共鳴し動き始める肉体。監督の仕事を「スタート」と「カット」を言うだけの存在にしてしまうような、しかしまったく抑圧的ではなく当たり前のようにそれが行われてしまうあっけなさと同居する肉体。

『アネット』の冒頭、ミキシングルームにいるレオス・カラックスのどこかあっさりとした佇まいはこれから始まる物語とはかけ離れた空気を漂わせているのだが、もちろんそれはこの映画の監督の重大な役割としてのスタートを決めるそのあっけなさを当たり前のようにこなす自身の仕草として、なくてはならないものだったはずだ。そんなわけでカラックスは〈So May We Start〉とあっさりとスタートを決める。レコーディングスタジオの風景から始まったそれはミュージシャンやコーラスガールたちが次々にスタジオを抜け出し廊下に出てアダム・ドライバーやマリオン・コティヤールもそこに加わりビルの外に出て歩道を歌いながら歩き始める。スタジオから街へというヌーヴェル・ヴァーグの運動が、ワンカットで視覚化されるわけだが、《さてステージはどこ？　それは外なのか　あるいは中か　外か中か　外か中か》と謳われて結論を見ないまま映画は本当の始まりに向けて動き出す。映画はいったいどこにあるのか。外と中を自由に行き来するはずのこの映画の登場人物たちの落ち着き先は果たしてあるのか。あるいは外も中もなく彼らはその境のなくなった場所を彷徨うことになるのか。あるいは外と中とに引き裂かれた映画の暗闇に一生飲み込まれることになるのか。

すでにアダム・ドライバーが暴走している。オープニングの歌が終わりバイクに乗って自身の仕事場である劇場へと向かった彼は、楽屋ではロッキー風のガウンを被りシャドーボクシングをするわけだが、ステージに上がったその姿はロッキーというよりもあからさまにジェダイである。ロッキー化したジェダイがステージでマイクをぶりぶり振り回し、ハウリングさせ、尻を出し、面白いのか面白くないのか笑わせたいのか殺したいのかわからない力任せのステージを繰り広げては去っていく。のちのシーンで彼は、自分は観客を笑わせ殺すのだと語るのだが、もはや「殺す」方に気持ちが向かっているのが丸出しでそれゆえに誰もが笑わざるを得ないというような、本末逆転し続ける終わりのなさが誰の心をも終わりに向かわせると言ったらいいのか。あまりのことにこれは映画なのか本物のステージなのか、つまりすべてが仕込まれた映画のためのステージなのか、アダム・ドライバーが本気でこんなステージ・パフォーマンスを繰り広げそれをカメラがひたすら追ったライヴ・ドキュメンタリーなのか、その見境がつかなくなる。これは映画の外なのか中なのか。われわれはいったいそこで何を観ていたのか？

果たしてそこまでのパフォーマンスが必要だったのだろうか。映画の誕生から死とその先を見通す映画の断片の集積でもあり「レオス・カラックスの映画史」とでも呼びたくなるようなその他のシーンとはどこまでも平行線を辿るとしか言いようのないこの神経症的なパフォーマンスの異物感。しかしもしこれをかつてのようにドニ・ラヴァンがやっていたらそれはおそらくどこまでも不吉なものとしてありつつもどこかで監督に寄り添った、あるいは映画に寄り添った異物となり、見事に映画史の流れの中に収まり悪く収まっていたように思う。オムニバス映画『TOKYO!』に収められた中篇『メルド』（二〇〇八）で東京の歩道を歩くあの怪物的な姿、そして『ホーリー・

モーターズ』(二〇一二)でのパリの闇の化身のような男の姿は、結果的に「レオス・カラックス」の映画の確かな場所を示していたはずだ。しかしアダム・ドライバーが時々見せるどこか上の空の表情、そして何よりもまず微妙に震え続ける歌声は監督からも映画からも遠く離れ歴史からも場所からも飛び出しもちろんステージの前にいる観客たちもスクリーンの前に座るわれわれをも置き去りにしつつ、〈We Love Each Other So Much〉と歌うのである。

その場を去ることが愛することなのか愛することが離れることなのか。歌手ではない彼の歌声はすべてライヴ録音というこの映画の決め事によってかどこか緊張し声帯が締め付けられているのだろう。微妙に震え声も少しだけ細くステージ上でパフォーマンスするときの威圧的な強さとはかけ離れた弱さを見せる。「スター・ウォーズ」のカイロ・レンの迷いをここでもその声の中に見ることができる。この声を引き出すためにレオス・カラックスはミュージカル・シーンの歌をアフレコではなく同時録音にすることを決めたのではないかとさえ思う。『アネット』のアダム・ドライバーはロッキーでありジェダイでありジェダイ・キラーでありカイロ・レンでありベン・ソロでもあるのだろう。その強さも弱さも迷いも普通に映画に差し出しつつしかし自身は映画から遠ざかりしかし愛を歌い、それまでの迷いなど嘘のように人を殺すが軽々とではなく困難を伴いしかしそこの困難こそが人を殺すのだと言いたげにあっさりと自らは身を引くことになる。困難と軽さと強さと弱さとを同時に引き受けて迷いはするが何かを決断するというよりも自らコントロール不能な何かの動きに反応しさらに迷いつつ反応し迷いつつ反応しその積み重ねというよりもその跳躍の軌跡がひとつの道を作り出す。

いったいこの映画の中で彼は何をしたのだろうか。嵐の中で妻を見捨て人形にしか見えない娘のアネットと歌を歌い自宅の水路のようなプールで大切なスタッフを溺死させ塀の中の人となる。ただそれだけではないかと言えてしまうこの映画で語られる彼の何年間かの中で数少ない陽の光のもとと言っても空にはうっすらと雲があり快晴ではないぼんやりとした陽光がこの映画の異質な時間を作るシーンで〈We Love Each Other So Much〉が歌われるのだが、その時のヘンリー・マクヘンリーを演じるアダム・ドライバーのまったく楽しそうではないとは言え何かに怒っているわけでもないどんよりとした表情はいったいどうしたことなのか。その直前のシーンで彼と妻がマスコミに囲まれ、ダースベイダーのようなヘルメットを被った彼にマスコミがヘルメットを脱ぐように歌うその一方的な圧力への不満顔を引いているのかあるいは次のシーンで暗闇の道路をふたりの乗ったバイクが爆走しつつ〈We Love Each Other So Much〉がさらに激しいリズムとともに歌われることへの予兆なのか。

いずれにしてもこのアダム・ドライバーの悲しみと痛みを抱えつつもどこか不満げで上の空の表情と歌声が、この映画のあらゆるショットとシーンをつなぐ。膨れ上がる監督の妄想をつなぐ。この肉体があれば大丈夫だ。そんな信頼なのか期待なのかが余計に妄想を膨らませる。だがもちろん監督は「スタート」の声をかけただけなのだ。これはその「スタート」の声とともに始まった映画の夢想というべきものだろう。アダム・ドライバーなのかヘンリー・マクヘンリーなのかカイロ・レンなのかベン・ソロなのかとにかくアダム・ドライバーと呼ばれる俳優の肉体によって増幅され暴走する映画の夢想。ステージ上のヘンリーのフード付きのガウンが緑色なのもそういうことだ。すでにゴーサインは出ている。緑のガウンに乗って走る映画の夢想がわれわれを襲う。生きているときの彼の妻のそばには常に赤いリンゴがあった。ステージで彼女は殺されて白い衣装が血に染まっていたわけだがアネットが生まれその後数人の女性たちからヘンリーが訴えられて以降、彼女のまわりには何かの危険を訴えているのか黄色が混じり始め海に落ちる嵐のシーンで彼女が羽織っていたのは黄色のレインコートだった。緑と赤と黄色。どこで彼らにこの色を着せるか、それだけを監督はやったのではないだろうか。この信号機のような仕事こそ監督のやるべきことだと言ってしまうのは言い過ぎだろうか。

刑務所に入ったヘンリーは真っ赤な囚人服を身に纏っていた。「それはもうムリ」と彼を訪ねたアネットが歌い去っていく。《アネット、グッバイ》とヘンリーが歌う。まるで『エピソード9』の最後でレイを見送るカイロ・レンのように。映画はそこで終わるのだがエンドクレジットの途中で音楽が一区切りついたところで「アクション」というアネットの声がする。暗闇の中、カンテラのようなものを持った人々が歩き始める。暗闇の中の小さな灯りの群れ。「カット」の声はない。ただひたすら「アクション」の連続が映されるだけだ。暴走する者はない穏やかな歩みは葬列のようでもあり新たな始まりに向けての行進のようでもある。以後、映画の夢想はアネットとともにそんな穏やかな歩みを続けることになるだろう。暗闇の光と言えばいいのか明らかにそれまで語られていた映画の中の暗闇とは違うこの柔らかな暗闇の中で初めて、アダム・ドライバーが笑う。アネットとまるで親子のように戯れ、マリオン・コティヤールとも夫婦のように微笑みを交わす。われわれはいったい何を観ていたのだ。それは外なのか中なのか。映画はどこにあるのか。

『ポーラX』（一九九九）の音楽を担当したスコット・ウォーカーの在籍していたウォーカー・ブラザーズのヒット曲〈Everything Under The Sun（ふたりの太陽）〉には、以下のような歌詞がある。

I see it through your eyes

われわれは映画を観ているのではなく、映画を通して観ているのだ。
いったい何を？　その大いなる問いかけとともに映画はある。そのためにも映画はフィルムでなければならない。半透明のその物体こそが映画なのだと、レオス・カラックスは確信しているはずだ。その先に何があるか、もちろんそれは映画の知ったことではない。

[**日本公開題**]アネット
[**原題**]Annette
140分／アメリカン・ヴィスタ(1:1.85)／カラー／2021年
[**監督**]レオス・カラックス[**原案・音楽**]スパークス[**歌詞**]ロン・メイル、ラッセル・メイル&LC[**撮影**]キャロリーヌ・シャンプティエ[**編集**]ネリー・ケティエ[**アネット人形制作**]エステル・シャルリエ、ロムアルト・コリネ[**音楽スーパーバイザー**]ピエール＝マリー・ドゥル&マリウス・デ・フリース[**音楽監督**]クレモン・デュコール&フィオラ・カトラー[**音響**]エルワン・ケルザネ、カティア・ブタン、マクサンス・デュセール、ポール・ヘイマン、トーマ・ゴデ[**美術**]フロリアン・サンソン[**衣裳**]パスカリーヌ・シャヴァンヌ[**ヘアメイク**]ベルナール・フロック[**ライン・プロデューサー**]タチアナ・ブシャン[**ポスト・プロダクション・スーパーバイザー**]ウジェニー・デプラス[**監督補**]ミッシェル・ピエラール、アマンディーヌ・エスコフィエ、ジュリー・グエ、ジュリエット・ピコロット[**プロデューサー**]シャルル・ジリベール、ポール＝ドミニク・バカラシントゥ、アダム・ドライバー[**共同プロデューサー**]ファビアン・ガスミア、ジュヌヴィエーヴ・ルマル、ブノワ・ロランド、アルレッテ・シルバーバーグ、堀越謙三、フリオ・チャベスモンテス、コンスエロ・フラウェンフェルダー、グレゴワール・メリン
[**出演**]アダム・ドライバー、マリオン・コティヤール、サイモン・ヘルバーグ、デヴィン・マクドウェル、ラッセル・メイル、ロン・メイル

短·中篇作品

Photo Mari SHIMMURA

夢のエチュード

文——須藤健太郎
SUDOH Kentaro

1977年｜夢見られた娘｜*La Fille rêvée*

撮影途中で放棄され、現在は撮影されたフィルムすら残っていない可能性が高いので詳しいことはほとんどわからない。監督本人の述懐をまとめると、概要はおおよそ次のとおり。★01

カラックスは十六歳で高校卒業証書を取得した早熟だが、その後に進学することはせず、ポスター貼りや配達人の仕事などをしてボレックスの16ミリ・カメラを購入。学校が一緒だが話したことはなかったフロランスという女の子のことが気になっていて、彼女を主演に『夢見られた娘』という企画を立てた。カラックスが当時住んでいたルーヴル通りの女中部屋ですべてが展開する映画で、冒頭は彼女が悪夢から目を覚ますというシーンだったが、初日からすべてがうまくいかなかったという。カラックスは新聞広告を出して新たに女優を見つけたが、フロランスがいなくては、もうどうにも関心が持てない。撮影を再開したはいいもの、中華料理屋のシーンを撮影しているとき、照明機材が爆発。炎がカーテンに移って火事を起こしてしまい、もうそれきりで撮影を取りやめた。

★01——Cf. « Dialogue en apesanteur. Philippe Garrel rencontre Leos Carax », *Cahiers du cinéma*, n° 365, novembre 1984. Christian Fevret et Serge Kaganski, « Leos Carax : à l'impossible, on est tenu », *Les Inrockuptibles*, n° 32, novembre-décembre 1991.

1980年｜絞殺のブルース｜*Strangulation Blues*

カラックスは若干二十歳で監督した短篇『絞殺のブルース』で、一九八一年度イエール映画祭短篇グランプリを獲得。六〇年代ゴダールの影響を隠さないこの作品は『シネマトグラフ』、『シネマ81』、『ポジティフ』の各誌で絶賛され、『カイエ・デュ・シネマ』では初長篇を発表する前のオリヴィエ・アサイヤスが称賛の声を寄せた。

夜のパリ。畳みかけるような素早いモノローグ。孤独な男女。現在の観客からすれば、いやがおうにも『ボーイ・ミーツ・ガール』を思わせる。ポール（エリック・フレー）は映画作家。一か月前に急に姿を消し、何の音沙汰もなかったが、いきなりコレット（アンヌ・プティ＝ラグランジュ）のもとに戻ってきた。この一か月、ペンと紙を買って、映画のタイトルは百個ほど考えたが、脚本は一行も書けなかった。コレットが好きだ。でも彼女は何の霊感も与えてくれない。ポールのモノローグはダンテ、ポール・ルヴェルディ、レオ・フェレ、ジャック・デュトロン、ジョルジュ・バタイユなどへの目配せに満ち満ちている。画面が暗転すると、別の男の声でオフのナレーションが入るが、これはエドガー・アラン・ポーの『ナンタケット島出身のアーサー・ゴードン・ピムの物語』からの一節だ。[★01]翌朝、ポールはベッドの横にいるコレットを見て、自分が夜中に首を絞めて殺してしまったと思い込み、家を出る。愛するがゆえに相手を失ってしまう、そんな強迫観念は『ボーイ・ミーツ・ガール』ばかりか『アネット』にまで通底していくことになる。

『絞殺のブルーズ』のそもそもの発端はカラックスが『夢見られた娘』を放棄したあと、脚本『デジャ・ヴュ』を書き上げたことにある。『デジャ・ヴュ』はさまざまな変遷を経て『ボーイ・ミーツ・ガール』として結実するが、その過程で生み出されたのが『絞殺のブルース』だ。

カラックスは『デジャ・ヴュ』の脚本を抱えて製作者を探すべく奔走したが、コンタクトを試みた一人にフランソワ・トリュフォーがいる。カラックスからトリュフォーに宛てた一九七九年一月二十九日付けの手紙が残されており、そこには脚本『デジャ・ヴュ』を読んでほしい旨が書かれている。[★02]カラックスはそのさらに二年後、一九八一年四月十五日、トリュフォーに改めて手紙を差し出し、そこで一連の経緯を説明している。『デジャ・ヴュ』にはアンナ・カリーナが出演する予定だったこと（主人公が惹かれる年上の女性の役だが、カラックスはこの役を「『魔の山』のクラウディア・ショーシャ」と形容している）。この企画は助成金に通らず、結局作ることができなかったこと。しかし、その代わりに一九八〇年六月に短篇を撮ったこと（おそらく『絞殺のブルース』のことだろう）。一九八一年二月に試写を開いたが、トリュフォーには連絡がとれなかったこと。そしていまは『もしぼくが君なら(Si j'étais toi)』と題した長篇の企画があること。この企画を絶対に撮りたいので、ぜひ一読してほしいこと。「私は二十歳で、まだ短篇を二本しか撮っておらず、製作会社の伝手もありません。しかし私にはこれを撮りたいという揺るぎない欲望があります(撮るならいましかありません)」。なお、トリュフォーはカラックスからの手紙に返信はしていない。[★03]『ボーイ・ミーツ・ガール』の撮影を記録したビデオには、カチンコに『もしぼくが君なら』がタイトルとして記されており、[★04]完成された映画のなかでも、キッチンでのアレックス(ドニ・ラヴァン)とミレイユ(ミレイユ・ペリエ)との会話にその痕跡を見出すことができる。「ぼくは映画作家だ」「映画、それともビデオ?」「いや、そういうことじゃなくて、いまはこれから撮る何本かの映画のタイトルをいくつか考えてる」「もし私があなたなら……、いや、やめとく」。

『デジャ・ヴュ』も『絞殺のブルース』も『もしぼくが君なら』も、そしておそらくは『夢見られた娘』も、『ボーイ・ミーツ・ガール』とほとんど同じ映画の別の呼び名であって、いま思えば『絞殺のブルース』はジャン=イヴ・エスコフィエによる撮影ではない『ボーイ・ミーツ・ガール』であり、ドニ・ラヴァンが登場しない『ボーイ・ミーツ・ガール』であり、そしてなによりミレイユ・ペリエに出会う前の『ボーイ・ミーツ・ガール』である。ミレイユ・ペリエに出会って『ボーイ・ミーツ・ガール』が生まれたとカラックスは何度も語ってきたが、二人が出会ったのは撮影の三年ほど前のこと。「レオス・カラックスとはあるパーティで出会った」とペリエは述懐する。「『ボーイ・ミーツ・ガール』の三年前だった。見つめ合い、それか

［**日本未公開作品**］
［**原題**］Strangulation Blues
17分／ヨーロピアン・ヴィスタ(1:1.66)／35mm／モノクロ／1980年
［**監督・脚本**］レオス・カラックス［**製作会社**］フィルム・デュ・ラゴン・ブリュ
［**製作**］ボードワン・カペ［**撮影**］ベルトラン・シャトリー［**編集**］クリストフ・ロワジオン［**録音**］ソフィー・チボー［**音楽**］ジャック・デュトロン
［**出演**］エリック・フレイ、アンヌ・プティ＝ラグラージュ、ハンス・メイヤー

ら三年間ずっと一緒だった」[05]。撮影が開始したのは、一九八三年五月である。カラックスは撮影にあたり郊外に別のアパートを借りて、孤独な女性を演じさせるためにペリエをそこに一人で住まわせた。

★01——この点は以下の文献に多くを教わった。ただし、著者はこのポーの引用がポールのモノローグの一部と誤解している。Cf. Alban Pichon, *Le Cinéma de Leos Carax. L'expérience du déjà-vu*, Éditions Le Bord de l'eau, 2009, p. 146.

★02——Cf. Lettre de Leos Carax à François Truffaut, le 29 janvier 1979. Archive de la Cinémathèque française, Fonds François Truffaut, Réf. TRUFFAUT332-B179.

★03——Cf. Lettre de Leos Carax à François Truffaut, le 15 avril 1981. Archive de la Cinémathèque française, Fonds François Truffaut, Réf. TRUFFAUT333-B180.

★04——このビデオは以下のＤＶＤに特典として収められている。*Boy Meets Girl*, France Télévisions Distribution, 2010.

★05——Cf. Nicolas Azalbert, « Mireille Perrier, les cadeaux de la vie », *Cahiers du cinéma*, n° 761, décembre 2019.

1997年 | **無題** | *Sans titre*

『無題』は一九九七年度カンヌ国際映画祭〈ある視点〉部門のオープニングを飾った九分の短篇である。映画祭の五〇周年を記念して、近況を伝える絵葉書のような作品をとの依頼を受けて製作された。作中でレナード・コーエンの〈Famous Blue Raincoat（フェイマス・ブルー・レインコート）〉が流され、「いまは午前四時、一二月の終わり。君が元気にしているか知りたくて、いま手紙を書いているところだ」と歌われるのはそれゆえだろう。カラックス本人は準備中だった『ポーラX』の「プロローグ」と位置づけている[01]。実際、『無題』の映像のなかには『ポーラX』で使われているものがあるが、すべてこの機会に撮影されたものである。

そもそも『ポーラX』の企画が始まったのは、一九九二年に遡る[02]。一九九二年二月、『ポンヌフの恋人』がベルリン国際映画祭〈フォーラム〉部門に出品され、ベルリンへと赴いたカラックスはそこでシャルナス・バルタスの『三日』*Trys dienos*（一九九一）を見て衝撃を受ける。ハーマン・メルヴィルの『ピエール』を映画化したいと長らく考えていたが、配役が見つからず諦めていた（『汚れた血』のアレックスとリーズの関係は、『ポーラX』のピエールとリュシーの関係を先取るものだ)。しかし、『三日』に出ているカテリーナ・ゴルベワの顔をひと目見て、彼はイザベルを見つけたと確信したのだった。翌年、彼女に連絡を取った。

ゴルベワはロシア人であり、とするとピエールの姉イザベルはロシア人、つまりは東から来たことになる。そして東では戦争が起きている——。当時はボスニア・ヘルツェゴビナ紛争が勃発しており、カラックスは何度かボスニアを訪ねたが、爆撃された墓地を見て、フランスに帰国後に夢を見たと語っている。墓地が空爆され、イザベルが破壊された墓のなかから現れ、こちらにやって来るというイメージだった。これが『ポーラX』の冒頭で映像化されることになるが、この一連の映像も『無題』の製作時に作られたもの。模型を使った撮影の部分は、特殊効果を専門にするEx Machinaが担当した。

『無題』に登場し、『ポーラX』にも使用された場面で同じくEx Machinaが担当したのはいわゆる「血の河」のくだりである。[★03] カラックスの頭のなかに生まれた確固たるイメージを映像化したものだ。ピエールとイザベルが抱き合い、血の河に流されているが、河の流れは逆流しており、ふたりを源流へと導いていくというイメージである。はじめはすべてをセットで撮影することが考えられ、次にはすべてをコンピュータで作成することも考えられたが、最終的には三つの異なる映像を組み合わせたものになっている。まず、抱擁するふたりの映像は、ギヨーム・ドパルデューとカテリーナ・ゴルベワが赤く着色した水を入れた貯水槽に実際に入り、それを35ミリのカメラで撮影した。次に、逆流する河の流れは、単に赤い水では血のような粘着性が得られなかったため、テレビで放映されていた溶岩流の映像を切り出して、それを逆回転させたものが使われている。そして三つめは背景なのだが、これは単色で描かれた抽象画である。『無題』の製作陣から依頼された画家フランシーヌ・レヴィがこのために描きおろした連作であり、薄い黒地に縦の白いひっかき傷が何本も走る図柄は、サイ・トゥオンブリーの一九七一年の《無題》から着想を得たものだという。レヴィの連作を順にデジタルデータとして取り込み、アニメーション化して動かしたものが背景画像として使用されている。35ミリ・フィルムとビデオ、そして絵画のスキャン画像というまったく質感の異なる三つの映像が微妙な調整によって組み合わされており、このほんの十秒にも満たない映像の作成に多大な労力が費やされている。おそらく作品の核をなす重要なイメージだったということだ。

『無題』には『ポーラX』として結実していく数々のアイデアが詰め込まれているが、あらたに撮られた映像だけでなく、既存の映像などを組み合わせた引用のモンタージュである。雑然として見えるかもしれないが、各要素の選択と配置はその実整然としてものだ。冒頭、鳴り響く拍手の音が重ねられた観客の記録映像に続いて見せられるのは、リュミエール兄弟の『バレエダンサー』(一八九六－九七)。「無題(SANS TITRE)」とタイトルならぬタイトルが示されたあと、「HOW CAN I [...]」の字幕に重ねられる「誰にも何も頼むな、と彼らは言った」のひと言は、シャルル・ペギーの『金銭』の一節(声はアラン・キュニー)である。その後、映画祭会場のパレの階段をのぼるセレブリティーたちを映した記録映像が白黒を反転させ、さらには色調を変えて次々と見せられ(ザ・フォールの〈Don't Call Me Darling[ドント・コール・ミー・ダーリン]〉が叫び声のように重ねられる)、「のぼる(GRAVIR)」の字幕に続いて、キング・ヴィダーの『群衆』(一九二八)。少年時代のジョンが恐る恐る自宅の階段をのぼる姿を正面から俯瞰で捉えたショットだが、彼がいままさに父の死を知らされようとしているくだりである。そして、あたかもこのショットと対をなすように、カラックスがモンマルトルの階段を手すりをつかって必死にのぼる姿を仰角で捉えたショットが続いていく。階段はあるときは栄光へと導き、あるときは試練に立ち向かわせ、またあるときはノスフェトゥのごとき苦しみのダンスを招く場となる。

その後にベッドに横たわるカラックスが映されるが、そこにほかならぬカラックスの声で「私は真っ昼間に眠ってしまった」「それは二〇世紀の終わりごろだったと思う」と呟かれる。この導入の仕方から明らかなように、これから展開するのは世紀末に見られた夢なのだろう（カラックスは『ポンヌフの恋人』の後、自分の夢を書き留め、それを集めて本にすることを考えていた）。★04「この破壊者ども」の声（同じくペギーの『金銭』の一節をアラン・キュニーが読んだもの）が、雪崩や洪水や津波や火山の噴火などの自然災害に重ねられつつ、家族写真やその他の映像がつながれていくが、いつしかベッドのシーツには男女の絵が描かれ（ジュリエット・ビノシュによるもの）、男の側にはカラックスが仰向けになっている一方で、女の側には誰もいないまま。「わたしたちの姉妹（Nos sœurs／Our sisters）」の字幕に続いて映される幼い兄妹（もしくは姉弟）のホームビデオは、『狩人の夜』（一九五五、チャールズ・ロートン）の兄妹を呼び出す。「彼女には可愛い子どもが二人いた。でもある夜のこと、二人の可愛い子どもは飛び去った。空に向かって。月に向かって」。幼い妹の透きとおるような歌声に誘われるままに、『群衆』の妹の交通事故の場面へとつながれる。『ポーラX』の主題である孤児の兄妹（姉弟）が、そしてその出会いと別れとが凝縮して示されている。かくしてカテリーナ・ゴルベワの姿がここで初めて現れる。

「この世は箍《たが》が外れている。なんという因果か、それを正すために生まれてきたとは」。スコット・ウォーカーの歌声が響くなか、『ハムレット』の引用が空爆と重ねられるくだり（『ポーラX』の冒頭となる）が「PROJECT」「POLA X（Hamlet's Sister）」の字幕に続いて示されたあと、「血の河」の場面をはじめ、『ポーラX』を見越して撮られただろうショットがいくつも出てくる。ピエールがハムレットに比する存在である点が完成された作品より明瞭に意識されている。前半、光り輝いて白紙の状態にあるパソコンに向き合っていたカラックスは、いまやカメラに向かって雪の上を走るも転んでしまう（『無題』を『ハムレット』の引用を挟んで前半と後半に分けるなら、構想段階のアイデアを詰め込んだ前半に続き、後半では撮影の段階に入るわけだ）。テレビのモニターに映るポルノをポラロイドで捉えたアンヌ・ディオンの写真と呼応するかのように、焼かれたクールベの《世界の起源》（一八六六）が逆回転で復元される。最後にまた『ハムレット』からの引用がつぶやくような声で――「おお、ハムレット、それ以上は言わないで。あなたの言葉は短剣のようにわたしの耳に突き刺さる。もうやめて、お願いだから」(第三幕第四場のガートルードの台詞)。エンド・クレジットに続いて一瞬だけ挿入されるポートレート写真は初期三作の製作を引き受けてくれたアラン・ダアン。彼は一九九二年、『ポンヌフの恋人』の完成後に亡くなった。

しかし、このひとつめのエンド・クレジットが終わったあと、もう一度『群衆』が引用される。仕事を失い、我が子を一人失い、そしていま最愛の妻をも失おうとしているジョンが、今日くらいはと言い聞かせて妻と一緒に劇場で道化を見て大笑いをしている。おそらく映画史上もっとも不気味なラストシーンのひとつといっても過言ではないと思うが、この『群衆』のラストが人工的な笑い声を重ねられてさらに不気味さを増しつつ、冒頭を飾っていた豪華に着飾った映画祭の観客たちとあたかも対比されるかのように『無題』の最後に置かれているのである。『無題』は『ポーラX』の素描のような性格を持つが、その実『ホーリー・モーターズ』以降の地平をも同時に含んでいるようだ。笑いがいかに不気味なものであるかは『アネット』でも全面的に展開されるが、カラックスがこの『群衆』のラストを『アネット』でふたたび引用しているのは偶然ではない。

なお、『ホーリー・モーターズ』は最初は短篇の企画で『俳優(Actor)』と題されていたとドニ・ラヴァンは語っているが、[★05] キング・ヴィダーの未完の企画に『俳優(The Actor)』というものがある。これは『群衆』で起用したジェームズ・マレーの伝記映画になるはずだった。[★06] ヴィダーは『群衆』で、まさしく「群衆のひとり」そのものであるからこそこの若者を起用したのだが、彼はこの映画で一躍有名になり、MGMの幹部は

［**日本未公開作品**］
［**原題**］Sans Titre
9分／ヨーロピアン・ヴィスタ(1:1.66)／35mm／カラー&モノクロ／1997年
［**監督・脚本**］レオス・カラックス［**製作会社**］ポーラ・プロダクション［**製作**］ブルノ・ペゼリー、アルベール・プレヴォ［**撮影**］エリック・ゴーティエ［**音響**］ヴァレリー・ドルーフ［**VFX**］クリスティアン・ギヨン
［**出演**］ギョーム・ドパルデュー、カテリーナ・ゴルベワ、カトリーヌ・ドヌーヴ、レオス・カラックス、ローラン・ルーセル

彼をスターとするべく異例の七年契約を結んだほどだった。しかし、マレーはその後に酒に溺れるようになる。映画界では思うように活躍することもできぬまま、一九三六年に三十五歳の若さで亡くなった。最後はハドソン川で溺死体で見つかったという。

★01 Cf. Leos Carax and Kent Jones, "Leos Carax: L'Amour fou. Walker Dialogue and Retrospective", June 29 2000. Available at https://www.youtube.com/watch?v=tLiB3pRGDwU

★02 Cf. Interview de Leos Carax par Pierre-André Boutang, dans l'émission télévisée *Métropolis*, diffusée sur ARTE le 22 mai 1999, dont on peut lire la transcription sur : http://www.patoche.org/carax/interviews/metropolis.htm
また以下のＤＶＤの特典に当該番組の抜粋が収められている。*Pola X*, Pathé Vidéo, 2001.

★03 この「血の河」の場面の製作背景については、画家として協力したフランシーヌ・レヴィによる以下の文献に詳しい。Cf. Francine Lévy, « De la peinture dans le film *Sans titre* de Léos Carax », in Éliane Chiron (dir.), *L'Incertain dans l'art*, Publications de la Sorbonne, 1998, p. 277-291.

★04 Cf. Jacques Morice, « Leos ou les paradoxes. Entretien avec Leos Carax, à propos de la version télé de "Pola X" », *Télérama*, n° 2696, le 15 septembre 2001. Disponible sur : https://www.telerama.fr/cinema/entretien-avec-leos-carax-a-propos-de-la-version-tele-de-pola-x,83483.php

★05 『ホーリー・モーターズ』のメイキングである『ドライヴ・イン・ホーリー・モーターズ』（テッサ・ルイーズ＝サロメ監督、二〇一三年）での発言より。

★06 Cf. King Vidor, *La Grande parade. Autobiographie*, tr. Cartherine Berge et Marquita Doassans, Ramsay, 1981, p. 250ff.

2003〜2008年｜四本のミュージック・ビデオ

カラックスは二〇〇三年〜二〇〇八年にかけて、合計四篇のミュージック・ビデオを手がけている。まずはカルラ・ブルーニの〈Quelqu'un m'a dit（ケルカン・マ・ディ〜風のうわさ）〉（カラックスは歌詞も共同で書いている）と〈Tout le monde（みんな［トゥ・ル・モンド］）〉。二篇ともカルラ・ブルーニと一人の男を組み合わせるものだが、〈ケルカン・マ・ディ〉では歌う彼女の背後に向かいのアパルトマンが窓越しで見え、そこにろうそくを灯した半裸の男が「カルラ！」などと叫んでいる。「まだ私のことを愛している」と「誰かが言っていた」と歌われる相手だろうか。歌われている内容があたかもスクリーンと化した背後の窓枠のなかに投影されているかのようにも見えるが、話しかけるように歌うカルラ・ブルーニの落ち着いた曲の雰囲気とは異なり、背後に展開している世界の様子があまりにおどろおどろしい。その落差はユーモラスではあるが、同時に不気味でもあり、まさに『無題』以降に顕著になってきたカラックス的世界が垣間見える。

一方、〈みんな〉のほうはトンネルの中を歌いながら進んでくるカルラ・ブルーニを正面から後退移動で捉えていく。すると、正装した初老の男性（ルイ・ベルティニャック）が現れ、二人でダンスを踊るが、男が丁重に立ち去ると、彼女はまた何事もなかったかのように歌いつづける。忘却と無関心が歌詞の主題とみるなら、暗部と空洞を体現するトンネルという舞台装置を使って、見事に洗練されたかたちでそれが映像化されている。おそらくCGで加えたものではないかと思うが、ところどころで大きなシャボン玉がふわふわと浮かんでは消えていくのが印象に残る。眠るカラックスから大きなシャボン玉が現れるのを『無題』でも見ていたからか。『無題』では、あたかもそのシャボン玉が導くかのように、レナード・コーエンの〈ファイマス・ブルー・レインコート〉が流れ始めたのだった。

三篇目のミュージック・ビデオはニュー・オーダー〈Crystal（クリスタル）〉。二〇〇一年のアルバム『ゲット・レディー』収録曲だが、このクリップ自体は二〇〇五年の製作になる。発端は、製作陣が同曲のミュージック・ビデオを作るべく複数の映画監督や映像作家に声をかけていたが、カラックスもその一人だったこと。しかし、『ポンヌフの恋人』以後、プロデューサーにとってカラックスの名前は膨大な製作費を意味し、誰もが予算が膨らむことを恐れていた。恐る恐る連絡をとってきたプロデューサーに対し、カラックスはしばらくのちに自宅でじゃれあうペットの猫と犬を映しただけのこのクリップを送ってきた。★01 ホームビデオを思わせる、気軽でくつろいだ雰囲気が充満しており、最後には「Budget $13,70」。もちろんお金のことばかりを気にするプロデューサーたちに向けた、カラックス流の冗談だろう。ちなみに公式のミュージック・ビデオは最終的にヨハン・レンクが手がけている。

二〇〇八年、『メルド』の派生作品『メルドへの讃歌』

Hymn to Merde。音楽はDoctor L feat.アリソン・モシャート。これもミュージック・ビデオに数えられるだろう。谷底のようなところで、メルドがもちろんメルドゴン（『メルド』の項を参照）で歌う。歌詞はドニ・ラヴァンとカラックスによるもので、カラオケ・ヴァージョンもあるので書き起こされているが、意味は解読できていない。

なお、二〇〇一年のインタビューでカラックスが次のような発言をしているので、付記しておく。「これまでにミュージック・ビデオを二本撮ったことがある。それぞれ三〇〇〇フランかかった。ひとつはイギー・ポップ。もうひとつは最近撮ったものだが、ニュー・オーダーだ。ふたつとも断られた。一本目は女性器のあたりを撮っているからで、二本目は私の犬が勃起しているのが映っていたからだ[★02]」。

★01——Cf. Michael Shamberg (n. d.). *A Collection of Details*, from The New Order Discography: https://www.niagara.edu/neworder/video/collectiondetails.html#crystal

★02——Cf. Jacques Morice, « Leos ou les paradoxes », *art. cit.*

2006年｜マイ・ラスト・ミニッツ｜*My Last Minute*

二〇〇六年、ウィーン国際映画祭に一分間のトレイラーを依頼されて作ったもの。撮影はスーパー8。カラックスは舞台挨拶でも記者会見でもインタビューの場でもつねにタバコを手放さないが、そんな彼ならではの禁煙法。

タバコに火を付けるカラックス。バルバラの歌声が聞こえるなかパソコンに向かうと、「今夜、タバコをやめる」とタイプする。観客がどういうことかと思う間もなく、彼は引き出しから拳銃を取り出し、自分のこめかみに銃弾を撃ち込む。パソコンの画面は暗転し、すると小さな子供を捉えた8ミリとおぼしき映像が流れ出す。

本末転倒というならたしかにそのとおり。生から死へ。言葉から映像へ。デジタルからアナログへ。大人から子

［**日本未公開作品**］
［**原題**］My Last Minute
1分／スタンダード（1.37:1）／8mm／カラー／1997年
［**監督・出演**］レオス・カラックス

どもへ。ライターから拳銃へと火のもとが移っただけで、すべてが次々に転換していく。

2008年｜メルド｜*Merde*

カラックスは一九九九年の『ポーラX』以来、二〇〇一年にテレビ放映用に『ポーラX』のより長い別ヴァージョン『ピエール、あるいは曖昧なるものたち』を作り、その後はミュージック・ビデオ等のごく短い作品しか撮っていなかった。『TOKYO!』は、ミシェル・ゴンドリー監督『インテリア・デザイン』、レオス・カラックス監督『メルド』、ポン・ジュノ監督『シェイキング東京』の三本からなるオムニバス映画。劇場公開作としては、実に久しぶりのカラックス作品だった。

当時、カラックスは自身の企画を立ち上げることもできず、またフランスで、フランス語で撮ることにも関心を失っていたので、日本から来た注文を二つ返事で引き受けたという。「脚本を三週間で書き、二週間で撮影した」[★01]。下水道に住む怪物というアイデアを思いついたのは、この企画を持ちかけられる前のことで、ある日散歩をしているとき、下水道から出てきて通行人を皆殺しにしていく怪物というイメージが浮かび、『ポンヌフの恋人』以来会っていなかったが、すぐにこの怪物を演じられるのはドニ・ラヴァンしかいないと閃いた。それから二人で一緒に、衣装や髪型、髭、爪、歩き方などを練り上げていった[★02]。赤毛で片目、素肌にそのまま緑色のスーツを着て、裸足のまま大股で歩く。下水道に住み着き、一文字菊と紙幣を食して生きている。『メルド』は笑劇（ファルス）であり、怪物メルドはチャップリンが自ら演じて作り上げた〈チャーリー〉のように、現代社会や文明と齟齬をきたす存在なのだとカラックスはいう。ドニ・ラヴァンはそんなメルドは自分にぴったりの役で、まるで子どものころからずっとこのキャラクターを育ててきたようだと語る。芝居も即興劇も大道芸も曲芸も、自分がこれまでやってきた演劇と映画の経験がすべてあわさり、その結果生まれたような役だとのこと[★03]。

メルドが東京の街を闊歩する印象的なくだりは銀座の中央通り、手榴弾を投げて大暴れする場面は渋谷駅前の歩道橋、ともにゲリラ撮影だ。ゲリラ撮影ゆえ、撮影は一回きり、必然的に長回しが選ばれたと思うが、東京を知る者にはやはりにわかには信じがたい光景が捉えられている。銀座中央通りでは、車椅子に乗った撮影監督のキャロリーヌ・シャンプティエが手持ちでデジタル・カメラを構え、それをアシスタントが後ろに引いていくことで、低位置からの後退移動が実現されている。背景には『ゴジラ』のテーマ曲が流れているが、携帯電話のカメラで撮影する若い女性が逃げ切れずにメルドと対面することになったとき、カラックスは「キング・コングを前にしたフェイ・レイの身振り」を彼女に付けさせている。メルドはゴジラやキング・コングに並ぶ怪物なのである。

『メルド』のなによりの特徴は、メルドというキャラクターのために、メルドゴンという人工言語を作り上げていることだ。カラックスは語彙集まで作ったというから、何らかの規則があって、単語を組み合わせて文章が作られるようなかたちになっているのかもしれないが、理解できるのはカラックスとラヴァンの二人だけのようだ。また口頭で発される言葉だけでなく、爪で歯をつつく、頬をたたく、手のひらに唾を吐きかけるなどの身振りが繰り返されるため、身振りも言語の一部をなすのがメルドゴンの言語的特徴ではないか

[日本公開題] TOKYO!〈メルド〉(オムニバス映画『TOKYO!』)
[原題] Merde
39分/アメリカン・ヴィスタ(1:1.85)/HDV/カラー/2008年
[監督・脚本] レオス・カラックス **[制作プロダクション]** ユーロスペース **[製作]** 堀越謙三(エグゼキュティヴ・プロデューサー)、大野敦子(アソシエイト・プロデューサー)、金森保(ライン・プロデューサー) **[撮影]** キャロリーヌ・シャンプティエ **[美術]** 磯見俊裕 **[オファー]** 斉藤徹 **[録音]** 湯脇房雄 **[編集]** ネリー・ケティエ **[キャスティング]** 杉野剛 **[スタイリスト]** 小林美和子 **[ビューティー・ディレクター]** 柘植伊佐夫 **[メイクアップ]** 田沢麻利子 **[ヘア]** 巴山成美 **[特殊メイク]** 臼井則政 **[操演・特殊効果]** 羽鳥博幸 **[監督補]** 安田卓夫 **[チーフ助監督]** 野本史生 **[ロケーション統括]** 中村哲也 **[コーディネーター]** 松島和子 **[スチール]** 渡邊俊夫 **[メイキング]** 熊切和嘉
[出演] ドニ・ラヴァン、ジャン＝フランソワ・バルメール、石橋蓮司、北見敏之、嶋田久作、竹花梓、KaoRi、ジュリー・ドレフュス、児玉謙次、顔田顔彦

と思う。ミュージック・ビデオ『メルドへの賛歌』が生まれたのは、音と身振りの面白さをさらに開拓するためだろう。

　さて、『メルド』は最後に続篇『メルド・イン・USA』が予告されて終わるが、カラックスはドニ・ラヴァンとケイト・モス主演でニューヨークで『美女と野獣』を撮るという長篇の企画を準備していると（おそらくは冗談交じりに）語っていた。[★04] この企画が『ホーリー・モーターズ』の一篇へと変型していったのは明らかである。いや、そもそも『メルド』でドニ・ラヴァンと再会しなければ、『ホーリー・モーターズ』は企画すらされなかった。

★01——Cf. Philippe Azoury, « Entretien avec Leos Carax : Le film appartient à un très vieux genre, la farce », *Libération*, le 15 octobre 2008. Disponible sur : https://www.liberation.fr/cinema/2008/10/15/le-film-appartient-a-un-tres-vieux-genre-la-farce_115236/

★02——Cf. « Entretien avec Leos Carax », in DVD *Tokyo!*, MK2, 2009.

★03——Cf. « Entretien avec Denis Lavant », in DVD *Holy Motors*, Potemkine, 2012.

★04——Cf. Philippe Azoury, « Entretien avec Leos Carax », *art. cit.*

2009年｜裸の目｜*Naked Eyes*

　四十二人の監督による、夢をテーマにした四十二秒間の短篇を集めた『42 One Dream Rush』の一篇。撮影は『メルド』に続きキャロリーヌ・シャンプティエ。検索すればすぐに出てくるのでここでは名を挙げないが、数多のオムニバス映画との違いはまずは監督陣の豪華さとも言われている。カラックス篇の夢の内容はごく他愛ないものだ。あらたに引っ越してきた盲目の女性（ヘレナ・クリステンセン）に惹かれ、彼女を覗き見る一人の男。ついに一夜をともにしようというとき、彼女が裸になってみると、その乳首が瞳であることに男は気付く。「彼女は裸になったときだけ見ることができるのだ」。

［**日本未公開作品**］
［**原題**］Naked Eye
42秒／HDV／カラー／2009年
［**監督**］レオス・カラックス［**撮影**］キャロリーヌ・シャンプティエ
［**出演**］ヘレナ・クリステンセン

カラックスは二〇〇八年に目が胸の先端にある女性の夢を見たという話を語っているので、この掌篇はそこから発想されたものなのだろう。[★01] 彼は「視線というのはもっとも性的なもの、もっともエロティックなもの」だという。ここではヌードが男性の視線（メイル・ゲイズ）の対象であることをやめ、その反対に、視線を占有していると思い込む男性を見返すことになる。一見ふざけた掌篇ではあるが、裸体と階段と視線の組み合わせは『グラディーヴァ』に引き継がれるだろう。

★01 —— Cf. Philippe Azoury, « Entretien avec Leos Carax », *art. cit.*

2014年｜グラディーヴァ｜*Gradiva*

『グラディーヴァ』は、二〇一四年、セーヌ河岸に位置するギャラリー・グラディーヴァの開館に際して製作された二分間のクリップであり、同ギャラリーが所蔵するロダンの《考える人》をモチーフにと依頼されたもの。撮影は『メルド』『裸の目』『ホーリー・モーターズ』と続けて組んできたキャロリーヌ・シャンプティエ。女性と彫像とが会話を交わすという人を食ったような掌篇だが、前作『ホーリー・モーターズ』の問いを引き継ぐものと見える。車庫で会話を交わすリムジンたちを想起させる。

『ホーリー・モーターズ』で「身振りの美しさのため」に働いているというオスカー（ドニ・ラヴァン）は、「美は見る人の目に宿るというが」と返され、「では、誰も見る人がいなくなったときはどうだろうか」と自問していた。要するに、もし誰かの視線に依存しない身振りの美しさの探究が『ホーリー・モーターズ』を貫く問いなのだと考えるなら、そしてカラックスが『カメラを持った男』（一九二九、ジガ・ヴェルトフ）の構造を借り受けながら、主人公をカメラマンから俳優に変えたことを真面目に受け取ってみるなら、『グラディーヴァ』でも視線と俳優との関係に焦点が合わされているはずだ。

夜。「ここにいるわ」と言って階段をのぼり、ギャラリーの上階をめぐってバルコニーへと赴くヌードの女性（サラ・フォルヴェイユ）。そこにはロダンの《考える人》

が佇み、「もう限界だ」と嘆いている。「注目を引くためにここにいるだけなんだから」。客寄せパンダとされることへの不満を吐き出す彫刻を女性は優しく抱きしめる。

カラックスはここでいったい何をしているのか。ひとまずは、《考える人》に好奇な視線の餌食になることへの嫌悪感を表明させつつ、その身振りを「思い悩む」から「胸元に顔を埋める」へと変化させることだと思う。しかも、見方を変えると同じかたちでも違ったふうに見えるというようなことではない。彫刻であるかぎり固定されたままであるはずの身振りは、相手方との関係のなかで変化するのである。

他方、そもそもグラディーヴァとはラテン語で「歩く女」を意味し、「歩く」という身振りを体現する形象である。この裸婦がグラディーヴァを演じているなら、彼女もまたここでの《考える人》と同じく身振りを担う存在だということだ。一九〇七年にフロイトがヴィルヘルム・イェンゼンの小説『グラディーヴァ』を論じて以来、この小説はシュルレアリストたちに親しまれ、アンドレ・ブルトンが一九三七年に「グラディーヴァ」と名付けたギャラリーをオープンするのは広く知られるとおり。「グラディーヴァは神話を現実に近づける」と論じたのは『恋愛のディスクール・断章』のロラン・バルトだったが、彼女は「歩く」という身振りで男性を魅了し、その視線の対象となることを進んで引き受け、幻想を体現してみせたのだった。

カラックスのグラディーヴァももちろん「歩く女」ではある。だが、彼はここで《考える人》の身振りに変容を加えてみせたように、グラディーヴァをひとつの身振りのなかにとどめようとはしない。歩く女性の姿をかたどった古代のレリーフ《グラディーヴァ》はゆったりとしたドレープにまとわれており、従来グラディーヴァといえば襞に覆われた裸足の女性像と解されてきた。グラディーヴァは「ニンフ」の一人であり、そこにロイ・フラーのサーペンタイン・ダンスやサルペトリエール病院で研究されたヒステリー患者たちにも通じる、二〇世紀初頭の「情念定型」を見る論者もいるほどである。★01 それに対し、カラックス版の『グラディーヴァ』では一糸も纏わぬ裸婦が登場する。

女性が上階にのぼった瞬間、いささか唐突にステップを踏む足下のショットが挿入されて、それがレーモンド・カラスコの『グラディーヴァ・エスキスI』(一九七八)を思わせるのでふと気付かされたが、カラックスはある意味ではカラスコとはまったく逆のことを試みている。カラスコはステップを踏む足下のみを切り出し、それを速度を変えて何度も見せる。グラディーヴァをただひとつの身振りに還元することで、そこに潜在する豊かな可能性を汲み尽くそうとする。それに対し、カラックスはグラディーヴァに多くの身振り——「呼びかける」「階段をのぼる」「優しく声をかける」「タバコを吸う」「抱きしめる」など——を振り付けることで、彼女を「歩く女」であることから解放していく。あえていうなら、バルコニーに出て行くときの後ろ姿がもっとも造形的に整っている。『グラディーヴァ』というタイトルにもかかわらず、彼女はほとんどグラディーヴァではない。

女性と彫像の対話のあとに訪れるラストの場面では、女性の「準備できました」の声に続き、「カメラ！スタート！」という掛け声が聞こえる。つまり、二人のやりとりは撮影前の出来事である。おそらく彼女はこれからグラディーヴァとなるのだ。カメラという視線に晒されたとき、身振りの美しさはいったいどこに宿るのだろうか。そんな問いを残して、この掌篇は終わるわけだ。

[**日本未公開作品**]
[**原題**]Gradiva
2分／アメリカン・ヴィスタ(1:1.85)／カラー／2014年
[**監督**]レオス・カラックス[**制作会社**]アルカトラズ・フィルムス[**撮影**]キャロリーヌ・シャンプティエ[**編集**]イサベル・プリム[**録音**]エルワン・ケルザネ、フランソワ・ブーデ
[**出演**]サラ・フォルヴェイユ

★01——Cf. ジョルジュ・ディディ＝ユベルマン『ニンファ・モデルナ』森元庸介訳、平凡社、二〇一三年。岡田温司『フロイトのイタリア』平凡社、二〇〇八年。

第5章

レオス・カラックス——映画を彷徨うひと

映画と／の思考

Leos Carax

Le Vagabond du Cinéma

「撮る」ことの成熟、あるいはその理不尽な禁止について——『アネット』をめぐって

文＝蓮實重彦 HASUMI Shiguéhiko

みごとでありながらも、何やら不信感をもたらしかねぬ導入部について

黒地に白い文字で浮きあがるクレジットが始まると、レオスその人のものでしかありえないくぐもった声が、鑑賞にあたっての理不尽な禁止事項をあれこれ英語で述べたて始め、最後に、この作品の上映が終わるまで、いっさい呼吸などしてはならぬ（Breathing will not be tolerated during the show）と厳命したりするので、それならこちらのお手のものだから合点だ！とその挑発にあえて乗ってみせるふりなどしてうなずいたりしていると、共同製作者（co-producers）の名前が数人挙げられている画面——そこにはいつもの通りKenzo Horikoshiという名前も読める——から、あたりの背後に何やら管楽器のような音が〈Au Claire de la Lune（月の光に）〉を低く曖昧に奏でているので、そうか、これはまぎれもなくフランスに起源を持つ子供向けの題材を大人の視点から語ってみせる映画なのだろうとほぼ見当をつけはしたものの、あるいはその真逆で、大人向けの題材を子供の視点から語ろうとしているのかも知れないと思ったりもする。だが、ここではほとんどの台詞が英語で歌われ、その後、フランス語の曲が歌われることはいっさいない。

いったんクレジットがとぎれると、大きな交差点の際に立つ何やら白い円柱の見えるこれといった趣味もほどこさ

れてはいない殺風景で大きな建築物が電子的に赤く点滅したりするさまが画面に浮きあがり、メトロと呼ばれるLAならではの長くて何の味わいもないバスが通りすぎると、その建物を真正面から捉えた画像を見ているめっきりと白髪のきわだつレオス・カラックス——すでに還暦を過ぎているから、当然といえば当然なのだが——自身がミキシング・ルームにおさまりかえっている。透明なガラス越しにそれぞれの楽器を手にしながら音色をあわせあっているミュージシャンたちを視界におさめていると、彼は、やおら背後に控えている若い女性を呼びよせ、「さあ始めるぞ(On va commencer!)」、とフランス語で低く声をかける。

そのつぶやきは、この作品で耳にすることのできる唯一のフランス語の、かつ歌われることのない数少ない台詞の一つかもしれない、と見当をつける。ナスティアNastyaと呼ばれるその若い女性は、この作品が捧げられていることが最後の最後で明かされる女優カテリーナ・ゴルベワKaterina Golubevaの残したレオスの一人娘にほかなるまい。前世紀の最後に撮られた『ポーラX』(一九九九)に出演し、七年前の前作『ホーリー・モーターズ』(二〇一二)にも姿を見せていたロシア系のこの女優は、その後、無惨にも自死によって二人から遠ざかってしまっていたのだから、ある意味では、何とも痛ましさがきわだつ始まり方だといわねばなるまい。

やがて、正面に向き直ったレオスが、こんどは英語で《So, May We Start》とつぶやくように口にすると、それを受けるかたちでOriginal Storyの提供者でもありかつまたMusic composed by Sparksとクレジットされることにもなるラッセル・メイルが正面を向いて1、2、3、4と拍子を取ってから《So, May We Start》と晴れやかに歌い始め、伴奏のロン・メイルもそれに和してポップな雰囲気をあたりに行きわたらせているが、ある小節にさしかかったところで二人は大きなイヤホーンを耳からはずし、ラッセルは歩きながらマフラーを首に巻きつけ、ロンもまた脱いでいた背広をまとい、思いきり声を張り上げながらキャメラに向って近づいてくる。

二人が録音室を抜けだして狭い廊下をすり抜けると、薄グリーンの衣裳をまとったバック・コーラスの四人の女性歌手たちもそれに続き、玄関の奥の階段を二階から降りてきたアダム・ドライバーとマリオン・コティヤールとならかに合流して表に出ると、ともに歌いながら薄ぐらい車道を晴れがましげな身振りで横切り、照明の鮮やかさがました歩道をこちらに向けて進んでくる。ドライバーは漆黒の長髪を揺るがせており、コティヤールはといえば、おそらく自毛であるだろう暗い色の髪を肩まで垂らしてコーラスに和しているのだが、颯爽たるドライバーにくらべてみると、彼女の存在感はいささかの稀薄さにおさまっているといわざるをえない。

そのとき、Adam DriverとMarion Cottiardという文字が赤字でクレジットとして浮きあがりもするのだが、おそらくはハンディカムのキャメラが揺れの少ない後退移動でとらえ続けている画面にはサイモン・ヘルバーグが歩調をあわせて加わり、三人の俳優が腕を組んで歩行し続けていると、そこにSimon Helbergという赤い文字が几帳面にクレジットとして挿入され、なめらかな後退移動を持続しているキャメラはなおも楽天的なリズムで画面を支えながら、あえて意気込みをおさえさつつこちら向きに進んでくる陽気そうな複数の人影を、途切れることなくとらえ続けている。

たったいまキャメラの前で結成されたばかりのこの男女のグループは、几帳面に整列したりすることなく表通りに背を向けて脇道へと入りこみ、黒衣の合唱団めいた少年たちをも数人巻き込むかたちでひとまず動きを止め、前にいる大人たちが跪くような姿勢をとってなおも歌い続けていると、やや遅れたかたちで、大通りの向かいの歩道が遥かに望める構図のはしっこの右隅に、ソフト帽などかぶった監督のレオスとその娘のちっぽけな人影が姿を見せる。

それを目にするわたくしたちは、なるほど、ここでのレオス・カラックスは、監督でありながらもキャメラのこちら側に控えてはおらず、撮影監督のキャロリーヌ・シャンプティエに全幅の信頼を寄せているかのように構図におさまっているのだが、また、みずからが思いついた物語を語るのでもなく、十六歳のころから心酔していたというスパークスの二人組によって提案された筋書きの「原案」を発展させた物語のささやかな一員として、さして目だたぬ被写体となっていることにどうやら満足しきっているかに見える。もちろん、前作『ホーリー・モーターズ』での監督カラックスもまた画面に映ってはいたが、それは「眠る人」という役名を持つ特定の作中人物としてだったのだから、ここでの彼とは画面に映った存在の様態がまったく違っている。

おそらく、これまでの流れるような運動からひとまず停止を受け入れるこうした画面のすべての要素を統御しているのは撮影監督のキャロリーヌ・シャンプティエしかいまいと見当をつけるのだが、「サンタ・モニカの減税店」と大きく書かれているが故にどうやらサンタ・モニカとは無縁の土地ではなかろうと想像せてしまいかねない白い大きな建物の前で、アダム・ドライバーは与えられた緑色のブルーゾンをまとってバイクに跨がり、どこへともなく遠ざかって行く。ベージュのマントを受けとった長髪のマリオン・コティヤールもまた、それを羽織って大きな黒い車に乗り、逆方向へと姿を消す。以後、二人は、衣裳のグリーンとベージュという色彩にとり憑かれることになるだろうが、この段階で、それが確かな主題論的な統一におさまっ

『アネット』

ているかどうかは誰にもわからない。

そこまでのワンシーン・ワンショットによる流動的ながらも厳密なキャメラワークは、その抑えた躍動感さえ見せてもらえば掌編映画としてこれでもう充分だと呟きたくなるほど、充実した「始まり」の瞬間を楽天的にフィルムにまぶしこめているのだが、その素晴らしさに見あった漠たる不信感のようなものを見るものに感じさせてしまうのも、また確かだといわざるをえまい。それぞれ、自分の仕事場である二つの異なる劇場へと向かっているのだろう二人の男女を見送る仲間たちの群れには、なおもカラックス親子の姿がぼんやりと混じっていたりするのだから、ここでの監督は、「さあ、始めよう」という彼自身の言葉がメロディーとして口にされている楽天的なコーラスに同調するかのように、視界から遠ざかって行くヒロインを乗せた車を無邪気に見送っている。ほとんど無防備といってよいほどの主張のなさに身を委ねているここでの監督とその娘とのやや鮮明さを欠いたたたずまいが、なにやら居心地の悪さを画面に導き入れている。

そのとき、オートバイと自動車を見送っている者たちの《Bon Voyage》だの《Bye, Bye》だのといったごく散文的な別れの挨拶が響く画面が暗転し、三日月に少女の顔を重ねあわせたイラストが《Annette》という題名を表示することになるのだが、それにしても、これほど楽天的な男女の歌声と歩調とをワンシーンで捉えるショットに、監督とその一人娘までが素直に同調してしまってよいものだろうか。わたくしたちは、「始める」ことのこの陰翳を欠いた明るさ——夜であるにもかかわらず——に、ふと疑念を抱かざるをえない。どんなものとなるのかいまだ見当すらつきかねている『アネット』の物語を、これほど艶やかで流れるようなワンシーン・ワンショットの画面で始めてよいものだろうか。

『ホーリー・モーターズ』からほぼ十年後に撮られたレオス・カラックスの長篇第六作の『アネット』(二〇二一)は、二〇二一年のカンヌ国際映画祭のオープニング作品としてコンペティション部門に選出されて監督賞まで受賞してしまったのだが、この作品をめぐるその種のエピソードの指摘は、この際どうでもよろしい。わたくしにとって「どうでもよろしくない」ことはといえば、ここでの女優マリオン・コティヤールの画面における存在感の奇妙な稀薄さにほかならない。彼女が画面におさまるときの輪郭の曖昧さに、カラックスが満足していたとはとても思えないからである。初期の作品におけるジュリエット・ビノシュをはじめ、『ポーラX』におけるカテリーナ・ゴルベワにおいても、この種の演出と演技の行き違った感覚をいだくことはまずなかったのだから、これは決定的な事態だというほかはあるまい。

髪の悲劇――あるいは女優とそのヘアスタイルの自然さと不自然さをめぐって

この作品の撮影が始まるより遙か以前に、レオス・カラックスの新作がルーニー・マーラの主演で実現されるというニュースが伝わってきたものだが、ふとそれを聞いたとき、わたくしは、思わず、やったぞ！　と歓声をあげたものだ。デヴィット・フィンチャー監督の『ドラゴン・タトゥーの女』(二〇一一)の途方のないメイクやヘアスタイルもさることながら、デイヴィッド・ロウリー監督の注目すべき『セインツ　約束の果て』(二〇一三)や素晴らしい緊張感にみちた『A GHOST STORY／ア・ゴースト・ストーリー』(二〇一七)、さらにはトッド・ヘインズ監督の傑作というほかはない『キャロル』(二〇一五)などにおけるごとく、ごく普通の女としてただ黙ってキャメラにおさまっているだけで画面を引きしめる力を秘めたこの女優の巧まざる存在感に注目したに違いないレオス・カラックスの確かな眼力に、期待以上の思いを抱いていたからだ。

ところが、事態は思っても見ない方向に進んでしまう。他の作品の出演で拘束されたルーニー・マーラがカラックスの新作に出演できなくなったと聞いたときは思いきり失望したものだが、ミシェル・ウィリアムズがそれに代わったと知ったときも、これはよくない方向に事態が進行していはしまいかと、深い危惧の念に囚われたものだ。ところが彼女もまた出演不能となり、とうとうマリオン・コティヤールで撮影が始まったと聞いたときには、あらかじめいやな予感に囚われたものだ。あの凡庸きわまりないオリヴィエ・ダアン監督の『エディット・ピアフ〜愛の賛歌〜』(二〇〇七)の、誰が見ても空回りしているとしか思えない文字通りの大げさきわまりない熱演ぶりでオスカーの主演女優賞を獲得していようと、レオスにとってはあくまで三番目の選択肢でしかなかったこの女優は、ロバート・ゼメキス監督の『マリアンヌ』(二〇一六)でブラッド・ピットと競演したときはかろうじて女優としての存在感が垣間見れたが、ひたすら評判のよかったダルデンヌ兄弟の『サンドラの週末』(二〇一四)では空転していたし、ジェームズ・グレイの失敗作『エヴァの告白』(二〇一三)でも、キャメラの前で、撮られているという事態を超えた無言の存在感を画面のすみずみにまで行きわたらせたためしなど、一度としてなかったからである。

その予感は、不幸にして、『アネット』という題名に続く最初のショットによって証明されてしまう。ワンシーン・ワンショットによる導入部の最後でまとったベージュのコートで身をつつんでいるかにみえるマリオン・コティヤールは、足を組み、音をたてて林檎をかじりながら車の後部座席に身を落ちつけ、〈True Love Always Finds a Way〉を口ずさんでいるのだが、瓶から飲みものなどを口に含みながら彼女が歌うときに強調されるのは、第二小節の《But True Love Often Goes Asray》——「方向を見失いがちだ」と訳しておく——という怖れの意識でしかない。しかも、導入部ではその肩まで垂れていた暗い色の長髪は、ここでは、ごく短い赤毛へと変貌をとげている。この短髪への変化は、いったい何を意味しているのか。

なるほど、この女優は、林檎の赤さに導かれて「赤」の女へと変身しているのかと納得することも不可能ではないが、物語の状況として、彼女は前の画面の最後で遠ざかっていった車に乗っているはずだから、そこで見せていたあの長い褐色の髪からこのごく短い赤毛への変化は、かなり大胆なショットの不一致に監督が居直っていることを示している。ただ、問題は、長髪から短髪への変化だけではない。頭部の輪郭を隠そうともしないその髪は、うなじにかけての生えぎわの不揃いさによって、とうてい魅力的な短髪と呼べるものではないからだ。この女優は、これまでもそうだったが、ひたいとうなじの美しさというものを決定的に欠いているのである。

もちろん、ここで、『ドラゴン・タトゥーの女』のルーニー・マーラのような完璧すぎる奇態なヘアスタイルが求められているのではないと理解することはできる。ただ、このマリオン・コティヤールの場合、デヴィッド・フィンチャーによる『エイリアン3』(一九九二)のシガニー・ウィーバーのようなスキンヘッドではないにしても、ゴダールの『勝手にしやがれ』(一九六〇)におけるジーン・セバーグ――もとはといえば、オットー・プレミンジャー監督の『悲しみよこんにちは』(一九五八)のセシル・カットからきている――程度には短いのである。だが、見ているものは、『アネット』の主演女優がはたしてこの程度の粗雑なヘアスタイルでよいのかと思わずつぶやかざるをえない。乗っている車の窓が開けられていながら、その短い髪の生えぎわが微妙に風になびくというならともかく、ほとんど微動だにしていないのからだから、これは、女優の撮り方として、あまりに芸がなさすぎはしまいか。

もっとも、これはフィクションなのだから、前の画面の長髪から赤い短髪への変化などたやすく許されてもよかろうとは、まず誰もが思う。ところが、それと交互に示されているバイクに跨がるヘルメット姿のアダム・ドライバーは、ワンシーン・ワンショットの画面から姿を消したときとまったく同じ服装をしているのだから、そこで髪を肩まで垂らしていたコティヤールのここでの短い赤毛への変身は、やはり不自然といえば不自然だというほかはない。

ふたりはやがてそれぞれの劇場へと到着するのだが、緑色のフードつきのバスローブをまとった男の方はどうやら人気のスタンダップ・コメディアンのようで、ひたすら煙草を吸いながらバナナなどくわえ、やる気満々の気配をあたりに漂わせながら出番を待っている。他方、オペラ歌手の女の方はといえば、飾りの照明に縁取られたいかにも楽屋めいた鏡に映ったさまとして、あたかも呼吸を整えようとするかのように床に寝そべって舞台に立つことの不安を隠しきれずにいる。鏡の中には林檎と飲み物の瓶とが映っているので、それ以前の車の中の彼女とのショットとの几帳面な連鎖が計られているとはいえるが、鏡の手前には長い赤毛のウイッグが置かれているのだから、彼女は長い赤毛という人工的なヘアスタイルで舞台に立つだろうと誰もが理解する。

事実、事態はそのように推移するのだが、他方、男はといえば、緑のバスタオルをまとい、マイクを派手に振りまわしながら、満席の観客の拍手を受けとめ、オペラ歌手との愛の成就を観客たちに大げさに披露している。そのとき、長くて赤髪のウイッグをつけたオペラ歌手はといえば、コメディアンの説明の言葉につれてほとんど無言というに近いかたちで舞台装置をすり抜けてゆくさまが挿入されているにすぎず、最後の舞台挨拶も、劇場の最上階からのイメージでしかなく、鬘《かつら》であることが間違いない長い赤い髪がかろうじて見えているばかりだ。ともかくも、予告通り、赤い長髪は舞台上の扮装でしかなかったのだと誰もが納得することはするのだが、何やらしっくりこないものが残る。

男がバイクで迎えに行くと、短い赤髪に戻った彼女が劇場前でファンたちに囲まれ、サインなどせがまれている。上演のありさまを訊かれた男は、ああ、客たちを笑い殺してやったと自信ありげに吹聴する。わたくしは観客を救ってやったわという女の言葉に、ああ、舞台でみごとに死んでみせることによってだろうと応じる男の言葉は、彼が女のパフォーマンスをすでに何度も見ていることを伺わせる。だが、この愛しあう黒い長髪の男と短い赤毛の女とが、いったいどこで、またどのような姿態でラヴ・シーンを演じることになるのかが、気にならなくもない。

すると、そこでのレオス・カラックスは、ごく短いシーンながら、さすがに念のこもった簡潔な演出でみごとに乗り切ってみせる。二人してバイクにまたがり、〈We Love Each Other So Much〉をデュエットで歌いながら夜道を疾走するシーンを導入部として――行く手を照らすオートバイのランプが遙かに迂回して消えて行くまでをキャメラでじっと追っているのはさすがというほかはない——、自宅に戻った二人が抱擁するさまを、床に脱ぎすてられた下着を舐めるようにパンするキャメラがとらえ、やがて、素肌となったマリオン・コティヤールがベッドのはしから床に向けて頭をのけぞらせ、照明の薄さが肌の微妙な艶をきわだたせている乳房に手をそえ、あえぐように《We Love Each Other So Much》と歌うシーンには、さすがに目を見張るものがある。

その歌声につれていくぶんか上昇するキャメラが彼女の開かれた太腿の奥の裂け目に唇をよせているアダム・ドライバーを捉えると、彼もまた、そのあられもない姿勢を恥じる風情もみせることなく堂々と〈We Love Each Other So Much〉に和してみせる。そしてその抱擁は、全裸で横たわる二人の交合シーンで終わるのだが、それに続く男による女への振る舞いについては、ひとまず触れずにおく。ここで指摘しておくべきは、部屋の薄明かりによって、女の赤い短髪をほとんどそれと意識させない演出が最後まで維持されており、長髪の男と短髪の女とが素肌のままからだをからみあわせるという愛の交合としての不自然さを巧みに回避しているという演出上の細心さにつきている。

では、長くて赤いウイッグをつけて長髪となったオペラ歌手としての彼女が、舞台で華麗に歌うシーンが本格的に描かれることはないのか。ないはずもなかろうと誰もが思う。だが、それはピアノ伴奏者としてのサイモン・ヘルバーグの〈I'm an Accompanist〉というソロによって導入されることになり、本当のところは伴奏者ではなくオーケストラを指揮したいのだというひそかな思いを饒舌に歌いあげているので、大きな劇場が舞台となっていながら、いったんマリオン・コティヤールの存在を意識から遠ざけてしまいがちである。

はたして、それが物語の論理にかなっているかどうかはともかく、その後に、彼女自身による本格的なアリアの〈Aria(The Forest)[森]〉がようやくにして始まることになるのだが、舞台の正面から捉えられたその姿は、天井から垂れているベージュ色の何枚かの細い布の合間に小さくたよりなさげに揺れているにすぎない。ところが舞台の奥にいきなり登場する長方形に仕切られたスクリーンには、鬱蒼と生い茂る緑の森が垣間見られる。スリップをまとっただけのほとんど半裸の彼女は、その枠内の森へと躊躇なく足を踏みいれる。

そこには、蜘蛛の巣が網を張り、鹿の姿が見えたりするこんもりとした木々が立ち並んでおり――あと一つ、奇態な動物なり昆虫なりの登場があれば完璧だったろう――、そこでのコティヤールは、始めて本格的にソロでアリアを歌ってみせ、ひとまず見るものを魅了させはする。ただ、ここでも、赤毛のウイッグがその額を長方形に浮きあがらせるので、このプリマドンナに長髪の鬘は似合っていないという印象は拭いきれない。やがて、長方形の枠を通して遙かにオーケストラの指揮者や客席が見える枠の中に姿を消す彼女は、舞台上でみずからの死を演じてみせ、喝采を博する。長方形の枠をくぐり抜けるだけで自然の森と劇場の舞台装置とを無媒介的に通底させて見せるカラックスの空間設計はみごとというほかはない。ただ、それを舞台裏から無言で見ているアダム・ドライバーのクローズアップが、やがて訪れるこのオペラ歌手の世界的な大成功とスタンダップコメディアンの凋落とをあらかじめきわだたせ、何ごとかが起こりそうな予感をあたりに漂わせる。

では、女の短い赤髪はどうなってしまったのか。すでに触れたように、彼女は、まず赤い短髪のまま男に身をまかせ、おそらくはそのことで懐妊するという設定である。だから、彼女は同じ短い赤毛のまま出産することになるのだが、どう見ても人形であることが明らかなその赤子が成長するにつれて、その髪がみごとに生えそろって行くことを見おとしてはなるまい。そして、あるとき彼女はプールで泳ぎ、室内に戻って黄色のタオルをまとってその濡れた髪を乾かしながら、右側がやや長く頬まで垂れる濃い色の赤毛を得意げに振り乱し、部屋から部屋へと移動しながら鏡の前を通ったりして〈Girl from the Middle of Nowhere〉を口ずさむとき、レオス・カラックスは、初めて彼女はほぼ完璧な被写体として構図におさる権利を手にしたというかのように、ほとんどクローズアップに近い距離から、その姿態や、とりわけその自然そうにたわむ髪におおわれた素顔をキャメラに収めているのである。

それはまた、娘のアネットが初めて歩いた瞬間でもあり、そのさまに歓喜した母親は娘をプールぎわまで連れ出し、胸に抱いて思いきり振りまわすようにして、《Lalala》と歌い終える。すなわち、この瞬間、マリオン・コティヤールはその髪のごく自然な長さを回復し、赤毛のウイッグをまとってオペラの舞台で歌うときよりもより遙かに艶やかな髪の持ち主としてフィルムにおさまることになる。だが、不幸なことに、そのときスタンダップ・コメディアンとしての人気をすでに失っている夫の心は、すっかり妻から離れてしまっている。ごく自然で華やかな長さの髪を見出したとき、彼女は死によって歌う手段さえ失おうとしているのである。

そうか、これは短い赤毛の女が、なだらかなリズムでその髪の成長をおのれのものとする流れが追い求められているのだと、人は漸くにして理解する。実際、物語につれてその髪はごく自然なカールにおさまり、思いきり早い娘の成長に歓喜する姿を間近からキャメラに収めることにレオス・カラックスは大きな悦びを覚えているかに見えるのだから、導入部のごく短い赤毛は、なだらかな髪のたゆたいによって凌駕されるための口実でしかなかったのかと思わずにはいられない。だが、見ているものにとって、それはほとんど命を失うこととほぼ同じ振る舞いではなかろうか。

そう思わずにはいられないのは、風雨に弄ばされるクルーズ船の甲板で〈Let's Waltz in the Storm!〉を歌う瞬間の女の髪がかなりの長さに達していることで証明されている。実際、女は波間に姿を消し、男はそれを助けることすらできず、娘とともにボートで脱出してた岩場にたどりつく。妻の死は、意図的であるか否かはともかく、夫の無意識によるものであることは否定しがたい。海辺でうちひさがれた夫の前に姿を見せる女の亡霊の、全身をおおうように地面まで垂れるほど、そのからだをすっかりおおうほどに長くて房を帯びたぼさぼさの毛の不気味さはどうか。

実際、足元までを覆うほどの長い髪を垂らした女の亡霊は、後の夫の裁判中にも遙かな高みに姿を見せ、それを幻視しうる唯一の存在である男を脅えさせる。そうか、この作品の最初のショットに見ることのできた彼女の赤い短髪は、舞台上のあまり似合わぬ長い赤毛のウイッグもまた、溺死した彼女がまとうことになる亡霊としての乱れた長髪へと辿りつくための口実でしかなかったのかと、誰もが漸くにして思いあたる。それは、文字通りの「髪の悲劇」とも呼びうるこの作品の中心的な主題であり、レオス・カラックスは、ここでの男と女の宿命ともいうべきものを、最後の最後にいたって、初めて明らかにさせて見たのだろう。

ところで、マリオン・コティヤールが演じていたオペラ歌手がその命を喪ったとき、物語はまだ半分も語られていない。だが、見ているものは、彼女の視界からの想定を超えた早期の退場を、むしろほっとした思いで肯定したくなる。とはいえ、かりにルーニー・マーラが主演をつとめていたとするなら、これほど素早い女優の視界からの消滅を監督として構想していたかどうか、機会があればレオス・カラックスにぜひ訊ねてみたいと思う。

懲罰、または母親よりも遙かに巧みに歌を口ずさむ娘について

その後の物語の展開を詳しくたどるには及ぶまい。アネットと呼ばれる娘はマリオネットの人形によって体現されており、コンピューター・グラフィックで何でも可能なこの時代にあえて肢体の動きもたどたどしく、あくまで人工物でしかない点が強調されており、その赤い髪もまた亡き母親のウイッグのように不自然なびき方をしている。だが、その人形は驚くべき歌い手として世に知られることになり、母親の伴奏者だった男と組んで世界旅行に出て——「六本木」という地名さえ登場する——、各地で大成功をおさめる。だが、かつての伴奏者がオペラ歌手との仲を不意に告白したりするので、アネットが自分の真の娘であるかどうかに迷いを生じたアダム・ドライバーはサイモン・ヘルバーグをプールに落として殺してしまい、しかもその事実をアネットが数万人もの観衆の前で公言することになるので、彼は拘束される身となるしかない。

こうしてすべてが悲劇的な結末に向けて終息しようとするとき、レオス・カラックスは、遙かに都会を見おろす高

台に一匹の狼――山犬かも知れない――を登場させ、その咆哮ぶりを響かせて見せる。これは、『駅馬車』（一九三六）のクライマックスの前夜に一匹のハイエナを独立したショットに収め、その不吉な鳴き声を聞かせてみせたジョン・フォードの演出ぶりの再現であるはずだが、おそらく監督自身はその映画史的な関連を意識してはいまい。また、すでに触れておいたように、逮捕されたアダム・ドライバーはその裁判の過程でマリオン・コティヤールを幻視することになるのだが、そこには確かな順序が踏まれており、まず、短い赤髪の時期――性交から分娩まで――の彼女が登場し、それに続いて、長い毛を足首にまで垂らした幽霊としての彼女をまざまざと目にするのである。その上で、彼はあえて死刑になって果てることを裁判長に要求するのである。

それから、わたくしたちは、おそらくこの作品の驚くべきシークエンスに立ちあうことになる。さすがにカラックスだけのことはあるだの、映画史に記憶さるべき細部だの、心に浸みる挿話の展開だの、細部の演出のこまやかな創意だのといった言葉を受けつけようとはしない堅固なフィルムの表層そのものにじかに触れているかのようなわたくしたちは、痛みとともに画面に推移していることに同調しつつ、しかもそこから荒々しく排除されているかのように思うしかないのという事態が、不意に生起してしまうからだ。それは死刑の時が迫ったアダム・ドライバーのもとに、アネットが訊ねてくる場面にほかならない。

正直なことをいえば、ここまでくれば、アネットの人形から生身の少女への変貌がまぎれもなく見られるはずだと、誰もが薄々とながら予想していたのは確かである。だが、そこでは、あらゆる想像を超えた奇跡としか思えないまばゆい瞬間に誰もが立ちあうことになる。すなわち、《SILENCE》と大きく書かれた監獄の一室に、猿の縫いぐるみを手にした人形のアネットが警備員に抱かれて入ってくる。すっかり髪も短くなった赤の囚人服をまとったアダム・ドライバーが、アネット、お前は変わったねと声をかけると、それまでマリオネットの人形でしかなかったはずなのに、それこそがこの映画の求めるところだと確信しているかのように生きた人間の少女へと変貌しつくしているその娘もまた、そう、変わったでしょうと壁を背にして口ずさむ。そのさまに目を奪われるわたくしたちは、可憐さとも愛くるしさとも異なるその少女の、これこそが女優だというしかない繊細な顔立ちと、これしかないという役者ならではのおちつきはらった振る舞いに、なすすべもなく囚われるしかない。

実際、顔そのもののなだらかな輪郭といい、整いきった額の髪の生えぎわといい、鼻筋の通った顔立ちといい、乱れているようでみごとになびいている髪のほつれといい、どんな台詞もなまめかしくしかも明瞭に口にするその整いきった発話ぶりの快さといい、まさに絶品というほかはない。また、バストショットであれ、クローズアップであれ、これこそがまさしく映画における女の理想的な撮り方と誰もが納得しつつ、しかもその納得をそのつど崩しかねないほどの迫力をみなぎらせているここでの少女アネットは、ほぼ完璧な構図におさまってみせる。しかも、猿の縫いぐるみをのせたテーブルを前にして、こんなところにいれば、もう人殺しもできないわね《You can't kill here》と歌うのではなくそっと呟き、「ジョークだけど」といいそえてかすかに微笑んでみせたりする呼吸は、どうみてもその母親より確かな存在感におさまっている。

それを、間違っても、あたかも成人の女性のようだなどといってはならない。この作品の題名でもあるアネットとは、あくまでの少女でありながら、まるで父親を諭すかのように、《Now you have nothing to love.》というリフレインを口ずさみ、《Can't I love you Annette?》と口にして、事態の重要さをいまだ認識していそうもない彼に向かって、少女なりの結論を下してみせる。それは、懲罰に値する父親への、精一杯の親切心ともいうべきものなのだ。

それから、二人は。《Sympathy for the Abyss》を真摯に——ということは、それぞれがおのれのフィルム的な存在感にふさわしく、しかもそれを超えようとするかのように——歌いあう父と娘とは、これまでのアダム・ドライバーとマリオン・コティヤールのどのデュエットにもまして、いっそう呼吸がひとつであるかにみえる。ここで人間となった娘は、かつて人間でありいまは亡霊としてその夫に憑きまとっているなったその母親よりも、遙かに巧みに

——実際、ここで決して子供じみているわけではない内容の言葉を口ずさんでいるのは五歳のデヴィン・マクドウェルその人であり、母のように、カトリーヌ・トロットマンの声を必要としていない——メロディを口ずさむことができる存在だといわざるをえない。しかも、彼女は、《I'll never sing again / Shunning all lights at night, …》と繰り返し歌い、最後には《I'll never sing again /A vampire forever》と結論づける。

それに続くデュエットがこれまた素晴らしい。監視の職員が部屋に入ってきて、接触は禁じられていると注意するのを振り切って娘をかき抱き、《I sang these words to you》と父親は口ずさむ。すると、ほぼ同時に、《Can I forgive what you have done?》と娘が応じ、最後には《I must be strong》と胸を張るように口にするので、ひとりとり残された父親は、もう《Goodbye, Annette》と、何度も何度もつぶやくことしかできない。

スパークスの原案には無かったというこのラストシーンをあえて詳細に語って見せたのは、このシーンを撮る監督が、途方もない悦びとそれに見合ったとめどもない怖れとを抱いていたことが、あまりに明白だからである。映画作家としてのレオス・カラックスは、このシーンのためにこの作品を撮る宿命を担うしかなかったのである。つまり、漠とながらクレジット部分で耳にした〈月の光に〉のメロディにつれて、「大人向けの題材を子供の視点から語ろうとした」ものではないかと予想したこの作品は、文字通り、親が子に見捨てられる物語だったことに、いまにして気付くのである。

だが、ここで重要なのは、十六歳にしてレオス姓を名乗ることで両親を「見捨て」つつ遠ざかり、いまはほぼ同年齢の娘から「捨てられる」ことになりはしまいかと怖れているのかも知れない監督自身の個人的な体験とは、いっさい無縁のものだと思わねばなるまい。それは、映画作家その人が、みずから撮りつつある作品から「捨てられる」か否かという決死の賭が、ここでの真の問題だからである。

では、レオス・カラックスを名乗るこの孤独な映画作家は、その賭に勝ったのか、それとも負けたのか。その確証を誰にも与えることもないまま作品は暗転し、ごく事務的に断ちきられた画面連鎖が見るのもを置き去りにしながら、すでにクレジットが流れ始めている。ここで口にしうう確かなことといえば、「みごとでありながらも、何やら不信感をもたらしかねない導入部」のワンシーン・ワンショットのその「不信感」がどこから来ているかが、漸くにして明らかになったということにつきている。それは、『アネット』の物語を引き寄せるための集団的な人の流れにもかかわらず、「アネット」その人だけがそこから排除されていたという現実にほかならない。

そのとき、導入部の画面のかたすみにごく曖昧に娘とともに姿を見せていたレオス・カラックスの必死の企みが明らかになる。この俺は、あえて『アネット』を「アネット」のまったき不在のまま撮り始めることにするが、それは作品として決定的に間違っている。そう指摘しうる人間が、この世界にはたして何人いるか。

Photo Mari SHIMMURA

『アネット』とは、あえてそうした事態の推移にひそかに目を向けさせるために撮られた厄介きわまりない映画にほかならない。だが、映画とは、そもそもが厄介きわまりないできごと＝事件だったはずではないか。

レオス・カラックスと出逢いなおすための覚書

文＝藤井仁子《FUJII Jinshi》

1.

いかにも夭折しそうな雰囲気を漂わせつづけて、気がつけばレオス・カラックスは還暦を超えてしまった。死ぬ死ぬ詐欺もいいところである。だいたいこの人はなんで映画監督などやっているのか。なぜか上半身裸であることが多い昔の撮影現場の写真などを見ても周囲から監督と呼ばれているところがまるで想像できないわけで、ではその不健康に蒼白い痩身が何に見えるかというと反骨のロック・ミュージシャンというか、別に自分で歌ったり楽器を弾いたりしなくてもよいが、洋楽関係者といった感じだろう。つまり、いい歳をしてなお成熟を拒否するイタさをカッコよさであるかに錯覚させる魔法のかかった磁場の住人ということだ。シェキナベイベー。何しろロックンロールだからこの磁場にあって既成の価値観は顚倒する。ナルシシズム、自己破壊衝動、ストーカーまがいの純情趣味。ただの厨二病気質が無二の作家性に思えてくる不思議。庵野秀明じゃないんだから（ちなみにカラックスと庵野は一九六〇年生まれの同い年である）。

もはや記憶する人も少なかろうが、デビュー当時のカラックスは日本でリュック・ベッソン、ジャン＝ジャック・

ベネックスとともに「ヌーヴェル・ヌーヴェル・ヴァーグ」などと呼ばれていた。当時から恥ずかしい呼び名だったとはいえ、今思えばこれほど的外れなレッテルはないだろう。ほかの二人はたんにヌーヴェル・ヴァーグなど存在しなかったかのように反動的にふるまっただけだが、カラックスはそんな歴史の時間軸じたいを反故にして、いきなり地球に落ちてきたかのように降って湧いたのだから。そしていまだに彼は孤高のロック・ミュージシャンのような顔つきのまま、映画史のなかに安住の地を見つけられないでいる。よりによってゴダールと近づきになろうとして案の定冷たく放置された『ゴダールのリア王』(一九八七)でのさみしげな姿こそ象徴的であった。シャルナス・バルタスとは互いの映画に出演しあうほど仲が良いといわれても、それで何かの見取り図が浮かびあがるわけでは少しもないのだ。

ロック・ミュージシャンのような顔つきの映画作家といえば、同じ時期にデビューしたジム・ジャームッシュがいる。ともに最新作でアダム・ドライバーを共有している二人であるが、ジャームッシュのほうはデビュー当時から妙に落ちつきはらって大人っぽかった。大人っぽいというのは自分自身から適度な距離を保つ術を早くから心得ていたという意味である。その後もジャームッシュは多くの友人に囲まれ、一貫して映画と付かず離れずの健康な関係を維持しているように見える。『汚れた血』(一九八六)でジュリエット・ビノシュを夜ごと悩ます覗き屋を自ら演じ、窃視症的欲望を露悪的に作品中に書きこむようなカラックスの青臭さとは対極に位置しているのだ。早熟ぶりで世間を騒がせはしたものの、ことさらに自分を年齢以上に老けて見せようとする必死の努力こそガキの証でなくて何だろうか。

そんないつまでも変わらない印象のつきまとうカラックスではあるのだが、四十年間でたった六本の長篇しかないそのフィルモグラフィを今、順にたどりかえすとき、一貫性よりもはるかに変化のほうが際立つことには驚きを禁じえない。それも外的状況の変化に意外なほど柔軟に対応しての、創造的破壊ともいうべき合理的な自己革新のプロセスが見てとれるのである。そうと知ったところでカラックスの孤独がすっかり解消されるわけではないし、そもそもそうすることが望ましいとも思わないが、少なくとも彼が作家としてそれほど衝動的でも独善的でもなく、また映画の歴史的展開も彼に対してそれほど不実だったわけではないことがわかるだろう。

2.

まずは自分のスタイルを貫こうとする、妥協を知らない完全主義者というカラックスのイメージを棄てる必要がある。そうした彼のイメージを決定づけたものが、空前のスケールを誇るオープンセットでパリの街並みをそっくり再現した『ポンヌフの恋人』(一九九一)であったことは間違いない。誰もが完成を危ぶんだ三年にもわたる撮影期間とともに、その異例ずくめの製作の経緯が、カラックスをシュトロハイムやウェルズに連なる、呪われた誇大妄想狂的作家の系譜に位置づけてしまったのである。だが、鈴木布美子の詳細な取材があきらかにしたように[★01]、この作品の製作費と期間がこれほどまでに膨れあがったのは、ロケーション撮影の厳しい制約や主演俳優ドニ・ラヴァンの怪我といった紆余曲折を受けての偶発事にすぎなかった。それどころかカラックスは、もともとラヴァンとジュリエット・ビノシュ以外は本物の浮浪者を使い、現実のパリの路上で8ミリによるドキュメンタリー的な撮影を試みるつもりだったというのである。おそらくカラックスは、相次ぐトラブルを乗り越えて映画を完成させるにはこのやり方しかなかったと何食わぬ顔で断言するだろう。にわかには信じがたいことだが、『ポンヌフの恋人』は絶えず変化する外的状況に柔軟に対応しつづけた妥協の産物なのだ。完全主義からはほど遠いそうした作家の姿勢は、ビノシュの意見を容れて結末をハッピー・エンディングに書き換えたという、これまたにわかには信じがたい逸話にもあらわれている。

最初の長篇『ボーイ・ミーツ・ガール』(一九八三)におけるミレイユ・ペリエ、『汚れた血』と『ポンヌフの恋人』におけるビノシュと、そのときどきの実際の恋人に親密なキャメラを向けたいという原初的な欲望からすべてを始める公私混同ぶりは、永遠のアイドルだというジャン＝リュック・ゴダールよりはロジェ・ヴァディムあたりを連想させる。最初の三作の主人公に自分の本名に由来する「アレックス」という名をあたえた事実とともに（ミドル・ネームの「オスカー」は『ホーリー・モーターズ』［二〇一二］の主人公にあたえられている）、こうした楽屋事情は、カラックスの全作品を彼の自伝として読み解くように見る者を誘うだろう。しかし、ジョナサン・ローゼンバウムも注意を促しているとおり、カラックス作品は単純に作家の分身を主人公としているのではなく、さまざまな個人的言及が暗号化されて散りばめられているという点で重要なのだ。[★02]

本名のアナグラムから成る「レオス・カラックス」が本名か変名かと問われたとき、彼は「本当の変名だ」と答えたが、[★03]カラックスの関心事は現実を素材としながら真偽の区別が無効になるような場を開くことにある。俳優たちの息づかいを真にドキュメンタリーのようにキャメラに収めるためには、制約だらけの現実のパリではなく複製のパリに彼らを遊ばせる必要があったというように。そしてこのことは、現実を素材とする限りにおいて夢と

『ボーイ・ミーツ・ガール』

©THEO FILMS

類比されてきた映画にあって、むしろきわめて正統的な企てであるというべきだろう。

3.

一般に考えられているよりもはるかに協調的で柔軟なカラックスの姿勢に着目することで、常連スタッフとの共同作業も新たな角度から捉えなおすことができる。たとえば、アレックス三部作における撮影監督ジャン＝イヴ・エスコフィエの多大な貢献については広く知られていよう。[★04]それゆえに彼がキャメラを回した三本とそれ以降との断絶が強調されることにもなるのだが、虚心に画面を見つめるならば、いっそう興味深いのは第二作『汚れた血』と第三作『ポンヌフの恋人』のあいだに横たわる距離のほうではないか。一方、『ポンヌフの恋人』はエスコフィエと訣別しての第四作『ポーラX』（一九九九）と意外なほど連続しており、本格的なデジタル時代に突入してからの『ホーリー・モーターズ』と『アネット』（二〇二一）が再びゆるやかなかたちではあるが対を成している。六本の長篇を便宜的に二本ずつの対として捉えることにより、キャメラの動きと空間構成との関係においてカラックスがいかなる自己革新を遂げてきたかがはっきりするのだ。

最初の二本で目立っていたのは横移動の組織的な活用である。特に『汚れた血』でデヴィッド・ボウイの〈Modern Love（モダン・ラブ）〉にのせてドニ・ラヴァンが夜の街路をがむしゃらに疾走する際の横移動は、カラックスの代名詞というべきものだろう。従来この場面はラヴァンの傑出した身体能力と結びつけたかたちで、まるでミュージカルのダンス・ナンバーのように見られてきた。だがそうではないのだと最近のある研究はいう。もしもキャメラが走るラヴァンを後方から追ったり前方から後退移動で撮ったりしていれば、観客は主人公に対して抱く一体感と物語世界内の空間を移動する運動感覚の快楽とを短絡させてしまったことだろう。それに対して実際の画面では、右への横移動により背景の垂直線が高速で後方へと流れ去り、ついにはストロボのような点滅と化す。観客は、走るスピードが増すのを視覚的なリズムとして経験するというのだ。[★05] キャメラの動きと単純に同一視することのできない身体の運動を、フレーミングとの関係においてさまざまに探究している点が、カラックスの最初の二本を真に独特なものにしているのである。[★06]

『汚れた血』の横移動にはキャメラがラヴァンよりも先を走りすぎてしまい、彼をフレームの外に見失いかける危機的な瞬間さえ含まれているのだが[★07]、これに先立つ『ボーイ・ミーツ・ガール』では、ラヴァンが自分の恋人を寝取った親友と並んで夜のセーヌの川べりを横移動で歩きつづける。二人と併走していたキャメラはやはり一瞬、彼らをわずかに追い越してしまい、フレームの中心から少し左に外れたところでラヴァンはいきなり親友に殴りかかる。人物がフレームから切れそうになる一瞬の不安と、物語世界内での主人公の殺意の噴出とがほぼ同

『汚れた血』

©THEO FILMS

時に生じるのだ。この種の厳格なフレームへの意識は最初の二本に特有のものであり、特に『ボーイ・ミーツ・ガール』では前後のつながりが宙に吊られがちであることとも相俟って、個々のショットの自律性を強める結果となっている。★08

そして忘れがたい『汚れた血』のラスト・シーン。大きく両手を広げて疾走するビノシュは後退移動するキャメラによって前方から捉えられている。物語世界内の空間における人物の移動と運動の快楽とがはじめ安易に重ねあわされているように見えるのだが、いつしかキャメラは仰角となり、彼女をフレームの下方に押し下げることで背後の空の面積は大きくなり、コマ落としまで加わって画面は離陸する飛行機のイメージへと接近する。廃棄された戦闘機がキャメラの前進移動によって今にも離陸しようとしているかに見える『我等の生涯の最良の年』(一九四六)のクライマックスにも似て、フレーミングの変化が上昇と加速の感覚を産み出すのである。

4.

『ポンヌフの恋人』が主演の二人を再現された都市空間のなかで自由に遊ばせ、ドキュメンタリーのように撮ろうとした試みであることはすでに述べた。だからそれは、厳しい撮影規制を平然と無視して東京で撮られたのちの『メルド』(二〇〇八)と裏表の関係にあるのだが、この新たな試みとともに最初の二本に見られた強固なフレームへの意識は消える。革命記念日の花火を背にドニ・ラヴァンとジュリエット・ビノシュが橋の上で踊る場面を見れば、同じ横移動であっても前の二本と趣を大きく異にしていることがわかるだろう。ここでは人物が埋めこまれた環境を広く大きく捉えることが目指されているのだ。

代わりに本作でのカラックスの関心はモンタージュに移っているように見える。たとえば、街の人々を次々と薬で眠らせては金銭をくすねる喜劇的なモンタージュ・シークェンスを見ればよい。とりわけ目立つのは、洗練を拒んだ粗野なクロスカッティングの用法である。ラヴァンが車に脚を轢かれて倒れているところにビノシュが来あわせるまでの導入部といい、チェリストの恋人をドアの覗き穴越しに銃で撃ったビノシュが水をラッパ飲みするラヴァンのもとへと走って戻り瓶を奪って飲むまでのシークェンスといい、あらかじめゴールとなる合流地点を示したうえでのクロスカッティングがきわめて特徴的なのだ。終盤、刑を終えて出所したラヴァンとビノシュがクリスマス・イヴのポンヌフで再会する場面でさえそうなのだから、つまりこの作品は二人が本当に再会できるかどうかというようなサスペンスにははなから何の興味も持っていないことになる。反＝サスペンスの意志によって全篇が貫かれているのである。

人物が動きまわるさまをドキュメンタリーのように撮るとは、早い話が表も裏もなく四方八方どこからでも撮る可能性を担保するということだが、まさにここから『ポーラX』への展開が生じる。上流階級から浮浪者への自ら望んでの転落を扱う点で、本作の物語はちょうど前作と主人公の性別を入れ替えたものとなっている。ここでは開始早々、豪勢な庭園から城館の三階の窓までキャメラがクレーンで弧を描きながら大きく上昇し、眠るギヨーム・ドパルデューを戸の隙間から覗き見るまでが長回しで撮られている（撮影はエリック・ゴーティエ）。森のなかで姉だと名のる謎の女が主人公に東欧訛りで素性を語る場面では、『羅生門』（一九五〇）での名高い木こりの歩みのようにキャメラが人物の動線を跨ぎ、廃倉庫のシーンでも屋内を延々と浮遊した末にノイズ・ミュージックの集団が練習する地下を一息で真上から覗きこむという大胆なキャメラワークが見られる。ドパルデューが二挺の銃を奪って逃げる場面に至っては、この入り組んだ廃倉庫内の階段を上っているのか下りているのかさえ定かではない悪夢的な移動撮影が登場する。このように、『ポーラX』のキャメラは三次元的な実質をそなえた空間に埋めこまれたうえで、人称化しようのない動きに従事させられつづけるのである。これは、反＝バザン的に画面の奥行きを嫌いがちだった最初の二本とは著しい対照を成している。

5.

こうした実践は、重たく巨大な従来の撮影機材によっては不可能なものだっただろう。事実、『ポーラX』は前半を35ミリ、先述した森の場面と主人公が出奔して以降をスーパー16のブローアップで撮り分けられ、後者にはさらにデジタル処理が施されたという。この映画自身がフィルム時代の豊かさからデジタル時代のみすぼらしさに向けて頽落する構造になっているのである。主人公にとっても観客にとっても、直面すべき不快な現実が待ち受けているのが後半であることはいうまでもない。

かくして全面的にデジタル技術を受け容れた『ホーリー・モーターズ』と『アネット』が来る。キャロリーヌ・シャンプティエとのかつてなく安定して見える信頼関係にもとづくこの二本でも、三次元空間を自在に移動するキャメラが際立つ。だがデジタル機材の機動性とともに、もはやショットの境界は流麗な動きのなかへとほとんど溶解してしまったかのようだ。『ホーリー・モーターズ』では、怪人メルドとして墓地に出現したドニ・ラヴァンが狭い墓石のあいだをずんずん進むのを前方から後退移動の長回しで撮りつづけ、比較的広い道に出たところで停止して彼が通りすぎるのを待ち、今度は背後から追う。ラヴァンがアコーディオンを弾きつつ歌い、しだいに仲間が一人また一人と加わっていくミュージック・ビデオ風の幕間もまた自在な後退移動から成るが、これはみんなで歌いながらスタジオを飛び出して街に繰り出す『アネット』の前口上とよく似ている。

しかしながら、最近の二本を以前からより截然と区別することになるのは、確信犯的にあからさまな自己言及の要素であろう。この二本の冒頭では、カラックス自身が観客を映画中に導き入れる役回りで出演までしている。それだけではなく、『ホーリー・モーターズ』でモーション・キャプチャのスーツを着てランニングマシンで走るドニ・ラヴァンは、背景で後方に流れる垂直線からもあきらかなように、『汚れた血』の自分自身を再演させられているのだ。だが彼はもはやかつてのスピードに耐えられず、走り疲れて床の上に転がってしまう。以降も彼は、映画の終結に向けて鉛のような疲労を体内に蓄積させていくだろう。その疲れきった身体で、彼は二〇年前に愛しながらも別れた宿命の恋人と、ポンヌフのたもとに建つ閉鎖中のサマリテーヌの内部でひととき再会を果たすのである。カイリー・ミノーグが演じた元恋人の役は、当初はもちろんジュリエット・ビノシュにオファーされたのだという。

ミュージカルとして演出されたこのサマリテーヌの場面を直接受け継ぐようにして、ロック・ミュージカル仕立ての『アネット』が撮られることになる。現実にも父親となったカラックスは、その娘ナスティア・ゴルベワ・カラックスとともに前口上に俳優として加わっているのだが、物語じたいは娘の良き父親になりそこねる男の

『ホーリー・モーターズ』 ©THEO FILMS

話なのだから凄い。それでいてこの企画は、音楽を担当したスパークスからの完全な持ちこみなのである。したがって本当に驚くべきは、嫌でもそこに自分自身を重ねあわさざるをえないような他人の書いた脚本を、初めて引き受けるに至ったカラックスの側の変化であろう。

アダム・ドライバーが演じるスタンダップ・コメディアンの主人公は、マリオン・コティヤールのオペラ歌手と結ばれて女の子を授かる。アネットと名づけられた娘はすべて精巧なパペットによって演じられるが、この大胆な選択は、父親になりきれない主人公がわが子に抱く違和感の馬鹿馬鹿しいほどリテラルな表現ともなっている。[★09] 終盤、囚人となりやつれて無精髭を生やしたドライバーは心なしかカラックスそっくりに見え（『パターソン』［二〇一六］のときにはジャームッシュそっくりに見えたのだから、作家の色に染まりきることができるのはこの俳優の稀有な才能であろう）、親はなくとも子は育つという普遍的な真理を娘に突きつけられる。カラックスの映画にあって、見棄てられる男の自己憐憫ではなく見棄てる側の旅立ちの意志についに初めて力点が置かれたという事実に、素朴な感動をおぼえずにはいられない。

6.

予想外に他者に開かれたカラックスの仕事をこうしてたどりかえしてみると、結局彼は撮るたびに映画と一から出逢いなおしているのではないかと思えてくる。冒頭で述べたカラックスの映画史的な位置のあいまいさは、自己のスタイルに安住することのない、絶えざる創造的破壊の結果と考えるべきだろう。

自他ともに認めるように、カラックスを同世代の他の作家から決定的に隔てているのはサイレント映画への深い愛着である。カラックスは最初の長篇でミレイユ・ペリエを起用した理由について、リリアン・ギッシュやオラン・

ドゥマジのような現代にない別の時代の雰囲気を持っていたからだと説明したが、[★10]こんな台詞を今どきほかにどんな監督が口にしよう。サイレント時代の映画界で働いていた老人がパーティーの客として登場するその『ボーイ・ミーツ・ガール』では、トーキーではまず用いられることのないスーパーインポジション(二重焼付け)が活用され、人の話を立ち聞きするのにそのすぐ背後で棒立ちになっているといったトーキーでは不自然でしかない人物配置が見られる。何より『街の灯』(一九三一)の物語を下敷きにした『ポンヌフの恋人』をはじめとするチャップリンへの一貫した強いこだわり。メルドの過激な暴力性も、もっぱらスラップスティック・コメディの放浪紳士がトーキーの世界に迷いこんだことから来るものなのである。

カラックスのサイレント映画への執着は、こうした表面的な模倣にとどまるものではない。彼はすでに一九八〇年の時点で、トーキー映画における発話はいかにして可能なのかと問い、サイレント映画を介してその探究を続けているような作家だけが現代にあって重要だという意味のことを述べていた。[★11]したがってそこに懐古的なものは何もなく、いわんや『最後の戦い』(一九八三)でのリュック・ベッソンのように、あるべき台詞のたんなる不在としてサイレント映画を参照しているわけでは断じてない。停滞の危機に瀕した今日の映画を根底から問いなおすためにこそ、サイレント映画的なるものが召喚されているのである。[★12]『ポーラX』の冒頭に引用された『ハムレット』の台詞どおり、箍《たが》の外れた世の中を正すことがおのれに背負わされた因果だというのであろう。

こうしてカラックスは、撮るたびごとに映像と音声の関係を一から問いなおしてきた。『ボーイ・ミーツ・ガール』で際立っていたのは音源を同定できず浮遊する音声である。主人公が自分のもとを去った恋人の家に置き手紙をしに行く場面では、挿入前にペニスを湿らせる唾の量をめぐる男女のあられもない会話がオフで重なる。元恋人と親友との会話と推測されるが、これは同時性の表現なのか、それとも主人公の妄想にすぎないのか。あるいは、主人公がヘッドホンで音楽を聴きながら夜の街をさまよう場面。観客から見て手前、左肩に掛かっていたテープレコーダーは主人公が左に向かって歩く横移動のショットになると観客からは見えない右肩に突然移動してしまい、そのため流れているデヴィッド・ボウイが主人公がヘッドホンで聴いている曲なのか、それとも物語世界内の人物には聴く由もない劇伴なのかはもはや決定できなくなる。サイレント映画のパスティーシュが時折挿入される『汚れた血』では、無口な「おしゃべり」が腹話術を使って会話する。もちろん腹話術とは音声と映像の自然なつながりをいったん切り離し、別の仕方で再結合する技術にほかならない。この映像と音声との別の仕方での再結合が、以降の作品での焦点となる。『メルド』における意味不明の架空の言語を経て、『ホーリー・モーターズ』では人物が、『アネット』ではパペットまでもが平然と歌いはじめる。『ホーリー・モーターズ』の結末では、車庫に停められた何台ものリムジンのライトが暗闇に明滅し、声が重ねられてリムジンたちの会話が繰り広げられさえするのである。

カラックスに次があるとすれば、そこでも彼は間違いなくわれわれの予想を裏切ってくるだろう。撮るたびに映画との出逢いなおしが行なわれるのだから当然である。協調的な完全主義などというものが存在するのなら、「夭折者」が人の親となり、老境に至ったところで何も驚くにはあたるまい。われわれはただ、来るべきものとの出逢いなおしに向けた覚悟だけを決めていればよいはずだ。

——加藤幹郎の想い出に

★01——鈴木布美子『レオス・カラックス——映画の二十一世紀へ向けて』、筑摩書房、一九九二年、六九－一三七頁。

★02——Jonathan Rosenbaum, "The Problem with Poetry: Leos Carax," *Film Comment* 30, no. 3 (May-June 1994): 14.

★03——このインタビュー音声はカラックスをめぐるドキュメンタリー、『Mr. X』（二〇一四、テッサ・ルイーズ＝サロメ）のなかで聞くことができる。

★04——鈴木、四四－六八頁のインタビューなどを参照のこと。

★05——Jordan Schonig, *The Shape of Motion: Cinema and the Aesthetics of*

Movement (New York: Oxford University Press, 2022), 108-9.

★06——クレール・ドゥニの『美しき仕事』*Beau Travail*(一九九九)はドニ・ラヴァンによる危機的なダンスによって閉じられるが、ドゥニはただラヴァンの身体能力だけを信じてこれをほぼ固定の長回しで撮っている。ゆえに『汚れた血』の場合とはまったく異なり、破局的な身体表現をいたって安全に眺めるということが起こってしまう。

★07——加藤幹郎『鏡の迷路——映画分類学序説』、みすず書房、一九九三年、七六－八〇頁。

★08——エスコフィエと出逢う前に撮られたカラックス初の短篇『絞殺のブルース』*Strangulation Blues*(一九八〇)は、饒舌な独白やほとんど真っ暗な夜の室内など個性の片鱗を色濃く示しながらも、全体としてはヌーヴェル・ヴァーグの伝統に連なる作品で、フレーミングへの強度の意識などはいまだ見てとることができない。

★09——ロダンの「考える人」が生身の人間と共演する短篇『グラディーヴァ』*Gradiva*(二〇一四)は、後から振りかえると『アネット』のパペットを予告していたようにも見える(撮影は同じくシャンプティエ)。

★10——前掲『Mr. X』での発言。

★11——Leos Carax, "Semaine officielle et retrospective du cinéma polonaise," *Cahiers du cinéma* 307 (January 1980): 56.

★12——Christian Checa Bañuz, "Leos Carax," *Senses of Cinema* 41 (November 2006), http://www.sensesofcinema.com/2006/great-directors/carax/ (accessed February 11, 2022).

レオス・カラックスと「単なるイメージ」

文＝廣瀬純 HIROSE Jun

0.曖昧なもの

ハーマン・メルヴィルの『ピエール』(*Pierre; or, The Ambiguities*)には次のような一節がある。「千万の事物がピエールには未だ覆い隠されていた。古きミイラは幾重もの衣に包まれて埋葬されている。そのエジプト王の覆いを剥ぐには時間を要する。ところがピエールは、世界の最初の表面性の先を見始めただけで、何も重ねられていない実体に自分は到達したと愚かにも信じている。しかし、地質学者がこれまでに世界の奥に下りて行った限りで知られているのは、世界が幾重にも層をなした表面以外の何からも構成されてはいないということだ。その中枢に至るまで世界は表面に表面を重ね加えたものでしかない」。この小説を原作とする『ポーラX』(一九九九)をレオス・カラックスが撮ったのは必然だった。「幾重にも層をなした表面」としてしかあり得ない「実体」不在の世界こそ、長篇デビュー作『ボーイ・ミーツ・ガール』(一九八三)あるいはそれに先立って撮られた短篇『絞殺のブルース』(一九八〇)から最新作『アネット』(二〇二一)まで彼が一貫して問題にしているものだからだ。

たとえば、廃墟となったサマリテーヌの屋上で、オスカー氏(ドニ・ラヴァン)と別れたジーン(カイリー・ミノーグ)が、勾欄沿いにしばらく歩いた後に立ち止まり、外套を脱いでスチュワーデスの姿となり、短い金髪のウィッグも取って長い黒髪を露わにさせ、勾欄を乗り越えて今にも飛び降りる姿勢をとりながら、エヴァ・グレイスとして「ヘンリー、私はここにいるわ。来て、早く来て」という台詞を発するまでを追った『ホーリー・モーターズ』(二〇一二)での長回しに見出されるのは、文字通り「幾重もの衣」である。同じことは、レコーディングスタジオから歌いながら外に出てくるメイル兄弟とコーラス隊に俳優たちが合流し、ロサンゼルスの街路を合唱して行進した後に、俳優たちが各々衣替えをして登場人物の姿になるまでを追った『アネット』冒頭の長回しについても言えるだろう。あるいはまた、『アネット』のオペラ上演のシーンでも、舞台奥の壁を引き上げてその彼方に森を出現させるショットに続き、舞台の平坦な床から落ち葉に覆われた森の地面へと歌いながら踏み出していくアン(マリオン・コティヤール)を追ったショットが示される。ここでのアンは、「世界の奥に下りて行く」「地質学者」そのものだろう。『ホーリー・モーターズ』のホテル・レジーナでのシーンを想起してもいい。ヴォガン老人として死んだ男性がベッドから起き上がってオスカー氏に戻り、画面手前の犬の頭を撫でた後、老人の姪レアとしてベッドに蹲り続ける女性(エリーズ・ロモー)に名を訊ね、

『ホーリー・モーターズ』 ©THEO FILMS

「ありがとう、エリーズ」と言って部屋から出て行くまでを追ったそこでの長回しが示すのは、世界が「表面に表面を重ね加えたものでしかない」ということ以外の何であろうか。

レオス・カラックスは、一九八九年発表のラファエル・バッサンの有名な文章において、ジャン＝ジャック・ベネックス及びリュック・ベッソンと共に「ルックス映画(cinéma du look)」の旗手に位置付けられることになるが、[★01]これに先立ってセルジュ・ダネーは、『汚れた血』公開時に同作を論じた文章で既に、彼について、「長く耳目を集めてきたゴダールの短文〝正しいイメージではなく、単なるイメージだ〟を継承する者のひとりである」と指摘している。[★02]カラックスは、「単なるイメージ」、「ルックス」、「表面」、あるいはさらに、アドリアン・マルティンとクリスティーナ・アルバレスが(「正しいイメージ」を遮蔽するものという意味合いで)これらに付け加える表現を用いれば、「壁」の映画監督である。[★03]問題は、BBC(ベネックス、ベッソン、カラックス)間で「ルックス」の扱いが異なるのと同様に、カラックスのフィルモグラフィにおいても、「単なるイメージ」だけから構成された世界へのアプローチが作品ごとに異なるという点にある。たとえば、『ポーラX』の場合には、「実体」すなわち「正しいイメージ」の希求者が主人公に据えられることで、本稿冒頭に引いた箇所に直ちに続くメルヴィルの次のような一節に見出されるのと同種の運動が作品全体を貫くことになる。「多大な労力を費やして我々はピラミッドの奥へと掘り進む。酷い手探りで何とか中央の部屋に達する。歓喜と共に棺を見付ける。しかし、蓋を持ち上げると、そこには如何なる遺骸もない」。つまり、『ポーラX』では、つねに画面外にとどまる「古きミイラ」への駆り立てが、「衣」を一枚一枚剥いでいく運動、「［世界の］中枢に至るまで」表面を連鎖させる運動を産出しているのである。しかし、『絞殺のブルース』や『無題』(一九九七)、『メルド』(二〇〇八)等の短篇も含めたカラックスの他の作品において、画面外へと抑圧された「エジプト王」がその代替として「曖昧なもの(ambiguities)」を画面内に送り込み続けるといった『ポーラX』の神経症的運動を反復するものは一つもない。原作での彼と同様、『ポーラX』の主人公ピエール(ギヨーム・ドパルデュー)は、それ自体「曖昧な」存在であるイザベル(カテリーナ・ゴルベワ)に導かれて「世界の最初の表面性」(眼前に最初に現れていた「イメージ」)を越えただけで、「何も重ねられていない実体に自分は到達したと愚かにも信じて」しまう。しかし、ピエールのこの「愚かさ」を共有する登場人物は、『ポーラX』の後にも先にも、カラックス映画には一人も登場しない。先行する長篇三作に主演したドニ・ラヴァンではなくギヨーム・ドパルデューが『ポーラX』で起用されたのは、おそらく、神経症とそれに付随する「愚かさ」とを体現できる身体性を具えた俳優が求められたからだろう。

1. 所有

『ボーイ・ミーツ・ガール』は、まさに「曖昧な」と形容する他ない一つの「単なるイメージ」から始まる。輪郭の定まらない幾つかの歪な光の斑点が黒画面に浮かんでいる。これに続く一連のショットは、確かに、その「正しいイメージ」を探すものだと言っていいかもしれない。まず、屋内の低い位置からの固定ショットが、画面右半分に閉ざされた木製扉を、左半分にくっきりと白く輝く大小の星の鏤められた黒壁を映し出す。あたかも、冒頭のぼやけた斑点がゲシュタルトを回復するかのようだが、しかし、そう信じることの「愚かさ」が、黒味の挿入に続く手持ちの長回しショットによって突き付けられる。同ショットでは、まず、暗闇の中、画面中央に縦に並んだ光の粒が示され、次いで、そこに弱い照明が当てられ、それらの光が数珠玉の球面に差し込んだものだったことが明かされる。その直後から右に移動し始めるカメラは、夜の川面の光の反射を画面一杯に映し出し、次いで、その光源を画面奥に停泊したボートの側面に並んだライトの放つ強い光に見出す。大きな揺れを伴って右移動を続けるカメラは、さらに、やはり強く光るライトを側面に等間隔に配置した別のボートが波を立てて通過するのを捉え、画面のよりいっそう奥に位置する建物の明かりの灯った幾つかの窓を小さく示して終わる。長回しが継起させるこれらの光は、そのどれもが、作品冒頭の光の斑点の正体すなわち「正しいイメージ」であるかもしれないものとして登場するが、その度に直ちに、後続する別の光によって「単なるイメージ」(仮象)でしかないものに位置付けられる。そのようにして、「正しいイメージ」の到来への期待の一切が、作品開始早々に、たった一つの長回しショットによって一掃されるのだ。反対に、そこで産出されているのは、冒頭の斑点も含む「単なるイメージ」同士の純粋に光学的な(あるいは、純粋に「ルックス」上の)共鳴関係であり、長回しに続くショットで示される自動車のヘッドライトの光もまた、この関係の中で、先行する他の光と響き合うことになる。

光のこの連鎖は、その後の作品展開でその主たる構成原理をなすことになる「ザッピング」のロジックを体現するものでもある。実際、『ボーイ・ミーツ・ガール』では、一つのシーンから別のシーンへの移行も、シーン内での一つの要素から別の要素への移行も、ザッピングの原理に従ってなされる。夜のパリでのアレックス(ドニ・ラヴァン)の彷徨は、互いに無関係で各々自律的な多様なシーンを数珠繋ぎにしていく。パーティのシーンの冒頭では、ヘレン(キャロル・ブルックス)がアレックスに対して行う説明と共に、パーティ参加者が一人ずつ画面のやや奥に示される。パーティの行われているヘレンのアパート内には幾つものドアが設けられているが、それらもまた、その一つひとつが、独立した光景を背後に隠したものとしてある。そうしたドアの一つを開けた先に唐突に出現する幼児たちの群れ集う部屋で、アレックスは、ひとりの幼児に対していないいないばあをしてみせるが、この振る舞いもまた、ザッピングの秩序に属することは、その直後に彼がテレビを点けて文字通りのザッピングを行うことからも、確認できるだろう。

ザッピングとは、「正しいイメージ」への到達を求めることなく、ひたすら一つの「単なるイメージ」から別の「単なるイメージ」への移行を続けることに他ならない。『ボーイ・ミーツ・ガール』を支配するのは「〝既に見た〟が〝未だ経験していない〟世界を彷徨うことの恐ろしさ」だとダネーは論じている。[★04] その後のカラックス諸作で同じ俳優によって演じられる他の登場人物たちの場合とは異なり、『ボーイ・ミーツ・ガール』の主人公にとっては、いないいないばあをする箇所を例外として、「単なるイメージ」は、自分で創出するものとしてではなく、あくまでも、眼前に与えられるものとしてある。彼は、しかし、おのれから多かれ少なかれ隔たった場に そうして現れる「単なるイメージ」をただ見るだけではない。自分の元に手繰り寄せようともする。所有あるいは領土化によって「恐ろしさ」を解消しようとすると言ってもいい。その手段となるのは音声であり、だからこそ彼は、見る人であると同時に、語る人でもある。建物の入り口に立ってインターフォンで話している男性を見るアレックスは、眼前のその「イメージ」を自分のものにするために男性の発話を自分の声で吹き替える。「イメージ」を自分の領土とするためにアレックスが用いる音声は言葉だけではない。セーヌに架かる橋の上で抱擁し合う男女を見るアレックスをその「イメージ」の所有へと導くのは、彼がヘッドフォンで聴いているデイヴィッド・ボウイの〈When I Live My Dream(僕の夢がかなう時)〉の響きである。

音声を覆い被せることで「イメージ」を領土化するという

『ボーイ・ミーツ・ガール』

©THEO FILMS

アレックスの試みは、ミレイユ(ミレイユ・ペリエ)の顔面(「表面」としての顔)を対象したプロセスの中でその頂点に達するだろう。同プロセスの起点となるのは、手話で語る老人とそれを音声言語に逐次翻訳する女性との間に挟まれて座ったアレックスと、別の場所に座って他の女性と話しているミレイユとの切り返しである。ここでのアレックスは、自らの身を置くショット内で余所者にとどまっている。映像(手話)と音声(翻訳)との強固な結び付きが、映像に別の音声を被せる隙を微塵たりとも彼に与えないからだ。このことがまた、ミレイユの顔面についても、それを所有することからのみならず、それを十全に見ることからすらもアレックスを遠ざける。切り返しショット内の彼女はハンカチで顔を半分隠してしまう。作品終盤で、アレックスは、ミレイユと横並びに座って同一ショットに収まった後に、至近距離でミレイユと対面し合うに至る。そこでの彼はもう口だけの存在になっている。そして、強い光で照らし出された彼女の顔面に真正面から機関銃のように言葉を浴びせかけ、それを何としてでも自分の領土にしようとするのだ。

2. 生産

『ボーイ・ミーツ・ガール』以外のすべてのカラックス作品の主人公は労働者である。また、「正しいイメージ」を見出してそれを原稿用紙に定着させることに存する『ポーラX』のピエールのそれ以外、どの主人公の労働も「単なるイメージ」の生産に存している。『汚れた血』のアレックス(ドニ・ラヴァン)は奇術師、『ポンヌフの恋人』のアレックス(同上)は火吹き大道芸人、『ホーリー・モーターズ』のオスカー氏は一種の俳優、『アネット』のヘンリー(アダム・ドライバー)はスタンダップ・コメディアン、アンはソプラノ・オペラ歌手だ。もっとも、『ポーラX』の作家も、「正しいイメージ」への到達を目指す中で、しかし現実には、ひたすら「単なるイメージ」を生産することとなる(たとえば、匿名ベストセラー作家の正体を明かすTV番組に出演した彼は、「偽者」であるかのようにしか振る舞えない)。要するに、『汚れた血』以後のカラックス映画では、「単なるイメージ」は与えられるものではなく、創り出されるべきものとなり、これに伴ってまた、登場人物たちは、見る目と語る口という二器官への還元から解放され、路上に駐められたフォルクスワーゲンをひっくり返すアレックスを捉えた『汚れた血』でのロングショットなどで誰の目にもはっきりと宣言されているように、その全身体において存在するようになる。

『汚れた血』でアレックスがアンナ(ジュリエット・ビノシュ)に「りんごの技」なる奇術を披露するシーンを論じたアラン・フィリッポンの次の一節は、同シーンの正確な記憶に基づくものではないが、だからこそいっそう事態を的確に把握したものとなっている。「アレックスがりんごを空中すなわち画面外に投げると、ネギが落ちてくる。りんごはショットだ。一つのショットを空中に投じたとき、如何なる別のショットが落ちてくる(そして直ぐに再び投じられる)のか」★05。このシーンにおいて、一つのショットを画面外に投じることで別のショットを画面上に落下させるというプロセスが字義通りに進行しているのは、むしろ、腹話術から「りんごの技」に至るまで、アレックスが新たな出し物をやってみせる度に、その切り返しショットとして挿入されるアンナの顔のクロースアップにおいてのことだろう。アレックスのショットに切り替わる度にアンナは画面外に投げ出されるが、彼女が画面に回帰する度に、その顔は別の色のナプキンで覆われている。二色の間、二つのクロースアップの間には、りんごとネギとの間にあるのと同じ飛躍がある。『ボーイ・ミーツ・ガール』では別々のシーン内に配置され互いに無関係だった二つのショット、すなわち、アレックスがいないいないばあをするショットとミレイユがハンカチで顔を隠すショットとが、『汚れた血』では切り返しによって併行関係に置かれ、各々「単なるイメージ」を産出するのである。

前作を構成していた要素の転用は音声についても指摘できる。『汚れた血』での言葉や音楽も、吹き替えの秩序に属すると言っていいが、領土化の手段ではもはやなく、「腹話術」すなわち奇術の一つとして機能することになる。

『ボーイ・ミーツ・ガール』での音声と映像との間の空隙は、領土化権力とそれに必然的に伴う抵抗の場としてあったが、『汚れた血』での同じ空隙は、内的独白（オフの声を映像内に回収し正当化する表象技法）についてすらその奇術性を際立たせることで、音声／映像の本源的切断を浮上させ、各々を「単なる」音声、「単なる」映像として呈示するものとなる。卓上でカードを目紛しく移動させる手を寄りで捉えた固定ショットに、賭博の口上を早口で繰り返すオフの声が重なる。画面内の手と画面外の声との連動において生み出されるのは、如何なる実体性もない「単なる」映像と、一切の意思から切り離された「単なる」言葉に他ならない。アレックスの疾走と〈Modern Love（モダン・ラブ）〉との重合も、橋の上の恋人たちと〈僕の夢がかなう時〉とのそれと同じではないだろう。活人画からモーション・ピクチュアへのそこでの一九世紀的移行においては、所有から生産への転換に伴ってまた、生産される「単なるイメージ」のその外部に位置していた身体が、「ヒューマン・モーター」としてイメージ生産過程の中心に位置付け直されてもいる。共に上半身裸のアレックスとマルク（ミシェル・ピコリ）との格闘をガラス越しに観察するロングショットなど

『汚れた血』

も含め、エティエンヌ＝ジュール・マレーによって生理学に応用された連続写真が『汚れた血』(そして『ホーリー・モーターズ』)で重要な参照対象となっているのは、この意味でのことだ。

『汚れた血』の生理学は、エネルギー代謝だけでなく、タイトルにあるように血液循環もその射程に入れている。カラックスは、初めてカラーで撮った同作で、ダネーの挙げているものとは別のゴダールの有名な言葉、「血ではなく、赤だ」にも忠実に従っている。作品冒頭の地下鉄パスツール駅のプラットフォーム上での左へのトラヴェリングショットは、画面奥に小さな赤い点を見せることから始まり、同じ赤のより大きい広がりを捉えた後、左から入ってくる列車の車体に塗られた赤を画面一杯に示して終わる。この赤は、タイトルを挟んだ次のショットの出だしにやはり小さく示されることになる青や黄と共にその後、艶やかな黒からくすんだ白までのグラデイションを地としながら頻繁に画面に回帰してくることになるものだが、重要なのは、それが「血」のメタファーといった修辞機能を微塵たりとも担っていないという点だ。どんな外的な意味にも送り飛ばされず、ただそれとしてのみ存在し価値を有することになるような純粋に光学的な色彩は、『ホーリー・モーターズ』と『アネット』とを連続させる緑などにも見出されることになろう。赤を「単なる」赤としてしか示さない画面の一体どこに血はその可視性を得るのか。リーズ(ジュリー・デルピー)、アンナ、アレックス、しかしまた、マルク、ハンス(ハンス・メイヤー)の奇跡のように総じて若々しく薄い肌に透けて浮かび上がるのである。

3. 転写

『汚れた血』でアンナ／アレックスを演じたジュリエット・ビノシュとドニ・ラヴァンが『ポンヌフの恋人』(一九九一)

でミシェル／アレックスとして画面に回帰してくるとき、とりわけ驚かされるのは、彼らの肌の透明性が見事なまでに失われているという点だ。『ポンヌフの恋人』では、肌あるいは皮膚は「イメージ」が刻み付けられる表面になる。内が透ける表面から、外が書き込まれる表面へ。「イメージ」それ自体が既に「世界の表面性」であることに鑑みれば、それとは別のもう一つの表面、「イメージ」の刻印される平面としての表皮が、『ポンヌフの恋人』において新たに導入されると言ってもいい。たとえば、ラヴァン／ビノシュの切り返しは、『汚れた血』では、二系列の「りんごの技」(「イメージ」を産出する投擲)の並行だったが、『ポンヌフの恋人』では、表皮への「イメージ」の焼き付けとなる。夜の路上で火を吹くアレックスと、観衆に混じってそれを見るミシェルとの切り返しでは、前者のショットから噴射される炎が、計測不能な隔たりを越えて後者のショットに達し、その表面を焼き焦がす。シテ島の先端部でミシェルがアレックスの肖像画を描くシーンにおける二人の顔のクロースアップの切り返しでも、アレックスの顔面上で揺れる強い陽光の反射が、そっくりそのままミシェルの顔面に照り付け、ミシェルは両眼を手で覆い、失神して後ろに倒れるまでに至る。

画家は、「イメージ」を別の表面に刻み込む者である以上、必然的におのれの瞳も焼かれて失明する他ない。燃え上がる「イメージ」を生産する火吹き大道芸人であるアレックス自身の皮膚もまた、しかし、「イメージ」が刻印される平面としてあることは、夜のセバストポール大通りの車道中央で倒れ込む彼が自らおのれの顔面を路面に擦り付ける作品初盤のシーンで、直ちにはっきりと示される。『ポンヌフの恋人』のアレックスは自分の指をピストルで吹き飛ばすことになるが、これもまた、『汚れた血』のアレックスが掌に傷を負うことと同類の事態ではもはやないだろう。『汚れた血』で作品全体の構成原理をなしていた「りんごの技」は、一切の記憶を欠いているという点で、『ボーイ・ミーツ・ガール』の構成原理だったザッピングと連続していた。「イメージ」が書き込まれる平面の『ポンヌフの恋人』での導入を介して、カラックス映画は記憶を獲得する。『ポンヌフの恋人』では、絵画やデッサン、手紙なども、「イメージ」が刻印され記憶された表皮としてある。『ポーラX』のピエールが「正しいイメージ」の探求へとイザベルによって導かれることになるのも、イザベルが、その不在の「イメージ」の「曖昧な」痕跡としてピエールの眼前に立ち現れるからに他ならない。『ホーリー・モーターズ』では、登場人物たちによる「単なるイメージ」の生産は、同時に、過去の同じ「単なるイメージ」の再生産でもある。作品終盤で挿入される楽曲がジェラール・マンセの〈Revivre〉(「生き直す」の意)であることは、この意味で、必然だと言っていい。『ボーイ・ミーツ・ガール』についてダネーが「デジャヴュ(déjà-vu)」(既に観た／既視感)を語ったのは、同作の主人公の台詞に、アンリ・ベルクソンが「デジャヴュ」を定義する際に用いた「現在の回想(souvenir du présent)」という表現が含まれていたからだが、現在の「イメージ」がそれ自体の「回想」によって直ちに二重化される現象としての「デジャヴュ」が真に問題にされるには、『ホーリー・モーターズ』まで、あるいは、そこでの登場人物たちによる「身振りの美しさのため(pour la beauté du geste)」の労働、「単なるイメージ」を再＝生産する労働まで待たなければならない。

4. 市場

「身振りの美しさ」を語るオスカー氏に対して、赤痣の男(ミシェル・ピコリ)が「美しさは見る者の瞳の中にある」と言うと、オスカー氏は「では、もう誰も見なくなったら？」と問う。『ホーリー・モーターズ』の登場人物たちが生産する「単なるイメージ」を見る者は、実際、作中には一人もいない(作品冒頭の映画館の観客たちは彼らを包む暗闇によって盲目にされている)。『アネット』で新たに導入されるのはまさに、赤痣の男が理解する意味での「見る者」だ。『ホーリー・モーターズ』から『アネット』への移行において、「美しさ」の在処が、「身振り」それ自体と「見る者の瞳の中」とに二重化される。

カラックスのフィルモグラフィにおいて、『ホーリー・モーターズ』は、登場人物たちの生産する「イメージ」を資本制商品（その生産が資本によって組織されている商品）としてはっきりと示した最初の作品であると言っていい。『ボーイ・ミーツ・ガール』のタップダンサーも、『汚れた血』の奇術師も、『ポンヌフの恋人』の大道芸人も、さらにまた、本人の意に反して『ポーラX』の作家も、「単なるイメージ」を生産する労働者ではあったが、『ホーリー・モーターズ』の俳優たちとは異なり、彼らは賃労働者ではなく、その生産活動は資本主義社会の周縁で展開されていた（『汚れた血』でのミレイユ・ペリエによるチャップリン作品の複製を想起してもいい）。スタンダップコメディアンとオペラ歌手を主人公とする『アネット』は、彼らをはじめとした登場人物たちによるイメージ生産を資本の下に明確に位置付けるという点では、『ホーリー・モーターズ』と連続している。『ホーリー・モーターズ』と『アネット』との相違は、前者では、資本性商品としての「イメージ」のその使用価値（有用性によって決定される絶対的な価値）だけが問題にされたのに対して、後者では、それに加えて交換価値（市場によって決定される相対的な価値）も問題にされることになるという点にある。つまり、『アネット』では、「見る者」が、「イメージ」をその外部から価値付ける市場（マーケット）として導入され、個々の「イメージ」について、それ自身に内属する価値（使用価値）と「見る者」による価値付け（交換価値）とのテンションが組織されるようになるということだ。『アネット』での切り返しと『ホーリー・モーターズ』でのそれとの相違はここから生じる。『ホーリー・モーターズ』の「ランデヴー」のシーンでなされる切り返しは、セリーヌ（エディット・スコブ）が「混乱（confusion）」と呼ぶ事態を発生させるものだった。すなわち、どちらもオスカー氏によって演じられる二つの異なる役柄（リムジンから飛び出す赤い覆面をした人物／フーケッツのテラスに座る銀行家、地下倉庫で決闘するアレックス／テオ）の間での切り返しである。この切り返しは、どちらの役柄を演じているのが本当のすなわち「正しい」オスカー氏なのかという問題をその絶対的な決定不能性において立てることで、「単なるイメージ」の単なる性を極限にまで導く。他方、『アネット』にあって、舞台で演じるヘンリー・マクヘンリーと切り返しの関係に入るのは、客席を満たす彼の観衆すなわち「見る者」だ。この切り返しによって、あるいは、切り返しがなされない場合にはオフの声によって、ヘンリーのパフォーマンス、彼の産み出す「単なるイメージ」は、それを見る者の下す価値判断に絶えず晒されることになる。ヘンリーとアンの舞台外の生活は舞台上の彼らのパフォーマンスと地続きだが（「しかし、舞台はどこにあるのかと君は問う、外にあるのか、それとも内にあるのか」）、これもまた、定期的に作中に挿入されるTV芸能ニューズ・スポットによって価値付けられる。アネットのパフォーマンスも、その動画再生回数やワールド・ツアーの断片的ショットの継起によって価値が計測されることになるだろう。

『ホーリー・モーターズ』におけるリムジン内のシーンでの後部座席に座るオスカー氏と彼の正面に設置されたモニターに姿を現すセリーヌとの間の切り返しについても、その転用が『アネット』に見出せる。自動車の後部座席に横たわるアンを捉えたショットと、彼女の正面に設置されたモニターに映し出されたTVニューズ番組の一部として示される六人の女性を捉えたショットとの間の切り返しである。オスカー氏／セリーヌの切り返しは、科学的管理法が導入されて以降のどの企業にも見られるようなライン／スタッフ間の労務管理のそれだが、アン／女性たちの切り返しは、「単なるイメージ」の生産者とその「イメージ」が投じられるマーケットとの間のそれであり、女性たちは、ヘンリーから彼女たち自身が受けた暴力を告発することで、アンに対するヘンリーの「単なる」振る舞いを、糾弾す

『ホーリー・モーターズ』

©THEO FILMS

べき「暴力」として価値付ける。ヘンリーとアンとによって生産され、そこにアネットも人形として含まれていた一連の「単なるイメージ」の価値は、最終的には、生身の人間となったアネットによって決定されることになるだろう。人形から生身の人間への脱皮はアネットを「単なるイメージ」の外部に連れ出すが、その外部において彼女は、おのれの「正しいイメージ」あるいは「実体」を獲得するわけでは微塵もない。人形時代に彼女が前にしていた観客たちと同様の「見る者」すなわちマーケットとなるのであり、その資格においてこそ、ヘンリーとの最初で最後の切り返しに入っていくのである。

『ボーイ・ミーツ・ガール』の彷徨者も、『ポンヌフの恋人』の画家も「見る者」であり、彼らの経験についても、「美しさは見る者の瞳の中にある」と言い得るのかもしれない。彷徨者も、確かに、『アネット』の観客たちがそうするように、見るのと同時に語っていた。しかし、彼が語るのは、眼前の「イメージ」を価値付けるためではなく、それを自分のものにするためだった。彷徨者にとって、彼の出会う「単なるイメージ」は、それ自体で、所有するに値する「美しさ」を具えたものとしてあった。画家も、おのれの外部で生産される「イメージ」を見るという点では観客と同じだが、しかし、そうした「イメージ」が彼女の瞳を射抜いたのは、やはり、それ自体に揺るぎない「美しさ」あるいは力があったからに他ならない。ミシェルは、アレックスと共に、フランス革命二百周年祭の花火という「スペクタクル」（イメージ商品）にすら、彼らの皮膚を焼き焦がす力を見出していた。「自分の映画が、〝イメージ〟の転覆を主張しつつも、その転覆対象の内に吸収されてしまっているということを、レオス・カラックスは遂に自ら明かした[★06]」といった批判が、それまでカラックス映画を支持してきた人々からも『アネット』に向けられることになったのは、理解できぬことではない。外部からの価値付けとそれに伴う価値の相対化とを画面外に排除しておのれ自身の内的価値とその絶対性とを画面上に屹立させてきた「単なるイメージ」たちに対して、カラックスは、まさに、価値付ける権力としての「見る者」を差し向けたのだから。確かに、『アネット』では、面会室のドアの縦長の窓に収まった不動のヘンリーを真正面から捉えた後退ショットは、カメラをまっすぐに見たまま看守に抱かれて画面奥へと手を振りながら去ってゆくアネットを捉えた固定ショットとの切り返しに置かれることなしには、もはや挿入され得ない。しかし、ここで注意すべきは、前者のショットが、あくまでも、後者のショットに後続するものとして配置されているという点だ。ヘンリーのショットは、アネットのショットに対する切り返しとして画面に導入され、カメラの後退運動によってその切り返し関係が維持されもするが、しかし同時に、持続の内に一定の自律性を得ることにもなる。そのように画面経済を組織することで、カラックスは、「見る者」の下す価値判断によって隅々までべったりと覆い尽くされた「単なるイメージ」に、なおもそれ自身の絶対的価値を輝かせるチャンスを確保する。「単なるイメージ」それ自体の「美しさ」を探求するという『絞殺のブルース』からの一貫した試みは、価値付け権力との対峙においても継続されるのである。

★01——Raphaël Bassan, « Trois néobaroques français : Beineix, Besson, Carax, de *Diva* au *Grand Bleu* », *La Revue du cinéma*, n°449, mai 1989, p.44–50

★02——Serge Daney, « Sang neuf », *Libération*, 26 novembre 1986. *a Maison cinéma et le monde. 3. Les Années Libé. 1986–1991*, P.O.L., 2012に再録

★03——Adrian Martin y Cristina Álvarez López, "Pantalla y superficie, blando y duro: el cine de Leos Carax", *Transit: cine y otros desvíos*, noviembre 2013)

★04——Serge Daney, « Leos Carax, première fois », *Libération*, 17 mai 1984. *La Maison cinéma et le monde. 2. Les Années Libé. 1981–1985*, P.O.L., 2002に再録

★05——Alain Philippon, « Sur la terre comme au ciel », *Cahiers du cinéma*, n°389, novembre 1986

★06——Des Nouvelles du Front cinématographique, « Annette de Leos Carax : Mauvais chant », *Le Rayon vert*, 17 juillet 2021

歌うこと、産むこと

――『アネット』における虚実の際あるいは女性の身体について

文＝木下千花
KINOSHITA Chika

1. はじめに

スタンダップ・コメディアンのヘンリー(アダム・ドライバー)はオペラ歌手のアン(マリオン・コティヤール)と恋に落ち、二人はやがて結婚して娘のアネットが生まれる。しかし、賞賛を浴びつつ公演を続けるアンに対し、ヘンリーの人気は下降線を辿る。そんななか、家族三人が乗ったヨットが大嵐に見舞われ、酔ったヘンリーと争うなかでアンは海に転落して死亡する。幼いアネットが奇跡の歌声を持つことを発見したヘンリーは、アンに対する追慕の情絶ちがたき指揮者(サイモン・ヘルバーグ)とともに、「ベイビー・アネット」として世界的に売り出すが……。

レオス・カラックスの『アネット』(二〇二一)の梗概を右記のように辿ってみて気づくのは、この映画において最も特異な事象にまったく触れずに書けてしまうという驚くべき事実である。つまり、ヘンリーとアンの娘で本作の題名にもなっているアネットが人形であるという事実は、物語に一切関与しないのだ。いや、そもそもそれは「事実」なのか――などともったいぶるには及ぶまい。アネットは、フランスの人形師エステル・シャルリエとロミュアルド・コリネによって精巧に作られ動かされた人形である。仮にメディアやＳＮＳによる予備知識なしの無菌状態でこの映画に接したとしても、球体と思しき関節や軽い毛羽立ちが際立つ肌の質感によって、アナログな人工物であるということは画面上に明らかに視認できる。しかしながら、この画面上の事実は物語内の事実ではない。登場人物の誰もそのような事実認識をしないし、例えば「あら、アン、あなたの赤ちゃん、木製みたいだけど」とか、「ベイビー・アネットは結局のところベイビー、いや、人形です」といったような台詞としてそうした認識が他の人物や観客と共有されることもないからだ。ウィスキーのロックを片手に「ベイビーシッティング」していたヘンリーが、アネットの上に座って殺してしまい、外れた木製の脚がシーツの下からのぞいている、という「幻想」に慌てて目覚めるシーンが、こうした認識に最も近づく瞬間だろうか。★01

このように幻想と現実を平然と並置し、だからといって仕掛けを暴露してやったといきがったり、所詮はポストモダンの世に真実なんてないとシニックを気取ったりすることなく、しれっと虚実の際《きわ》のうえに居座り続ける態度には名前がある。シュルレアリスムである。古典的なお手本としてはルイス・ブニュエルの『欲望のあいまいな対象』(一九七七)を挙げられよう(何で二人の女優が平然とコンチータを演じているのか?)。エイドリアン・マーティンが『ホーリー・モーターズ』(二〇一二)についていみじくも述べているとおり、「我々は、この映画のなかで見聞きするほぼ全てのものの正確なステイタスを疑うよう、常に仕向けられているのだ★02」(強調は原著者)。ジョルジュ・フランジュにオマージュを捧げたこの作品以降、英語圏でもシュルレアリスムに言及してカラックスを語ることが一般化した。三十時間完徹してカンヌに辿りつき、『アネット』を見てツボにはまったというアメリカ人批評家は、この人形について、「幻覚をみているんじゃないよな、と再度自問せずにはいられなかった」という。★03

幻想と現実、虚実、あるいはパフォーマンスと日常のような異なる二領域を平然と並置し、かつその際――縁《へり》、縫い目、関節――をあっさりさらして隠蔽も露出もしないこと(そもそも隠蔽されていないものは露出できない)。映画『アネット』の感性=美学的な、そしておそらくは政治的でもある関心の中心はここに在る。本作においてとりわけ美しい幾つかのシークエンスがまさにこのような際を巡っているのはその証左である。例えば、アンが物語内現実のオペラ劇場でアリアを歌っていると、舞台奥の鉄の扉が開いてこれまた実景の森が広がるシークエンスである。植生からみて数シーン前に二人が実際に散歩していたカリフォルニアの森のようだが、暗く湿ったさまは『ポーラX』(一九九九)においてピエール(ギヨーム・ドパルデュー)が異母姉イザベル(カテリーナ・ゴルベワ)と踏み惑うノルマンディーの森をも想起させる。そこにスリップドレスの舞台衣裳で裸足のまま踏み入ったアンは、夫・ヘンリーに対する恐れを歌い上げ、再び舞台に戻ってくる。ここでは二つの異質の空間がグリーンバックの使用によって文字通り切り貼りされており、★04かつ、心理的な説明(アンの心象風景である)も超自然的な説明(舞台奥には「どこでもドア」があった)もなされていない。そして、このシークエンスが示すように、そもそもスパークスが作曲と脚本を担うミュージカルである本作においては、歌が、さらには「歌う」行為こそが、物語内現実の虚構性をまざまざと浮き彫りにし、それとまったく同時に、虚実の二領域間の自在な往来を可能にしているのである。

本論考は、このように虚実の際を『アネット』の中心的課題とする視座から、画面上の身体、とりわけ人形アネットと、歌い、産む女たるアンの身体を分析する。以下では、まず本作の音と身体性の関係を整

『アネット』

理したうえで、アンの出産シーンを注視することになる。

2. 声的身体

「すべてのトーキーは腹話術である」。リック・アルトマンは一九八〇年、映画音響研究の黎明期にこう喝破した。トーキー映画においては音と映像が同期しているように見えるが、その実、音と映像は異なるトラックに記録され、映画館においてスピーカーと映写機という別々の機械から発せられる。観客は音源不明の音には不安をかきたてられ、画面上に——音が声であれば、典型的には人間の動く唇に——音を繋留させる。このメカニズムは、自らの「腹」から声を出しながら、手にした人形を操ってその口から発せられているかのような幻想を生み出す腹話術師とまったく同じである。ここでは腹話術師の身体／スピーカーという真の音源が隠蔽されると同時に、人形／映像は音声によって補われる。腹話術師と人形さながらに、トーキー映画の音声と映像はまったく別々であることを隠しつつ、相互補完的な鏡像関係を結ぶことで、観客に統一感の幻想を与えるのである。★05

八〇年代から九〇年代初頭にかけての「政治的モダニズム」の季節にあって、アルトマンの論文は、発話する人物を写すトーキングヘッドが体現する主流映画における音と映像の関係を、それらの本来的に別々の起源、齟齬、装置を隠蔽するブルジョワ的表象の制度として告発するテーゼとして捉えられた。確かに、アルトマンの口吻にはそのようなところもないわけではない。しかし、今日になって読み返すと、そもそもサイレントとして始まった映画というメディウムにおいて音と映像が徹底して別々のものであることを明らかにしたうえで、それらを結合することで画面上にいわば「声的身体《ヴォカリックボディ》」を立ち上げるメカニズムを的確に素描していたことに瞠目させられる。「腹話術師」はかつてのような蔑称ではあるまい。サウンドスタディーズの泰斗スティーヴン・コナーは、腹話術の文化史とも呼べよう著作のイントロダクションで、アルトマンを引きつつ声的身体という概念を以下のように説明する。「声は身体によって生み出されるが、声はまた身体を生み出す。声的身体とは、ある種の代理のあるいは二次的な身体についての概念であり、夢、幻想、理想、神学の教義、あるいは幻覚の形を取りうる。このような身体は、身体を持つあるいは身体になる新しい方法の投影であり、声の自律した働きによって形成され、維持される」★06。つまり、腹話術とともにトーキー映画やアニメーションが声的身体の例であるが、声の強烈な身体化作用《エンボディメント》によって作られた身体イメージであれば、顕現のありようは多様である。アルトマンから四十年以上も経って「映画は腹話術だ！」と叫ぶだけでは、言ってみれば往年の「文楽は異化効果だ！」と同じ程度に雑駁で、個別のテクストを解きほぐす助けにはなるまい。本節が主眼とするのはミュージカル映画『アネット』が生み出す固有の声的身体についてつぶさに検討することである。

音と映像が二つのまったく別々の領域であることは、カラックスにとって決定的に重要であるように思われる。腹話術の比喩ですら決して突飛ではない。『汚れた血』(一九八六)のラストシーンでは、重傷を負って車のボンネットに横たわったアレックス(ドニ・ラヴァン)が、「内側から喋ることにするよ。そのほうが楽だから……」と口を閉じたまま、人形を欠いた腹話術師のように、かつての恋人であるリーズ(ジュリー・デルピー)に語りかけて言切れるのだから――「リーズ、リーズ、僕の小さなリーズ。涙をこらえてくれ。君が泣くのを見たくない。もうおしまいだ。いつの日か、僕らはすでに生きてしまったかのように……」。ミュージカルという形式を通して『アネット』が試みているのは、音と映像というまったく別の媒体を繋ぎ合わせ、その継ぎ目を白日のもとに曝しつつ、カラックスの映画のみに可能な新たな声的身体を生み出すことではないだろうか。

であれば、木偶人形がアネット役を演じることになったのは、たしかに月齢や年齢の異なる複数の赤ちゃんをキャストするのが至難の業であり、だからと言ってカラックスはＣＧもロボティクスも使いたくなかったからなのかも知れないが、[★07] 事後的にはむしろ美学的な必然であったと思われる。とはいえ、ここで二点確認しておくべき事項がある。第一に、暗闇で光に照らされたときアネットが発するのは歌詞を伴わないスキット的な歌（《Ahh ahhhh～》）であり、つまり言葉を欠いた声である。[★08] 従って、ここまでの立論において主要な柱としてきた腹話術師の「喋り」が生み出す声的身体とはいささか異なったモデルが要請されよう。ベビーベッドに立っているさまなどから判断するに、母を失い歌声を得たころの彼女はおそらく一歳半から二歳程度であって、ヘンリーや指揮者と一緒のときもベイビー・アネットとしての公演でも言葉を発することはない。しかし、彼女を完全に前言語的存在として規定してしまうのは躊躇われる。言葉を発さない多くの幼児と同様に、アネットはヘンリーや指揮者が語りかける言葉を理解し、そればかりではなくおそらく世界を言語によって分節化し始めている。そうであればこそ、スーパーボールならぬハイパーボールのハーフタイムに抜擢されたベイビー・アネットが、満場の観客のもとにドローンによって運ばれて金色に発光する三角錐の上に載せられスポットライトを浴びたとき、[★09] 彼女が発するのは皆が待ち焦がれた歌声ではなく、言葉、しかも三語ではあるが完全なセンテンスであった――「パパ……パパは人を殺すの（Daddy . . . Daddy kills people）」。自宅のプールサイドでヘンリーが指揮者を殺害するさまをアネットが目撃していた（あるいは聞いていた）可能性は、ヘンリー目線と思しき手ブレのロングショットが二階の彼女のベッドルームの円形窓を捉え、ブラインド越しではあるが明かりが灯っていることを見せることで示唆されていた。ハイパーボール・シーンにおいて、アネットはまさに歌声と引き換えに言語を獲得し、あるいは言語と引き換えに歌声を失い、しかし新たに声を意味作用の媒体＝乗り物とすることよって、父の暴力を公に告発する声《ヴォイス》となったのである。[★10]

第二に、しかし、右記のハイパーボール・シーンの発話は、おそらくはドローンに搭載されたテレビカメラからという設定で超ロングショットのなかに捉えられており、アネットの表情は到底視認できないため、いわゆるリップシンクは起こっていない点に注意を促したい。すでに述べたようにアネットはこのシーンまで言葉を発さず、口を動かすこともないので、腹話術的なイメージの身体化を促す磁力は音と映像の双方で弱いと言える。「魔法のような」「奇跡の」言葉なき歌声は木偶人形にきわめて抽象的な形で重ねられている。

そもそもこの歌声はどこから来るのだろうか。もちろん人形アネットの「内側」というのが一応の正解である。しかし、アネットが最初に「歌う」のは、ヨット上の事件の後、ヘンリーとともに救命用ボートで小島に漂着し、タオルに包まれて月光を浴びるシーンである。ヘンリーは疲労とおそらくは未だ残っているアルコールのため意識が混濁し、歌声には気づくもののそれがアネットから発しているという自らの推測を否定して横臥する。すると、アンの亡霊がJホラー調に——まずは影として、そして濡れた長い髪と伸びた爪のロングドレスの女として——登場し、ヘンリーの周りをゆっくりとへめぐりつつ歌う。《私はアネットを通してあなたの許に現れるわ、ヘンリー、あなたが生きている限り。あの子の声が私の幽霊になる(Her voice will be my ghost)》。この言葉をリテラルに解するなら、アネットの奇跡の歌声は彼女の「内側」に由来するのではなく、死んだ母の幽霊である。とはいえ、私はここで本作におけるベイビー・アネットの歌声がミシェル・シオンの言うところの「アクスメートル(acousmêtre)」だと主張しているわけではない。アクスメートルとは、映画のなかで聞こえるが、その音源が画面上に視覚化されないばかりではなく、物語世界内に必ずしも定位されない音、とりわけ声のことである。[★11] 例えば『サイコ』(一九六〇、アルフレッド・ヒッチコック)のラストシーンでノーマン・ベイツ(アンソニー・パーキンズ)の口から発せられる「母」の声のようなものだ。一方で、本稿の最初でも述べたように、『アネット』の物語世界においてベイビー・アネットの歌声が彼女から発せられていることを疑う登場人物はいない。

しかしながら、アネットには他者の声つまり母の幽霊の媒体《メディウム》＝霊媒として使われたという認識がある。服役中のヘンリーを訪れたアネットが父と言葉を交わすラストシーンにおいて、五歳ほどに成長したと思しきアネットは人間の少女によって演じられるようになり、デヴィン・マクドウェルが水際だった演技を見せる。刑務所はカラックス作品に頻出するセッティングであるが、とりわけ『ポンヌフの恋人』（一九九一）の面会シーンを想起させる。だが、アレックス（ドニ・ラヴァン）を訪れたミシェル（ジュリエット・ビノシュ）が愛を語るのに対し、アネットは父が彼女を愛する可能性さえも否定する。切り返しのなかで歌い出した父に対して、アネットは《私は二度と歌わない》、そのために灯りを避けてヴァンパイアのように暮らすのだ、と（ちなみに父娘が交わしているのは物語内では「歌」とはみなされない）。英語圏の映画評を読む限り、本作の主題はセレブリティで、父による幼い娘の搾取《エクスプロイテーション》を批判しており、ラストシーンを除いて娘の役を操り人形（puppet）が演じているのは、まさにこの主題を具現している、というあたりでコンセンサスが形成されている。

なんと言っても指揮者やヘンリーのような当事者、さらには物語内のメディア言説によってもベイビー・アネットの売り出しは搾取と呼ばれているのだから、この解釈の妥当性は疑いようがない。しかし、ラストシーンにおいて、歌声と引き換えに言葉を得たアネットは両親をともに《自分たちの目的のために私を使った、恥知らず》と難じており、驚くべきことに父ばかりではなく母にも厳しい。これにはヘンリーならずとも「アンを責めるな」と言いたくもなろう。アンはたしかにアネットを可愛がっていたし、何よりも彼女はヘンリーによる典型的なフェミサイドの犠牲者なのだから。だが、本当にそれだけだろうか。アネットは、《パパがしたことを許すかって？》に続けて、《そしてママを許すかって？　私はママの猛毒になったの（Her deadly poison I became）》と歌っている。つまりこういうことだろう。アンはアネットの木偶の身体を自らの幽霊＝声の依り代として使用し、「ベイビー・アネット」を激烈な毒薬として仕込んで夫の人格を骨の髄まで腐らせることで、みごと復讐を遂げたのである。人間として受肉し言語ばかりではなく身体化された声を獲得したアネットは、自らを依り代として道具化し支配した母の声にNoを突きつける。胎内にいるころから子供を包み、虚と実、彼岸と此岸を往還する「母の声」をめぐっては洗練された言説が重ねられてきたが★12、そこに充填されがちなロマンチックな牽引力の強さに鑑みれば、アネットの否の意味は大きい。

　このように、木偶人形としてのアネットとアンの幽霊たる言葉なき声からなる声的身体は、映像と音の間の齟齬、さらに言えば葛藤を隠蔽することなく並置していた。一方で、映画『アネット』全体を見渡すとき、アネット以外の、つまり人間の俳優によるミュージカルが生み出す声的身体は大きく異なっており、むしろアネットがその他の身体の陰画《ネガ》として機能しているとさえ言えるほどだ。

『アネット』は監督カラックスが原則として同時録音の方針を貫いた[★13]、極めて例外的なミュージカルである。周知のごとく、ハリウッドにおいては、一九二〇年代末の最初期を除き、ほとんどのミュージカル映画はプレスコを基本として、つまり歌と音楽を先に録音し、これに合わせてパフォーマンスを演出し映像を撮るという方法で作られてきた。ポストプロダクションの段階で、さらなる録音、サウンドライブラリーの利用、ミキシング、整音が行われ、音が作り込まれてゆくことは言うまでもない。ロケーション撮影現場では音を録っておくことが普通であり、その一部がここで使われることもあるだろう。一方で、フランス映画においては同時録音の伝統があり、思えばジャン・ルノワールが南カリフォルニアの地を踏む以前から、九十年の長きに亘って人工性とリアリズムをめぐる言説が重ねられてきた。『ホーリー・モーターズ』に続いて音響を担当したエルワン・ケルザネによれば、同作の「『ポンヌフの恋人』アポイントメント」において同時録音ミュージカルを成功させたカラックスにとって、『アネット』において同じアプローチを取るのは自然なことだったという。しかし、いや、だからこそ、リック・アルトマンを引用して始まった本節は、こう言い直そう。「同時録音だろうとフランス映画だろうと、すべてのトーキー映画は腹話術である」。たとえ撮影時に俳優が発話した台詞や歌を録音していてそれを使っても、そもそも映像と音声は別々の場所に記録され、再生される。それは光学録音でもデジタルでも変わらない。ポストプロダクションにおいて音声が作り込まれ整えられてゆくのは、同時録音の素材をメインにしても同じである。だからと言って同時録音が映画にまったく違いをもたらさないわけではない。音の微細な差異を聞き分ける能力を欠いた者としての限界を逆手に取り、仕切り直して提示する問いはこうである。『アネット』の同時録音は、どのような声的身体を――音声を、ではなく――この映画にもたらしたのか。

濱口竜介はアンドレ・バザンの演技論を引きながら以下のように書いている。

演技を撮ることはすなわち演劇を撮ることであり、書き言葉を口にすることから必然的に生じる不自然な「表現のあり方や描写のスタイル」と真向かいになることでしかない。この文章の書き手は「演技を撮影する」際の苦悩を想像と思考によって幾度となく追体験していると感じる。そのような理解はバザンが映画を一貫して「現実の記録」と見なし、撮られた映画から撮影現場の現実を再構築することによって得られたものだろう。バザンは映画内の「せりふ」を聞くことで、それを発する俳優の身体を見ることで、戯曲のテキストというそれ自体の複雑さを持つ「現実」を見出す。★14

ここで演劇のせりふについて指し示されている事態と同じことが、ひょっとするとさらに強烈な荒唐無稽さをもって、歌う身体においても生起しているだろう。つまり、同時録音は、おそらく完成した映画のサウンドトラックの質や肌理そのものに与える影響をひとまず棚上げしても、撮影現場において「歌っている俳優」の身体という現実を記録することを可能にする。すなわち、『アネット』においてとりわけ世界を震撼させたシークェンスを例に取るなら、同時録音という装置によって、森を散歩しながら、バイクに二人乗りしながら、さらにはベッドの上でクンニリングスをシミュレートしながら、《私たちはこんなに愛し合っている〜(We love each other so much ...)》と歌うアダム・ドライバーとマリオン・コティヤールの身体をキャメラで捉えることが可能になったのだ。実際、歌手としてもトレーニングを積んできたコティヤールは、仰向けでのけぞるといった無理な姿勢に対応することで声や息遣いが変わったのが得がたく興味深い経験だったと語っている。★15

木偶人形アネットが獲得する声的身体がポストプロダクションの効果によって立ち上がるファンタスマゴリアであるなら、コティヤールをはじめとした人間の俳優が生み出す声的身体は、同時録音という方法を通して、撮影の場の痕跡を刻み込んだ身体を素材としている。しかし、これら二種類の声的身体はともに「自然さ」からは果てしなく遠く、そこにもたらされる快楽は、白日のもとでいけしゃあしゃあと虚実の際をまさぐるシュルレアリスト的な行為によるものだ。次節では二種類の声的身体がリテラルに入れ子状になり、虚実、生死が媒介される場としてアン／コティヤールの出産シーンを分析する。

3. 性的身体

愛と家族を描くからといって、さらに言えば子供の誕生を描くからといって、商業的な物語映画に出産シーンが必須なわけではない。母親はいきなり赤ちゃんをベビーカーに入れて散歩していてもいいし、あるいは抱っこして退院してきてもいい。やはり身体的な臨場感が欲しいというのであれば、分娩《レイバー》＝労働に疲弊しつつ安堵感に満ち足りた母親が、横たわったまま新生児をはじめて胸の上に抱いて微笑む、あのショットさえ撮っておけばよいのだ（なお、これは必ずしも映画撮影やＳＮＳのためではなく、母親と新生児の結びつきを強める「早期母子接触」として世界の産科で推奨されている行為であり[★16]、『アネット』にももちろんある）。出産シーンをプロットに組み込み、それなりな手間暇と製作費、キャストをつぎ込んで撮影し、ある程度のスクリーンタイムをあてるには、明確な物語上の、あるいは美学的、政治的な理由が存在する。大まかに言って、少なくとも『アネット』と同程度に出産を描く商業映画は、妊娠・出産のプロセス自体が映画の主要テーマの一つである（『JUNO』［二〇〇七］『無ケーカクの命中男／ノックトアップ』［二〇〇七］『ROMA／ローマ』［二〇一八］『奥様は妊娠中』［二〇一九］）、出てくるのが化物である（『ローズマリーの赤ちゃん』〔一九六八〕『悪魔の赤ちゃん』〔一九七四〕『呪怨２ 劇場版』〔二〇〇三〕『イースタン・プロミス』〔二〇〇七〕『愛する人』〔二〇〇九〕）、のどれかに分類されるのではなかろうか。

木偶人形アネットについて論じたアメリカの批評は、赤ちゃん／子供役にロボティクスを使った『トワイライト・サーガ／ブレイキング・ドーンPart1』（二〇一一）に言及してこき下ろしたうえで『アネット』の実験性と対比させている。★17 とはいえ、映画としての格や質を棚上げにすれば、『アネット』においても、出産シーンが要請されるのは、生まれてくる子供と、父母となるカップルの関係がはらむ根源的な問題を照射するためであり、それは『ブレイキング・ドーン』と同じである（問題は「吸血鬼と人間の結合」というほどわかりやすいものではないとしても）。

『アネット』における妊娠・出産は、分娩室に先立つ三シーンを含む四シーンによってコンパクトに語られている。しかし、語りの経済性が過激な試みを抑圧することはない。まず、「ショービズ・ニュース」が、南カリフォルニアとおぼしき街を散歩する妊娠後期のアンとヘンリーの二人を捉えた紙芝居的なショットとともに「ベイビーガール」の到来を告げる。そこに続くのは、二人の寝室のシークェンスだ。アンはシーツにくるまって寝ているが、全裸のヘンリーが寝つかれずに煩悶するさまが、タイムラプス（低速度）撮影を模した監視カメラ調の俯瞰ショットで示される。サウンドトラックには心音らしきものが聞こえるが、これはヘンリーの鼓動なのか、それとも彼がアンの腹をさするところから推測して胎児の心音とするべきなのか、音源が明らかにされることはない。ここで挿入されるのが、ピエロの化粧を施された新生児の出産シーンである。サウンドトラックには心音が続くほか、ハサミで臍の緒を切る音、そして、新生児の顔がアップになると、スタンダップコメディのものだろうか、観客の笑い声が聞こえる。やがて生まれてくる「現実の」アネットは木製なのに、ヘンリーの夢として造型されたこのシーンに登場するのは本物の新生児、もしくはその質感を蝋やシリコンで真面目に再現した模型である。さらに、それにもかかわらずこのナマ新生児は化粧をしている。この夢は、その禍々しさにおいて、妊娠ホラーの帝王デイヴィッド・クローネンバーグの『ザ・フライ』（一九八六）においてヒロイン（ジーナ・デイヴィス）が見る悪夢を想起させる。恋人（ジェフ・ゴールドブラム）が蠅になってしまったため、彼女は妊娠後期で中絶手術を受け、血にまみれてうごめく白くファブリックな巨大蛆虫を「出産」してしまうというものだ。

しかしながら、『ザ・フライ』で夢見る主体は産む女性であるのに対して、『アネット』では父になるヘンリーである。ピエロ新生児のクロースアップから寝室のシーンへといったん戻ってから——つまりヘンリーへの映画の語りの繋留が確認されてから——血まみれのスリップドレスで舞台に立ちお辞儀するアンのスローモーションの短いショットが挿入される。心音らしきものが聞こえ続けるばかりではなく、かつてヘンリーが舞台の袖からモニタ越しに見たアンの姿が残滓として機能していると思われ、さらに舞台上で死とお辞儀を繰り返すというのはヘンリーにとって（そしてカラックスにとって）アンという女性＝ディーヴァを要約するイメージである。

ところが、続いて現れるのはクンニリングスを受け、仰向けで身を反らして喘ぐ、というよりは呼吸するアンである。キャメラは彼女の顔にゆっくりと接近し、呼吸と低く流れ始めた音楽がサウンドブリッジして分娩室のシーンへと移る。明らかに人工的な模型による暮れなずむ都市の景色をバックに、透明な新生児ケース（？）が提示されるのもつかの間、先ほどのクンニリングスと同じ姿勢で呼吸を重ね、Merde! と言い捨てて上体を起こすアンへと切り替わる。十年以上に亘って妊娠映画研究者を自認し、少なくとも劇場公開を前提とした映画に限っていえばかなり多様な出産シーンに注意を払ってきたつもりだが、クンニリングスから分娩へとほぼストレートでカットした例はほかに知らない。「現実の」女性の身体に則っていえば、この二つの営為はクリトリスの快楽と膣／産道を通しての分娩＝労働というまったく性質の異なるものであり、『アネット』が行っているのは、股を開いた仰向け姿勢だけに注目した、いわば「グラフィックマッチ」によるモンタージュである。だからやっぱり男目線だ、という念が頭をもたげないと言えば嘘になる。しかし、思い出してみよう。『アネット』が企図していたのは（と私が作業仮説として考えているのは）、アクロバット的な姿勢で呼吸し、歌い、つまりは演技する役者の身体の現実をキャメラでもって記録することである。そうであれば、体位と呼吸の在り方を結節点としてクンニリングスと分娩を並置し、そこに画面のうえだけに可能なある種の性的身体を立ち上げる試みということになる。付言するなら、生殖《リプロダクション》＝再生産から分離したクリトリスの快楽と、母になる行為に他ならず、にもかかわらずそのあられもない生々しさのために家父長制による忌避の対象となってきた分娩＝労働を平然と接続するのは、本邦ではいまだに幅をきかせているヴァギナ中心主義と母性神話の複合体に対するメルド氏の一撃に他ならない。

　分娩シーン自体はおおむね四パートに分けられる。一、「吸って、吐いて」。明るい蛍光灯色に照らされた分娩室では、ヘンリーがアンの手を握って付き添い、三人の看護師が《吸って、吐いて、吸って(Breath in , breath out, breath in)》と出産シーンのテーマ曲を歌い、産科医(古舘寛治)が《いきんで！(Push, Ann)》と励ます。[★18] 二、笑いと娩出。おそらく胎児の頭が娩出したと思われる段階で歌が止み、ヘンリーが「困ったな、こいつ、素っ裸だぞ」と相変わらずあまり面白くないジョークを言うとアンがのけぞって大笑いし、医療スタッフ一同も笑うことを推奨して、キャメラは彼女のクロースアップを続け、歌や音楽はなしで心電図と思しき機械音が続く。三、誕生。医療スタッフの《ご誕生です！(Here she is.)》唱和とともに、キャメラはヘンリーのバストショットになり、オフスクリーンからアンの大きなため息が聞こえるなか、分娩室の照明が急速に落ちて、背景にあった胎児のレントゲン写真を貼った蛍光パネルが白く浮き上がる。アンのクロースアップのオフスクリーンでアネットと思しき産声が聞こえる。四、「素晴らしい赤ちゃん」。すみやかにフルショットに切り替わり、ヘンリーによってアネットの臍の緒が切られると(大きなハサミの音がする)、音楽と歌が始まる。アネットが看護師からヘンリーへ、ヘンリーからアンへと《世界へようこそ(Welcome to the world)、すばらしい赤ちゃん(she is out of this world)》という歌とともに引き継がれ、最後は「早期母子接触」のフレーミングになってフェイドアウトする。

アネットが登場するのは四「素晴らしい赤ちゃん」パートであるが、初見で「幻覚じゃないよな」と半信半疑の観客でもナマ新生児ではないことは感得でき、「母子接触」でアネットの心臓が蛍の光のようにほの暗く瞬き始めるとき、なるほどこれは世の普通の赤ちゃんではない——out of this worldは「素晴らしい」「卓越した」という慣用句であるが、字義的には「この世ならぬ」という意味である——ことが明らかになる。そもそも、管見では分娩室をセッティングにしたミュージカルナンバーというのも他に例をみないが、いったんそこは棚上げにして考えると、この出産シーンを特徴づけるのは字義的《リテラル》にも修辞的《フィギュラティヴ》にも明暗の対比である。冒頭に現れる夕暮れ、蛍光灯色の照明、白を基調にした分娩室、黄色のローブ、ミントグリーンの手術着、モニタに踊るグラフのアニメーション、笑顔でコーラスする看護師、爆笑する妊婦。これらの要素が本シーンの明朗さを構成し、ヘンリーが使う巨大なハサミとその音に集約される禍々しさをよりいっそう際立たせる。この分娩室においてさらに禍々しいのは蛍光ボードに貼られた胎児のレントゲン写真である。なお、「現実」に則して言えば前世紀中葉に始まる胎児の可視化は主に超音波によるものであり、[★19]催奇性や発がん性など胎児への影響が知られているX線が使われることはないので、この内装は死のイメージを喚起するための虚構であると考えられる。そして、アネットの誕生を機に分娩台の周辺は闇に包まれ、登場人物たちはシルエットに変わる。この照明の転換はもちろんアネットの心臓を際立たせるためであるが、いわば胎内の暗さの継続として安らぎを与えてもいる。本シーンにおける光と闇、明と暗はともに両義的であり、照明の転換とレントゲン写真が示すように反転可能である。

　かくして、『アネット』は分娩シーンをミュージカルナンバーに仕立てた単なる際物ではないことが明らかになる。そうではなく、出産が光と闇、生と死を媒介する行為であることを示すためには、ミュージカルという美学的な抽象化作用を伴う形式が要請されるのである。一方で、本作においては出産という生々しく性化された身体的な営為こそが、木偶人形の赤ちゃんという強烈な虚構を物語世界へと繋ぎ止めている（こんなにして産んだんだから、この人形がアネットだと説得されてみようか……)。だが、まったく同時に、木偶人形が俳優の身体からなる世界へとぴったりと象眼されればされるほど、虚実の際が露呈してくる。

『アネット』において光と闇を反転させ、生と死の世界を媒介し、虚実の継ぎ目となるのは、アンの歌い、産む身体であり、この二つの行為を通底させるのは呼吸である。同時録音が呼吸し歌う俳優の身体を記録するための装置であることはすでに述べた。身体的な行為として歌うことを捉える視座はアンの歌詞=台詞によって明示されている。アネットが一歳ほどになった頃、ヘンリーへの不安に苛まれるアンが自宅のプールで鏡を見ているショットから始まる〈Girl from the Middle of Nowhere〉ナンバーでは、田舎出身の天才歌手としての彼女の来歴がいわば独白される。そこでアンは自らを三人称で以下のように形容している——「彼女は女神の声を持っていて、弦楽器、木管、金管が胸腔のなかにあった(She had the voice of a goddess, strings, winds, and horns inside her chest)」。このように身体化された、さらに正確に言えば身体のなかに空間化された比喩は、もちろん、発声のメカニズムを説明しているにすぎない。しかし、この比喩は歌う行為を胸に息を吸い込み、喉を震わせるプロセスとして捉えることで、身体を洞に擬え、産む身体との接続を可能にする。

『アネット』はアン/コティヤールの歌い産む身体を虚実の媒介者とし、木偶人形であり依り代であるアネットと対置させる。本作は確かにヘンリー/アダム・ドライバーが具現するいわゆる有害な男らしさ《トキシックマスキュラニティ》をあぶり出し、その被害者としてアンとアネットを描いている。だが、本論考を通して見てきたように、母たるアンの声は虚と実の際を司るからこそ絶大な力を行使し、アネットにとっては呪いであった。このような声の持つ力は、逆説的ながら、映画はそもそもサイレント映画であるという認識に支えられている。カラックスはマリオン・コティヤールについて、「マリオンはサイレント映画女優の優雅さと謎をもっており、もっと撮ってみたかった」と言っている。[★20]『アネット』にはキング・ヴィダーの『群衆』(一九二八)も引用されており、そもそもカラックスはサイレント映画に対する深い思い入れを再三示してきた。『ボーイ・ミーツ・ガール』（一九八三）のパーティ・シーンには、サイレント映画のなかの俳優の唇を読唇術で読む逸話を、手話を通じて披露する老人が出てくる。カラックスは映像と音声を別々の媒体とみなしていればこそ、現実の再現としてではなく、映画の画面上のみに可能な声的身体として立ち上げたのである。

★01——Nate Jones, "The Twilight Baby Walked So the Annette Baby Could Fly," *Vulture*, August 20, 2021, https://www.vulture.com/2021/08/is-the-baby-in-annette-real-or-a-puppet.html

★02——Adrian Martin, "Where Do Dinematic Ideas Come From?" *Journal of Screenwriting* 5, no. 1 (2014): 13.

★03——Jones, "The Twilight Baby Walked So the Annette Baby Could Fly."

★04——カロリーヌ・シャンプティエ（撮影）、パスカリーヌ・シャヴァンヌ（衣裳）、フロリアン・サンソン（美術）による製作プロセスについての座談会を参照。Caroline Champtier, Pascaline Chavanne, and Florian Sanson, "La Fabrique d'Annette," *Cahiers du cinéma*, July-August 2021, 18–23.

★05——Rick Altman, "Moving Lips: Cinema as Ventriloquism," *Yale French Studies*, no. 60 (1980): 67–79（リック・アルトマン「ムービングリップス——腹話術としての映画」行田洋斗訳、『表象』第16号（近刊））。

★06——Steven Connor, *Dumbstruck: A Cultural History of Ventriloquism* (New York: Oxford University Press, 2000), 35.

★07——Anon., "An Interview with Leos Carax," in *Annette Press Booklet*, 15.

★08——歌詞のある歌に言語とコミュニケーションの領域と声の身体性の領域を

©THEO FILMS
『ボーイ・ミーツ・ガール』

見出す古典的な議論として、ロラン・バルトの「声のきめ」を参照。ロラン・バルト『第三の意味——映像と演劇と音楽と』、沢崎浩平訳、みすず書房、一九八四年、一三九頁。また、ジャック・ラカンが声を言葉の意味作用から分離して対象ａとしていたことについて、以下を参照。立木康介「声なき身体、静かなる犯罪——『イギリスの愛人』に寄せて」森本淳生、ジル・フィリップ編『マルグリット・デュラス〈声〉の幻前——小説・映画・戯曲』、水声社、二〇二〇年、五五－八五頁。

★09——このイメージがカラックスにとっては作品の着想の原点であった。"An Interview with Leos Carax," 15.

★10——英語におけるvoiceは、とりわけ動詞として使われるとき、公共圏で意見を述べること、政治的な代表権を持つことという強い含意を持つ。

★11——Michel Chion, *The Voice in Cinema*, trans. Claudia Gorbman (New York: Columbia University Press, 1999), 17–29.

★12——Chion, *The Voice in Cinema*, 61–64. フェミニズムの立場からの批判として、Kaja Silverman, *The Acoustic Mirror: The Female Voice in Psychoanalysis and Cinema* (Bloomington: Indiana University Press, 1988), chap. 3.

★13——Erwan Kerzanet, "Une 'dramédie' musicale en son direct," *Cahiers du cinéma*, July-August 2021, 24. もちろん『アネット』にも同時録音を基盤としない部分は存在する。ケルザネがこのインタヴューで述べるとおり、オペラ歌唱の部分ではコティヤールの声をプロのオペラ歌手のものと混ぜており、指揮者がアンのオペラ公演のためピアノの伴奏をしているシーンでヘルバーグは無音にしてピアノを弾いている。

★14——濱口竜介「映画の曖昧な書き手」『アンドレ・バザン研究』第三号、二〇一九、五七－五八頁。

★15——Anon., "Marion Cotillard," in *Annette Press Booklet*, 24; Eleanor Beardsley, "'Annette' Is the 1st Musical for Director Leos Carax and Pop Duo Sparks," NPR, August 4, 2021, https://www.npr.org/2021/08/04/1024834015/annette-is-the-1st-musical-for-director-leos-carax-and-pop-duo-sparks

★16——医療情報化学研究所編『病気がみえるvol. 10　産科』第三版、メディックメディア、二〇一三年、三四五頁。

★17——Sonia Rao, "'Annette' Features the Fake Baby to End All Fake Movie Babies," *The Washington Post*, August 20, 2021, https://www.washingtonpost.com/arts-entertainment/2021/08/20/annette-adam-driver-fake-baby/

★18——堂に入った古舘寛治は素晴らしいが、彼のキャスティングは日本への目配せであると同時に、『ノックトアップ』（ジャド・アパトー監督）でヒロインの赤ちゃんを取り上げる「ドクター・クニ」として抱腹絶倒のパフォーマンスを見せた韓国系のケン・チョン（実際に医師でスタンダップコメディアンでもある）を意識したものだろう。

★19——拙稿「「胎児」の誕生——『悪魔の赤ちゃん』と１９７０年代妊娠ホラー」、塚田幸光編『映画とテクノロジー』、ミネルヴァ書房、二〇一五年、六一－六九頁。

★20——"An Interview with Leos Carax," 13.

第6章

レオス・カラックス——映画を彷徨うひと

創造行為の秘密

Leos Carax

Le Vagabond du Cinéma

レオス・カラックス監督特別講義

文＝大九明子
OHKU Akiko

杞憂であった。

レオス・カラックスの新作情報がカンヌから流れてきた。芳しくない。嫌だなあ。観る前に聞こえてきちゃうのも嫌だし、何より、自分が若い頃から慕ってきた監督が変な感じになっていくのは寂しいじゃないか。

いや待て。私はそもそも若かりし頃、それほどレオス・カラックス映画にやられていたっけ？　思い出すのは『ポーラX』(一九九九)のキャンペーンで来日していた頃だったか。当時私は映画美学校の一期生として創作意欲をくすぶらせていた。ある日、映画美学校の創立メンバーのお一人である堀越謙三さんがカラックス監督を連れてきて、特別講義が開催されたのだ。あれは桜丘町時代の旧ユーロスペースだったか？　あるいはアテネ・フランセの劇場だったか？　堀越さんの先導の元、スクリーン前に現れたカラックスは、スツールに浅く腰かけ伏し目がちで、終始タバコを燻らせていた。背中を丸めたその姿はまるで病気の子供みたいに痛々しくて繊細で、めっちゃくちゃカッコよかった。ケンが呼んでくれたからケンがケンがと俯いたまま語り出し、一方のケンはというとニコニコいやデレデレと嬉しそうに、なんだこのイチャイチャは、と衝撃を受けたものだ。

恋人を撮りなさい、恋をしなさい（そこまで言ったかもはや記憶も定かではないが言ったと脳が置換）、色んなことをぼそぼそ言っていたが、私は「好きなものを撮りなさい」と教えられたのだと理解した。講義の後、わっと群がる生徒たちのなかに混ざる勇気もなく、遠巻きに眺めていたあの頃。

さて、歳月は経ち二〇二一年。カンヌから聞こえてきた『アネット』の評判。絶賛の声と否定的な声とが混在していて不安だった。だから試写のご案内をいただいても足を運ぶのはなかなか勇気のいる決断であった。

バカ。ほんとバカ。そんな心配まったく要らなかった。素晴らしい映画体験であった。「なんじゃこりゃ」の連続。中一の時、薬師丸ひろ子ちゃん目当てに伊勢佐木町で『セーラー服と機関銃』（一九八一）を観たときと同じ、二十代後半で『ファンタスティック・プラネット』（一九七三）にハマって都内の劇場をはしごしていた時と同じ、「なんじゃこりゃ」。私の好きな「なんじゃこりゃ」。

『アネット』を私は愛する。

試写会終了後、劇場を出ると古舘寛治さんがいた。もはや『勝手にふるえてろ』（二〇一七）『甘いお酒でうがい』（二〇二〇）でご一緒したことのある俳優とは私の目には映らなかった！　たった今見た大傑作に出ていた人じゃん！　と興奮して指差して笑ってしまったのです！　「どうでした」「面白かったです」「面白かったですよね」と互いの感想を確かめ合って別れた。

『ボーイ・ミーツ・ガール』 ミレイユ（ミレイユ・ペリエ） ©THEO FILMS

『汚れた血』 アレックス（ドニ・ラヴァン）とリーズ（ジュリー・デルピー） ©THEO FILMS

カラックスは昔私に（ホントはそこにいた全員にだけど）言ったことを一切変えていない。「好きなものを撮りなさい」、自身の言葉通り、シンプルに好きなものを撮り続けている。その意味でも『アネット』は極めてレオス・カラックス的映画だと感じた。

若い頃にミレイユやアンナ、リーズ、ミシェルといった女性をアレックスの視点や触感を通じて描いてきたように、今、娘のナスティアに夢中のパパ・カラックスがアネットを撮った、私にはそう映る。

サイモン・ヘルバークの出演も嬉しかった。オーディションだったそうだが、さてはカラックス、ハワード・ウォロウィッツのファンだね？　娘と家のリビングで『ビッグバン・セオリー』観て笑ったりしているね？　などと想像させてくれる。指揮棒を振る彼の周りを三六〇度回るショットはサークルレールで撮られた歴代ショットの最高傑作ではなかろうか。この作品がミュージカルである必然性すら物語る。音楽のリズムとセリフのリズムを一〇〇パーセント掌握して走り続けるカメラワーク。俳優の芝居度外視でサークルレールぐるぐる長回しする映画は酔うばっかりで基本的には大嫌いなのだが、今作のあのシーンではあのショット以外ありえないというほど、サイモンの芝居とオーケストラの対比を際立たせていて効いている。

と、今更ですがここで何故私が今回寄稿するに至ったか説明させてください。

以下はご依頼くださったフィルムアート社の田中さんの言葉です。


「たとえば『勝手にふるえてろ』の現実と虚構を大胆に越境していく松岡茉優さんの姿や、または『私をくいとめて』でのんさんの自身との対話として織りなされるモノローグには、どことなく『ボーイ・ミーツ・ガール』(一九八三)以降のドニ・ラヴァン演じるアレックスを見ているかのような開かれた瞬間があるように思えました(もちろん、まったく同じ、ということではありません)。あるいは、大九監督の映画においてひとつの基調となる「部屋」という場の表現について、いわゆる生活のリアリティ以上に、ある種の登場人物の存在そのものを形成する空間という意味で、カラックス映画の「部屋」の有するイメージに重なっているような印象を受けることがありました」

ありがとうございます。では、図々しく田中さんのご指摘に乗っかって。

私は常に自分のために映画を作っている。プロデューサーは観客の「共感」を強く求める傾向にあるが、私には他者が何に喜び何にお金を払うかなど全くわからない。わかるのは撮ろうとする目の前の事象が私の感情を揺さぶるか。怒り、悲しみ、面白み、今の私どうですか？　頭にきてますね？　泣いてますね？　笑ってますね？　じゃあその事象を撮りましょう、と、そこに向かって作っている。時にそれがシナリオ上悲しいシーンであっても笑いとして演出することなどもしばしばだが、とにかく自分の感情が動くもの、好きなものを撮る。若かりし日にあの特別講義でカラックスに教わったことを知らず知らず実践している。

また、確かに、「部屋」は私の映画において重要な位置を占める。登場する人物にとってはシェルターであり聖域である。鉄の扉で外部とがっちり境界線を引き、内部に入るには手洗いうがいは免れない。そうして登場人物と部屋を一体化させているようなところがある。

この一体化は登場人物の自室が一番没入しやすいが、登場人物が一人でいる時、人物と空間を一体化させて孤独を守ろうとするような撮り癖が私にはある。孤独を消さない、逃がさない。色濃く写す。登場人物が空間と一体化しているとき、その脳内がたとえどんな妄想にかられていようとも孤独な肉体は完全にその空間にとどまる。私の妄想シーンはその当事者がその時にいる場所を舞台に繰り広げられることが多い。実際にはそこにいない人物や物を当たり前のように空間に配し、登場人物と関らせようとする癖がある。

だから、『アネット』で、死んだアンをヘンリーの褥にゆるやかなオーバーラップを用いて存在させるショットが、大仰なＶＦＸを施さずにさらりと編集されていることにもいちいち痺れる。アネットを人形で表現する大胆さにも痺れる。その造形の控え目さにも痺れる。

二十代最後の秋、ローンで買ったビクターＪＶ１を携えて初めて一人訪れたパリでは、ポン・ヌフを撮り倒した。そうだ。ベタに普通にレオス・カラックスに何十年も前からやられていたんだ私は。

『男よ、映画は君の全てを許す』とかいうアイロニーたっぷりなタイトルのショートフィルムが準備中だそうじゃないか。#MeToo的視点をついに前面に出して来た。やだもうもっと好きになっちゃうよ。

あの特別講義後、わっと群がらなかったひねくれ者の私よ。バカだね。おかげで私だけサイン貰ってないよ。でも大人の私はあなたを赦すよ。赦すから映画を好きなものをお撮り。

［対談］映画の箍《たが》はすでに外れている
——二〇二三年にレオス・カラックスを見ること

映画とは、現実にカメラを向けることで生まれる虚構、あるいは、もうひとつの現実であるだろう。レオス・カラックスはそれを十全に理解しているからこそ、自身の映画をつねに危険に晒す。現実と虚構のどちらにも与せず、観客をあたかも挑発するような物腰で、この世界に対する知覚や常識や慣例を打ち崩すように映画を紡ぐ。そんなカラックスの作品群について、それらを自身の同時代を生きる映画として見続けてこられた青山真治氏と町山広美氏に、多様な観点から語っていただいた。

［映画監督］青山真治 AOYAMA Shinji
＋
［放送作家・コラムニスト］町山広美 MACHIYAMA Hiromi
＝談

［フィルムアート社＝構成］

怪物としての男性（性）

青山　今回、対談相手として僕はいの一番に町山さんをご指名したんです。ひとつには町山さんが僕と同世代、というか同年齢だから（一九六四年生）。僕は二十歳くらいから東京にいたわけですが、ここ二〇年くらい俳優さん以外同年齢の人と一緒に何かをしていたということがないんですよ。そしたら去年（二〇二一年）、ハーモニー・コリンの『ビーチ・バム　まじめに不真面目』（二〇一九）という映画について町山さん含めて数人でお話する機会があって。作品を見て「これは誰とも話合わないな、中原（昌也）くらいだな」と思っていたら、町山さんと驚くほど話が合った（笑）。もちろん町山さんはＴＶ業界、僕は映画業界にいたので、見てきたものも考え方もいささか違うところがあると思うのですが、同世代がレオスの映画をはたしてどう見てきたのか。自分があまりにもレオスに近づきすぎたところもあって、そうではない方がどうご覧になってきたのか、ぜひ知りたいと思ったんです。

　ということで、まずは『アネット』（二〇二一）を見て率直に感じたことを言いますと、実はこの作品が『ビーチ・バム』とかなり近い構造の物語だということです。夫婦がいて、そのうちの片方（妻）が亡くなってしまう、そして父と娘の話になる。ここが最初の切り口になるんじゃないかと考えました。『アネット』も『ビーチ・バム』も、そこがまずぜつないところですよね。

町山　『ビーチ・バム』は、妻じゃなく愛犬を失って始まる『素晴らしき放浪者』（一九三二）の変奏でもありましたけど、『アネット』からは最近上映されていたこともあってカール・ドライヤーの『ゲアトルーズ』（一九六四）のことを考えたんです。カラックスがフェイバリットに挙げる、いかにも巨匠の遺作というか、自分の棺桶を内側から閉めちゃうような映画ですが、オペラ歌手をやめて弁護士の妻になったゲアトルーズが出世を誇る夫を見切って、かつての恋人だった詩人、ピアノ弾きで作曲家の若い愛人との間に愛を求めるけれど、果たせない。ゲアトルーズが「男の人は愛を仕事よりも見下している」と言う場面もありますし、ドライヤーの映画では権力や所有と信仰、信心との対立は重要なことだと思います。『ビーチ・バム』は所有からの解放を祝福する映画ですよね。『アネット』の夫婦はどっちもそうじゃなくて。

青山　はい、幸福感で言えば真逆かもしれない。ただ『アネット』も『ビーチ・バム』も、『ゲアトルーズ』の厳格な価値基準から言えば、むしろその境地からのさらなる逡巡を描く映画という気がしないでもない。それはどちらもより現代的ということでもあるかもしれませんが。現代映画の先鞭をつけた『ゲアトルーズ』は誰にとっても超える目標とする霊峰には違いないですしね。我々の生まれた一九六四年作品だし。

町山　カラックスとハーモニー・コリンの年齢差はどのくらいですか。

青山　ひとまわりくらい違いますね（カラックスは一九六〇年生まれ、コリンは一九七三年生まれ）。『汚れた血』（一九八六）の時十三歳か、ハーモニーは。ご存知の通り、この二人は撮影監督のジャン＝イヴ・エスコフィエつながりです。本人に直接聞いたわけじゃないけど、たぶんハーモニーがカラックスファンで、デビュー作『ガンモ』（一九九七）をジャン＝イヴに依頼したんじゃないかな。

町山　『ポンヌフの恋人』（一九九一）を長いことやって、もういい加減いいでしょって気持ちはあったと思うんですけど、カラックスにしてみれば、カメラマンをアメリカ人に取られちゃった、逃げられちゃったみたいな気持ちはあったんでしょうか。

青山　『ポンヌフの恋人』は規模としても苦労としても例外的な作品なので必ずしもそう言い切れないかもしれませんけど、ジャン＝イヴとすればやっぱりアメリカとフランスじゃカメラマンのギャラって全然違いますからね、そういう事情もあったと思う。

町山　お金があればできる新しい試みをそりゃやりたいですよね。

青山　レオスにはやっぱり逃げられちゃったという気持ちはあったでしょうね。それでも、まだ俺は映画を撮れるはずだと『ポーラX』（一九九九）を撮った。でもそのあとで「違ったんだよ、やっぱりジャン＝イヴじゃないとダメだ」ということにもなり、だからその数年後ジャン＝イヴが亡くなったとき（二〇〇三年）には、「もう俺は映画を撮れない」ってくらいに凹んだそうです。いや、「35ミリは撮れない」だったかな。そこらへん、微妙ですけどね。

町山　私が『アネット』を見終わって最初に思い浮かんだのは「みんな俺を赦さなくていい、俺も俺を赦さないから」という言葉でした。俺ってヘンリーなのかカラックスなのか、もっと大きな主語なのか。　裁判の場面で判事の隣に廷吏の女性がいて、ヘンリーが「あなたは母に似てる」と言うと彼女が鼻をかんで、前髪がフッと吹き上がるの、あれは『汚れた血』のジュリエット・ビノシュのアクションですよね。公開当時めちゃくちゃ流行って、タレントもマネしてたくらいの。ヘンリーを裁く立場にある女性にこの動きをやらせるのは、ビノシュに裁かれたという思いが今もあるの？　って心配してしまいました。

青山　やっぱりあの前髪吹き上げ、覚えてましたか（笑）。さすが同世代。

町山　流行りましたからねえ。『アネット』からはもうひとつ、「なんで俺はまだ生きているんだろう」というつぶやきだか念だかも感じたんですよ。みんな死んでしまったのに、って。怪奇映画みたいな構図が多いからかもしれないです。まるで『吸血鬼ノスフェラトゥ』（一九二二）みたいにヘンリーの大きな手がフレームに入ってくるところとか、彼が変貌する前から、怪物っぽい。

青山　最初、その奇妙な疎外感に違和があったんですよ。ヘンリーの怪物っぽさが、物語の流れの中で形成されていくのではなく、あらかじめ植え付けられたものとしてある感じ。

町山　アンは死んでしまうことで幽霊になる。でもヘンリーは最初から怪物ですよね。メルドと同じ、緑の服だし。

青山　メルドですね（笑）。二回目に見たときには「ああ、最初からこの人は化け物だったんだ」と受け入れられた。許し難い存在だが、同時に最初から化け物であることの不機嫌も見えてきたんですよね。さっき言った『ビーチ・バム』と共通する逡巡もそこらへんで感じられるものだと思うんですけど。俺は化け物だ、だからそのように生き、そのような結果になるだろう、だがしかし、というような。そこがアネットの誕生とともにピークに達する。

町山　なるほど不機嫌、「なんで俺、男なんだろう」みたいな。この映画について「#MeTooを意識していますか」って質問はあるでしょうし、まさにヘンリーが女性たちからDVを告発されるイメージも出てきますよね、ものすごく今日的な。でも、今の世間を見回して取り込んだ要素というのとは、ちょっと違うと思いました。あわてて取り込んで混乱しちゃってる映画は最近多いですけども。

そもそも私が、カラックスには誤解がありまして、だいぶ。最初の三本が公開された頃は日本でもたいへんなカルチャースターになってたわけですけど、今で言うメンヘラ女に惹かれる感じ、童貞っぽい女性観恋愛観がウケてるんでしょ、と思ってその受容のされ方からのバイアスでカラックスを見てしまってたんですよ。眼帯女が好きなんでしょ、とか。

いやでもそうとばかりは言えないぞ、と後でわかるわけですが、わかりながら過去作を見直すと、女性への憧れが強い人なんだと思いますし、アレックス三部作もアレックスは媒介で女性のほうが主題だったのかもと思えるほどで。『ポンヌフの恋人』でアレックスがビノシュの写真のポスターを燃やすところ、公開当時は暴力だけを感じてしまったんですが、構図はドライヤーの『裁かるるジャンヌ』(一九二八)の火刑に重なっていて、「炎に守られて天に上って行った」という字幕をアレックスに引き寄せると、ああそうかと思って。男性であることの攻撃性と、それをいかんともしがたい苦しみに目が向いてたのは、今になってのことじゃない。

青山　『ポンヌフの恋人』にハンス(クラウス=ミヒャエル・グリューバー)っていう女嫌いの浮浪者がアレックスの先輩として出てきて、女性とはこういうものだという人生感を彼に語らせるじゃないですか。これは彼個人の話ではなく、この社会や世間がそういうものであると説明させているわけですね。でもアレックスはそれをまるで聞いてない。だから彼は自分一人で自分の考えを不器用に積み上げていく。『アネット』のヘンリーは最終的に町山さんがおっしゃるように「ぜんぶ俺のせいだ、俺が悪い」って結論に至るんですが、しかし同時にそういう男性性の植え付けも誰にも

©THEO FILMS

『ポンヌフの恋人』

教育されなかった、あれを孤児というべきかどうかは保留ですが、そういう者の哀しみを引きずり続けるような態度があって、そこは『ポンヌフの恋人』から同じだという気がする。『ポンヌフの恋人』では、ビノシュ演じるミシェルが実家に帰ってしまうことを恐れるあまり、彼女のポスターを貼っている男を殺してしまう——実際には「殺す」というよりたまたま火が燃え移って「殺してしまった」という場面だけど。そこでアレックスは刑務所に入って更生するわけですが、すごく唐突に社会の仕組みが物語に組み込まれていった。『アネット』のヘンリーも逮捕されるし裁判も受けるんだけど、ところが最終的にこのような仕組みを諭されるのは娘であるアネットから、ですね。警察とか法廷ではなく、我が娘からそれを学ばなきゃいけないんだという意思を感じました。ドライヤーの『奇跡』(一九五四)で、ヨハネスが最後に長男の妻を復活させるとき、彼は一人じゃなくて、姪っ子が隣に来て二人で復活の祈りを捧げる。彼が姪と二人であることこそがこの映画の「奇跡」なんだ、死者が生き返ることは別に奇跡でもなんでもないのだと。『アネット』の最後に起きているのもそれに近いことなんじゃないかという気がしました。

子ども、馬、猿

町山 『アネット』を見て改めて感じたんですが、カラックスって子どもを撮るのが好きだし、上手い。『汚れた血』でとてちて歩く幼児をアレックスが真似て歩いたり、『ボーイ・ミーツ・ガール』(一九八三)のパーティの場面、アレックスが電話をかけようとして部屋に入ると、託児所みたいになっててベッドの上に乳幼児がゴロゴロ転がってる。犬もよく出てきますけど、必然性なく子どもをワンカット出したがる。変な身振りを面白がってるんじゃないかと思ってたんですが、そうしたら『アネット』では子どもがついに人形に。出産してとりあげたら人形、は『ローズマリーの

赤ちゃん』(一九六八)を超える衝撃でした。歩くところとかすごくいいですよね、あのリズムが。

青山 完全に運動神経の失われた人と、ものすごい運動神経を有している人が同時に画面の中にいるというふうにしたがる印象はありますね。そうした画面内の運動感覚のチグハグさ、複雑さ。ある意味では『ポンヌフの恋人』の冒頭での浮浪者の人たち、あるいは酔っ払った人たちの足取りの悪さみたいなものもそれを構成する。整然とは逆の世界。

町山 不自然な歩きは、映画の初期に繋がるイメージなのかなとも思います。コマ数が足りないみたいな、少しガタつく不安定な動き。

青山 つながりますね。パペットもそうですが、レオスの映画って特殊な撮影してても、トリッキーじゃなくて潔いから、気持ちよく見れる。映画作ってる人間はつい変なことしてやろうと思うもんですが(笑)、これは単純に嘘をつくというか理屈をつけて言い訳するのが嫌なんだと思う。そういう気持ちはすごくよくわかる。

町山 作り物を本物に見せたいわけじゃなくて、作り物はそれとして現実にある。現実の裏面とかではなく、それはそれとして存在するんだっていう。

青山 これは作り物だけど本物なんだと。そういう意識はすごく高いと思いますね。アネットを木の人形にするっていう選択もそうじゃないかな。だっこしたりなでたりするうえで、触感、質感の問題ってすごくあったと思うんですよ。もし布のぬいぐるみだったら、もしかしたら女性は子どもの頃から慣れてるかもしれないけど、男性だと微妙かもしれない。

町山 人間側に影響する?

青山 柔らかすぎるんじゃないかな。そういうところは微妙に考えているのかも。

町山 アダム・ドライバーのキャスティングも動きや質感が関係してるんですかね。あの人は身体つきも顔も、すごい馬っぽいじゃないですか。カラックスは映画の歴史を愛してるから、映画が走る馬を撮って始まったみたいに、彼の体つきとか動きの大きさを撮ってみたかったのかなと思っちゃって。今までのドニ・ラヴァンの小さい身体とは全然違う。

青山 運動神経としてもあれのでっかいバージョンをやれると思ったんでしょうか。馬と言えば、『ポーラX』のギョーム・ドパルデューが乗っている馬が凄くて、あんなふうに斜面を登る映像なんて、ほんと珍しい。アンソニー・マンの映画とかで見たことあるくらい。好きなんでしょうね、馬。それから、今までのレオスの映画だと、映画の冒頭とかに古い映像を組み込んでいたりすることが多かったけど、今回は音楽映画ということもあって〈Au Claire de la lune(月の光に)〉の古い録音が入ってたりするんですよね。あるいはアダム・ドライバーがエティエンヌ＝ジュール・マレーの撮った馬そのままだと(笑)。多くの監督はそういうものを撮りたいって潜在的に熱望しているはずだから。
ただ、スタンダップの場面では馬じゃなくて、「神の類人猿(Ape of god)」って呼ばれているんですよね。レオスの猿への執着って、これまたなんなんだろう。

町山 『アネット』も猿のぬいぐるみを持っていて、『ホーリー・モーターズ』(二〇一二)も最後、ドニ・ラヴァンが、というかオスカーが猿の家族の家に帰っていきますね。

青山 あの場面『A.I.』(二〇〇一)のラストそっくりなんですよね。

町山 穏やかでかなしい。今回聞いたところによると、カラックスも猿を飼ってたことがあるし、お父さんも飼っていたそうです。フサオマキザルだったらすごくうらやましい。あんまり大きくならなくて、ものすごく賢くて、介護猿として一緒に生活している人も多いんですよ。自宅で猿を飼ってたのは、ミシェル・シモンもですよね。四匹飼って、森の中の家で、路上生活のお友達が自由に出入りしてたらしいです。ヘンリーとアンの家も森っぽい。あのプールはセーヌ川なんだと思って見てたんですけど……。

青山 あの死体の隠し方がえらく雑でしたねえ。そこは類人猿的。あの家のセット、水場があるのも含めて『アリー／スター誕生』(二〇一八)に非常に良く似ている。と同時に、これまた『A.I.』にもそっくりでしたけど。なんか狭さとかオリエンタリズムとか。

町山 セーヌじゃないんですね。

青山 それはどうかわからないけど。レオスの場合、水場といえばセーヌでしょうし。

運命と別人

青山 『ホーリー・モーターズ』では、サマテリーヌ百貨店で『ポンヌフの恋人』の二十年後の再現のような場面があります。おそらくビノシュのイメージを模したカイリー・ミノーグが、男と一緒に飛び降りる。この場面って最後どうなるんだっけと思ったら、二人の落下死体を見たドニ・ラヴァンが絶叫しながら車に逃げ込む。こんなに激しい場面だったかと改めて驚いたんだけど、カテリーナ・ゴルベワがちょうどこの映画の制作期間に亡くなっていて(二〇一一年没)、最後に献辞が出ますよね。あのときは、自分と関わる人たちの終わりとともに、この人も終わっていくつもりなのかなってちょっとぞっとしました。もともと自分の作品をいつも遺作のように撮る人だからそんなこと心配してもしょうがないんだけど、あれは本当に本音が出てる感じがしましたね。

町山　あの場面は、『ポンヌフの恋人』で実現しなかったラストシーンのイメージでもあるような気がして。ビノシュといくつかの案を相談していたそうですが、もっと悲劇的なラストも考えられていたと。ありえたはずのラストのひとつがあれだったかもしれないって。

一緒に飛び降りる男をヘンリーと呼ぶから『アネット』にも繋がりますが、その間に、フランク・キャプラの『群衆』(一九四一)も置けるんじゃないかと思うんです。今回、客席のカットに引用されてるのはキング・ヴィダーの『群衆』(一九二八)のほうだと教えてもらったんですが、二つの『群衆』は邦題が同じなだけで違う話なのに、間違えて見てしまったら、なんだか繋がるんですよ。

キャプラ版は社会に抗議する自殺予告の主にでっち上げられた路上生活の男が、反貧困運動のスターになるけれど、真実がバレて、巷の人々は騙された！って運動も放り出し始めちゃう。それを食い止めたくて、男が予告通り飛び降り自殺を実行しようとするのがラストの山場です。飛び降りだけじゃなく、群衆が生贄を得て、手の平返しで糾弾する展開は、『アネット』を思わせるなあと。

青山　ああそうか、そこでも『A.I.』のデヴィッドの身投げとも繋がるんだな。もしかしたら『素晴らしき放浪者』とも。ヘンリーが法廷に向かう場面で、アンのファンの女性が「私は明日からどうやって生きていけばいいのよ」ってヘンリーに毒づくじゃないですか。つまり「彼女がステージで死んでくれるから生きてこれた」という意味ですが、これはけっこうショックで。もしかしてこれがヨーロッパ的な宗教のあり方、あるいはフィクションのありかたなのかと。物語というのは基本的に誰かが自分のための犠牲になってくれるものなのだと。その根本にはキリストがあるのだと思いますが、そうした浄化の関係を結ぶっていうことが、誰かや何かのファンであることなのだなと改めて気づかされた。同時に日本人はそのように考えていただろうかと首を捻りました。

町山　最近は実話もの人気がすごく高くて、イーストウッドも続けて撮ってたし、実話だからすごい、価値がある、み

『ポーラX』

たいな傾向もあると思います。日本やアメリカが割と顕著なのかもしれないけど。「犠牲も実在じゃないとね」って言い換えると、いやあな話です。

青山　『ポーラX』で、自分の部屋にいるギョームが自分の部屋の隣の扉をこじ開けて、階段を登り、その先にさらにある扉を壊して入るけれど、何もないっていう場面があります。原作にも同じ場面があって、一種不可解なシーンですが、後半で廃墟のような工場に住み移った場面に、女性二人になってピエールがドアを取り付けてその間を自分の部屋にするという場面がある。原作にも出てくるんですけど、そこを「真ん中の部屋」と表現するんですね。「真ん中の部屋」ってどういう場所なのかというと、その両側の部屋にそれぞれ女性がいて、そのどちらにも自分を生ませているという話があって、つまりある種の出生の秘密みたいなものが隠されている場所という解釈なわけです。もちろん正統ということを不詳とする企みもあり、言葉にすると大袈裟ですけど、自分がどうやって生まれたかについて、実はレオス自身も面白半分怪しんでいるんじゃないか、というところもあって。フランス人のお父さんとアメリカ人のお母さんとの間での自分の出生にフィクショナルなものを見つけ出して、そうした現実の多層性を自分の作品で弄っている感じがする。

町山　その出生への疑問を聞くと、アネットの父親がどっちなのかもそうですが、『ホーリー・モーターズ』で最後にオスカーが猿の家族のお父さんとして帰宅するっていうのがなんとも。あの家には優しいお父さんがいるのか、優しいお父さんが演じられているのか。青山さんが言うように、『A.I.』ですよね。カラックスは、お父さんが飼ってる猿と自分をどう捉えていたのかなあとかも。

青山　レオスの父親が猿を飼っていたという話は今回初耳ですけど、オーソドックスに考えるとハワード・ホークスの進化形ということか、それは大島渚と言っても同じかもしれませんが、異質なものと言語を介さずに共存しえるというかストレートにコミュニケーションできるというか、そういう状況を可能にする映画だけの力をレオスも当たり前に信じてるんだなあと確信してます。

町山　現実の多層性ということだと、『ホーリー・モーターズ』はまさにそういう映画ですよね。姪を演じる女性に看取られるブロックで、老人のオスカーがホテルの従業員に「ヴォガン様」って迎えられるのを、私は「ボーマン様」だと思ってたんです。あのホテルの部屋は『２００１年宇宙の旅』(一九六八)でボーマン船長がスターゲートに引き込まれてスターチャイルドになる間に置かれる、あの部屋なんだと思い込んで見てしまって。またしても思い違いなんですけど、『２００１年宇宙の旅』も並列的な時空の世界を描いているから腑に落ちてました、困ったことに。

青山　サマリテーヌの廃墟の中に、マネキンが無数に倒れてるじゃないですか。当時あれは、キューブリックの『非情の罠』(一九五五)じゃないかと。もちろん『A.I.』にもありますけど。レオスのベストにキューブリックはありましたっけ？

町山　なかった気がします、でもねえ。

青山　レオスの中で、父親の猿とマネキンはたぶんリンクがありますね。今回もマネキン転がすのが好きなんだなあとも思ったし、この男にはこんなふうに世の中が見えてるんだなってちょっとゾッとした(笑)。サマリテーヌと宇宙船が並列であり、それは猿の投げた骨でもあるのだな、とかいうふうに。

町山　三部作のアレックスが全部アレックスで、でも違うアレックスだし、カラックスのつくった物語は並行世界でずっと続いていて、影響しあってる感じがあって、そういうカラックスの世界の像が映画になったのが『ホーリー・モーターズ』だと思えてきます。今風に言うと、マルチバースな。

キューブリックと同じく、ベストには挙がってないキャプラが思い浮かんでしまったのは、『ホーリー・モーターズ』のラストのリムジンたちの会話が、『素晴らしき哉、人生!』(一九四六)の冒頭の星の会話みたいだったことに影響されたところがあって。あの、天上人の会話。

青山　ああそうか、ああいう並行世界の話ですね。そう、あの当時から映画というのは、いわばマルチバース的状況が土台になっているものはいくつもあるので今更、とも思っていたわけです。そういう意味も含めて映画にとってのマルチバースの可能性って、そもそも自殺からの逆転からじゃないかと思うんです。現実に自殺は不可能と前提した上で昔っから映画はそれをそういう形で代替してきたんじゃないですか。もちろん実際には自殺はひっきりなしに起きているんだけど。

町山　別の可能性って、映画ですよね。『ポーラX』で、カテリーナ・ゴルベワ演じるイザベルは結局ピエールのお姉さんかどうかはわからない。でも、ピエールは姉と信じる。信じることのほうに意味がある。そっちにもリアルがある。カラックスにはそういう虚実の捉え方があるんじゃないかと思います。

勘違いとか人違いとか、「別人」という要素はいつもカラックスの映画にありますよね。愛する女性が、アレックスはじめ主人公たちの求める人とは違っていても、いっそ別人であってもいい、たとえ間違いであったとしても彼にとってはその存在がもう一つの真実になる、というような。『アネット』のアンが、舞台の上で何度も死んでそのことで人を救っているという話も、そうした生の多層性を意識した表現に思えてきます。善悪とか真偽についてもそういう感覚なんじゃないのかな。死で救って、笑いで死なせる。『ホーリー・モーターズ』には「憎まれていたなら愛されてもいた」というセリフもあったし。

青山　カラックス銀河の中では、あらゆることが等しくあって、個々の運命はそれらと関係ないところで進行していく。悲劇はそうやって人の心を持ち上げていくんだと。そういう意味では今までのカラックスの映画って、どうもある種のよそよそしさというか「結論づけられないけどここで終わります」という強引さを感じてそれが魅力でもあったんですけど、『アネット』で、ああ、ついにこういう完結を見せられたかって感じがしました。本当にショックでなかなか椅子から立てなかったんですが、ラストショットで人間のアネットが、猿とアネットの人形を床に寝かせたま

ま置き去りにして去る。それでまた、きっとカラックスには世界がこんなふうに見えているんだよね、と。確かに今日の娘は自分の目の前にいるんだけど、昨日の娘はこんなふうに同時に床に寝転んでいる、っていう。妻も自分もね。人生っていうか世の中っていうか、時間をそんな幾層ものレイヤーとして見ている。

町山　カラックス映画ではカップルの片割れが死ぬことが多かったことも、それですね。今回も途中で片割れのアンは死んでしまう。もう一人の大事な片割れであるアネットは人形としての姿を残して去っていってしまう。片割れの死で自分が定まる、というような感じもあります。

『ポーラX』でもイザベルが死にますが、あの映画を見ると主演の二人が亡くなってしまって、生命活動そのものであるセックスが撮られていることになんとも言い難い気持ちになります。もうセックスしてる二人はいない。でも、映画は残っている。

青山　『ポーラX』のそのシーンを見直して、ふだん「美しい」という言葉はあまり使ってはいけないと思ってるんだけど、この場面にはいつも言いたくなります。本当に美しいなって思う。それは、おっしゃる通り、もう二人がこの世にいない、ということも関係しているかもしれません。ところで、今回改めて何本か見直して、『汚れた血』以降ずっと編集を担当しているネリー・ケティエって、すごい人だなって思った。この編集技師は恐ろしいなって。実は『ポンヌフの恋人』って編集しきれてない映画だって気持ちがどこかにあったんだけど、今回見直してみたらすごかった。強烈な残酷さ。熱烈な愛ゆえの残酷さ。なかなかこんなふうにはできないな、すみません、勉強し直しますと。だってあの内容で二時間半ないんだもん。一本一本がでかい映画だなっていつも思うけど、本当に構成が巧みというか、編集の妙。ネリー・ケティエって、今やカラックス組で一番長い人、きっとこの人が中心を担っているんですよ。

強き女たち

町山 アン役にはたくさん候補がいたそうですが、マリオン・コティヤールの顔は昔の女優っぽくもあって、いい選択でしたよね。フリッツ・ラングの『暗黒街の弾痕』(一九三七)、「ボニー&クライド」の事件を最初に映画化した、カラックスのフェイバリットの一本ですが、あれのシルヴィア・シドニーにコティヤールは似てませんか。目がちょっと開き過ぎなくらい大きくて。

青山 ああ、なるほど! 目をカッと見開くと三白眼みたいに黒目が浮いちゃうくらいの方ですよね。シルヴィア・シドニーってすごく長生きで現役時代もすごい長くて、ゲスト出演的な形が多かったですけど、近年までいろいろ出ているんですよね。『マーズ・アタック!』(一九九七)が最後なのか。『ビートルジュース』(一九八八)とか、『ハメット』(一九八二)にも出てる。最近、リチャード・フライシャーの『恐怖の土曜日』(一九五五)を見たんだけど、それも出てた。あとテレビ作品もすごく多い。きっとみんな好きだったんだよね、ものすごくいい性格の人だったんだと思う。ぜんぜん嫌味なところがない人だって、誰かが書いていたのを読んだことがあります。

町山 ティム・バートン、昔からファンだったから出てもらったに違いないですよね。彼もスパークスとミュージカルつくる企画があって、でも頓挫したみたいですから、『アネット』をどう見たか気になります。シルヴィアはヒッチコックとか、恐怖するヒロインが多かったから、彼女似のマリオン・コティヤールの目がグワっと開くのとかは、ほんと狙い通りじゃないかと。

青山 車の中で悪夢を見て、驚いて目を覚ます場面とかね。

町山 完璧でした。『暗黒街の弾痕』も人違いが絡む話ですが、警察に追いつめられるクライマックスで、車のハンドルを握ってる彼女が、いいセリフをいっぱい言うんですよね、全部いい。そりゃもうノワールだし、スーパーロマンティック。「何か光ってる」って彼女が言って、ヘンリー・フォンダが「ただの星だよ」って答えるところとか、たまらない。(ジャン=リュック・)ゴダールの『気狂いピエロ』(一九六五)に有名な「何が見える? 永遠が」というランボーの引用がありますけど、実はランボーは後付けで「ただの星だよ」を超えたかったんじゃないかって思うくらい。実は撃たれてる彼に、自分が吸って火をつけたタバコを咥えさせてあげるところ、「撃たれてないわ」って言ってあげるところ、だいぶ『汚れた血』だなあと思います。

ラングの『復讐は俺に任せろ』(一九五三)もカラックスはフェイバリットに挙げてますが、私はこの映画のグロリア・グレアムが大好きで。警察ごと市政を牛耳ってるギャングの情婦の役で、お買い物とお酒が大好きな陽気な女なんだけど、不正を暴こうとする刑事に関わったことで、リー・マーヴィン演じるサディスティックなギャングを怒らせてしまう。熱いコーヒーをかけられて顔半分を大火傷させられるんだけど、義をまっとうするっていう。

青山　『復讐は俺に任せろ』のグロリア・グレアムって、誰よりも強い人っていう意識に僕なんかはなっちゃうからね、つい。男が憧れる女。

町山　復讐を果たした彼女が撃たれて死ぬとき刑事に、ギャングに殺された奥さんのことを「どんな人だった?」って聞くんですよね。「きっと君と気が合う」、「俺の酒を飲み俺のタバコを吸って」という答えに満足して、「彼女が好きよ」って死んで行く。もう言ってるだけで私、泣きそうになってますけども。あの、『汚れた血』のラストのアレックスをめぐる二人の女、ジュリー・デルピーとジュリエット・ビノシュの交歓にカラックスは、グロリア・グレアムのせつない願いを託したんじゃないかと思ってます。

青山　最高にいい話です、それ。

会話ならざる会話

青山　おそらくカラックスは『アネット』を撮るにあたってもスタンダップ・コメディアンとかオペラ歌手とか、あんまり勉強しなかったんじゃないかと思うんですよ。よく知らないけど……って立場でやってるのかなあ、と。レニー・ブルースを唯一思い出したくらい。ステージでマイクぶん回してみるか、くらいのアイデアで。

町山　あれ、『悪魔のいけにえ』(一九六八)のチェーンソーダンスみたいでしたよね。ヘンリーのことはある種の詩人として捉えているんじゃないかとも思って。ポエトリー・リーディングというか、ラップというか。エミネムが曲の中で奥さんを殺して大顰蹙を食らったことがあったから、スパークスはその件ちょっと意識してる気もします。娘、溺愛してるし。

青山　そうか、僕は嫌ってるんじゃなくて全然ヒップホップというかラップを通過してこなかったんでそこら辺はわかんないんだよなあ。

町山　『ビーチ・バム』の主人公のムーンドッグも詩人でしたよね、Fuck連発のリーディングはラップみたいだったし。でもムーンドッグには、スヌープ・ドッグがまんま本人で演じてたマブダチがいるから明るい方に行けたところはあるんで、ヘンリーにもスヌープがいたらなあって思いますが。お札を燃やすのもヘンリーとの共通点だし、というか、カラックスとハーモニー・コリンがそろって、言葉の人を主人公にしてたんですね。

青山　複数ユニットでやるラップは別として、スタンダップって結局一人語りで、会話が成立するしないということで言えば、成立しない。でもこれはミュージカルもそうで、あたかも会話のように進行するけれども、あくまで「ように」であって、会話そのものじゃない。でも実は、ごく日常的な会話にしても、いわゆる普通に会話が成立するような状況って、レオスの映画にはそんなにはなかった思うんです。『ホーリー・モーターズ』のサマリテーヌのシーンでも、カイリー・ミノーグが歌い出したら会話は途切れてしまって、一方的に片方が過ぎ去っていく。でも、レオスの映画で毎回誰も交流しないのかというと、そういうことでもないんだよね。難しいところなんですが。交流というか諍いが多くなるわけだけど、会話としても。

町山　『ポンヌフの恋人』の刑務所の面会室のシーンは、別人が撮ってるみたいで不思議でした。急にあそこで、別の人が撮った別の映画みたいになる。

青山　あそこもね、あえてそういうふうに撮ってるんだと思いますけど、ビノシュは何かを隠したままで会話にならない会話ですね。もちろん最後はふたりで大西洋に行くって話でチャラになるんだけど、本来では会話になるであろうことが、レオスの映画では会話にならないという印象はありますね。

町山　ミュージカルにしろ、ロックオペラにしろ、歌うってことは各自がステイトメントを言う、ぶつけ合うから、ものすごく多弁になるけれど、会話はしていないですよね。でもじゃあ普段私たちはどれほど会話をしているのか、と考えるとかなり怪しい。日常会話でも、案外と自分の言いたいことを投げ合っているだけだったりする。逆説的に、映画というフィクションの中こそ会話がある場所なのかもしれなくて。

青山　考えさせられますよね。たとえば裁判のシーンって、ちょっとした言葉尻をとられて「それおかしいんじゃないのか」っていうふうにいちいち非日常の側に脱臼させられますし、あるいは夫婦喧嘩なんかもそうだけど、そういう会話の成り立たなさというものがある場面こそ、逆に会話というものの本質を掴んでいるのかもしれない。

町山　『汚れた血』や『ボーイ・ミーツ・ガール』で、アレック

『ボーイ・ミーツ・ガール』
©THEO FILMS

スは愛する彼女について知ろうとしなくて、結果、会話が成り立たない。

青山　『ポーラX』もイザベルは自分の事情を説明するようなしないような話を延々と続けて、ピエールはそれに対してウンウンと一人で悩む、そこに会話は成立していない。犬に一方的に話しかけている方がよっぽど幸せになれるかもしれない(笑)。

町山　犬は聞き流してくれることもあるけど、人間の場合は会話が成立していなくても良くも悪しくも交流はあって、お互いのステイトメントに影響を受けるわけですよね。だから一聴して不自然なように思えるカラックスの書く会話って、実は本質的なものかもしれない。こういう対談もそうなのかもしれませんが。

青山　そこまでレオスが見越しているような気もしてきますね。だからこそ、『アネット』の歌の対話こそが、この映画で最も会話らしき会話だと受け止められるのかもしれない。〈We Love Each Other So Much〉とまったく逆向きになるんですよね。

町山　同じメロディで「もうあなたには何も愛せない」と歌う、娘からの恐ろしい宣告でしたねえ。本物のアンファン・テリブル。

こんな物語を、共通項の多い人生を送ってきたカラックスに託すスパークスって、すごいというかなんというか、怖いです。でも、カラックスはこの映画で、悪い父親を葬ったんだとも思うんです。『ホーリー・モーターズ』もいま思うと、すでに父親の物語だった気がします。オスカーが完全にカラックスの扮装で娘をパーティに迎えに行って、素敵なパパとして人生のアドバイスを授けますよね。あれ、実際にこの先自分がうまくできなくてもここでやっとくよ、後で見てね、という感じに見えたし、オスカーは猿の家族のもとに帰るし、運転手を演じてるのはエディット・スコブで、彼女の『顔のない眼』(一九六〇)は悪い父親の話で。

青山　悪い、というかあの場合の狂気も、あるいは『アネット』のヘンリー同様、怪物的なあり方で、同時に逡巡というかあらかじめ悔悟を含んでますよね。それはオスカーしかりで、どこか悲惨な罰ゲームを課せられてる感じ。それに付き合うエディット・スコブさん、見た目に労使関係というか主従関係があるとして、本当はどっちがどっちなのか、という曖昧さも『顔のない眼』経由でレオスらしいのかもしれません。

手放した後にどう生きるか

青山　レオスはずいぶん前から、映画がもう存在しなくなるって警戒心が非常に強かったんだと思います。ジャン＝イヴが死んだ時に、もうこれからは35ミリはやれない、ジャン＝イヴがいなければ意味がないと言っていたみたいに。でも、それを反転させるようにどこかの段階で、全部ビデオで撮るって決めちゃったみたいなんですよね。

町山　キャロリーヌ・シャンプティエになってからですよね。エスコフィエを失って、カメラも編集も女性、っていうチームになる。

青山　キャロリーヌだってレオスが「35ミリでやる」って言ったら喜んでやると思うんだけど、レオスって、なくなっていくもの、消えていくものを惜しみながら、それにこだわる人じゃないんですよ。手放すしかないものは手放す。手放すこと自体に意味を見出すんじゃなくて、手放した後にどう生きるかって方が重要なんだと。

　でもね、やっぱりそこで繋いじゃったのが娘のナスティア(・ゴルベワ・カラックス)なんだろうなと思うんですよ。『ホーリー・モーターズ』でも冒頭登場しましたが、あの記憶があったせいか、僕は『アネット』のナスティアにびっくりしたんです。冒頭から女王然としていて。

町山　あそこはレコーディングの現場でプロデューサーが座る位置ですよね(笑)。一番決定権のある人の席。

青山　そう、レオスも「いいっすか女王?」みたいな(笑)。ナスティアがまるでレオスに向かって「君はただのエンジニアだから」って言ってるみたいな感じ(笑)。

町山　あの関係性はすごいですよね。

青山　ほんと可愛くて仕方ないんだろうなって。

町山　ものすごく魅力的な女の子ですもんね、瞳の静かさがもう。

青山　ねえ、それがしゃなりと座ってて、びっくりしちゃうんだよ。この場面での二人の位置関係って、完全に『ポンヌフの恋人』でアレックスがビノシュの絵を描いた絵を見ている構図と同じ、手の添え方とか含めて。「二人は恋人よ」って感じ。

町山　カラックスって無意識のところで次への前振りを残しちゃう、受け取っちゃう人だと思うんですね。たとえば『汚れた血』でアレックスが手を怪我して盗みができなくなりそうになるけど、『ポンヌフの恋人』では実際にドニ・ラヴァンが足を怪我して撮影日程が崩壊。彼女の存在もそういう一つなんじゃないでしょうか。『ホーリー・モーターズ』でオスカーを見送った顔は、最後のアネットに重なる。娘に打ちのめされるあの場面で「想像力は強くて理性の声は弱い」とヘンリーが歌うけど、きっとカラックスがナスティアに伝えたいことなんだろうし、パパの屍を越えていってね、と今度は見送るんですよね。

アネットは群衆に殺されずに、父親を殺す。母親は幽霊で父親は怪物、そんな魔界を出て、人間になる。この映画は大人にとっては怪談ですけど、子ども側から見ると、親の呪いから解かれる話になってるんじゃないかと。

青山　「深淵《アビス》を見ちゃだめだ」ってね。でもどうなんだろうね、見てなんぼだって考え方もあるし、そういうものをニヤニヤ笑って受け入れる、と同時に放り出す人なんだとも思う。『ポーラX』以降、レオスはやっぱり「以後」の映画というか、いわゆる古典映画にはもう二度と戻れないっていう覚悟で映画を撮ってると思う。『ポーラX』冒頭の「世界の箍《たが》が外れてしまった。何の因果か、それを直す役目を負うとは」という引用は、『ハムレット』の第一幕で親父の幽霊と会った後のハムレットの台詞で、「さあこれからは違う仕事が待ってる」という宣言であって、それはやっぱり継続中なんじゃないか。

でも、別に悲劇的な空気感ではなくて、ニヤニヤ笑いながらそうしたことを受け入れ、放り出してるんじゃないかとも思う。「みんな、ちょっと真面目に考えすぎてるんじゃない？」って感じがあるんですよ、レオスって。カンヌで『アネット』が上映された後、スタンディング・オベーション聞いてるときに、アダム・ドライバーと二人で立ち上がって並んだままタバコ吸っててさ。「あらら、吸っちゃったよ、いいね」って(笑)。「人生なんて冗談みたいなものだから」みたいな意識もあるんだと思う。レオスはやっぱり堂々としてるのがいいところ。あんなに堂々としている映画監督って、今は世界中探してもいないですよ。すごい貴重だと思う。大島(渚)さんがいてくれたらなって思いと同じくらいに、ああ、レオスがいてくれてよかったなってつくづく、日々思って暮らしています(笑)。

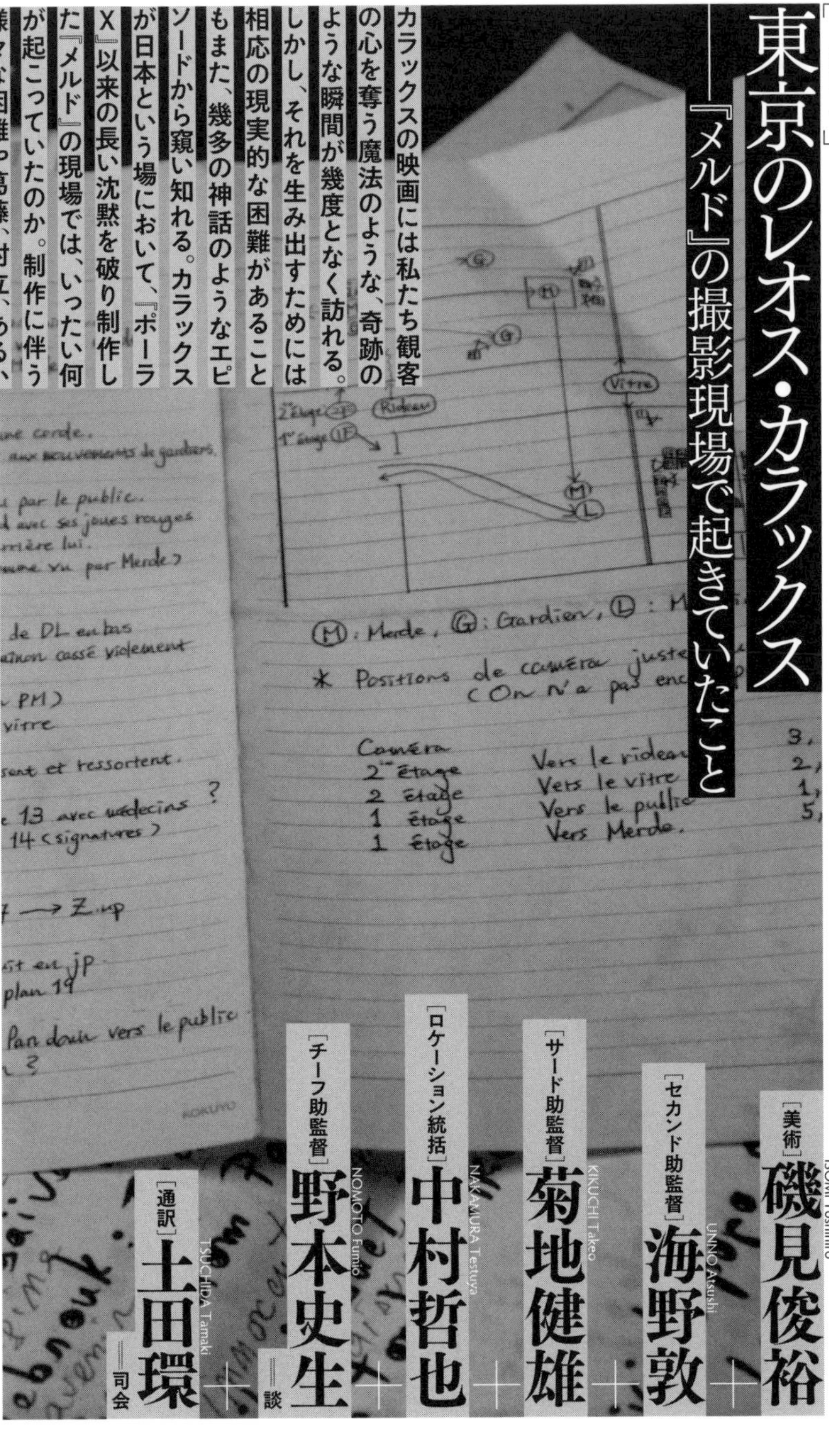

［座談会］

東京のレオス・カラックス

——『メルド』の撮影現場で起きていたこと

カラックスの映画には私たち観客の心を奪う魔法のような、奇跡のような瞬間が幾度となく訪れる。しかし、それを生み出すためには相応の現実的な困難があることもまた、幾多の神話のようなエピソードから窺い知れる。カラックスが日本という場において、『ポーラX』以来の長い沈黙を破り制作した『メルド』の現場では、いったい何が起こっていたのか。制作に伴う様々な困難や葛藤、対立、あるいは発見について、『メルド』チームの方々に語っていただいた。

［美術］磯見俊裕　ISOMI Toshihiro

［セカンド助監督］海野敦　UNNO Atsushi

［サード助監督］菊地健雄　KIKUCHI Takeo

［ロケーション統括］中村哲也　NAKAMURA Testuya

［チーフ助監督］野本史生　NOMOTO Fumio

——談

［通訳］土田環　TSUCHIDA Tamaki

——司会

『メルド』チームの結成

土田（司会）　『メルド』の撮影時の演出部の体制は、チーフ助監督に野本史生さん、そしてセカンドに海野敦さん、サードが菊地健雄さんだったと思います。私はプロデューサーの吉武美知子さんから人手が足りないということで頼まれたのですが、海野さん、菊地さんはお二人の出身である映画美学校からの推薦だったのでしょうか？

海野　いや、アソシエイト・プロデューサーの大野敦子さんから話を頂いたと記憶しています。先に菊地くんが参加することが決まっており、その当時は、頻繁に、菊地くんと仕事を共にしていたので、組みやすいだろうと声を掛けてくれたのだと思います。菊地くんからの推薦もあったのかもしれません。

菊地　レオスは撮影前にもシナハン（シナリオ・ハンティング）やスタッフの面接など準備のために日本に来ているんです。シナリオのために「麻原彰晃のことを調べたいから、裁判所とか死刑制度に詳しい奴をスタッフにつけてくれ」と注文があったそうで、たまたまその直前に万田邦敏監督の映画『接吻』（二〇〇七）で裁判関係のリサーチをしていた僕が呼ばれて、レクチャーに付き合ったんです。それが二〇〇六年の六月くらいだったんじゃないかな。確か一週間くらいの滞在期間中に、裁判所や拘置所を見学したり、ロケハンやキャスト・スタッフの面接をお手伝いしたり、オウム真理教の資料を作成したりとほぼ全ての行程に参加しました。最終日に娘にお土産を買いたいからキティランドに行きたいって言われて、連れていった記憶があります（笑）。そういった経緯から撮影にも助監督として参加することになりました。

野本　俺にはライン・プロデューサーの金森保さんから連絡がありました。ただ、当初は当て馬だったんです。どういうことかと言いますと、その連絡のとき、『メルド』の撮影時期にそもそも別作品が決まっていて、「やりたいのは山々だけど無理ですね」と答えていた。でも「助監督を面接形式で決める必要がある、助監督はバイリンガルがいいという希望だから実はもうほぼ決まっている人はいる、でも一応オーディションはやらなきゃならないので、形だけでも面接に参加してほしい」って頼まれたんです。「レオスに会えるんだったら当て馬でもいいな」という思いで面接に行ったんですが、そしたらまずクランクインの日程が後ろ倒しになっていた。あ、これなら参加できたなと思った。そしたら今度はどうも青山真治監督が先にレオスに「助監督にこういう奴がいるんだけど」と俺をレオスに提案していたみたいで、その時点で決まりになってたんですよ。俺はポカンとしちゃって。「英語とかまったく喋れないけどいいんですか？」「いい」「じゃあやります」って決まった。この時点でもう保田卓夫さんと菊地（健雄）と海野（敦）が入ることは決まってましたね。

土田　他のスタッフの方も同様に面接があったのでしょうか？

海野　『TOKYO!』の場合、基本的には監督だけが海外から身一つで来て、日本人のスタッフキャストで撮るって企画だったので、レオスも何人かの錚々たる日本人カメラマンの面接をしたと聞いてます。でも結局キャロリーヌ・シャンプティエが入ることになった。

野本　三本のうち、ポン・ジュノは福本淳さん、ミシェル・ゴンドリーは猪本雅三さんとゴンドリー本人がカメラを回していたから、カメラマン呼んでるのはレオスだけ。キャストも日本人でっていう話だったんだけど、結局フランスから役者のドニ・ラヴァンとジャン＝フランソワ・バルメールを連れてきた。たしかプロデューサーも来たんじゃないか。

土田　亡くなってしまいましたが、『ポンヌフの恋人』（一九九一）くらいからカラックス映画の製作に参加をしているアルベール・プレヴォですね。裁判のシーンにも少しだけ出演しています。『メルド』はレオスとキャロリーヌが初めて一緒に組んだ作品でした。アレックス三部作の撮影は、ジャン＝イヴ・エスコフィエ、『ポーラX』（一九九九）でエリック・ゴーティエ。だから二人とも『メルド』の際にはお互いに気を使っている感じがしました。

菊地　実はエスコフィエが亡くなったあと、レオスはずっと彼の後継者になれるカメラマンを探していると聞きました。レオスにとってエスコフィエの存在はそれほど大きかったようです。フランスにはもう一緒にやれる人がいないかもしれないと考えたんでしょうか。もしかしたら日本人の中にいるかもしれないと錚々たる面々に会っていました。でも結局だめで、キャロリーヌが来た。この作品以降はキャロリーヌとやることになったということですね。

野本　キャロリーヌって手持ちカメラがめちゃくちゃ上手いんだよね、あれはすごいなって思った。『メルド』はものすごい小さいカメラで撮ってたんだけど、それをあれだけ安定させるんだから。

菊地　キャロリーヌは到着した日からすごかったですもんね。スタッフルームが置かれていたユーロスペースに到着するなりもうスパッツを履いていて、既に夜遅い時間だったのにも関わらず「今から渋谷の歩道橋にロケハン行くぞ」って出て行っちゃうという。

海野 キャスティングも驚くような発想をしてました。俳優を引退して随分経つ高峰秀子さんを裁判長の役で出したいと、オファーしたりとか。残念ながら、断られてましたが。やはり成瀬巳喜男の映画に出ていた役者を出したいようで、たしか小林桂樹さんとかも候補に出していたはずです。ニュースキャスターの役名が「高雲秀子」っていうのも、『浮雲』(一九五五)が好きだからでしょうけど、日本人が聞くと、そのままじゃないかっていう(笑)。キャスティングとは違いますが、メルド登場の歩きに「ゴジラ」の音楽を載せるというのも、似たような分かりやすさを感じます。

土田 この作品のなかでは、ニュース番組が東京で起きていることを説明しているのだけれども、番組名が「K.U. TV NEWS」、キャスターの背景のセットには漢字の「雲」とイラストの蜘蛛が共存しているのですよね。

海野 美術の磯見俊裕さんや制作担当の中村哲也さんも面接があったんですか?

磯見 うん、してる。

中村 俺はしてないよ。してたらやってないと思う。

土田 『メルド』のチームは青山組のイメージに近いですよね。

野本 たぶん、青山さんがレオスと話をしたのがたまたまスタッフを決めるタイミングだったんだろうね。

土田 なんだかお二人の電話を幾度か繋いだ記憶があります。青山さんはユーロスペース製作でダニエル・シュミットの『書かれた顔』(一九九六)の助監督を務めているので相談しやすかったのかな。

中村 レオスからだいぶ文句言われたって青山さん言ってたよ。「お前が呼んだ奴、ノーしか言わない」って(笑)

野本 しょうがないよ。

中村 イエスって言えることをやってくれないからね。

ロケーション・ハンティング(ロケハン)/東京で映画を撮ること

海野 僕は立ち会えてないのですが、ロケハンはどういう感じで進んでいたんですか。

中村 うーん、真面目に見てるんだか見てないんだかよくわからなかったな、ふわっとした感じだった。

野本 相当あっちこっち行きましたよね。

中村 街も見たいってことだったんで、埼玉の新都心みたいなところも行った。浅草とか喜ばないし、今で言う「オシャレ」な所にも興味を示さなかった。そこいら辺の外国の監督とは少し違うとこっちが構えたね。

磯見　お台場について「共産主義のソ連の街みたいだね」って言ってたな。

菊地　最初は麻原彰晃ゆかりのところで全部撮りたいと希望してたんですよね。裁判所も麻原が裁判に出廷した東京地裁を見学したら、「ここだ、ここでなんとか撮らせろ」と。

野本　模擬裁判のセットは桐蔭学園にも見に行ったのかな。日本の映画で撮影で使うようなところもけっこう見たんだけど、納得しないんだ。

磯見　渋谷界隈はもともとよく知っていたみたいやね。それから日本と言えば銀座っていうのがやっぱりアイコンやから。アメ横とかほかの繁華街にも連れていったけど、全然だめだったね。

中村　神田の商店街はキャロリーヌ・シャンプティエが「面白いね」と楽しんでいたんだけどね、でも実際やるとなるとレオスがうんと言わない。神田じゃ違うでしょ、ってね。

野本　外国の監督が日本で撮るとなれば、渋谷で撮りたいってのはわかる。ただそのためには、制作サイド的に様々な条件をクリアする必要があるし、いろんなことを折り込み済みでやらないといけない。おそらくレオスって盗み撮り（ゲリラ撮影）ってしたことないと思うんだよね。だからもしあの場所にこだわってやるんだったら、フルで全部やっていくしかないってなる。俺は以前、ホウ・シャオシェン（侯孝賢）組に参加したことあるんですが、彼らのチームって盗み撮りが超上手いんです。山手線を無許可でずっと一ヶ月くらい撮影していたんだけど、台湾から連れてきたスタッフでも、みんなしれっと電車乗って、しれっと撮る。

中村　俺はマイケル・マンに付いたときに六本木を封鎖してエキストラとスタッフ合わせて三百人ぶっ込んで撮ったことがあって。死ぬかと思いましたけど、でもそうやって金を使うか、どっちかだよね。

野本　もちろん金を湯水のごとく使えば、やれないことはない。でも予算がないんだったらどうするか、そういう発想が彼らにはないわけですよ。

土田　そうですね。まったく譲らないというよりは、発想自体がそもそもない印象を受けました。フランスは街中でも撮影許可がけっこう取りやすいんですよね。だからそのイメージで言っているとは思う。レオスからはこんなことも自由にできないおまえの国は最悪だ、と悪態をつかれました。その場では皆に訳せませんけれど。

菊地　東京って、本当にどの国の撮影クルーが来ても「映画を撮るのにこんなに撮りにくい街はない」って言いますからね。

中村　似たような場所だからって横浜で撮ろうとしても、神奈川に入った途端に「ここは東京じゃない！」ってなる。同じような条件でこっちの方が撮りやすいって言っても、そういうことじゃないと。

菊地　記号としての東京のイメージがあるんですよね。以前、ガス・ヴァン・サントの『追憶の森』(二〇一五)の日本パートに助監督で入ったとき、やっぱり渋谷のスクランブル交差点を撮りたいと言われた。普通は絶対無理だからほかの場所も見せたんだけど、やっぱりダメなんですよね。でも彼が上手くやったのは、マシュー・マコノヒーと撮影監督だけをポイって渋谷に放り投げて、「好きなだけやってこい」って指示したこと。一応エキストラは百五十人くらい仕込んでいたんです。でも実際にはガス・ヴァン・サントはツタヤの二階にあるスターバックスから見下ろしているだけで何もしない。僕は一応隣でトランシーバーで指示は出してましたけど、ガスはぜんぜん止めずに、マシューも延々と歩いているんですよ。でもまさかマシュー・マコノヒーがあんなとこ歩いているって誰も思わないから、気づいたらセンター街の中まで突入していった。マシューは別の作品で以前も同じ場所で撮影した経験があったようで慣れたもんだった。

野本　周りをエキストラで囲んだほうが目立っちゃうよな。昔、『BeRLiN』(一九九五)のとき、センター街で永瀬正敏さんを歩かせるとき、エキストラを五十人入れて仕込みやったらすぐバレちゃって、撮影の篠田(昇)さんに「お前らのせいでカメラが全部バレてんだよ！」って怒られて、はい、撤収。

中村　わりと目立たないもんよ。俺、キアヌ・リーブスとロケハンしてたけど誰も気づかなかったもんね。

海野　ところで冒頭の山手線の電車から五反田駅前のメルドが出てくるマンホールまでを俯瞰のパンでワンカットで撮影したあの場所は誰が発見したんですか？

中村　俺。東京的な風景でいきたいと言われて。

海野　哲さんなんだ。あれだけでも素晴らしいじゃないですか。

中村　キャロリーヌはファインダーのなかのことしか考えてないんだよね。だからそこに映ってる山手線が速すぎるって怒ってた(笑)。あのマンホールってJRの敷地にあったんで、ちゃんとJRに許可取った。『メルド』では撮影許可のためにけっこうすごいところも行きましたね、下水道シーンのために下水局とか。

野本　ドニがマンホールに入るところ自体は藝大で撮ってるんだよね。もともとはそこまで五反田で撮るつもりなんだったっけ？

菊地　本当はやりたがっていたんですけど、マンホールの蓋の重さの問題なんかもあって、やっぱりできないということになって。東京芸大のスタジオの表に五反田のマンホールの周りをセットで再現して、リアルなマンホールオープナーを参考に多少アレンジしたものを小道具で用意しました。

土田　現場で最初に見たときにはあれが小道具だと分からず、本物だと思ってしまいました。完成した作品のなかでは、キャメラが駅前の風景をなめながらマンホールに寄っていくと綺麗につながりますよね。

海野　僕は電車のタイミングを計るために五反田駅のホームにいたのですが、キャロリーヌが納得いくまで、繰り返し何度も撮影していて、五反田ではレオスというよりキャロリーヌのほうが大変でした。

菊地　でもこだわっただけあって、いいショットだよね。あんな複雑なカメラワークで実景映すなんて、なかなかない。実景ひとつで、東京という都市を見事に切り取っていたように思います。

盗み撮り（ゲリラ撮影）——渋谷／銀座

磯見　撮影って十一月だっけ？

海野　二〇〇七年の十一月十一日が撮影初日で、十一月二十八日まで。三週間もやってないですね、インからアップまでで十八日間で、撮影実数は十六日。

土田　準備もあったからだと思うけれど、毎日いろいろと起きるから、皆の体感時間はもっと長かったのではないかな。

菊地　渋谷でメルドが手榴弾を放り投げながら練り歩くシーンが撮影の初日でしたね。このシーンは結局もう一度撮影したいとレオスが希望して、最終日（一一月二十八日）にもう一度撮ることになりましたが。

野本　撮影期間の最初と最後でツートライ。まあ、一発で決まるはずがないとは思っていて、もう一回チャンスがあるとしたらもう最終日しかないでしょうと。でも一回目のほとぼりが冷めてからやらないとどうせすぐ捕まっちゃうし。一回目もわりとすぐに通報されたんですが、折り込み済みではあったんで、芝居は一応最後まで回っているんですよ。でも、途中でキャロリーヌ・シャンプティエが足を滑らせたというアクシデントがあった。

菊地 最後の階段を降りるところで呼吸が合わなかったんですよね。ドニのテンションが上がってて走り出しちゃったから、キャロリーヌのカメラがドニが血塗れで階段を降りるところを追いきれなかった。

野本 撮影が終わった後で、旧ユーロスペースがあった坂の脇の駐車場の機材車にみんな行ってチェックしてみたら、レオスが「もう一回やりたい」って言ったんだけど、「今日はもうダメ、最終日にもう一回やりましょう」と話した。そこまではよかったんだけどね。

菊地 完成した作品のカットの構成でいうと、歩道橋の上から階段を降りるところへカットが切り替わるギリギリ前までは撮れていたんで、階段のところだけ再撮影して挟めば成立するんじゃないかとも考えた。哲さんは撮影場所の代替案をけっこう出してましたよね。「横浜なら許可もおりて、渋谷ともマッチングする歩道橋があるよ」とか。で、実際に横浜で血塗れのエキストラを仕込んで階段を降りるところだけ撮影もしました。でも、レオスはやっぱり納得しなくて……。

中村 足りないカットのロケは横浜でやったんだけどね、結局また渋谷で撮ることになった。このシーンで偽物の手榴弾を投げるところ、ドニ・ラヴァンには「絶対に歩道橋の上だけでやってくれ」って言ったんだけどさ、バンバン外に投げちゃうんだよね。歩道橋の下からブレーキ音が聞こえたよ。

磯見 偽物とはいえあの人の投げようはプラスチックのやつでも危ないからね。発泡スチロールで投げようのものをたくさん作ったな。

野本 あそこで投げたら国道246号に落っこちていくわけだから……手榴弾の回収スタッフは用意していて、なるべく拾えるようにはした。

土田 おまけに操演がフラッシュを焚いていたり、爆風を表現するためにブロアーで風を送っているわけですからね。

中村 二回目のとき、本当はもうちょっと人止めとかして準備したかったんだけど、ユーロスペースにドニと一緒にいた金森さんからトランシーバーで「もうだめだ、ドニが抑え切れない」と連絡があって。

海野 それで、スタート地点担当だった自分が当時の東急プラザの裏に停めたドニの待機車に行ったんです。車の中のドニはもうテンションが上がって、すごい状態でイライラしていて、車の中にいられない、早くやらしてくれと。

野本 そうしたら海野から「ドニがもう待機車から出たい出

たいと騒いでる、もう無理だ」とトランシーバーで言ってきたから、「てめえ、何のためにそこにいるんだこの野郎！」と叫んだ。「お前が抑えるしかないんだよ」って。出てきちゃったら終わりだから。

海野　野本さんの指示で人止めが始まって、ドニのスタート地点から、２４６を渡ろうとしている対岸の人たちがどんどん溜まっていくのが見えたんですよ。

菊地　自分はカメラの横にいたのですが、対岸がもう本当にすごい人だかり、というか、どんどん人垣になっていくのが見えて……、あれは壮観でしたね。

中村　一番渋谷駅が混んでいる時間で、あれは凄まじかったな。駅に一番近い歩道橋、応援のスタッフとスクラム組んで人を止めてた。

土田　「どこの会社の人？」「誰に足止めする権利があるの？」って、目の前の人に罵られるわけだけれども、ひたすら「申し訳ありません、少々お待ちください」と頭を下げ続けていました。

海野　最終日の前日には銀座四丁目でも二回目の銀座でのゲリラ撮影がありましたね、一回目は十一月十九日でした。

菊地　撮影時には、銀座もワンカットで撮ることにチャレンジしましたが、完成した作品では二日間で撮影したものを

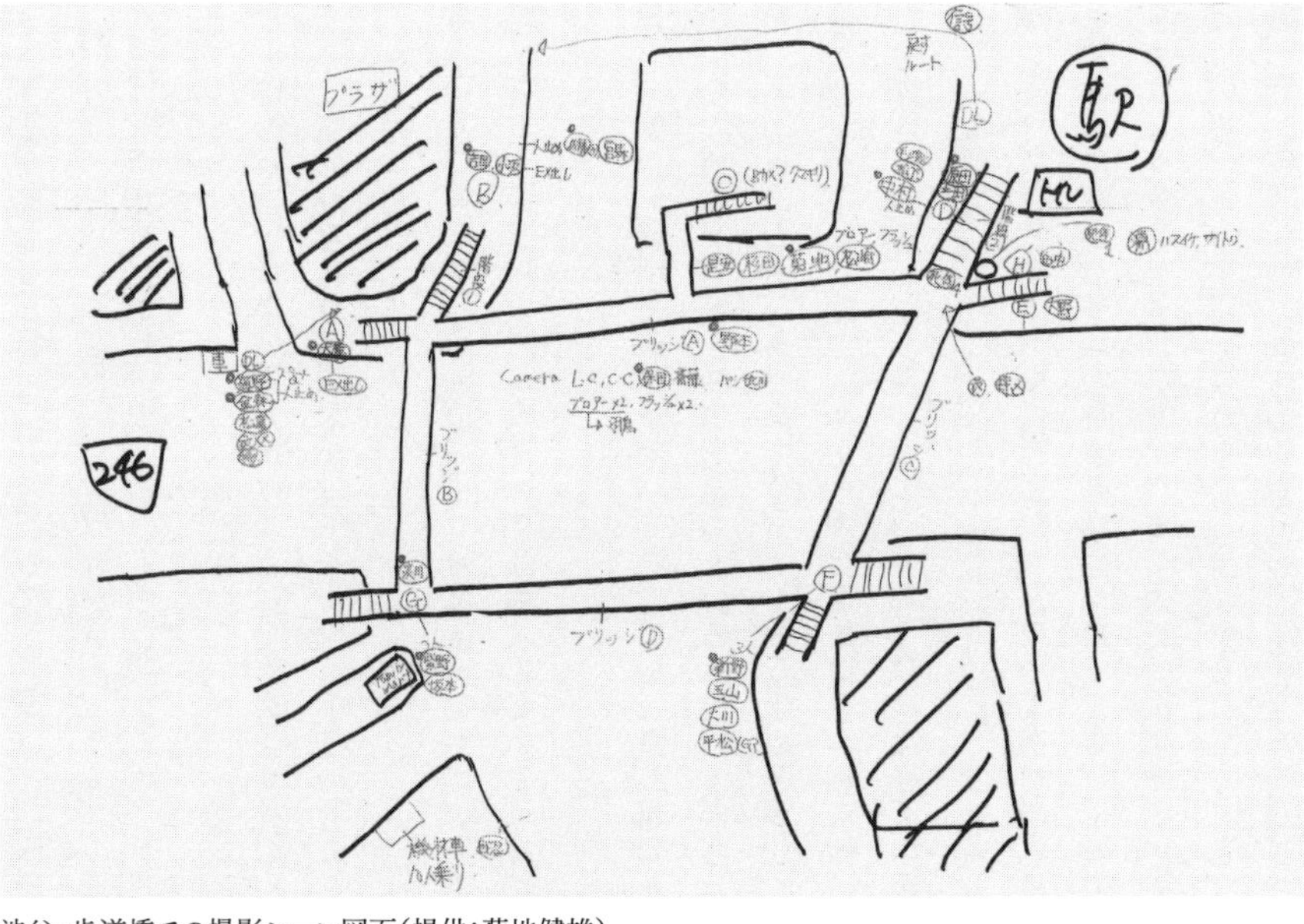

渋谷・歩道橋での撮影シーン図面（提供：菊地健雄）

混ぜて編集しているんです。一回目の撮影時、やはりドニのテンションが上がり過ぎて、鉢植えから菊の花をむしり取って食べるだけのはずが、鉢植えを持ったキャストを突き飛ばした結果、僕の目の前で開店しているアップルストアの中に鉢植えが突入して土をぶちまけてしまい、めちゃくちゃ怒られました。

中村 あの撮影で一般市民にぶつかっちゃったのはドニ・ラヴァン？

菊地 いや、レオス。子どもにぶつかっちゃって、実は一回目はフレームインしているんです。しかもそのカットは本編にも使われているので、よく見るとレオスが映っています。

中村 そういえばさ銀座のとき、撮影終わった後にドニ・ラヴァンがそのまんまの格好でドトールコーヒーに入ってっちゃったんだよね。一応追いかけて、その場でコーヒーを買い与えたけど(笑)。

土田 このシーン、キャロリーヌ・シャンプティエが車椅子に乗ってカメラを回していましたね。

野本 渋谷も銀座も道路使用許可なんて一〇〇%出ない。だから盗み撮り(ゲリラ撮影)するしかない。もちろんテストだってできないから一発本番。だから別の場所を使ってリハーサルをそれぞれやってます。

中村 渋谷のシーンは新宿中央公園と駒沢オリンピック公園でやりましたね。

野本 初めは都庁前の広場に歩道橋の実寸とかを計測して線を引いたりして準備してたんだけど、実際にリハーサル始めたらすぐ追い出されて、新宿中央公園に行った。そこでまた準備し直し。前日にメジャー持って歩道橋の周りを計測して、どの時間帯だとどの店の照明が消えるかとか、この時間帯だと人通りはこのくらいだって居酒屋で飲みながら一時間ごとに計測するっていうふうに深夜まで。その計算で二回目の撮影の時間を二十二時に決めた。そうしたらレオスは照明が消えちゃうのが嫌だったみたいで二十一時にしたいと言ってきたんだけど、いざ現場行ってみたら人がバンバン通ってて、それを見て怖気付いちゃったのか「やっぱ二十二時からにしよう」と。そういうこともあって、もし完成した作品に素材が混在していたら、ちょっと灯りは変わってると思う。

中村 そう、よく見るとつながってないんだよね。

菊地 たぶん渋谷の前半も初日のほうを使ってますね。銀座にしろ渋谷にしろ、やっぱりメインで使ってるのは一回目なんですよ。一回目で押さえ切れなかったところを、あれこれ誤魔化してカットを割っている。

中村　やっぱり一回目の方がスタッフも最初で最後だと思って気合入っていくからね。

海野　渋谷のあの歩道橋を強引に封鎖して、撮影するなど、めったにあることではないので、特に一回目はスタッフながら、ワクワクしましたね。いよいよ人止めを始めるときのトランシーバーから聞こえた野本さんの「キリがないんで、そろそろやりますよー」という声は今でも印象に残ってます。

菊地　レオスは映ってるものがリアルかどうかってところにこだわりはないんですよね。たとえば渋谷の場面で群衆がビニール傘を持ってるんですが、現場には雨も降っていなかったからおかしいんじゃないかって話になったんですけど、「ビニール傘は日本にしかないものだから、どうしても撮りたい」ってレオスが言ったんです。だからみんなで霧吹きで水をつけたりして。

土田　海外の映画監督が日本に来ると、ビニール傘、人が群がる渋谷の交差点、新宿の靖国通りのエプソン向けのネオンというのは、幾度か連れて行くように要求されましたね。その意味ではレオスもベタなのですが、手榴弾で破壊されて死体の上に転がっているビニール傘は良かったな。

現場における闘争

中村　永代橋の近くのビルの前の広場でデモをやるシーンの日は寒かったね。

海野　プラカードを持って、「メルドを殺せ」と叫ぶ人たちと、逆にメルドを信奉している人たちを撮った場面ですね。

菊地　撮影日程では真ん中くらい、十七日。始まって一週間も経たないくらいのけっこう早い段階ですよ。

野本　この場面、当初はボランティアエキストラだったんですが、ずっと一日外でのシーンで、朝の七時か八時に集合でみんな外で待たせて、二時くらいになってもまだ撮影が続いてた。俺が「とりあえず一回昼食休憩入れて、エキストラを休ませてくれ」と言ったんだけど、レオスはずーっと撮り続けてるわけ。そんな状況で無給のエキストラを呼ぶのは嫌だったから、翌日以降は「六時間まで五千円」くらいで有償のエキストラを呼んだ。そこでまず費用が莫大に膨れ上がった。それから追浜の地下道のところも揉めましたね、あそこも夜中までやりましたよね。

中村　あのときはかなり時間いっていたよね。

野本　撤収したら二十四時回ってたと思う。抑えている物件の事情もあるし全体のスケジュールを詰めないといけない、間に一日休みが入るだけで予算がかさむって話をレオスにしたら、美術打ち合わせのときに美術の小道具を一個一個指差して「それはいくらなんですか?」って聞き始めたんだよね。撮影に金がかかるっていうことの意味がわかってない。撮影期間が一日延びるほうが何百万っていう金が出ていくってことが理解できてなかった。もちろんそういうことは一応折り込み済みでクランクインしたはずなんだけどね……だんだん積もり積もって。

土田　そうでしたね。僕は野本さんの書く毎日のスケジュールをフランス語に訳して清書していたのですが、ある時期から野本さんが現場の前線に出なくなって。この頃から現場とプロデューサーとの間でうまくいかなくて通訳すると胸が痛むのですが、刺々しい表現を訳さないでいるとバレて怒られるし。

野本　俺が完全にブチ切れたのは、夢の大橋で銀座のリハーサルを撮休の日にやったとき。銀座の撮影でメルドが関係を持つ人はみんな役者で、とはいえほぼアマチュアに近い方も多くて、義足の方が一人いましたけど、あの方もツテを辿って探してきた役者さんです。そんなにギャラもないのに二日間もリハーサルをして拘束していたんですが、その日に俺は遅れて昼ぐらいにリハーサル現場に入ったんですけど、着くなり「その日の夕方にメインスタッフを銀座のシャネルに動かしたい、衣装合わせをやり直したい」って話があがってた。これはレオスがフランス大使館を通じてシャネルと勝手に交渉してたんです。衣装部にも伝えず、わざわざ無理を言って来てもらった役者を十四時とか十五時に帰してって流れを、誰にも言わずに決めてた。で、俺は遅れてきたにもかかわらず、昼飯を食ったらその場で帰ると伝えた。そこで決定的に関係性が最悪になったんです。

そしたらキャロリーヌが来て「なんでお前は帰るんだ?」と言ってきた。俺は銀座の撮影でキャロリーヌがカメラを持って乗る車椅子を押す担当だったんですよ。でも「俺は明日から来ないから勝手にやってくれ」と伝えた。「なんで?」って聞き返されたんで理由を言った。そうしたら、キャロリーヌがレオスと二人で話して、衣装はもともと用意したものを使うことになり、シャネルでの衣装合わせはバラシになったんです。

土田　キャロリーヌはカメラポジションを完璧に読み切る野本さんのことをすごく褒めていましたよ。

野本　まあ、キャロリーヌはイケイケだからね。「盗み撮りなんかすぐに警察が来て止められちゃうよ」みたいなことを言っても、「それはお前らが怖がっているだけだ」とか、よく言われましたね。

中村　毎日のように「リスクを恐れるな」ってね。

野本　でもさすがに現場はレオスより数踏んでいるから、理屈を説明すればちゃんと話は通じたかな、レオスよりはね。

菊地　キャロリーヌってレオスと喧嘩したこともありましたよね。あまりにも日本人スタッフのことをぞんざいに扱っていたレオスに対して「それはひどいんじゃない?」ってキレた。

野本　撮影中に何人かスタッフがチェンジされたこともあったね。でも、そういうのって海外ではよくあるんじゃない?　日本ではあまりないけど、向こうの助手くらいのスタッフって通しの台本を読まずに現場にいることが普通で、週単位でスタッフが変わっても現場が成立するように組まれてる。ヨーロッパではそこまでシステム化されてないかもしれないけど、「はい、あなたはクビで、明日から別の人にします」っていうのは意外とありがちなんじゃない?　そういうところはわからんでもないかなっていう気はするんだけどね。

磯見　野本はいろいろ言いながらもちゃんとスケジュールを組んでいたし、哲ちゃんも遅い時間まで撮影が伸びたら、スタッフの帰る手段を段取りつけて準備してたわけやんか。だから俺は撮影が終わり一緒に飲んでるときにレオスに言ったの、「野本はいろいろと文句を言うけど、それはどんなことがあっても映画を撮れるためなんだよ」「哲ちゃんもスタッフがみんな家に帰れるようにきちんと最後まで段取りを取ってくれてたんだよ」と。そうしたらレオスは「うーん」って言いながら飲んでた。でも、最終的にはわかってくれてたんだと思うよ。

『メルド』のセット撮影について

土田　下水道のシーンの戦車は、現場でもカラックスがものすごく喜んでいましたね。

磯見　カラックスはずっと「戦車が欲しい」と言っていてね。「高射砲じゃ駄目?」「本当に欲しいの?」と聞いたら「欲しい」と。それでポリバケツのふたとか段ボール、捨ててあったパンチカーペットに色塗って作ったんだよね。学校の壊れた備品を使ったんじゃないかな。コンパネ(コンクリート型枠用合板)もありものでゴムのベルトだけホームセンターで買ってきてキャタピラを作ったりした。

土田　映画ではそう見えないから不思議だけれども。

菊地　暗い場所だからそれで大丈夫だったんですよね、現場に入って実際に見たときはすごいなと思いました。磯見さんの美術はこの映画でいろんな工夫されていましたよね。東京藝大のスタジオに作った裁判所のセットだって、建物の壁をすべては立てられなかったから、実はサイドの面は柱と柱の間の壁を布にしていた。これは映像に写ったときに質感が面白くなる効果と撮影時にはカメラポジションを増やせるような工夫と計算もあって、予算がないことを逆手にとった素晴らしいアイディアでした。

土田　絞首台についてはどのような指定があったんですか。

磯見　レオスからは「二階から撮ったときには、階下の立会人席の最前列の人間まで画に収まるようにセットを奥に、階下の検死場から撮るときは、人々の表情が見れるようにセットを手前にしてガラスに近づける」との要望があった。で、立会人席を引き枠にして奥の壁ごとスライドするようにした。それぐらいか、あとは調べてけっこう忠実に作った。

菊地　あれは実際の東京拘置所の資料を調べて、本物の場所に即して二階立て構造でつくってるんです。縛帯をつけてワイヤーで吊って、リアルに落とすまでを一連のワンカットでやれるようにと。

磯見　色は変えてるけどね。二階になっているところにモニターや四つのスイッチがあるっていうディテールは一緒、そこから上から下も見れるようになっている。

海野　ドニが絞首台の仕組みの安全性が信用できないんだと、誰か実験台（スタンドイン）になって、絞首の仕掛けを見せてほしいと頼んでましたね。

菊地　そうそう、だから僕がやったんですよ。あれは流石に怖かったですね。それまでドニ・ラヴァンって、現場では本当に集中してるからスタッフにキレるみたいなことはなかったんです。でもこのシーンはワイヤー用の縛帯で束縛されて、さらに吊られた状況で芝居しなきゃいけなかったから、ぜんぜん自由に芝居ができないと言ってブチギレてましたね。

海野　法廷と死刑場は別のところに組んだんでしたっけ？

磯見　同じところに組んだよ。撮影後すぐに撤去して。

菊地　拘置場の牢屋も藝大の馬車道校舎で組んでいるんですよね。

野本　藝大は校舎が元銀行だから、そこにあった本物の金庫を入り口に見立てて作ったんですよね。

菊地　やっぱり『メルド』って日本を賛美していないところがいいんじゃないですかね。裁判のシーンの「日本人の目は

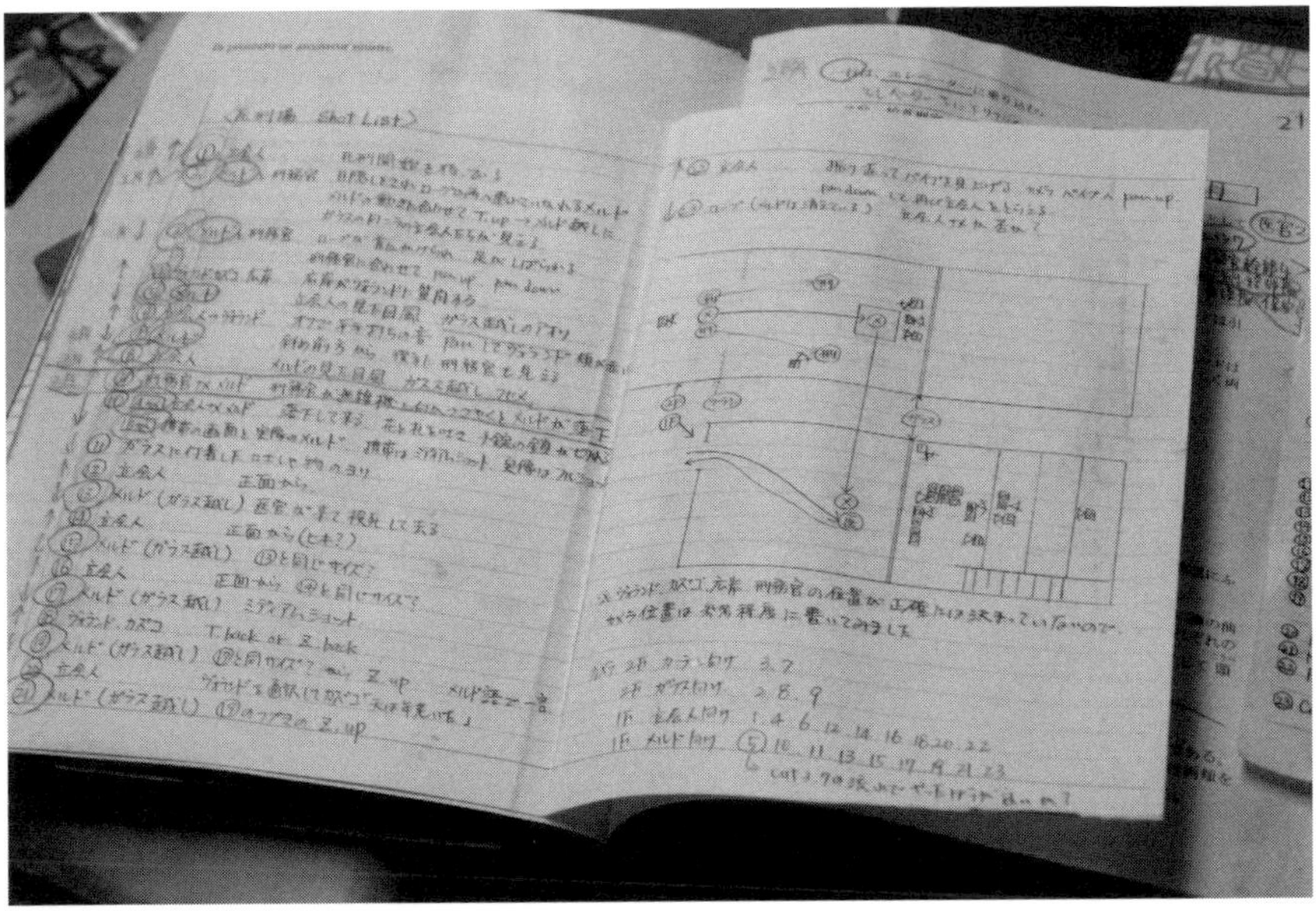

絞首台シーンの撮影メモ

女性器のようで汚らわしい」っていうセリフが典型的だけど、少々過激な日本人批判の視点がある。レオスって日本のことが大好きな部分（成瀬巳喜男やゴジラなど）と日本に対する批判的な部分（南京大虐殺やオウム真理教など）が奇妙な形で同居していて、そのことを独特な感覚で表現しようとしていると感じていました。

土田　大島渚の『絞死刑』（一九六八）とかは見ていると思うけど、そういうのを見てこうしたみたいなことを言わないですよね。

磯見　堀越（謙三）さんの藝大の退官記念講演にレオスが来たんよ。そこでレオスと話したんだけど、旧日本軍の銃とか手榴弾とか、あるいは十六弁の一文字菊とか普通に使ってることについて、「なんであんなの勉強したの」と聞いたら「普通だよ」って。「ヨーロッパでは戦時下で日本が南京に侵攻して虐殺をしたことは普通にみんなが知っている、教科書に書いてあるぐらい。日本にはなんで教科書に載らないの？」って。この映画で使ってる銃は南京で虐殺に使われたもの、手榴弾もそれと同じ型式にしてる。洞窟みたいなところでそれを見つけた訳のわからないある意味無垢な怪人メルドが渋谷でそれを放って投げて日本人をいっぱい殺して、そいつが日本で裁かれる。こういうのがレオスの東京っていうイメージなんだろうね。撮影で小道具とかを作っているあいだに、そういう考えがわかったことで、うちの美術部のなかで膨大な作り物に対して文句が減った。こいつの視点ってなるほどなって。そういうところで、三作品のなかで一番「東京」っていうのを表しているなと思う。日本なんて糞だ！　って。

土田　日本人の目を背けたくなるものをある意味で体現しているのが、メルドという怪物ですからね。

ドニ・ラヴァンとカラックス

菊地　『メルド』をやったときに本人から直接聞いたんですが、ドニ・ラヴァンは『ポンヌフの恋人』を見てないんですって。あの撮影では、実際に本物の酒をガンガン飲みながら撮影してたのでアル中寸前になってしまったり、ラストもそもそもドニとレオスが望んだような結末にならなかったりで本当に辛かったと。ドニは「この映画で僕の人生のある期間を失ってしまった」って言ってた。このままレオスと付き合っていたら自分の人生を生きれないかもと思って距離を置いていたそうです。そしたらハーモニー・コリンの『ミスター・ロンリー』(二〇〇七)の現場でたまたま再会しちゃって。やっぱりこの人とは離れられない運命だと悟って、『メルド』をやろうと思ったんだと。

土田　レオスはドニにはすごい気を使ってましたね。メイクしているときも、ドニがすごくいきり立っちゃうから、手が空いたら彼を落ち着けるためにいつも来てて、細かくケアをしてた。

菊地　それは意外ですね。現場のなかにいた人間からすると、レオスってこだわりが強く頑固で自己中心的なところがあるように見えていた。周囲の空気を読むなんてことはなく、みんなが振り回されてました。ドニはもうとにかく頑張っていて、日本語も覚えようと一生懸命だった。レオスから心が離れかけるんだけど、ドニ・ラヴァンがこっちに歩み寄ろうとしてくれたから、僕らスタッフはなんとか踏みとどまれた部分もあったのかなと思っていたので。

土田　俳優部のいる場所には、撮影する間際までメイクや衣装しかいないから、それほど見えませんよね。ドニは「メルドゴン(メルド語)」の規則さえも完全に頭に入れていました。すごく繊細でスタッフに気遣いをしてくれるのだけれども、彼自身の準備の仕方があるからそれを乱すものが少しでもあると苛立ちが募っていくというか。付け爪が痛くて大変だったな。彼には日本的なケアはちょっと合わなくて、ほっておく方が良い。レオスは、撮影以外ではドニとご飯も食べなければ全く会うことはないと言っていましたが、互いに程よい距離を保っていました。

海野　撮影のとき「アクション!」みたいな声はかけずに、レオスがギリギリ聞こえるような小さな声で「ドニ」と名前を呼んで、お芝居が始まる、というやり方は斬新だなと思いました。俳優の名前を読んでスタートをかけるというのが。決して、大声を張り上げたりすることはなかった。

菊地　でも、海外ではそうやって本番が始まることも珍しくないみたいですね。「アクション!」って言うと、人によってスイッチを入れすぎちゃうこともあるようで。たとえば(クリント・)イーストウッドがまさにそうで、「好きなときに始めていいよ、こっちはいつでも回すから」と伝えると聞きます。ガス・ヴァン・サントも現場で大きい声を出すのが嫌みたいで、芝居のリハーサルは役者とガスだけでやって、他の人は入れないんです。ある程度できたらスタッフが入るけど、絶対に大きな声を出すなって厳命される。

土田　『ホーリー・モーターズ』(二〇一二)のタイトルはここから来ていると思うのですが、フランス語でも「アクション(Action)!」につながる「カメラが回った」を意味する「Moteur, ça tourne」という表現って、無駄に緊張を誘発してしまうからか、じっさいには、それほど現場では聞かないような気がします。

菊地　レオスって撮るまでの準備は大変だけど、いざカメラを回し始めたらそんな無茶苦茶なことはしなかったなと。ドニ・ラヴァンが主役だったからかもしれないけど、そんなにテイク数を重ねるというタイプではなかった。やっぱりキャロリーヌの手持ちのカメラワークも、ドニ・ラヴァンの身体性を生かした演技も、何度もやり直すことなんてできないじゃないですか。カメラ横で見てて、これはほんとにすごいなと思いましたね。

海野　まず、基本的にテストをテストとしてやらなかったですよね。デジタルだからってことはあったかもしれませんが、テストだと思ったら、カット終わりで「スレート(カチンコ)入れて!」って声が聞こえて「え? 今のカメラ回ってたの?」みたいな。後に、確かキャロリーヌが言っていたかと思いますが、「テストが一番、良かったらどうするんだ? 撮り逃したら、もったいないだろう」と。

菊地　コンテもぜんぜん厳密じゃなかったし、日本の現場でよくやるように最初に芝居を組んで、それに基づいてカット割りをするというようなこともなかった。でも、こういうショットが絶対必要だ、みたいなプランは全部レオスの頭の中にある。もちろん銀座とか渋谷のロケ撮影で無茶なことをやるところは大変だったんですけど、セットでの撮影は意外と順調だったんですよ。

野本 そうそう。落ち着いたところでやってる分にはドニレオスもまったく問題ない。

土田 撮影が終わったあとのインタビューでは、日本のスタッフとの仕事は新鮮だったし、現場は楽しかったってレオスも言ってましたね。

中村 ときどき、朝にレオスを恵比寿に迎えに行ったのですが、スターバックスで一人で何やら勉強してました。実は真面目な人なんだと思いましたね。遊びの計画だったかもしれませんが(笑)。帰る前にまんだらけでゴジラのフィギュア買ったりしてましたね、娘のために。

磯見 ゴジラは水爆実験であんな大きな化け物になってしまった怪獣だけど悪意で日本に上陸したわけでない。何も考えてないのに水爆で巨大な怪獣となりある意味無垢な状況で日本を歩き回っただけ。南京での旧日本軍の行為とは違う。メルドは神様に送られてきた無垢な怪物でゴジラと同じ。

野本 ＴＯＨＯシネマズ新宿ができるまえでよかったよ。できてたら絶対歌舞伎町でロケするって言って、もっと面倒臭い話になってた。

中村 ＴＯＨＯシネマズ vs ユーロスペースの勝負が見れたかも(笑)。

『アネット』、あるいはレオス・カラックスの諸作について

土田 最新作の『アネット』(二〇二一)はどうご覧になられました?

野本 最初のスタジオ内から出てくるワンカット、あれアジャストすごくない? 夜の街なのにライティングをしてるって感じがない。普通だったら建物を出る瞬間にちょっと光をいじった感じが出ると思うんだけど、あれどうしてるんだろうね? カメラの絞りを変えないでいけるくらい外をライティングしているのかな?

中村 いや、ライティングしないんじゃないの、あの人。

菊地 『メルド』のときも思ったよりライティングはしてなかったですよね。

野本 エンディングで人がみんなで歩いてるところも、バーっと最後にカメラが引いていくと、照明のバルーンまで上げてて、そこはけっこうライティングしてると思うん

だよね。でも冒頭は、あんな明るいスタジオから表に出て延々と道を歩くのに、カメラの絞りを変えているように見えない。

磯見 後処理とかでなんとかできるの?

野本 いや、限界があると思う。

菊地 予算は相当かけていますよね。路上に出た後の奥の青っぽい光とかは絶対につくってると思います。最初、いきなりレオスが登場して始まりますけど、『ホーリー・モーターズ』とまったく同じ構成ですね。『メルド』以前と『メルド』以降で映画の構成がすごく変わってきていますよね。

土田 どの都市が映し出されていてもカメラを向けるものに対するスタイルが変わらないというか、初期の三部作にもそうした傾向はあったけれども、作り物の世界に対するイメージがはっきりと前に出てきているような気がします。元々、固有の場所や風景に関して作品ごとに考えていたとも言えないのですが、あえて自分の頭のなかにある典型的なものをより強く出す、みたいな。

菊地 少し話がズレますが、『メルド』の演出部が初日に集まったときにみんなで『汚れた血』(一九八六)の例のデヴィッド・ボウイの〈Modern Love(モダン・ラブ)〉がかかるドニ・ラヴァンの疾走シーンを繰り返し見直したんです。それから撮影がキャロリーヌになったってことで、(ジャック・)リヴェットの『彼女たちの舞台』(一九八九)も。そうやってみんなでテンションを上げて、日本人スタッフとして恥ずかしくないように、彼らの仕事に敬意を持ってやろうって、けっこう盛り上がってたんですよ。

磯見 偉いなあ、お前ら。

野本 俺はね、やっぱりレオスの映画が好きでたまらなかったの。人となりは知らなかったから現場ではいろいろあったけど、でもやっぱり『メルド』という作品は好きですよ。

土田 『TOKYO!』の三本のなかで一番面白いと思う。

野本さんはそれ以外では、カラックスのどの作品が一番好きですか?

野本 俺はもう、よく聞かれるけど『汚れた血』。『アネット』を見て、アダム・ドライバーがバイクで走るシーンとかを見ると、やっぱりジュリー・デルピーがバイクに乗ってるシーンを思い出した。『汚れた血』はユーロで初公開のとき、浪人時代に見たのかな。一浪して大学に入って映画サークルに入ったときも「『汚れた血』が好きです!」って生き生きと言っていたから。

菊地 初期の頃はある種の叙情というか、ロマン派みたいな雰囲気があったけれど、『メルド』あたりから開き直って、跳ね方が違うというか、そんなにウェットにならないですよね。でも、個人的には野本さんが指摘されたバイクの疾走シーンもそうだけど、二重写しや劇中で登場人物が歌い歩くのをワンカットで見せるなど、ある部分では集大成のような側面もあるのかもしれないと感じました。

野本　状況もあるし、年齢もあるんじゃないの。もちろん娘がっていうのもあるだろうし。なんでミュージカルなのかなとは思ったけれど、それは持ち込まれた企画に乗っかったってところもあるだろうしね。でも、大体の監督って一回くらいはミュージカルやってみたかったって言うんじゃないかな。

菊地　まあ、レオスの映画はずっと音楽が演出上の肝になっていますからね。

磯見　俺はレオス・カラックスの名前は聞いたことあるけど『メルド』に入るまで見てなかったからな。慌てて堀越さんにソフトをもらって見たくらいなんだけど、『ポンヌフの恋人』の花火はおかしかったかなあ。これほんまに打ち上げてんの？　こりゃ大変だ、馬鹿だなと思った。

菊地　メイキングが壮絶ですよね、『ポンヌフの恋人』は。最初は工事期間中にパリの実際のポン・ヌフ橋でやろうとしてたんだけど、そのときにドニ・ラヴァンがアキレス腱切っちゃったり、その後で建てたセットも二回くらいハリケーンか何かで壊されちゃったり……。

磯見　途中でプロデューサーが亡くなっちゃったりな。

土田　フランス中の助監督が注ぎ込まれたと神話化されましたからね。そのせいで誰もカラックスにお金を出さなくなっちゃったわけですが。

海野　『アネット』はカラックスが好きな要素、らしいショットというのがわかりやすく散見されると感じましたね。先ほども話に出ましたが、冒頭のスタジオからの延々とした歩きだとか、バイクの疾走だとか。妻が遭難するあの船のシーンはすごいなって思いました。おそらくスクリーンプロセス、揺れる船のセット、波しぶきに雷や雨とすごい組み合わせでやっているなと。あと、『メルド』で始まったレオス・カラックスとキャロリーヌ・シャンプティエのコンビが継続して、今もなお新作を撮っていることは、単純に喜ばしいことかと思います。

磯見　俺は台本でしか読んでないんだけど、なんか怖かったな。撮影前に『アネット』のための人形を探しに日本に来たときがあって、そこでレオスと四日間くらい文楽を観たり、井桁（裕子）さんの球体関節人形を見せて頂いたりしてたなぁ。最初は日本パートをけっこう撮るって話もあった。ただ、それは結局は助成金をもらうための話だったのかなぁ。

菊地　『アネット』では、僕も日本の実景をワンカット撮っているんです。初めは風景を数カット撮影するくらいの軽い気持ちで引き受けたら、そこはやっぱりレオス・カラックスでした(笑)。単純な風景カットではなく人物を置きたいと始まり、そうなるとロケ場所やキャストの資料が欲しい。衣装はこういう色味のこんな感じの質感で衣装合わせをして写真を送って欲しい。と、相変わらずのこだわりっぷりでした。しかも、場所に関しては、写真では選びきれず光にもこだわるので、二つの場所で二日間に渡って撮影しました。もちろん実際に使われたのはワンカットだけ、しかも、ほんの一瞬ですからね。でも、このようなレオスの作品作りへのこだわりは、日本の製作環境ではなかなか許されないと思いますが、自分も監督になった今、せめてその精神だけでも忘れずに持っていたいなと改めて思いました。

土田　ヨーロッパの外で制作されたことや、初めてデジタルで撮影されたということもあるけれど、『メルド』という作品は『アネット』へと至るレオス・カラックスの変貌を考える際に重要なものだったのではないかと考えています。作り物とリアルの奇妙に混在する映画というか。あの東京は日本人としては到底受け入れることのできないものであるにもかかわらず、ドニ・ラヴァンに仮託した怪人のイメージは、レオスだけでなく僕らの世界に対する息苦しさとして、共有することのできる生々しいものではなかったかと。メルドは『ホーリー・モーターズ』のオスカーであり、『アネット』のアダム・ドライバー演じるヘンリーだと思うのですね。人間の業を背負ってしまったというか、肥大していく闇の部分に憑りつかれ、取り込まれてしまい、疲弊し自滅していく。それは『ポーラX』から始まっているのかもしれないけれど、個人的な記憶に基づくレオス自身の悪夢なのかもしれない。そうした転換期の作品に立ち会ってしまったこと、この作品が発する「叫び」のようなものについてもう一度考えてみたいと思います。同じような現場で通訳を務めるには、もはや短期間であっても身体が付いていかないとは思いますけれど。

第7章

レオス・カラックス——映画を彷徨うひと

孤高の作家を拡張する

Le Vagabond du Cinéma

Leos Carax

カラックスと現代映画

カラックス&USSR

文＝赤坂太輔 AKASAKA Daisuke

いくらなんでもこんなヒドいスーパーリッチクズの話をよく映画化したなと文句を言ってくる連中がいたとしてもレオス・カラックスは相手になどしないだろうが、たとえばヒドい物語を語る前にいかにもこれは映画ですよと口上を述べ俳優やスタッフを紹介する『毒薬』(一九五一)のサッシャ・ギトリのことは考えたかもしれない、と一瞬思わせるかのように、自ら登場してミュージシャンにキューを出して歌う俳優たちの後ろからついて行き、娘と共に見送るところから『アネット』(二〇二一)は始まる。カラックスがスティーブン・ソンドハイムやバルトークを参照したというこのプロローグ部分も本編同様に完全に振り付けられていて、同時に歌と共に展開される長い移動撮影が以後の基調を奏でてゆくと告知している。このプロローグは三十五年前『汚れた血』(一九八六)のすぐ後でカラックスが出演したジャン＝リュック・ゴダールの『ゴダールのリア王』(一九八七)のプロローグとは無論全く似ていないが、『気狂いピエロ』(一九六五)の台詞や冒頭のゴダール近年作のタイトルバックを思わせるノイズを聞かされると、同じく英語の映画というだけでなく、このプロローグを含めていくつかのアメリカ観客向けと言っていいのかもしれない配慮があるのかもしれないとほんの束の間だけ見る者が考える、ということはありうるのだろうか。ゴダールの場合そもそもそれがアメリカの観客に受け入れられる以前に一般配給されなかったのだが、カラックスの『アネット』の場合、マリオン・コティヤールが幽霊化した後にアダム・ドライバーが娘を見せ物にしてワールドツアーに出るというあたりから本気でアメリカに配給させようとしているのか？　と思わせ始める勢いで、ラストの父娘のハーモニー＆切り返しは「私はダグラス・サークじゃない」とインタビューで述べているカラックスの言葉を裏切らんばかりのキャロリーヌ・シャンプティエがクローズアップでデヴィン・マクドウェルの顔に当てる照明が見事である。ここでは一方でアダム・ドライバーの着る赤色と背景となる壁の緑色に対する濃い燕脂色を着るマクドウェルにより富んだ陰影がつけられている。

　ここで観客は父と娘と言えばジャン・グレミヨンの『父帰らず』*La Petite Lise*（一九三〇）、面会と言えばロベール・ブレッソンの『スリ』（一九五九）『ラルジャン』（一九八三）を思い浮かべるかもしれないし、あるいは伽藍とした空間とショートカットの髪型の女の子というならシャルナス・バルタスの『三日』*Trys dienos*（一九九一）のカテリーナ・ゴルベワを思い出すかもしれない。カラックスはこの映画と女優に惚れ込み[★01]彼女がバルタスと別れた後には結婚し、バルタスの『家』*A Casa*（一九九七）ではカラックスが、そして『ポーラX』

『ポーラX』

(一九九九)ではゴルベワとともにバルタスが出演というふうに二人はある時期協力関係に発展していったのだが、一方でカラックスにとって『三日』の最後近く男に抱かれながら涙で震えているゴルベワの姿が、『ボーイ・ミーツ・ガール』(一九八三)でもオマージュを捧げている『父帰らず』で殺人を犯して婚約者と抱き合うナディア・シビルスカイアのイメージに繋がっていたかもと推測することはできるだろう。もちろんカラックスは、非物語的・肖像画的なアンディ・ウォーホルの映画に連なりそこから女優ニコを譲り受けた形の初期フィリップ・ガレルと異なり、物語映画を必要とする。『アネット』においても挿入される『群衆』(一九二八)のや物語的に参照されたらしい『活動役者』(一九二八)のキング・ヴィダーがその一例である。だから台詞もなくある場所に留まっている人々を凝視するといった作風の初期作品を撮っていたバルタスとカラックスは一見正反対に思えるのだが、ジャン・エプスタインやアベル・ガンスといったフランスのサイレント映画への愛と別に、バルタスもそうだった旧ソ連映画について、

アレクサンドル・ドヴジェンコ『大地』

特にソ連崩壊前後の一時期において、カラックスは自作の中でゴダールと共に参照していた数少ない一九八〇年代フランスの映画作家だったということが言える。『汚れた血』の冒頭で一瞬羽ばたく白鳥の翼はアルタヴァスト・ペレシャンの『住人』*The Inhabitants/Обитатели*（一九七〇）に由来するものと考えられるし、ラストのバイクで走り去ったジュリー・デルピーを追って走り出すジュリエット・ビノシュが手を広げる姿はアレクサンドル・ドヴジェンコの『大地』（一九三〇）の走ってゆくテロリストの男に似ている。カラックス自身が好きだと言っているボリス・バルネットを含めてもちろんそれらのソ連映画作家は一九八〇年代のゴダールが擁護し後に『映画史』（一九八八－九八）で引用した映画作家たちだ。また『アネット』の先に挙げた父娘のシーンでデヴィン・マクドウェルが登場してそれまで娘役を務めていた人形の後ろから歩いてくるショットは、セルゲイ・パラジャーノフの『スラム砦の伝説』（一九八五）において時が経過し娘役の女優から年長の女優ソフィコ・チアウレリに交代する演出を思い出させ

『汚れた血』　©THEO FILMS

る。カラックス自身はインタビューで祖父母がオデッサ出身のロシア系ユダヤ人だったからと言い、ソ連崩壊後のロシアに行くようになってからはアレクサンドル・ソクーロフの「エレジー」シリーズなどいくつかの映画を除いてほとんど失望したと語っているが、[★02]カラックスの旧ソ連映画作家へのシンパシーは、自分の作品において、物語を語ろうとしながらも一方では説話的な機能より一つの画面の存在を主張するという引き裂かれた欲望の表れに由来するものではないか。

たとえば『汚れた血』でドニ・ラヴァンとジュリエット・ビノシュが語り合うシーンは数多いが、そこでは確かに二人が同じ部屋にいるのにもかかわらず、一つの画面に続く画面が容易に予想し難い編集がなされている。前進移動する二人の正面カットに続いて、いきなりそれを見つめている第三者の若い男のカットが挿入され、あるいは青いバスローブを着たビノシュがフレームアウトする次に横たわる彼女のベッドの赤が、続いて外を歩く若い男、そして黒の背景に横顔の二人へ枯れた声で「お前には私の娘を愛する資格はない」とラヴァンの腹話術の声が聞こえ、さらに沈黙し見つめ合う二人に黒画面が挿入され、突如ジャンプカットで笑顔で牛乳をグラス

『ホーリー・モーターズ』

©THEO FILMS

で飲む二人の正面が映る鏡がやや引いた画面でつながれる。さらにビノシュがやんわり誘いを断ると黒画面がつながれラヴァンのアップからライトをビノシュの顔に向け、立ち上がったラヴァンの横顔の後ろに赤い柱が見える。ここで腹話術という設定の音のズレ、第三のカット挿入に加えて、セットならではの俯瞰ショット、さらに前の画面にない色彩を繋ぐ編集が、観客を安心させることはない。これは同じ場所にいながら続く画面にない色または背景を見せるという点で明らかにゴダールに似たつなぎと言えるが、興味深いのは、その前のデヴィッド・ボウイ〈Modern Love（モダン・ラブ）〉に乗ってのラヴァンの疾走シーンのように、わざわざセットを建ててのオーソン・ウェルズ『審判』（一九六二）的な迷路空間の出現ながら、そのレンズは空間以上に人に寄っており、しかもカール・ドライヤーの『裁かるるジャンヌ』（一九二八）でさえ残した天井の白さが、ここでは夜の闇に沈んで見えないことだ。あるいは後年カラックスが賞賛しているソクーロフの『静かなる一頁』（一九九四）がレンフィルムに迷路的なセットを建てて構図＝逆構図を堅持していることと対照的である。つまりカラックスはセット空間を必要とする古典映画的スタジオ映画作家への欲望とは別に、装置の中で演じる人々の身体により焦点を合わせていたということだ。

思い返せば『ポンヌフの恋人』で物議を醸した巨大セット建築も、確かに革命二〇〇年記念の花火や水上スキーのシーンのように、たった二人のための背景と考えればF・W・ムルナウの『サンライズ』（一九二七）を思い出させるが、強く残るのは背景を排した長い焦点レンズで捉えられる、路上に倒れた死体と見まごうドニ・ラヴァンの姿、軍事パレードの戦車と疾走するジュリエット・ビノシュのショット、あるいは最後に橋上から水中に飛び込み暗い水中で掴み合う二人のように、むしろセットそのものはさておき、そこで演技を行う、というより生きる人々の力強いフィジカルな瞬間を捉えた画面である。そして『メルド』（二〇〇八）と『ホーリー・モーターズ』（二〇一二）のドニ・ラヴァンとの作業は、この類い稀な俳優とのフィジカルな瞬間の継続で、東京やパリのあらゆる場所と虚構の場所としての地下や廃墟的なセットに、ゴジラのテーマとともに登場する不思議な怪人メルドを探し求める。たとえば『ホーリー・モーターズ』で墓地から奪ったエヴァ・メンデスが演じるモデルにブルカを纏わせ自分は全裸になって勃起した性器（装着したもの）を見せつけながら彼女の膝枕に横たわり歌で眠りにつく固定画面の長回しは、前述したバルタスやソクーロフの映画を思わせるカットではある。

『アネット』ではアダム・ドライバーが演じるスタンダップ・コメディアンとマリオン・コティヤール演じるオペラ歌手というともにセット空間に対して肉体をフルに使うパフォーマンスシーンがふんだんに見られ、特にサンドラー演じるヘンリーが新妻アンへのくすぐりプレイを笑いのネタにして観客のブーイングを喰らうシーンの、長回しのパフォーマンスは圧巻で、ほとんどジョン・カサヴェテスの『オープニング・ナイト』（一九七七）の舞台シーンを思わせるほどだ。あるいはサンドラーとコティヤールが全裸になっての後背位からの歌唱付きセックスシーンは、たとえば『フェリーニのカサノバ』（一九七六）のようなカリカチュアではない、二人のバレエ的パフォーマンスの鍛えた身体感が迫ってくる。これと同様に寝室でコティヤールが両足を広げた仰向けの姿勢の股間にサンドラーが顔を埋めながらクンニリングスからそのままの姿勢で分娩室の出産につながれる編集は下品でスキャンダラスになりうるところ、二人のフィジカルな身体感が前面に出てきてそれを超越してしまう。こうした派手なシーンはコティヤールが退場する嵐の船のセットを最後に減ってゆき、また『フェリーニのカサノバ』の自動人形に遠く通じるかのような娘が登場する。赤子＝カワイイの時代にこれもまた挑発的であろう。しかし現在のフランスでソ連崩壊時に『センチメンタルな警官』*The Sentimental Poiceman/Чувствительный милиционер*（一九九二）のキラ・ムラートワが裸の赤子をキャベツ畑に長時間放置するようなことはおそらくできなかっただろうし、人形という選択は賢明でさえある。そしてこの選択があったからこそ、前述した交代シーンがあり、そこでもまた人形から生身へのフィジカルな身体感を映像に獲得しえたのである。

レオス・カラックスは激しく時代と行き違うことで己を持ち堪えてきた映画作家だ。トーキーの時代にサイレント映画の美を求め、撮影所映画がとうに終わった時代に不可能な巨大セットを望み、その装置を建設できた場合でもそれを蔑ろにするかのように身体の存在を浮かび上がらせ、そしてロシア、ドイツ、日本、アメリカへの撮影場所を求め、そうした果てに『アネット』は生み出されたが、自ら「孤児になること」を望む(映画の中で親は子に捨てられて終わるが)と語る作家のことを模範的ともレジェンドとも神話ともせず、観客のできることはただこの激しく行き違う欲望と運動を追ってゆくことだけかもしれない。アンファンテリブルって言ってしまえばそれまでなのかもしれないのだから。

★01——https://www.kommersant.ru/doc/221153
★02——https://meduza.io/feature/2021/08/10/ya-odinok-iv-kino-i-vne-kino_

カラックスとアメリカ

アメリカン・ドリームの両義性

——レオス・カラックス作品における夢

文＝入江哲朗
IRIE Tetsuro

レオス・カラックス監督の最初の長篇映画『ボーイ・ミーツ・ガール』(一九八三)において主人公アレックス(ドニ・ラヴァン)は、バーで拾った招待状を頼りに、ヘレン(キャロル・ブルックス)という見ず知らずの女性が主催するパーティーへ入り込む。英語交じりのフランス語を話すヘレンは、会場の有名人たちをアレックスに紹介するなかで、夜の窓辺にたたずむ男女を指して次のように言う。「白いセーターの女性はジョゼット・ルメルシエールで、五〇年代末のミス・ユニヴァース。窓辺のハンサムな男はジェリー・ブリッジマン、月面を歩いたアメリカ人宇宙飛行士よ」。しばらくあとでアレックスは、ブリッジマン(ハンス・メイヤー)にこう語りかける。

あなたが最初の一歩を踏んだとき僕は九歳で、何年ものあいだ、宇宙は僕が生きる理由でした。あなたがどう考えているのかわかりませんけど、でも、いまは宇宙なんてはなからだめになっている[foutu]と思いませんか。Do you understand?

これを受けて宇宙飛行士は、何も言わずにアレックスをつかのま抱きしめる。ところで宇宙が「だめになっている」

とは、いったいどういうことだろうか。『ボーイ・ミーツ・ガール』の中盤にあたるこの時点ではすでに、主人公アレックスが監督カラックスと同じく一九六〇年生まれであることが確かめられている。アレックスの質素な自室の壁の、絵画に隠された手描きのパリの地図をとおしてである。そこに書き込まれている文字、そして彼が新たに書き足した文字が、彼の生年のみならず、物語上の現在が一九八三年五月であるらしいことも観客に伝えている。

一九六九年、つまりレオス・カラックス——本名はアレックス・デュポン——が九歳になる年に、アポロ一一号の船長ニール・アームストロングが月面で「人類にとっての大きな飛躍」となる一歩を踏み出した。では一九八三年には宇宙はどうなっていたのか。米国ではこの年に「スター・ウォーズ計画」が宣言された。すなわち、同年三月二三日にロナルド・レーガン大統領が発表した、敵国から発射された核ミサイルを衛星軌道上のレーザー兵器などによって破壊するという趣旨の戦略防衛構想(SDI)が、その宇宙規模のスケールゆえにマスメディ

『ボーイ・ミーツ・ガール』パーティーで出会うアレックスとブリッジマン

アから「スター・ウォーズ計画」と呼ばれたのである。かつてジョン・F・ケネディが「我々の偉大なるニューフロンティア」と理念化した宇宙に、米ソ間の冷戦において戦略的優位に立ちたいという軍事的野心がずっと貼りついていることを、一九八三年の米国は隠そうともしていなかった。加えて、宇宙への志向を表現する際に「フロンティア」という理念ではなく『スター・ウォーズ』(一九七七、ジョージ・ルーカス)という虚構が持ち出されるようになった点も、一九六〇年代と八〇年代の大きな違いであった。

社会学者の大澤真幸は一九九六年に、日本の戦後五〇年間を一九七〇年までの「理想の時代」と以後の「虚構の時代」とに区分した。これは、同じく社会学者の見田宗介が一九九〇年に掲げた戦後史の一五年ごとの三区分を「二段階に圧縮」したものである。「見田によれば、日本社会の戦後史において、現実が照準している反現実の様相は、「理想→夢→虚構」の順に転換してきた[★01]」。しかし大澤の考えでは、このうち「夢」は「「理想」と「虚構」の両方に引き裂かれるような両義性をもっている」。なにしろ「「夢」という語は、「あなたの将来の夢」と言うときには、理想に近い意味をもち、「夢か幻か」と並置されるときには、虚構に近い意味をもつ」のだから[★02]。

大澤らが俎上に載せているのはあくまでも日本の戦後史であるが、少なくとも、いましがた論及した宇宙の位置づけの変化には「理想の時代」と「虚構の時代」という区分を応用できるだろう。しかしそれ以上に興味深く思われるのは、見田が言う「夢の時代」の起点とカラックスの生年が重なっていること、そして大澤が指摘する夢の両義性が『ボーイ・ミーツ・ガール』の特徴でもあることである。

たとえば、先述のパーティーよりもまえの場面において、アレックスが夜のポンヌフ——言うまでもなく、のちにカラックスが『ポンヌフの恋人』(一九九一)の舞台に選ぶパリの橋——を歩きながらヘッドフォン越しに聴くのは、デヴィッド・ボウイのデビューアルバム『David Bowie(デヴィッド・ボウイ)』(一九六七)に収められている〈When I Live My Dream(僕が夢を生きるとき)〉である。この曲を流しながらポンヌフ上を左へ移動するカメラは、手前に背を向けて欄干沿いに立つ若い女性のところで止まり、やがて彼女のもとへ若い男性が近づく。ふたりが抱きあうタイミングでアレックスがふたりの手前を通過し、そこでショットが替わって、キスする男女が左側の前景に、ふたりをじっと見つめるアレックスが右側の中景に配される。恋人を友人に寝取られてまもないアレックスにとって、ポンヌフ上で愛を確かめあうこの男女はひとつの理想なのだろうか。しかし不思議なことに、この男女はキスしながら、まるでマネキンになったかのごとく横回転している。眼をつむってキスしている女性が眼を開けるところをクロースアップで捉えたショットののち、アレックスはふたりの足許へ小銭を投げる。これによっていっそう、このキスの見世物性が、言い換えればふたりの愛が虚構であるという印象が強められる。アレックスが小銭を投げるときに聞こえるのは、ボウイが《Only love can live in my dream》(「僕の夢で生きられるのは愛だけだ」)と歌う声である。

ここで注意すべきは、いま述べたふたりの愛の虚構性をどれほど強く感じとるかに関わりなく、このキスがなおも理想性を留めていることである。なにしろ、映画史

『ボーイ・ミーツ・ガール』男女のキスを見つめるアレックス

の輝かしい記憶にはすでに、横回転しながらキスする男女の姿が登録されているのだから。アルフレッド・ヒッチコック監督『北北西に進路を取れ』(一九五九)の、寝台列車の客室のなかでケーリー・グラントとエヴァ・マリー・セイントがキスする場面をとおして。

✦

ヒッチコック作品の、現実を支える足場が徐々に崩れてゆくような感覚を観客に抱かせるサスペンスフルな世界には、ヒッチコックが見た夢が影響しているのではないか――そう疑ったフランソワ・トリュフォーは、ヒッチコック本人に質問を投げかける。その様子を私たちは、日本では『映画術』と題されている一九六六年初出の伝説的なインタビュー集において読むことができる。夢に関する質問に対してヒッチコックは、トリュフォーが期待したたぐいの答えを返さず、やがて夢にまつわる「小話」へ脱線してしまう。深夜に「夢のなかでいい話を思いついたはず」なのにいつも翌朝には忘れてしまうシナリオライターの話である。ある日彼は、枕元の紙と鉛筆を使って深夜のアイデアを書きとめることを決意する。やはり翌朝にはアイデアは忘れられていたが、今回はそれを記録していたことを彼は思い出す。

H[ヒッチコック]　[…]彼は寝室に走りこみ、枕元のメモ用紙を取った。たしかに、そこにはすばらしい〈深夜のアイデア〉が書きとめられていた――「ボーイ・ミーツ・ガール」とね!

T[トリュフォー]　それはいい……ケッサクな話ですね……。★03

山田宏一と蓮實重彥が訳した日本語版『映画術』は、いま引いた箇所の「ボーイ・ミーツ・ガール」に訳註を付し、

「男の子が女の子に会う、そしてドラマが生まれるという相も変わらぬハリウッド映画のシナリオづくりの定石を――多くの場合皮肉って――示す表現」との説明を加えている。[★04] また、いま引いた箇所の少しあとで、さきに言及した『北北西に進路を取れ』のキス・シーンをトリュフォーが取り上げている。とはいえ私は、『映画術』のこの箇所にカラックスの『ボーイ・ミーツ・ガール』が由来していると主張したいわけではなく、私にとって興味深いのはむしろ次の二点である。第一に、『北北西に進路を取れ』に関しては「それがまったく完璧で自然にみえる」[★05]とトリュフォーが評した横回転する男女のキスが、『ボーイ・ミーツ・ガール』においては技巧的で不自然なものに変質している点。第二に、理想から虚構へというベクトルでもってかかる変質を理解するのだとして、その理想にはアメリカが何らかの仕方で関わっている点。これらがカラックスの歩みを辿るうえでも重要であることを、以下で手短ながら論じよう。

鈴木布美子による一九九一年のインタビューのなかでカラックスは、「十一、二歳のころ、僕はマリリン・モンローが大好きだった」と語っている。「そこで僕は夏休みにアメリカに行き、彼女のことを知っている多くの人に会って、彼女の死について調べたいと思ったんだ。それは、もし僕が彼女を知っていれば、彼女の自殺を防げたかもしれないという、子供っぽい考えからでたことだった」[★06]。小説家ノーマン・メイラーが「アメリカン・ドリームの長い夜に栄えた神話の最後のひとり」[★07]と呼んだ女優に対するカラックス少年の愛が、もしかすると、『ボーイ・ミーツ・ガール』のパーティーでアメリカ人宇宙飛行士の隣にロロ・ピガール扮する「五〇年代末のミス・ユニヴァース」を立たせるという選択に寄与したのかもしれない（ジョゼット・ルメルシエールという役名はおそらくアメリカ人のものではないが、そもそもミス・ユニヴァースは一九五〇年代初めに米国で始まったコンテストである）。なおミス・ユニヴァースと宇宙飛行士は、パーティー会場の窓辺でほとんど身動きせずに立っており、ここからもいくばくかの見世物性を感じられる。

カラックスは、一八歳から一九歳にかけての一時期『カイエ・デュ・シネマ』に寄稿していた。同誌で彼が最初に書いたのは、シルヴェスター・スタローン監督『パラダイス・アレイ』（一九七八）を好意的に評する批評であった。曰く、

「ユーモアと笑いがたえず喚起されるにもかかわらず、その楽天的な結末にもかかわらず、製作された映画はひとつの長い悪夢に似ている」。二年前に『ロッキー』(一九七六、ジョン・G・アヴィルドセン)の主演男優兼脚本家として一躍有名になり、アメリカン・ドリームの体現者とも見なされていたスタローンの監督デビュー作は、カラックスからすれば「孤児の悪夢」であり、ゆえに「美しい映画」なのであった。★08 貧困からの脱出を夢見た三人兄弟の成功譚を「悪夢」へと読み換えるこの独自の見方は、カラックスのゆくすえをも予示している。

やがて自らも監督デビューを果たしたカラックスは、さまざまな苦労を重ねながら『ポンヌフの恋人』までのいわゆる「アレックス三部作」を完結させたのち、アメリカ文学の古典の現代的翻案に着手する。かくして一九九九年に公開されたのが、ハーマン・メルヴィルの『ピエール──あるいは両義的なものたち』(*Pierre; or, The Ambiguities*、一八五二)を原作とする『ポーラX』である。カラックスのフィルモグラフィーにおけるこの映画の重要性は、彼自身への自己言及をほのめかす台詞があることからも傍証される。新人の覆面作家であり第二作を準備中の主人公ピエール(ギヨーム・ドパルデュー)に対して、彼の混乱ぶりへの懸念を編集者のマルグリット(パタシュー)が示すくだりの台詞である。

ムージルのこの言葉をあなたもご存じでしょう。「自らの時代に腹を立てれば、必ず痛手をこうむることになる」。お気をつけなさい! あなたは成熟した作品を夢見ていますけど、ピエール、あなたの魅力は溢れんばかりの未熟さにあるのです。あなたは何かに火を放つことを夢見ています。目も眩むほどの高さにある雲のごとく自らの時代を凌駕することを。みなの心胆を寒からしめ、[エルサレムの]シオンの城壁のなかにみなを留めおくことを。でもあなたはそのために生まれたわけではないのです、ピエール! あなたは自分でそう信じているわけですらないのです。★09

ピエールの混乱のきっかけは、彼の異母姉を自称するイザベル(カテリーナ・ゴルベワ)の出現にあった。原作の、姉弟の近親相姦への戻りがたい傾斜が暗示される場面には、「僕らが夢を見ていることを夢見ていたという夢を僕らは見ているんだ[we dream that we dreamed we dream]」とか「夢のなかでどうして罪を犯せようか」といったピエールの言葉がある。★10 対して『ポーラX』は、姉弟の近親相姦を(性器も含めて)即物的に撮る一方、うたた寝するピエールが見た夢を、巨大な渓谷を通る真っ赤な河を裸の姉弟がいっしょに流れてゆく光景として映像化している。言うなれば、原作においては「夢」であった近親相姦を、『ポーラX』は即物的な映像と幻想的な映像とに分極している。

そもそも、たとえば「夢のようだ」という表現は、「ぼんやりしている」とも「苛酷なほど明瞭である」とも捉えられうる点で両義的である――「こういった夢の両義性」は、批評家の柄谷行人によれば、「われわれがその内側で生きているような夢と、めざめたあとで、それを想起し構成した夢とのちがい」に由来する。「いずれにせよ、現実感の過剰と欠如という両極は一致するのであって、われわれが「夢のようだ」とよぶ

『ポーラX』

のはそのような状態にほかならない」[11]。これは、大澤真幸が指摘した「「理想」と「虚構」の両方に引き裂かれる」という夢の両義性とは少し異なる両義性である。そして私には、『ポーラX』が拓いたカラックスの新境地の理解にいっそう役立つのは柄谷による夢の両義性の定式化だと思われる。「『ボーイ・ミーツ・ガール』におけるカラックスの新鮮な映像感覚が、ハリウッド流の見世物のための演出に呑みこまれた」[12]と評されたこともある『ポンヌフの恋人』から、夢の両義性にこだわりつづけたまま飛躍しようとするなかで、カラックスは理想から虚構へというベクトルとは別の道筋を発見したのではないか。

カラックス作品のキャラクターたちは大事な局面で夢を見る。たとえば『ホーリー・モーターズ』（二〇一二）のオスカー（ドニ・ラヴァン）は、ジーン（カイリー・ミノーグ）との予期せぬ再会の直前まで白いリムジンのなかで眠っており、徐々に視界を歪ませながら夜のペール・ラシェーズ墓地の道を進んでゆくという夢を見ている。カラックスの最新作『アネット』（二〇二一）でも、スタンダップコメディアンであるヘンリー（アダム・ドライバー）の没落の起点に置かれているのは、妻のオペラ歌手アン（マリオン・コティヤール）が車中での仮眠中に見る夢である。カラックスは、私見では『アネット』においてこそ、「現実感の過剰と欠如という両極」を一致させることにもっとも成功した。その成功が、米国が舞台である点でも英語の長篇映画という点でも彼にとってははじめての作品で勝ちとられたことからも、アメリカン・ドリームの両義性がカラックス作品に及ぼす磁力の大きさを窺えるだろう。

★01——大澤真幸『増補 虚構の時代の果て』、ちくま学芸文庫、二〇〇九年、四〇－四一頁。
★02——大澤真幸『不可能性の時代』、岩波新書、二〇〇八年、二一－三頁。
★03——フランソワ・トリュフォー『定本 映画術——ヒッチコック／トリュフォー』山田宏一＋蓮實重彦訳、晶文社、一九九〇年（改訂版）、二六九－二七〇頁。引用中のブラケット［　］内は引用者による補足ないし中略である。以下同様。
★04——同前、二八九頁。
★05——同前、二七二頁。
★06——鈴木布美子『レオス・カラックス——映画の二十一世紀へ向けて』、筑摩書房、一九九二年、二八頁。カラックスの前半生に関する同書一五七－一八四頁の記述にも本稿は裨益されている。

★07——Norman Mailer, *Marilyn: A Biography* (New York: Grosset and Dunlap, 1973), 16; 邦訳『マリリン——その実像と死』中井勲訳、継書房、一九七三年、一八頁。ここでは引用者が試訳したうえで引いた。

★08——Leos Carax, «*La Taverne de l'enfer* (Sylvester Stallone)», *Cahiers du cinéma*, no. 303 (septembre 1979): 54–55.

★09——ロベルト・ムージルの言葉の訳は以下に拠ったが、若干の変更を加えた。『ムージル著作集　第一巻　特性のない男Ⅰ』加藤二郎訳、松籟社、一九九二年、七〇頁。

★10——Herman Melville, *Pierre; or, The Ambiguities*, in *Pierre, Israel Potter, The Confidence-Man, Tales, and Billy Budd*, ed. Harrison Hayford (New York: Library of America, 1984), 319–20; 邦訳『メルヴィル全集　第九巻　ピエール』坂下昇訳、国書刊行会、一九八一年、二八五－二八六頁。ここでは引用者が試訳したうえで引いた。

★11——柄谷行人「夢の世界——島尾敏雄と庄野潤三」、『意味という病』所収、講談社文芸文庫、一九八九年、七一－七三頁。

★12——中条省平『フランス映画史の誘惑』、集英社新書、二〇〇三年、二三二頁。

カラックスと批評

批評家カラックスの肖像——スタローンとゴダールの間で

文＝堀潤之 HORI Junji

『カイエ・デュ・シネマ』誌による一九六二年のインタヴューで、同誌の批評家を経て映画作家になったゴダールは、「批評からはどんなものを得られましたか」という質問に対して、のちに人口に膾炙するようになった以下の回答を与えている。

〈カイエ〉のわれわれはみな、自分を未来の演出家とみなしていた。(……)書くということがすでに、映画をつくるということだった。というのも、書くことと撮ることの間には、量的な違いはあっても、質的な違いがあるわけじゃないからだ。(……)ぼくは批評家としての自分をすでに映画作家とみなしている。★01

ここで述懐されているように、ゴダールはもちろん、ロメールもトリュフォーもシャブロルもリヴェットも、ヌーヴェル・ヴァーグの映画作家たちはみな、映画を見ること、それについて書くこと、そして映画をつくることの連続性と同質性を生きていた。『カイエ・デュ・シネマ』誌からは、以降も断続的に、批評出身の映画作家が輩出することになる。たとえば、おおむね活動年代順に挙げるならば、『ブリジットとブリジット』*Brigitte et Brigitte*(一九六六)のリュック・ムレ、『物質の演劇』*Le Théâtre des matières*(一九七七)のジャン＝クロード・ビエット、『リバティ・ベル』*Liberty Bell*(一九八三)のパスカル・カネ(この作品はジュリエット・ビノシュのデビュー作でもある)、脚本家として目覚ましい活躍をしつつ『アンコール』(一九九六)で監督業にも進出したパスカル・ボニゼール、八〇年代後半に最も有望な監督の一人として頭角を現したオリヴィエ・アサイヤスなど、ヌーヴェル・ヴァーグの監督たちほどの知名度には欠けるにしても、それぞれに注目すべき重要作を手がけてきたこれらの監督たちは、みな一時期『カイエ・デュ・シネマ』を主な拠点に批評活動を行なっていたのである。

こうした批評家＝映画作家の系譜にレオス・カラックスを連ねることには、たしかにいささかの無理があろう。セルジュ・ダネーとセルジュ・トゥビアナが編集長を務めていた『カイエ・デュ・シネマ』誌に弱冠十八歳にして引き入れられたとはいえ、カラックスが実際に批評を書いたのは、一九七九年秋から翌年春にかけての一年にも満たない期間にすぎず、先に挙げた監督たちがそれぞれに批評集も刊行しているのと比べると、量的にも大きな違いがあるからだ。しかし、量的にはわずかではあれ、カラックスが『ボーイ・ミーツ・ガール』(一九八三)で長篇デビューする数年前に著したテクスト群には、これから見ていくように、まだ習作の短篇しか撮っていない若き詩的な魂が、既存の映画に仮託して自分の撮るべき映画をあれこれ夢想するような側面がある。ゴダールと同様、若きカラックスも「批評家としての自分をすでに映画作家とみなして」いたはずであり、この小論では彼の批評のそのような側面にささやかながら光を当ててみたい。

孤児の悪夢

『ボーイ・ミーツ・ガール』序盤のワンシーンで、ドニ・ラヴァン演じるアレックスは、自室の壁に掛けられている絵の後ろに隠されたパリの地図に、「初めての殺人未遂、グロ＝カイユ橋」とペンで書き込む。その地図には、他にも「初めての盗み」とか「Fへの初めての嘘」などといったメモが場所と日付とともに書き付けられている。きわめて散文的な情報の羅列にみえるものを通じて、一連の「初めて」の行為が生み出したはずの懼れや瑞々しさがたしかに滲み出てくるような、詩情あふれるシーンである。仮にこの地図に、「初めての批評、一九七九年九月、『カイエ・デュ・シネマ』」と書かれていたとしても、何の不思議もないかもしれない。それほどまでに、カラックスが同誌に寄稿した最初の批評——シルヴェスター・スタローンの監督デビュー作である『パラダイス・アレイ』(一九七八)評——は、彼の批評の中でも特別な意味を持っているように思われる。★02

『ロッキー』(一九七六)で一躍スターダムにのし上がったスタローンの初監督作は、総じて低い評価に甘んじている。だが、カラックスの映画世界に馴染んでいる者にとっては、彼がこの作品に心惹かれるのはさほど意外なことではないだろう。まず、この映画の舞台は、一九四六年のニューヨークの貧民街ヘルズキッチンであり(フランス語タイトルは、その地区名を直訳した「地獄の安食堂」)、物乞いが点在し、ネズミが徘徊し、「浮浪者たちにつかまらずして家にも帰れない」この地区は、『ポンヌフの恋人』(一九九一)の冒頭でドキュメンタリー的に捉えられるナンテールのホームレス収容施設や、主人公のアレックスたちがねぐらとするポンヌフと地続きなのだ。ジョナサン・ローゼンバウムも指摘するように、下層の社会への嗜好、いわゆる「泥への郷愁(nostalgie de la boue)」が、カラックスをこの作品に向かわせているわけである。★03

加えて、イタリア系移民の三兄弟がスラム街の賭けレスリングで成功を収める顛末を描いたこの物語においては、その題材からして、数々の異形の身体が跋扈する。スタローン自身が演じる次男コスモの教唆によって賭けレスリングの世界に身を投じるのは、普段は冷却用の氷の塊を配達している三男ヴィクター（ヘビー級ボクサーのリー・カナリトが演じている）である。スタローンを凌駕するヘラクレス的な巨軀の持ち主であるヴィクターが、うらぶれたナイトクラブ「パラダイス・アレイ」で、敵対する一味の用心棒（彼に扮するのはプロレスラーとして日本でも名を馳せたテリー・ファンク）を腕相撲で負かす序盤のシーンは、クライマックスを構成する二人の死闘以上に、ほとんどサーカスの見世物を思わせる異様な身体的アトラクションの誇示の一幕となっている。こうした身体のあり方が、地面に頭を擦り付け、火吹き芸を披露し、ピストルで自分の指を吹き飛ばす『ポンヌフの恋人』のアレックスの、やはり異形としか言いようのない身体につながるものであることは明瞭だろう。★04

だが、これらの表層的な要素以上にカラックスが注意

『ボーイ・ミーツ・ガール』 ©THEO FILMS

を向けるのは、より抽象的な、本作の「質感」とも言うべき雰囲気に対してである。彼はあらすじを紹介した後、ただちに本作が「長い悪夢に似ている」と言い、「街路と夜のシーン、照明、固定ショットという選択（カメラの動きはほぼ皆無である）、（あまりに頻繁な）ディゾルヴ——すべてが悪夢のコード化された演出の性質を帯びている」と指摘する。それに続く以下の箇所は、この批評の白眉と言っていいだろう。

> 悪夢という点については、クレジット場面（とてもよくできている）が分かりやすい。屋根から屋根へと渡りながら、コスモがマホン・ギャングの一員と競争している。このシーンは夜、スローモーションで撮影され、複数の固定ショットに切り分けられている。屋根と屋根の間（下から、垂直の仰角で捉えられる）はどれも、走る二人を窺うエアポケットである。彼らの顔は奮闘［l'effort］によって歪められている。そして、この映画のあらゆるショットが、クレジット場面よろしく、極端にまで押し進められつつ、虚空の中で足場もなくスローモーションにされているかのような、奮闘の連続なのである。彼らは奔走の度合いを高めていき、よりいっそう多くの力を用いる——惨めなエスカレーションだ——が、固定ショットによって私たちはその場にとどめられる。登場人物たちは各シークェンスの終わりにまで到達しようと格闘するのだが、スタローンのカメラはそれを助けることがない。（……）スタローンの映画では、一つ一つのショットが勝つか負けるかなのである。

登場人物たちがただひたすら懸命にもがき続けるしかないような、悪夢としての映画——そのような側面を『パラダイス・アレイ』に見て取るカラックスは、さらに、三兄弟が「大人の孤児」であることにも注意を促す。彼は、端的に「『パラダイス・アレイ』は孤児の悪夢である」と言う。「孤児」が『汚れた血』（一九八六）のアレックスをはじめとして——映画の冒頭で父親を失った彼は、孤児になることですべてをやり直すチャンスを得る——、カラックスの作品世界の重要な要素であることはよく知られているとおりだ。この批評で彼は、孤児となった兄妹の逃亡の物語であるチャールズ・ロートンの夢幻的な『狩人の夜』(一九五五)を引き合いに出しながら、★05「観客の[映画との]同一化が最も深いものになるのは、もっぱら孤児という登場人物、暗闇の中の孤独な子供を通じてである」とも書き付けている。「孤児」は単にテマティックとしてだけでなく、映画との深い同一化を実現させる方策としても重要なのである。

「これこそ映画であり、人々が本作を見に行かなかったとしたら、彼らは映画を愛するための良い機会を失ったのである」とこの評を締めくくるカラックスは、疑いなく『パラダイス・アレイ』に惚れ込んでいる。本作が客観的にみてすぐれた映画であるかどうかは、おそらく彼にとってはどうでもいいことなのだろう。カラックスは、たしかに彼のその後の作品世界のいくつもの要素を含んでいる本作に、まだ作っていない未来の自作を透かし見ているのである。

『汚れた血』 ©THEO FILMS

イエール映画祭にて

カラックスが『パラダイス・アレイ』を見出した一九七九年は、『カイエ・デュ・シネマ』の歴史において、ちょうどアメリカの商業映画への回帰が生じている時期だった。七〇年代にはジョン・カサヴェテスやロバート・クレイマーのような独立系の監督を除いてアメリカ映画をほとんど無視していたこの雑誌は、しだいにコッポラ、スコセッシ、スピルバーグ、キューブリックなどの作家をしかるべく扱うようになり、またアサイヤスやシャルル・テッソンのような新たな執筆者たちが、それぞれカーペンターやクローネンバーグのジャンル映画を戦略的に擁護していく。★06 しかし、カラックスはあくまで一本の周縁的な映画を偏愛するのみであり、こうした批評史の流れに棹さすことはなかった。

『パラダイス・アレイ』評に続いてカラックスが書いた批評は、一九七九年のイエール映画祭と、同年末にシネマテークで開催されたポーランド映画週間の報告である。★07 この二つの記事でも、カラックスはやはり、目の前で上映される映画をいわばリトマス紙として、時には辛辣な、時には感嘆に満ちた率直な印象を書き留めながら、未来の映画作りに向けた準備をしているかのようだ。

たとえば前者では、特集上映されたクレイマーにはことのほか好意的な眼差しが注がれている。この機会に『イン・ザ・カントリー』(一九六六)、『エッジ』(一九六八)、『アイス』(一九七〇)を初めて見たというカラックスは、まず、「クレイマーは(ゴダールやその他数名と同じく)、喋る人々を撮影する術を知っている映画作家の一人である。(……)会話にはすばらしい明晰さと正確さがある」と述べ、次いで立て続けに、ショット内にすでに隠されている武器を(たとえば冷蔵庫の背後から)取り出す手の運動感に言及し、「恋愛関係」をありのままに撮るさまを称賛し、俳優たちが「役柄と同時に彼らの物語を演じているという印象」を与えると指摘する。こうした評言は、アレックス三部作についてのものであってもさほどおかしくないだろう。

あるいは、特別上映されたマルグリット・デュラスの短篇のうちの一本『オーレリア・シュタイネル（メルボルン）』（一九七九）は、「セーヌ河の決して固定されることのないショット群」を捉えているという点で、カラックスに強い印象をもたらしたに違いない。「平底船の規則正しい物音」が聞こえ、それが「河川と切り離せない海に向かって夜を突き進んでいく」というこの映画の情景は、そのまま、アレックスとミシェールがセーヌ河を航行する砂利運搬船に拾われてル・アーヴルに向かう『ポンヌフの恋人』のラストシーンの遥かな着想源となったのではないかという想像へと私たちを誘う。

イエール映画祭でめぐり逢った他の作品については、オタール・イオセリアーニの『歌うつぐみがおりました』（一九七〇）や、ベアト・クエルトのスイス映画『シルテン』（一九七九）や、カタロニアの実験的映画作家アントニ・パドロスの四時間の映画『シャーリー・テンプル・ストーリー』*Shirley Temple Story*（一九七六）などが肯定的に紹介されている。とりわけ、パドロスに対しては、「ケン・ラッセル風の幻想的で美的な錯乱ではなく、映画への、フィルムへの、自分が撮ったイメージへの狂った関係」を取り結んでいると紹介しており、ひときわ強いシンパシーが感じられる。

ポーランド映画週間のレポートでも、カラックスはイエジー・スコリモフスキの『身分証明書』（一九六四）と『バリエラ』（一九六六）を発見し、ヤヌシュ・モルゲンシュテルンの「明らかにヌーヴェル・ヴァーグに触発された」小品『この愛を殺さなければならない』*Trzeba zabić tę miłość*（一九七二）に心惹かれ、クシシュトフ・キェシロフスキの『アマチュア』（一九七九）を高く評価している。ここでは、クシシュトフ・ザヌーシの『保護色』（一九七七）に対するカラックスならではのアプローチを確認するにとどめておこう。若き理想主義的な学者と、学術世界の腐敗を知悉している老獪でシニカルな学者の対立を描いたこの作品は、息詰まる言葉の応酬が魅力的な会話劇と言える。しかし、カラックスは大胆にも「サウンドトラックを取り除き、十枚程度の字幕を挟んでも、物語の主要部分は失われないだろう」と述べ、『保護色』を「饒舌な無声の映画[un film bavard muet]」と形容する。さらに、ラストシーンでの二人の学者の取っ組み合いや、英国からの女子留学生のエキゾティックな身体を引き合いに出しながら、「ザヌーシは身体の映画作家である」と断言している。アレックスにもそのまま当てはまりそうな「饒舌な無声」や「身体」というキーワードを介して、ザヌーシとカラックスそれぞれのまったく性格の異なる作品群が不意に通底する瞬間が作り出されているのである。

　だが、これらの記事でより興味深いのは、むしろカラックスが容赦なくこき下ろしている映画の方である。イエール映画祭の上映作品に関して、「褒めそやすよりも泥まみれにする[＝辱める]」とみずから半ば冗談めかして宣言するこの血気盛んな若者は、たとえば、ピエール・クレマンティが主演するジャン＝マルク・チュリーヌの初監督作『脈絡なき時間帯』*Plages sans suites*（一九七八）について、「ヴェンダース、ハントケ、デュラス、アケルマンの間のどこか」に位置づけられるありがちな映画であると述べ、「[見始めて]しばらく経てばすぐに、この映画が何であるか見て取れる。無価値で、勿体ぶっているのだ。『脈絡なき時間帯《プラージュ》』は終わりなき剽窃《プラジア》である」と口をきわめて罵っている。

　既視感のある映画へのカラックスの視線は厳しく、フランソワ・ジョスト（のちに研究者として著名になる）の短篇『革命家の死、幻覚の』*La Mort du révolutionnaire, hallucinée*（一九七九）については、主演女優が裸で動き回ることを指して「彼女の服《ローブ》は燃やされ《グリエ》たのだろうか？」と茶々を入れるなど、アラン・ロブ＝グリエの圧倒的な影響下にあることをさんざん揶揄している。「これは観客がジャンルどうしの間で、逆戻りや目配せの間で、自分の位置を探すとみなされている映画である。遊びをしにおいで、君が誰なのか言ってあげよう、というわけだ。遊びが映画とすばらしい関係を保つことはありうるが——アリエータやルイスを見よ——、そうは言っても精神分析的‐文化的パズルというお医者さんごっこの水準は超えていなければならない（……）。これは袋小路であり、悪臭を放っている」。

　既存の映画の焼き直しにみえる作風に対してこれほどまでに手厳しいのは、カラックスには、シネフィリーに基づく映画作りに対する信条があるからだ。かつて「映画作りに関してシネフィリーが成功を収めた時期」には（ここではヌーヴェル・ヴァーグ期が念頭に置かれていると考えられる）、「人は映画への狂おしい愛から出発し、その愛をひっくり返して、（その映画《シネマ》と決着をつけてから）まったく別の、新たな映画作品《フィルム》へとたどりつこうとしていた」のだ、と。この文句は、カラックス自身の来るべき映画作りに向けたマニフェストのような様相を呈している。シネフィリーは模倣に堕するためにあるのではなく、受けた影響を乗り越えるためにこそある。そう、アメリカ映画にどっぷり浸かったゴダールが、それを換骨奪胎した似て非なる映画を作り出したように。カラックスの考えでは、映画を作るにあたって、人は孤児にならなければならないのだ。実際、彼自身の『ボーイ・ミーツ・ガール』や『汚れた血』も、コクトーやゴダールやガレルに似ていると同時にそれらと似ても似つかないという矛盾を見事に体現することになるだろう。

ゴダールの傍らで

一九七九年一〇月三一日、カラックスは『カイエ・デュ・シネマ』の年長の批評家アラン・ベルガラと連れ立って、日帰りでローザンヌを訪れる。ゴダールが久方ぶりに35ミリの商業映画に復帰する『勝手に逃げろ／人生』（一九八〇）の撮影を見学するためだ。[★08] その日は、メルセデスに乗った二人の男によって、イザベル・ユペール演じる娼婦が自分の運転するルノー5から引きずり出され、お仕置きされるシーンなどが撮られたというが、撮影現場に赴いたからといって、ゴダール映画を解くための「鍵束」が見つかるわけではない。カラックス自身が「創作中の芸術家の姿を見ても、（……）その芸術の秘密を解く鍵を与えることはでき」ず、せいぜい「職業上の秘訣」や「取るに足らぬ秘密」を明かすにすぎないというバザンの文章を引いて、[★09]「君はローザンヌで何も見なかった」と総括するとおりである。もちろん、午前中だけで「六つのショットに三〇ほどのテイク」がみるみる積み上がり、35ミリカメラをゴダールがみずから操って「フレーミングを行う」さまを伝える文章からは、ゴダールの創作現場に立ち会えたことの喜びが滲み出ているようにも思われるが、それでもやはりカラックスは、「十週間の撮影のうちの一日に、我々は何も見なかった」と繰り返すのである。

撮影風景の見学の虚しさを心得ているカラックスは続いて、編集段階でこの映画が獲得するはずの新たな相貌に思いを馳せる。そもそも「四分の三は編集で作られる」と言われるゴダール作品のなかでも、本作は七〇年代のヴィデオによる実験の成果が35ミリの商業映画に活かされるという、前人未到の領域を開拓するはずだった。したがって、撮影現場で目撃したものが実際の映画でどうなるのか、本作では他の作品にも増して不透明であっただろう。カラックスは、まだ誰も見たことのないヴィデオ／映画の融合を夢想しながら次のように述べる。

『二人の子どもフランス漫遊記』〔一九七七－七八〕でゴ

『ボーイ・ミーツ・ガール』

©THEO FILMS

ダールはヴィデオから巧みに秘密を引き出し(……)、詩的・科学的な発見に奉仕する新しい作業用の道具を見出していた。今日、彼が抱えている問題は、映画においてその道具に相当するもの——とりわけ、好きな時に、速度を落とすこと——を再び見出し、編集の際に『勝手に逃げろ/人生』のフィルムのオーヴァーラップ、ディゾルヴ、スローモーション……を手動で、目で見てできるようにすることだ。どうやって? ゴダールはまだはっきりとは分かっていないが、それはなされることになるだろう。(……)ピカソのように、ゴダールは捜し求めず、見出すのだ。

完成作で実際にふんだんに使われることになるスローモーションのような、ヴィデオ的な映像の操作をいかにして35ミリで成し遂げるのか——その未聞の実験にカラックスもまた心を躍らせていることが鮮やかに伝わってくるような文章ではないか。

他の映画評でカラックスの視線がつねに来るべき映画に向けられていたように、この現地レポートも(必然的に)まだ出来上がっていない映画の、しかもそのとりわけ未知の実験的側面へと焦点化していく。この訪問からおよそ七年後、カラックスは『ゴダールのリア王』(一九八七)にジュリー・デルピーとともに出演して、イメージに関する何らかの実験的な思索に耽る奇矯な求道者であるプラギー博士(ゴダール自身が演じている)の傍で、映画という秘蹟の起源に迫る冒険に立ち会うことになるだろう。この出演が実現したのは、ゴダールがビノシュの取りなしに応じたからとも言われるが(彼女は『汚れた血』に先立つ一九八五年に、ゴダールの『こんにちは、マリア』に出演している)、おそらくそれにとどまらず、かつて自分の撮影現場を訪れたこの若き映画作家のうちに、自身との実験精神の共鳴を見て取ったからでもあるに違いない。

✦

ここまで、スタローンの作品世界への共感から、映画祭で上映される種々の「作家の映画」に対する肯定的ないし否定的な反応を経て、ゴダールとの精神的共鳴に至るまで、カラックスの批評家としての活動をたどってきた。量的にはささやかであるとはいえ、強度に満ちた瞬間をいくつも含んでいる彼の批評は、やはり未知の映画――端的には、自分が撮るべき映画――をつねに希求しているところにその最大の魅力があるように思う。その意味では、彼が批評家としてのキャリアを継続しない道を選んだのはもっともだ。『ボーイ・ミーツ・ガール』を構想し始めた瞬間から、おそらくカラックスにはもう批評を書く必要がなくなったのである。

『ボーイ・ミーツ・ガール』がパリで封切られた翌日、『リベラシオン』紙にカラックスの「ある映画作家の日記」と題された文章が掲載される。一週間の出来事が書き連ねられていくなかで、時おり呪詛のようでもあり、詩のようでもある思索が差し挟まれるこの稠密なテクストに、批評をめぐる次のような一節があることに注目しよう。ここに書き付けられているのが、批評家としての彼自身の見事な自己規定でもあることは、もはや言うまでもないだろう。

> 映画批評家は、映画監督に次いで、世界で最も美しい職業だ。批評家は、未来の映画を声に出して夢見るべきだ。美しい希望と見事な邪険さを持ちながら。批評家は、UFOが降りられるように滑走路を準備し、すべてがついに、すでに、つねに、いまだ無限に可能であると叫び、リスクや荒々しさを褒めそやし、あの定まった価値観、そして暴力を唾棄すべきなのだ。★10

★01――「ジャン＝リュック・ゴダールに聞く――初期の四本の映画がつくられたあとで」(一九六二年)、『ゴダール全評論・全発言I』奥村昭夫訳、筑摩書房、一九九八年、四九〇頁。

★02――Leos Carax, « *La Taverne de l'enfer* », *Cahiers du cinéma*, n° 303, septembre 1979, p. 54–55. 以下の引用は、この評からのものである(強調はすべて原文)。また、カラックスは、スタローンの監督・主演による『ロッキー2』の短評も書いている(*Cahiers du cinéma*, n° 310, avril 1980, p. 51)。

★03――Jonathan Rosenbaum, "The Problem with Poetry: Leos Carax," *Movies* as Politics*, University of California Press, 1997, p. 191.

★04——この評ではまったく触れられていないものの、ヴィクターが賭けレスリングで最初に打ち負かす黒人レスラーの「ビッグ・グローリー」(フランク・マクレー)という、「パラダイス・アレイ」の地下に住まわされている人物も注目に値する。クリスマス・イヴにサンタクロースの扮装をして訪ねてきてくれたコスモとしこたまワインを飲んで乱痴気騒ぎを起こした後に、今が一番幸せだから自殺すると語って、川に飛び込んでしまうこの敗残者的人物には、どこかカラックス的登場人物を思わせるところがある。

★05——カラックスは一九九七年にカンヌ映画祭の求めに応じて作られた約九分間の無題の短篇——これはゴダールの『映画史』(一九八八 - 一九九八)への彼なりの応答のような作品だ——でも、『狩人の夜』のフッテージを引用している。

★06——Antoine de Baecque, *Les Cahiers du cinéma, histoire d'une revue*, tome. 2, *Cinéma, tours détours 1959–1981*, Cahiers du cinéma, 1991, p. 326–338.

★07——Leos Carax, « Hyères », *Cahiers du cinéma*, n° 304, octobre 1979, p. 40–43; Leos Carax, « Semaine officielle et rétrospective du cinéma polonais », *Cahiers du cinéma*, n° 307, janvier 1980, p. 55–56. 以下の引用は、これらの評からのものである(強調はすべて原文)。

★08——Alain Bergala et Leos Carax, « *Sauve qui peut (la vie)* : une journée de tournage 1 », *Cahiers du cinéma*, n° 306, décembre 1979, p. 32–37. ベルガラとカラックスの担当箇所はそれぞれ別であり、以下の引用はすべてカラックスの文章より(強調原文)。翌月号の続篇はベルガラが単独で執筆している。なお、本作でイザベル・ユペール演じる娼婦の妹役のアンナ・バルダッチーニは、アレックスを振った恋人フロランス役で『ボーイ・ミーツ・ガール』に出演している。その点にも、カラックスと『勝手に逃げろ／人生』とのつながりを見て取れるだろう。

★09——カラックスは出典を記していないが、「ベルクソン的映画、『ピカソ 天才の秘密』」の一節である。アンドレ・バザン『映画とは何か(上)』野崎歓・大原宣久・谷本道昭訳、岩波文庫、二〇一五年、三三〇 - 三三二頁。

★10——Leos Carax, « Journal d'un cinéaste », *Libération*, 22 novembre 1984. なお、本資料の入手にあたっては槻舘南菜子氏のご協力を得た。記して感謝する。

カラックスとスペクタクル

炎のようにきらめく深淵

文＝マルコス・ウザル Marcos Uzal
池田百花＝訳

レオス・カラックスに関しては、彼を非難する者たちでさえ否定できないことが一つある。それは、カラックスの映画のそれぞれが、一度も見たことがない強い感情を引き起こす一種の試作品として私たちに差し出されるということであり、現在ますます稀となっているであろう、人を陶酔させるような特質を持っていることである。もし彼の映画に一つの起源を見出すとしたら、実験的な職人仕事や、動力学的で明暗様式の詩情をアナクロニックに探究すること、遠い国の、夢幻へと誘い、唖然とさせるような、ある意味でのスペクタクルという彼の好みから見て、二〇年代のフランスのアヴァンギャルド——［ジャン・］エプシュタイン、［マルセル・］レルビエ、［ジェルメーヌ・］デュラック、［アベル・］ガンス——に遡らなければならないだろう。『アネット』の冒頭、カラックスはそもそも一種のウェルズ－ゴダール的なロワイヤル氏として姿を現す。彼は、最も完全な注意と絶対的な沈黙を要請するために、その声で観客に訴えかけ、「上演の間はいかなる呼吸も禁止です」という突飛なるルールを発するに至る。それは、「息を止めて」と映画のアナウンスをする陽気な仕方だが、おそらく理想的な観客の状態を定義する仕方でもある。つまり、有機的で単純な生とは別に、観客が、夢想のそばで、昇華や悪夢からなる次元にいるようにということだ。

『ホーリー・モーターズ』（二〇一二）におけるよりもさらに、ここではすべてが、想像と現実、中と外、舞台と世俗の間の循環の問題になっている。映画の中心でカップルを形作る男性と女性は何よりもまずスペクタクルの人々だ。ヘンリー（アダム・ドライバー）はスタンダップ・コメディアンで、アン（マリオン・コティヤール）はオペラ歌手、そして彼らの娘アネットもまた、本人の意思に反してシャンソンのスターになる。映画のプロローグはステディカムで撮られた長いシークエンスショットで、録音スタジオにいるカラックスによって始まる。彼が視線を投げかけると、メイル兄弟、またの名はスパークス（『アネット』の音楽と「リブレット［台本］」の製作者）が演奏し始め、《So May We Start?》と歌い出し、それから全員が立ち上がり、長い廊下を横切って通りに出る。そこで、主要な俳優たちと何人かのエキストラたちが歩きながら歌をつなげ、彼らは各々離れて行くことで、物語が始まる。映画製作からフィクションへ、アトリエから通りへ、実験室から舞台への移行を印づけるとても美しいオープニングだ。映画は、このように、多様な形の閾を通して、複数の空間を往来、越境していくことを冒頭で告げている。最も印象的な例を挙げるとしたら、ステディカムで撮られた別のショットで舞台と舞台裏の間を行ったり来たりするヘンリーや、オペラの舞台装置から本物の森へと移るアンである。「ステージは私たちの外にあるのか、それとも中にあるのか？」という言葉が最初の歌の中に聞こえる。というのも、当然ながら、表象と現実を分け隔てることの不可能性の周りでつながるひとつのドラマ［悲劇］の中で、あらゆるこれらの物理的な空間が、そこから想像上の内的な別の空間を形作っているからだ。

［『ホーリー・モーターズ』でレオス・カラックスが演じる］オスカー氏の依頼によるお知らせ。まだ『アネット』を見ていない人は、この映画を十全な驚きとともに見るために、後で読むのを再開することを約束するという条件で、ここで一旦読むのをやめても構いません。

ヘンリーとアンは、最初は磁石の両極のように惹かれ合うほど、ふたつの対照的な芸術家の人物像を体現している。男性の極である彼のほうは、下品で攻撃的なワンマンショーにおいて、嘲弄や挑発、露出趣味のそばにいる。女性の極である彼女のほうは、抒情性や、洗練された魅力、優雅さのそばにいる。彼のほうが深淵な闇へと引きつけられ、絶えずわめいている一方、彼女のほうは悲劇の人物像を演じている。あるショーの後、彼は自分の観客について、「俺は皆を死なせて…破壊して…暗殺した」と言う。彼女は、「私は皆を救ったわ」と言う。そして彼のほうは、「君はとても立派に死ぬ。君は死んでばかりだ」と付け加える。こうして彼らの結びつきはただちに死と殺人という記号の下に位置づけられ、自分たちの配役や芸術を自らの内的な生と見分けることの難しさから、悲劇が起こることになる。カラックスはこれらの心理的特徴をきわめて物理的な仕方で形作っている。（驚くべき）ヘンリー／ドライバーは絶えず動いている。彼は試合前のボクサーのように舞台に上がり、「神の類人猿」という異名をつけられていて、実際に彼の身ぶりにはどこか猿に似たところがある。反対に、アン／コティヤールはアイコンが持つ不変性を目指していて、彼女は、有機的な流動性の中でというよりもひと続きの休止として現れる。そしてこのカップルからアネットという子供が生まれ、彼女は人間によってではなくマリオネット［操り人形］によって演じられる。つまり、ぎこちなくて従属的で、なかなか花開かない動きとして表現される。マリオネットは、一見すると理論的なオブジェながら、見事に機能している。それほど、カラックスの映画は、そのバロック的な性質によって、そうした表象、そうした信頼を、観客が信じることにおいて可能にしているのだ。この家族を通して、カラックスは、彼の初期の映画からある、俳優についてのとても独特な着想を定義する機能や存在の三つの形式を活用している。それは、野獣と操り人形とアイコンという形式だ。そうすると悲劇は次のように読み取れる。すなわち、野獣はアイコンを愛しているが、偶像［アイコン］破壊者という彼の本性が回復してきてしまう。そして、彼らは操り人形を生み出すが、それは、自らの身体と声を見出すために、彼らの創造的な力から自由にならなければならない。

（素晴らしいサイモン・ヘルバーグによって演じられた）四人目の登場人物の存在は、映画の中で最も感動的でありながら、可動性と不動性の間の、動物性やパントマイムと絵画性の間の、これらの〔ヘンリー、アン、アネットの間で展開される〕息苦しくさせるような戯れの中にはあまり入っていかない——彼は「平凡にも」人間的なひとりの俳優として動き、アンという愛するイメージと距離を置いている。彼女のことを彼はひそかに愛していて、ライバルであるヘンリーの前ではごく小さく見える。彼はそもそも、（円を描いて旋回するトラヴェリング撮影から構成された目がくらむようなシークエンスで）女性歌手のピアニストや指揮者として、「伴奏者」という彼の役割によってしか指し示されていない。だから彼の性質や役回りは、常に退いている人でしかいられないというところにあり、両肩は引っ込められ、ひとり言を言っている。さらにここでは、動きの異なる身体やタイプの間にある単純な身振りや諸関係だけで、登場人物たちの間のつながりや緊張を描くのに十分だ。このミュージカル・コメディには、一本のサイレント映画が持っているほどの表現に富んだ力があり、そのことはまったく逆説的ではないのだ。

カラックスの四本の初期作品〔『ボーイ・ミーツ・ガール』（一九八三）、『汚れた血』（一九八六）、『ポンヌフの恋人』（一九九一）、『ポーラX』（一九九九）〕はきわめてロマンティックだった。彼の登場人物たちは、絶対的なもの、つまり愛と芸術の力を狂おしいほどに信じることを目指していた。『アネット』はこうしたロマンティシズムからは距離を置いていて、時おり軽い皮肉を持ち、そしてとりわけ直接的な暗さによって、ロマンティシズムを完全に反転させ、そこから毒のある部分を明らかにし、その部分を最後まで推し進めるに至っている。ヘンリーによって引き受けられた自己破壊的な芸術家の姿勢は、とりわけ彼が、「深淵、黒い穴を見てみたいというこの恐ろしい欲求。落ちたいという欲望はとても大きい……」と歌う時、ここで、否定性における自己満足の表現になり、そこから彼は完全にひとつのスペクタクルを、それからひとつの犯罪の正当化を生み出す。六人の女性たちから悪弊と暴力のかどで告発された後、彼は舞台上で予告した罪を実現する——とりわけ、#MeToo運動のことを（たとえスパークスがこの運動が起こる前に映画を書いていたと断言しているとしても）、あるいはルイ・C・K事件のことを考えないのは難しい。『アネット』は確かに〔政治、社会、哲学上の〕主張を持った映画ではないが、人間的に一貫性をなくすほど自己陶酔型で傲慢であり、それゆえに潜在的な犯罪者であるような芸術家の一種の姿勢という破壊的な次元を正面から見つめることで、時代に呼応しているだろう。もちろん、この映画はそれほど論証的でも一義的でもない。映画は、「怪物」の最も近くにいさえし、その堕落という最後まで、彼に付き添っているのだ。

カラックスの人生を多少なりとも知っている人にとっては、そこに暗黒の自画像の影を見ないことは難しい。彼のパートナーであり彼の娘の母親である女優カテリーナ・ゴルベワの自殺のことや、それだけでなく、ゴルベワの元パートナーであり四年前に性的暴行のかどで告発された（そしてそもそも一九九九年の『ポーラX』ではロックオーケストラを率いていた）映画作家シャルナス・バルタスのことが考えられる。『アネット』を（実在の人たちを描いた）モデル映画として見るのではなく、むしろ一種の悪魔祓いとして見る必要がある。そこでカラックスは、あらゆる自分の影の部分を体現するひとりの人物を通して、自分の苦悩と罪の意識をバロック的なスペクタクルに変えているのだろう。映画の冒頭とラストで彼のそばにいる娘ナスティア（彼女がカテリーナ・ゴルベワそっくりなことにはっとさせられる）の優しい存在は、完全に［現実との］違いをはっきりさせながらもそのことを認めるひとつの仕方であるように見える。というのも、物語の最も奥底にあるドラマ［悲劇］は、結局、自分の両親の不幸の中にひとりの少女が囚われているということだからであり（「私はあなたたちの手の中のおもちゃみたいだった」と、いちばん最後に彼女は歌っている）、どこか『ピノキオ』とエドガー・ポーの『モレラ』の間にある。カラックスはもはや正面から深淵を見つめていない。彼は、深淵に陥るほどまでにそこに喜びを見出す人物を通じて、深淵を見つめているのだ。それは、おそらく彼がそうなっていたかもしれない人物であると同時に、彼が救うことをしない人物でもある。カラックスは暗闇を通るが、それは、暗闇を追い払うためである。スパークス特有のこのいたずらな抒情性を持ったミュージカルという形式は、この映画作家が自分自身との間に距離を置くためにおおいに協力しているだろう。こうして逆説的で絶えず形を変えていくこの映画は、残酷であると同時に活気に満ち溢れている。

自らのロマンティシズムを反転されることで、カラックスはあらゆる自らの映画も反転させている。彼自身の映画からの借用(オートバイや猿や緑色に対する彼の好み)も含めて、——『スタア誕生』(一九三七)からナタリー・ウッドの死まで、『群衆』(一九二八)から『ファントム・オブ・パラダイス』(一九七四)まで、『白雪姫』(一九三七)から『哀愁の湖』(一九四五)まで——映画の歴史から、多かれ少なかれ明瞭な多くの借用を挙げることができるだろう。これまでの諸作品の中に、当然ながら無意識によるものだろうが、心をかき乱すような借用の予告となるしるしを見つけて楽しむことさえできる。それは『ホーリー・モーターズ』の中でカラックスに扮したオスカー氏(ドニ・ラヴァン)が聴いているスパークスの一曲〈How Are You Getting Home?〉(一九七五年)で、その時彼は、パーティーを後にした娘をまさに迎えに行こうとしていて、彼らの間にとても耐えがたい会話が続いて起こる。そして『汚れた血』では、ボリス・ヴィアンによって書かれた〈J'ai pas de regret(後悔はない)〉というシャンソンが、セルジュ・レジアニによって歌われるのが聞こえるが、その歌詞は完全に『アネット』を予告している。《後悔していない/自分がしたことをしたということを/彼女の苦しみとともに生きることさえできた/私に石を投げてくれ/もしあなたが決して/私が苦しむほどには苦しまなかったなら私は苦しむのに/大いなるみじめさから/彼女は忘れていた/それは本気で愛し合っている時のことだということを/(……)私のネリー……彼女を愛していた……彼女を殺してしまった/私を連れて行ってくれ/完全なあなたの牢獄に/独房の底に放り込んでくれ/そこで朽ちていく/そしてそこで死ぬかもしれない/というのももはやその日のためにしたいことなどないのだから》。しかしとりわけ、この映画は、スペクタクルと表象の問題について、『バンド・ワゴン』(一九五三)の「世界はステージであり、ステージはエンターテインメントの世界である」という有名な言葉の問題に関して、一種の反転された『ホーリー・モーターズ』として見られるかもしれない。つまり『ホーリー・モーターズ』

ではたったひとりで、「しぐさの美しさのために」、演じる術やスペクタクルの力をすでに取り除いてしまった現実で、あえてそれらを見せていたのに対して、『アネット』は親密で個人的なものとの境界線を消し去り、解放するのではなく無に帰させるような絶え間ない表象の中に個人を追いやる、一般化された暴力的スペクタクルを見せているのではないだろうか。

もちろん、『アネット』の中にはスペクタクルの多様な段階があり、まずはカラックスが皮肉ることをためらわないスペクタクル（情報チャンネルに映る「人々」のニュース、レーザー照明が当たり観客が背景中の点と化した、巨大なスタジアムで開催されるコンサート）がある。そしてまた登場人物たちが出演するスペクタクル、それは真に美しくも、印象的でもあるのだが、挑戦的で（ヘンリーのショー）、病的（ヘンリー、アンの両方において）な性質によって、つねにある不快感を生み出す。そして最後に、スペクタクルであるこの映画そのものがあり、スパークスの非常に美しい歌によって組み立てられ、異なる要素で、絶え間なく創造されていく形式を通してあらゆる度合いのスペクタクルを見せていく。この映画は見せ所・聴かせ所の連続でさえあり、それらの中でカラックスは敢然とスペクタクルをスペクタクルによって批判し、その度に芸術の力によってそれに勝ろうと試みている。カラックスの芸術、それは至高なるブリコラージュであり、時折昔ながらの手法を借り、私たちを映画の起源へ整然と送り返す――たとえば、海での嵐の見事なシーンでお気に入りの緑をバックにしたフロントプロジェクションを挙げられよう。たとえカラックスの映画がこうした批判的な部分を有していても、他の現存するわずかな映画作家たち（コッポラ、リンチ……さて、他にいるだろうか？）のように、そのことで彼がフィクションの持つ魔術と、形式の絶対的な力を信じることを妨げはしないのだから。

変身の天才である『ホーリー・モーターズ』のオスカー氏は、事物の明証性が見失われた世界で、真のスペクタクル（メディア的なものではなく、シネマトグラフ、演劇、サーカス）と、子どものように信じる心を救うことがまだすべきこととして残っていると知っていた。そして演出による限りない発明によって、それを行っているのが、まさに『アネット』のカラックスであるだろう。

初出——『カイエ・デュ・シネマ』七七八号(二〇二一年七・八月号)
Marcos Uzal, « Abîmes Flamboyants », *Cahiers du cinéma*, n° 778, juillet-août 2021.

LCをめぐる二十二節

レオス・カラックスの映画世界には数多くの秘密があり、謎があり、あるいは逸話がある。それらは、私たちをその作品世界に引き込むための罠としてのみならず、ここではないどこかへと私たちを誘う魅惑としてある。そんなカラックスの映画を旅するための、あるいはカラックスの映画から旅立つための、二十二のキーワードを紹介する。

編＝黒岩幹子＋フィルムアート社
KUROIWA Mikiko　Film Art, Inc.
文＝伊藤洋司、梅本健司、荻野洋一、葛生賢、黒岩幹子、槻舘南菜子、新田孝行、野中モモ、原田麻衣、彦江智弘、降矢聡、村尾泰郎、結城秀勇

アダム・ドライバー
Adam Driver

「私はモーション（運動）を必要としていた——映画はモーションだ。そして彼はそれを持っていた。彼は自分の身体を変えることを辞さない、エイリアンのように」。カラックスは「ニューヨーク・タイムズ」の記事でアダム・ドライバーをこのように評している。おそらくカラックスにとって俳優にモーションを求めるのは根源的なことで、過去にドニ・ラヴァンやギヨーム・ドパルデューを主役に起用したのも彼らがそれを持っていたからだろう。ただその両名がまだあまり主演経験がないときに起用されたのに対して、ドライバーはハリウッドでいま最も多忙な俳優のひとりであり、ジャームッシュ、バームバック、リドリー・スコットといった数々の映画作家のお気に入りで、いわばすでに色が付いた俳優だ。たとえば『アネット』において彼が演じるヘンリーがスモークの中から舞台に登場したり、ヘルメットを被ったままパパラッチに撮られる様を見て、「スター・ウォーズ」のカイロ・レンを想起する人もいるかもしれない。だが、否、だからこそ、カラックスは彼にヘンリー役をやらせたかったのではないだろうか。

カラックスがドライバーという俳優を見初めたのは、二〇一二～二〇一七年に放送されたドラマ『GIRLS／ガールズ』だったという。そこで主人公（レナ・ダナム）の恋人役アダムを演じたドライバーはのっけから裸になる。その後もやたら脱ぎまくって、上半身裸のままニューヨークの街を疾走したりする。面白いのは、その身体がマッチョになったり激痩せしたりとシリーズを通して変化し続けること、しかもそれがドラマの設定とはほとんど関係なく、並行して出演していた作品（「スター・ウォーズ」や『沈黙―サイレンス―』［二〇一六］）の都合上としか考えられないことだ。つまり彼の身体が他の役柄や作品に浸食されているということである。さらに、その浸食がアダムというキャラクターの人物造形にまで変化を及ぼし、様々な人格がその身体に混在していることがアダムという人物の魅力にもなっていたように思う。

ドライバーは『アネット』においても自身の身体を惜しげもなく晒している。その身体はかつてないほど（「スター・ウォーズ」で上半

身を見せたとき以上に）見事な筋肉で覆われ、まるで何かに浸食されることを拒んでいるかのようだ。バスローブを羽織っただけの姿で舞台に立つコメディアンのヘンリーは観客に「笑え」と命じ、恋人のアン（マリオン・コティヤール）の足の裏をくすぐって笑わせるが、アンと結婚して娘のアネットを授かって以降、同じことをしても誰も笑わなくなってしまう。望んでいなかった変化に抗おうとして彼は罪を重ね、アネットを人形のように扱うが、彼の強靭な身体には次第に罅（耳元の赤い痣）が入り始める。そして自身の身体を獲得したアネットに見捨てられたとき、彼の身体はその内側から破壊されるだろう。

［黒岩幹子］

ヒロインたち
Héroïnes

『アネット』のヒロイン、アン（マリオン・コティヤール）が不安げな表情で最初に発した言葉は「怖い」だった。物語の登場人物を演じる役者たちと別れ、一人車に乗り込みオペラ歌手としてのアンになったあとである。それは劇場で歌うことになる曲のワンフレーズなのだから発声練習とも言えるだろうが、同時に物語世界外からは舞台では使用されない音楽が聞こえてくる。「真実の愛は常に道を見出す／だが真実の愛は道に迷うもの」。アンとヘンリー（アダム・ドライバー）の関係には最初から不穏な空気が立ち込めており、彼女はどこかで危機を感じているのだ。アンの演じるオペラにも注目すべきである。陰々とした森を模した空間で「あなたが怖い」と歌い、月明かりを求めて彷徨う。やがてアンの抱える恐怖は現実となり、声を娘に託して光の見えない夜の海で命を落とすのだ。

『アネット』

カラックス作品にはもう一人、深い森を歩きながら「怖い」と口に出すヒロインがいる。『ポーラX』のイザベル（カテリーナ・ゴルベワ）である。彼女はまるで自身の記憶に入り込んでいくかのように森のなかを進み、弟のピエール（ギヨーム・ドパルデュー）に生い立ちを語る。イザベルを脅かすのは自分の存在の不確かさだ。彼女が「私」を認識するには、互いを姉弟と信じる関係そのものが必要だった。したがって自分の存在ではなく世界の真実を求めるピエールとの間には距離が生まれ、その綻びに気づいたときイザベルはこの世と決別する道を選ぶ。

カラックスの映画世界に登場するヒロインたちは、どうしてこうも暗闇と結びつくのだろうか。そもそも彼女たちが主人公と出会うのは決まって夜なのだ。『汚れた血』や『ポーラX』で主人公が元恋人と過ごす森には光が満ち溢れているというのに、アレックス（ドニ・ラヴァン）もピエールも明るい空間を離れて自身の葛藤や物事の深淵に向き合おうとする。彼らにとってヒロインは不確かな暗闇をともに歩いていけるような存在であり、それゆえ「運命の出会い」となるのだろう。しかし彼女たちはどうだろうか。『ポンヌフの恋人』でアレックスがミシェル（ジュリエット・ビノシュ）を仄暗い世界にとどめておこうとしたとき、彼女が求めたのは光の世界ではなかったか。主人公とヒロインの間に生じる微妙な差異は暗闇というメタファーのなかで可視化され、カラックス作品を貫く「すれ違い」に結びつく。その意味で、アンとイザベルが森のなかで恐怖を吐露するのは象徴的な行為なのだ。

最後に、暗闇のなかに光を望むヒロインの系譜があるとすれば、アネットはその傍系に属する存在といえないだろうか。この小さな「ヒロイン」はアンの求めた月夜に照らされ立ち上がり、やがて自立した姿をみせる。だからこそ『アネット』は、子どもに対する美しき賛歌なのだ。

［原田麻衣］

名優たち

Grands Acteurs / Grandes Actrices

レオス・カラックスの映画の俳優と言えば、彼の分身のようなドニ・ラヴァンや、私生活でも関係のあった女優たちが最初に思い浮かぶだろう。しかし、フランス映画界のベテラン俳優たちも脇で重要な存在感を示している。

そんな俳優としてまず思い浮かぶのが、『小間使の日記』（一九六四）や『昼顔』（一九六七）など、ルイス・ブニュエルの数多くの作品や、ゴダールの『軽蔑』（一九六三）と『パッション』（一九八二）に出演したミシェル・ピコリだ。ピコリは『汚れた血』で、悪党たちの首領のマルクを演じて、映画全体に安定感を与えている。彼は『ボーイ・ミーツ・ガール』を気に入っていたので、シナリオを見なくても引き受けると言ったという。彼はまた、『ホーリー・モーターズ』の一場面でも、顔に痣のある男を演じて忘れ難い印象を残している。

ピコリはジャン＝ピエール・メルヴィルの『いぬ』（一九六二）でセルジュ・レジアニと共演しているが、マックス・オフュルスの『輪舞』（一九五〇）やジャック・ベッケルの『肉体の冠』（一九五二）で有名なレジアニも、『汚れた血』の前半の一場面とラストに、シャルリ役で出演している。特に前半の場面では、レジアニはピコリと見事な掛け合いをしてみせる。ただし、カラックス自身は、レジアニを起用したのは、俳優としてより歌手として好きだったからだと語っている。

『汚れた血』ミシェル・ピコリ

©THEO FILMS

ジョルジュ・フランジュの『顔のない眼』（一九六〇）や『ジュデックス』（一九六三）で伝説的な女優、エディット・スコブを、カラックスは『ポンヌフの恋人』で起用した。それは映画の冒頭で自動車に乗る女の役だったが、編集の都合で後ろ髪のアップと左手のアップしか残らず、クレジットを見ずにそれを彼女と認識することは不可能だ。その後、スコブは、カラックスと同世代のペドロ・コスタが撮った『溶岩の家』(一九九四)で素晴らしい演技を見せた。さらに、カラックスと同い年のクリストフ・ガンズによる『ジェヴォーダンの獣』(二〇〇一)にも出演し、その頃から女優として第二の黄金期に入る。カラックスは『ポンヌフの恋人』の件があったので、彼女をもう一度起用せねばと考えていて、『ホーリー・モーターズ』でそれが実現する。スコブはこの映画で、リムジンを運転する女という重要な役を演じる。ラストでスコブは不気味な仮面をつけるが、これは明らかに『顔のない眼』で彼女がつけた仮面を意識している。

カラックスは『ポーラX』で、カトリーヌ・ドヌーヴを起用した。ドヌーヴはジャック・ドゥミの『シェルブールの雨傘』(一九六四)や『ロシュフォールの恋人たち』(一九六七)、ルイス・ブニュエルの『昼顔』や『哀しみのトリスターナ』(一九七〇)など、数多くの名作に出た大女優だ。『ポーラX』で、彼女は主人公のピエールの母親を、母子相姦的な匂いを漂わせながら演じている。彼女が登場する場面のほとんどは映画の前半部だが、その独特な存在感が忘れ難い。その後、ドヌーヴはカラックスと同い年のアルノー・デプレシャンによる『キングス&クイーン』(二〇〇四)と『クリスマス・ストーリー』(二〇〇八)に出演し、これらの映画でも堂々とした演技を見せている。

[伊藤洋司]

俳優としてのカラックス
Carax comme Acteur

カラックスは『ポンヌフの恋人』公開時のインタビューで、自身の映画に出演するのは、自身の姿が映っていることが未来の子供へのプレゼントになること、そして監督と俳優という上下関係ではなく、対等な関係が必要だと感じたからだ、と答えたことがある(鈴木布美子『レオス・カラックス——映画の二十一世紀へ向けて』、筑摩書房)。

カラックスにとって映画に出演することは一種の家族のような対等な関係を築くきっかけだ。そしてそのような関係性は映画を作る上で必要なことなのだとカラックスは考える。しかし映画が終われば、俳優たちはまた別の撮影へ、ほかの家族のもとへと旅立つだろう。だからカラックスにとって映画作りと孤独は常に隣り合わせでもある。

『汚れた血』ではジュリエット・ビノシュ演じるアンナを窓ガラス越しから見つめる「覗き屋」として、俳優としてのカラックスが一瞬登場する。窓の内側に入ることが許されない俳優=カラックスの羨む悲しげな瞳と、映画監督として家族を作り上げる監督=カラックスの瞳が重なる、忘れ難いショットだ。

自作のほかにカラックスが出演することを選び、望んだのはジャン=リュック・ゴダール、シャルナス・バルタス、ハーモニー・コリンらの映画である。多大な影響を与えられた(そして与えた)彼らと、映画に出演をする

©THEO FILMS

『ホーリー・モーターズ』メイキング

ことを通して関係を結ぶ必要がそこにはあったのだと思う。

『ゴダールのリア王』(一九八七)でゴダール演じるプラギー教授の助手を演じ、カテリーナ・ゴルベワが脚本に加わったシャルナス・バルタスの『家』(一九九七)に迎えられたカラックスは、今度は逆にゴルベワとバルタスを迎えて『ポーラX』を撮る。そして、ひと回り歳の離れたハーモニー・コリンの『ミスター・ロンリー』(二〇〇七)では、孤独を抱えるモノマネ芸人の雇用主でもあり、友人や先輩でもあり、兄貴のような「上下関係」が曖昧で絶妙な役を演じてみせる。いずれの映画にも『汚れた血』のあの窓越しの視線をたずさえた、孤独なカラックスの面影がある。

『ポンヌフの恋人』から約二十年の月日が流れ、カラックス曰く「僕が父親になってからの映画」である『ホーリー・モーターズ』と『アネット』にて、娘であるナスティア・ゴルベワ・カラックスともに、再びその姿をスクリーンに現した。

『アネット』には、窓の向こうを羨むカラックスはもういない。彼の傍らには娘がいる。監督ではなく俳優としてのカラックスが「さあ始めよう」と窓の向こうへ合図を送ると、音楽が鳴り、こちらとあちらは一緒になって歩き出すだろう。そしてこの映画が終わる頃には、かつての孤独な目をした少年の周りには大勢の人々がいる。そこに刻まれているのは、カラックスが欲した上下関係のない家族のような関係性そのものかもしれない。

[降矢聡]

二人のG(ゴダール/ガレル)
Deux G (Godard/Garrel)

レオス・カラックスは、フィリップ・ガレルの二作品『彼女は陽光の下で何時間も過ごした』(一九八五)と『白と黒の恋人たち』(二〇〇一)に、映画監督役で出演するはずだった。が、一度は承諾されるも、撮影直前にいずれもキャンセルされたという。前者は「現実と架空」の二つのカップルを巡る映画撮影の物語であり、実際に出演したミレイユ・ペリエとともにもしカラックスが「現実のカップル」を演じていたら(「架空のカップル」はアンヌ・ヴィアゼムスキーとジャック・ボナフェが演じた)、ある種のドキュメンタリー的な要素を体現することになっただろう。十六歳で学業を放棄し女性への関心を原動力として映画制作に向かった経緯や、ジャン゠リュック・ゴダールへの偏愛からその撮影現場へと赴いた事実——ガレルは『ウィークエンド』(一九六七)の撮影現場を撮影する口実で映像作品『ゴダールとその亜流』*Godard et ses émules* を残しており、カラックスは『カイエ・デュ・シネマ』誌(一九七九年一二月号)のため、アラン・ベルガラと共に『勝手に逃げろ(人生)』(一九八〇)の撮影現場に趣き、そのルポルタージュ「『勝手に逃げろ(人生)』:ある撮影の一日[*Sauve qui peut (la vie) : une journée de tournage*]」を執筆している——は、世代の異なるこの二人の映画作家の共通点と言える。ゴダール自身もまた、アメリカ資本で製作予定で頓挫した「ミハイル・ストロゴフ」の映画化に際し、カラックスとガレルに、ジャーナリスト役で出演依頼をしていた。「ゴダールの再来」と呼ばれた世代の異なる二人の映画作家に対し、当のゴダール本人がカメラを向けるという稀有な機会は失われてしまった。

二人の出会いは、一九八四年、アヴィニョンに遡る。ガレルは『自由、夜』(一九八三)の上映に赴いたこの地で、『ボーイ・ミーツ・ガール』を発見し、若き才能への熱狂から『カイエ』誌にて対談「無重力での対話」*Dialogue en aspenceur* を行った。寡黙な映画作家カラックスにとっての数少ない貴重な記録だ。その後、ヌーヴェル・ヴァーグ以後の世代を巡るドキュメンタリー『芸術省』*Les Ministères de l'art*（一九八九、本作には、『ゴダールとその亜流』にも出演したジャン・ユスターシュへのインタビューの抜粋ほか、ジャン＝ピエール・レオー、シャンタル・アケルマン、ジュリエット・ベルト、ジャック・ドワイヨン、ブノワ・ジャコ、ヴェルナー・シュレーターなどが出演）で、カラックスは終盤に次世代の作家として、『勝手にしやがれ』（一九六〇）のジーン・セバーグがシャンゼリゼ通りを「ヘラルド・トリビューン」紙を手にして歩いていたように、構想中の『ポンヌフの恋人』のシナリオを抱えて登場する。パリの街を彷徨いながらの会話は、かつての対談の延長線にあるが、まったく噛み合うことなく、最終的に廃墟にたどり着き、被写体の存在しない荒涼とした光景で幕は閉じる。世代を巡る想像の共同体を構想しようとしたガレルに対し、映画という巨大な夢を孤独に見ることを選んだカラックスとの決定的な断絶が、宙吊りにされた問いかけと足取りをともにしながら交錯しない二人の眼差しとして焼き付けられている。

［槻舘南菜子］

ルイ＝フェルディナン・セリーヌ
Louis-Ferdinand Céline

カラックスの作品には『ポーラX』の原作となった『ピエール』の作者メルヴィルを始めとする様々な文学者の影が認められるが、なかでも複数の作品に持続的にその痕跡を残し、いわばカラックスの作品世界に伏流する作家が存在している。それがほかでもないルイ＝フェルディナン・セリーヌ（一八九四―一九六一）である。セリーヌは一九三二年の『夜の果ての旅』で作家デビューすると、口語表現を大胆に導入し、世界の悲惨を怒りと叙情をもって描き出す作品世界で一躍脚光を浴びる。だが同時に反ユダヤ主義者としての相貌を徐々に表すようになる。そのため戦後はほとんど黙殺されるが、終戦間際の占領軍の潰走を描いた最晩年の三部作によって再び脚光を浴びるに至る、毀誉褒貶の激しい作家として知られる。

カラックスにおけるセリーヌの痕跡は長篇デビュー作である『ボーイ・ミーツ・ガール』から象徴的なかたちで刻み込まれている。実際、作品冒頭で喘ぐようなくぐもった声のナレーションで読み上げられるのが、セリーヌの二作目の小説『なしくずしの死』の冒頭部分にほかならない（なお本作では他の箇所でもセリーヌが引用されている）。以降も、『汚れた血』ではセリーヌ作のシャンソンが登場し、『ポンヌフの恋人』ではジュリエット・ビノシュが演じるミシェルの主治医に、セリーヌの本名であるデトゥーシュという名前が与えられる（セリーヌ自身、実生活においては医師だった）。この同じ名前は『ボーイ・ミーツ・ガール』に登場する画家の名前でもある。セリーヌと映画ということでは、エマニュエル・ブルデューが『セリーヌ』*Louis-Ferdinand Céline*（二〇一六）で、終戦後まもなくデンマークに軟禁されていたセリーヌを描いているのだが、ここでセリーヌその人を演じているのがドニ・ラヴァンであることを付記しておこう。

『ボーイ・ミーツ・ガール』公開時にフランスの新聞「リベラシオン」に寄せたテクスト（「ある映画監督の日記」）で、カラックスは映画とはレースのように軽やかな芸術であるが、周りの連中はあまりに重々しいという表現で自身の映画を説明している。どうやらカラックスはこの時期、セリーヌを集中的に読んでいたようだ。実際、セリーヌの文学に慣れ親しんだ者であるならば、このような対比的イメージがインタビュー等でセリーヌが好んで表明する文学観そのままであることに気

『なしくずしの死 上』(河出書房新社)

づくだろう(セリーヌの母親はレースなどを商う商店主だった)。確かにセリーヌの文学は、鈍重になっていくばかりの世界とそれと対峙しつつもそこから離陸しようとする軽やかな文体の追求との相克と捉えることが可能である。セリーヌにおいては軽やかさはダンスやシャンソンや女性的なものと結びつく傾向があるが、これはカラックスにも見出されるものではないだろうか。そしてそのもっとも典型的な現れのひとつを私たちは『アネット』に見出すことができるはずだ。 [彦江智弘]

オペラ
Opéra

『ホーリー・モーターズ』の冒頭、カラックス演じる男性が泊まるホテルの寝室は秘密の扉で映画館につながっている。このアイディアはE・T・A・ホフマンの小説『ドン・ファン』(一八一三年)に由来する。小説では扉はオペラハウスに通じていた。歌劇場が映画館に置き換えられたことは興味深い。本作は映画に先行して動くイメージを作り出したエティエンヌ=ジュール・マレーの連続写真から始まるが、ホフマンを参照したこのエピソードは、オペラもまた映画の先祖であることの示唆だろうか。やはり監督自ら出演する『アネット』の冒頭はバラージュ台本、バルトーク作曲のオペラ『青ひげ公の城』(一九一八年)のプロローグに触発されたという。

『アネット』でマリオン・コティヤール演じるアンはオペラ歌手である。しかし端的にそう見えない。コティヤールの歌は魅力的だが当然オペラの発声と異なる。アンが劇場で歌うシーンではコティヤールの声とプロの歌手(フランスの若手カトリーヌ・トロットマン)の声を技術的に合成しているが、スター歌手という役柄にふさわしいオペラの本格的な歌唱かと言われれば疑問が残る。時間も短く、意外にも大きな見せ場とはなっていない。そもそもスパークスによる楽曲が伝統的なオペラとは毛色が違う。もっとも俳優が本職に見えないことは映画で珍しくない(たとえば本作の指揮者役。音が鳴ってからほんの少し遅れて腕が動いている)。

ではなぜオペラ歌手なのか。カラックスも言うようにオペラでは「女性が最も美しく感動的な歌を歌いながら舞台上で死ぬ」。夫ヘンリーはアンが繰り返し舞台で死ぬ姿が頭から離れない。映画中盤でノルマ、デズデモナ(『オテロ』)、カルメン、蝶々夫人、ヴィオレッタ(『椿姫』)の最期を演ずるアンがフラッシュバックされる。すべて男によって死に追い詰められたり、殺されたりする役である。そしてアン自身がヘンリーにひどい殺され方をする。オペラで死を演じる女がオペラのように男のせいで死ぬ。『アネット』はそれをロック・オペラの出し物として見せる。

一つ問題がある。オペラにおいて女性が悲劇的な死を迎えるのは歌手の卓越した歌声ゆえである。例えば『椿姫』。デュマ・フィスによる原作小説は回想形式で書かれ、ヒロインが死んでいることが初めから明示される。ヴェルディのオペラにそうした構造はない。その必要がない。ヴィオレッタ役ソプラノの超人的な声が、その超人性ゆえにすでに死を内包している。一方『アネット』でアンはオペラのように死ぬオペラ歌手と設定された。にもかかわらず死を根拠づける声が足りない。オペラのように歌う機会を十分与えられないので、アンのオペラ的な死はそれだけでは説得力を欠く。女性の登場人物がオペラのヒロインのように死ぬことを、オペラの歌声なしに映画的にどう正当化するか。この意味で『アネット』ではオペラの後継としての映画の力が問われている。

［新田孝行］

デヴィッド・ボウイ
David Bowie

レオス・カラックスは一九六〇年、パリ郊外のシュレンヌで生まれた。つまり、ドーバー海峡の向こう岸イングランドで、デヴィッド・ボウイが「宇宙からやって来た異星人ロックスター」ジギー・スターダストとして人気者になった頃、ちょうど十二歳前後の少年だったということだ。ケレン味たっぷりの派手な出で立ちとキャッチーなサウンドを特徴とするボウイ／ジギーのグラム・ロックは大旋風を巻き起こした。カラックスの世代こそ、まさしくジギーが「ブギーさせよ」と呼びかけた「子どもたち」だったのである。

南ロンドンに育ち、いくつかのバンドでの挫折を経てようやく念願のスターの座についたボウイだったが、翌七三年には早くもジギーとしての活動の終了を宣言。以後、サウンド・ヴィジュアル共に次々とスタイルを変えながら、ユニークな作品を世に送り出してゆく。アメリカに渡り、ニコラス・ローグ監督の『地球に落ちて来た男』に主演したのが七六年。その後、ベルリンに拠点を移し、実験的ポップの金字塔とされる三部作を生み出した。そんな特別に濃密で刺激的なボウイの七〇年代を、カラックスは多感な十代にリアルタイムで体験してきたのだ。

しかし、彼が自らの映画に組み込んできたのは、意外にもこの時期の曲ではない。デビュー作『ボーイ・ミーツ・ガール』で印象的な〈When I Live My Dream（僕の夢がかなう時）〉は、ボウイが六七年にリリースしたセルフタイトルのファースト・アルバムに収録されている曲だ。

そして、映画史上の名場面として挙げられることも多い『汚れた血』のドニ・ラヴァン疾走シーン。ここで流れる〈Modern Love（モダン・ラブ）〉は八三年のヒット曲であり、〈Let's Dance（レッツ・ダンス）〉と共に、ボウイをカルト・スターから誰でも知っている国際的な大スターにした出世作である。八六年に公開される時点でいちばんダサい「ちょっと前のヒット曲」となっている危険を承知の上での大胆不敵な選曲だ。

さらに『汚れた血』では、ジュリエット・ビノシュが一瞬、プロコフィエフの『ピーターと狼』の旋律を口笛で吹く。ボウイは七八年にこの作品の「音楽劇アルバム」をリリースしているのだ（ナレーションを担当。演奏はユージン・オーマンディ指揮、フィラデルフィア管弦楽団）。そこにはベンジャミン・ブリテンの〈青少年のための管弦楽入門〉も同時収録されており、『汚れた血』でドラマチックに響くブリテンの〈シンプル・シンフォニー〉との繋がりも見えてきて興味深い。

九一年の『ポンヌフの恋人』で使われた〈Time will Crawl（タイム・ウィル・クロール）〉は八七年のシングルで、アルバム『Never Let Me Down（ネヴァー・レット・ミー・ダウン）』収録。ボウイの長いキャリアの中では評価が高いとは言えない時期の曲だが、そんなことはお構いなしでぐいぐい進むのがカラックスらしい。また、続く『ポーラX』の音楽はスコット・ウォーカーが担当しているが、彼はボウイにとっての憧れのヒーローでもあるのだ。

キャリアを通じて気に入ったものを思い切りよく取り入れ、変わり続けながらも、その核の部分には孤独を抱えて一人都市を彷徨う郊外の少年がいる――そんなところがボウイとカラックスの作品が響き合う所以ではないだろうか。

［野中モモ］

スコット・ウォーカー
Scott Walker

激しい情熱に突き動かされ、独自の世界を表現するためには妥協を許さない。そんなスコット・ウォーカーは、レオス・カラックスを思わせる強烈な個性を持ったミュージシャンだ。

一九四三年にアメリカのオハイオ州に生まれたスコットは、ウォーカー・ブラザーズのヴォーカルとして六四年にデビューした。低音を効かせた表現力豊かな歌声、そして、甘いマスクは女性ファンを魅了。〈The Sun Ain't Gonna Shine Anymore(太陽はもう輝かない)〉〈Land of 1000 Dances(ダンス天国)〉などヒットを連発して、イギリスや日本ではビートルズと肩を並べるポップスターとして絶大な人気を得た。六六年にバンドは解散。スコットはソロ活動を始めるが、シャンソン歌手のジャック・ブレルに傾倒するなど次第に独自の感性を開花。アイドル路線を離れてアート色の強い作品を発表するようになる。七五年にウォーカー・ブラザーズを再結成して発表したアルバム『Nite Flights』では、後のニュー・ウェイヴを先取りするようなサウンドを展開。その実験的な音楽性やヴォーカル・スタイルは、デヴィッド・ボウイからレディオヘッドまで様々なミュージシャンに影響を与えた。

スコットは八〇年代に長らく沈黙するが、九五年に十一年ぶりの新作『Tilt』を発表。本作はスコットがポップスと完全に決別して、独自の作風を確立した記念すべき作品となった。重厚なオーケストラとシンセを融合。混沌としながらも緻密に作り込まれたサウンドにオペラ風の歌声が響き渡る。この異様な、それでいて美しいアルバムがカラックスの心を動かし、カラックスはスコットに『ポーラX』のサントラを依頼した。『ポーラX』が抱えている闇に通じるものを、カラックスは『Tilt』から感じ取ったのかもしれない。

映画の冒頭、爆撃シーンでスコットの不吉な歌声が流れるが、とりわけ印象的なのが反体制グループが工場で奏でるオーケストラだ。それは『Tilt』のサウンドをヒントにしているのは間違いなく、その不協和音に満ちた演奏は、彼らが社会にとってノイズのような存在であることを表現しつつ、同時に破滅に向かって突き進む主人公、ピエールの悲鳴のようでもある。そして、そのオーケストラを指揮する寡黙なリーダーにはスコットのイメージが重なる。

『ポーラX』

『ポーラX』はスコットが初めて手掛けたサントラで、その後、『シークレット・オブ・モンスター』(二〇一六)、『ポップスター』(二〇一八)のサントラを制作。映画を深く愛していたスコットにとって映画音楽の制作は願ってもないことだったが、作曲家として注目され始めた矢先、二〇一九年に亡くなった。ポップスターとして世に出て、晩年は孤高の天才として作家性を極めたスコット。ドキュメンタリー映画『スコット・ウォーカー30世紀の男』(二〇〇七)では、スコットが肉の塊を素手で殴り、その音を録音している様子が映し出されるが、その強烈なイメージはカラックスの映画のワンシーンのようだ。もし、スコットの劇的な人生を映画化するなら、カラックスこそ監督にふさわしいのではないだろうか。

[村尾泰郎]

スパークス
The Sparks

カラックスはスパークスを初めて聴いたのはいつかという質問に、「十三か十四の時、(デヴィッド・)ボウイを知った数年後だった」と答えている。即座に思い浮かぶのは、ネオンとグリッターが人工的なまばゆい輝きを放つ七〇年代半ばのヒットチャートだ。

ロン・メイルとラッセル・メイルの兄弟を中心に六〇年代後半のロサンゼルスで活動を開始したスパークスは、七〇年代前半、グラム・ロック華やかなりしロンドンに活動拠点を移してスターになったバンドだ。ふたりは共にカリフォルニア大学ロサンゼルス校に通い、ロンは映画とグラフィックアート、ラッセルは映画製作と演劇を学んだ。ソングライターで鍵盤奏者の兄ロンは無声映画のコメディアン的な無表情のユーモアをもって怪しい存在感を放ち、弟ラッセルはアイドル的なキュートさを振りまきつつ力強い歌唱を聴かせる。この頃、ジャック・タチとの映画製作の企画が立ち上がったが、残念ながら実現は叶わなかった。

爆発的な人気は翳りがさすのもはやく、彼ら七六年にはアメリカに戻った。七〇年代末にはジョルジオ・モロダーと組んでいちはやくエレクトロニック・ポップに接近。以降も時代に合わせて大胆に音楽のスタイルを変え、大ヒットには恵まれずともカルト的な人気と信頼を獲得してゆく。八〇年の〈When I'm With You〉は英米でのセールスはいまいちだったものの、フランスで大ヒットしたという。この曲のビデオに加え、八四年のアルバムのジャケットでも腹話術人形のイメージを使っているあたり、カラックス作品への影響を読み取ってみたくなる。

八〇年代には工藤かずや原作・池上遼一作画の漫画『舞』の映画化企画に取り組んだが、こちらも実現しなかった。ちなみに日本との関わりでいえば、ロンは山田洋次監督の『男はつらいよ』シリーズの大ファンでもある。また、九四年の『Gratuitous Sax & Senseless Violins(官能の饗宴)』収録曲〈Tsui Hark(ツイ・ハークは映画監督)〉がきっかけとなって、同監督の『ノック・オフ』(一九九八)の音楽を担当するなど、彼らは常に映画に興味を示し続けてきた。

二十一世紀に入ってスパークスはふたたびバンドとして脚光を浴びるようになった。ライブツアーも精力的におこない、映像を取り入れたステージは時代を先取りするアイデアに満ちていた。二〇〇九年には、イングマール・ベルイマンをテーマにスウェーデンで製作したラジオドラマから発展した作品もリリースしている。

カラックスとのコラボレーションは、『ホーリー・モーターズ』に七五年の『Indiscreet(スパーク・ショー)』収録曲〈How Are You Getting Home?〉が使用されたのがきっかけではじまった。一七年のアルバム『Hippopotamus(ヒポポタマス)』収録曲〈When You're a French Director〉には、カラックスがヴォーカルとアコーディオンで参加している。

二〇二一年は『アネット』に加え、エドガー・ライト監督によるドキュメンタリー『スパークス・ブラザース』も公開され、スパークスがついに映画の世界で花開いた年となった。人生の悲哀や人間の愚かさを皮肉な視線で見つめつつ、心躍るエンタテインメントを届け続ける驚異の兄弟に、今後もますますの活躍が期待される。

[野中モモ]

金
Argent

『ポンヌフの恋人たち』の膨れ上がった製作資金と取り残されたセット。『ポーラX』でのバジェットをはるかに下回る興行収入。カラックス作品の製作背景においては金はあればあるだけいいというものではない。むしろその浪費と枯渇こそが、画面の中にゴージャスさを招き入れるのだ。『ポンヌフの恋人』で睡眠薬泥棒によって稼いだ大金は、「ピーナッツはどこ」という謎の歌とビノシュの準備体操によって、まったくなんの役に立つこともなく川底に沈むことになる。

だがそうしたフィルム撮影の時代を経てデジタル撮影の時代を迎えると、金は前景化し画面内に遍在し始める。「メルド」では金は花びらとともに食糧となり、作品を駆動させる燃料となる。『ホーリー・モーターズ』では、どれだけの対価が得られるのかわからない労働の果てに、どれだけ傷ついても死ぬことのないドニ・ラヴァンの肉体には疲労が染みついていく。

『アネット』ではより一層、すべてがあからさまに曝け出されてしまうだろう。ヘンリーはなぜ芸人になったのかという問いの中で、富や名声のためという答えはいったん否定されるがゆえに、なおさらこの物語はひたすら搾取を巡って回り続ける。男性による女性の搾取、大人による子供の搾取、そして「愛の弱い者が常に上位に立つ」というファスビンダー的命題に似た、愛の搾取。しかしその搾取の頂点にいるはずのヘンリーはいったいなにを手に入れたというのだろう？

いや、すべてが曝け出されているのは物語の中でだけではないのだ。『アネット』の物語が駆動し始める以前の幕開けのシーンで、すでにこんな歌が歌われていた。スタッフはスタジオから街へ繰り出し、キャストは衣装やカツラを身に纏いながら現場へ向かう。

「皆が願っている予定通りの進行　恐怖を感じつつ表に出せない　準備不足のようだがちょうどいいのかも　予算は大きいがまだたりない　始める時間だ」

足りないようでちょうどいい、たくさんあるようだがまだ足りない。それが常に映画における金の真理だ。

［結城秀勇］

喜劇
Comédie

しかし、カラックスの映画はいつも悲劇的である。彼にとっての悲劇とは、男が自らの罪から逃れられないことだ。罪を負った男たちはほとんど義認されることがない。『ポンヌフの恋人』では、たしかに恋人たちは、男の刑期を終えたあとに無事に結ばれたように見えるが、それは楽天的な結末を望んだジュリエット・ビノシュにカラックスがなかば折れるかたちで実現したラストだったのだというのだから、それまでのドニ・ラヴァンの破滅的な歩みを振り返るに、どこか取って付けたようなラストだったという印象は拭えない。カラックスの男たちが犯す罪は、だが同時に喜劇とも分かち難く結びついており、その喜劇性が悲劇のための不可欠な要素でもある。

『アネット』のアダム・ドライバー演じるスタンダップ・コメディアンは粗野で暴力的だが、その振る舞いは舞台上のジョークとして許容されている。悲劇が許されざる罪についての物語だとしたら、喜劇とは人の罪が許されることであるようだ。観客がやがて彼のコメディを笑えない冗談として真に受けてしまうのは、舞台上で演じられていることがどこか真実味を帯びて見えてしまったからだろう。だがそもそも彼は「殺されずに真実を語る唯一の方法」としてコメディを位置付けるわけだから、必ずしもコメディとは嘘を語ることではない。『ホーリー・モーターズ』でドニ・ラヴァンが演じた十一人は実在しない役柄というわけではなく、たしかに生きた（そして死んだ）人物たちである。演じることは単に虚構なのではなく、『ホーリー・モーターズ』では、誰もが何かを演じており、その無数の演じられたものによってこそ世界が構成されている。ラヴァン以外に「アポイントメント」をこなす人々や、車庫に帰っていく多くのリムジンによってそのことは告げられていた。『アネット』でも同様に、舞台上にいた男の暴力的言動は、観客がジョークだと安心していただけで、じっさいにそこで紛れもなく行われたはずなのだ。

　多くのコメディ映画からの影響を語りながらもカラックスがつねに関心を注いできたのは、観客として笑うためには無視したくなるような、倫理の境界とその彼岸である。ラヴァンの火吹きは、『ポンヌフの恋人』においてビノシュを初めて笑顔にするが、やがてその炎は彼女の肖像を燃やし、人を焼き殺すことになる。そのように、人を楽しませるはずの行為や道具は人を殺してしまう可能性も有している。カラックスは喜劇に含まれる暴力的でグロテスクな暗い闇の部分をこそ露出させるのだ。男たちの犯す罪は、こうしてまず彼らの喜劇性によって予告され、のちに映画そのものを悲劇に向かわせていく。カラックスの映画を見た者は以前と同じように安心して笑えるだろうか。

［梅本健司］

『群衆』（サイレント映画）*The Crowd* (*Cinéma Muet*)

　著名なオペラ歌手（マリオン・コティヤール）である妻の公演中、子守を押し付けられたスタンダップ・コメディアン（アダム・ドライバー）が、酒杯を片手にソファでくさっている。ふと彼は赤ん坊が自らの巨体の下敷きになっていることに気づき立ち上がる。素早いズームで赤ん坊の足を捉えたクローズアップに続いて、粒子の粗いモノクロの俯瞰移動ショットが客席で大笑いしている観客たちの全体像を捉え、そのイメージに舞台上で妻が死を演じ、それに続いて喝采を浴びる姿のカラー映像が二重写しで重ねられる。

　『アネット』のこの短いシークエンスから、レオス・カラックスとサイレント映画との関係をいくつか指摘できるだろう。

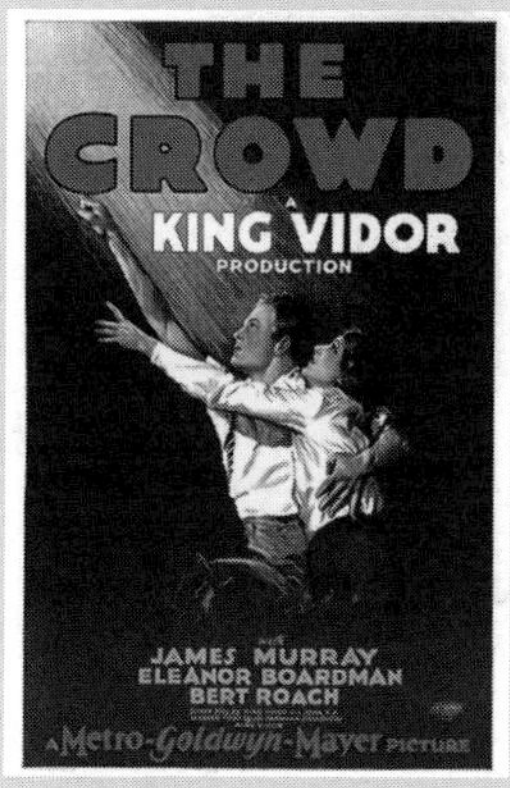

『群衆』ポスター

　まずここで引用されているモノクロ映像は、サイレント末期の傑作『群衆』（一九二八、キング・ヴィダー）のラストショットで、交通事故で幼い娘を亡くし、妻との関係も冷え、自殺未遂まで試みた主人公が、実家に帰ろうとする妻を何とか引き留め、最後に息子と三人で寄席演芸を見に行ったシーンに出てくる。十代の後半を他人と口をきかずに過ごし、シネマテーク・フランセーズの暗闇の中で孤独にサイレント映画を見続けることで自己形成を遂げたカラックスが、D・W・グリフィスとともに敬愛する映画作家がこのキング・ヴィダーである。ヌーヴェル・ヴァーグ以後の映画作家の振る舞いとして、偏愛する作品の引用を自作に紛れ込ませることはよくあることだろう。しかし映画史への目配せに満ちた初期二作品（『ボーイ・ミーツ・ガール』、『汚れた血』）のシネフィル的引用と異なり、ここでのヴィダー作品の断片の挿入は、ジャン＝リュック・ゴダールの『映画史』（一九八九－九九）からの影響がうかがえる編集的処理がなされている（なお『映画史』4Bに全く同じショットの引用あり）。

　また件のシークエンスで使われている二重写しだが、ジョルジュ・メリエスが多用したこのテクニックを心理的な表現技法にまで高めたのは、一九二〇年代フランス印象派に属する映画作家である。とりわけ『まごころ』*Cœur fidèle*（一九二三）を撮ったジャン・エプシュタインを敬愛するカラックスは、デビュー作以来この技法を好んで用いている。トーキーの登場以後、顧みられることが稀となったこの技法の使用は、彼とその同世代の映画作家とを分かつものである（ゴダールもしばしばこの技法を用いるが、カラックスの使い方はより古典的である）。また『アネット』において、闇夜のハイウェイをバイクで疾走するアダム・ドライバーの見た目ショットにマリオン・コティヤールの舞台上での様々な死のイメージが次々と二重写しで現われるシークエンスは戦慄的である。

最後に群衆そのものについてだが、一九二〇年代のソヴィエト映画にあっては、群衆とは革命的主体であり、肯定的な力能を持った存在であった。ヴィダーにおいてすら、観客の分身＝「普通人」の集合体としての群衆は、いささかアイロニカルな視線で眼差されてはいるものの、最終的には肯定されるべき存在として描かれている。しかしカラックスにあっては、特に『ポーラX』以後、群衆は否定的なものとして扱われている。彼らは偶像的存在に一時は心酔するが、自分たちの期待から逸れると掌を返して彼／彼女を引き摺り下ろそうと躍起になるのだ。

［葛生賢］

日本（映画）
Japon (Cinéma Japonais)

若き日のレオス・カラックスは学ラン姿で週刊誌『AERA アエラ』の表紙を飾った。成瀬巳喜男監督『浮雲』（一九五五）を生涯ベストワン映画に挙げ、『汚れた血』のキャンペーンで来日した際はジュリエット・ビノシュと共に成瀬映画のミューズ高峰秀子と面会して、子どものようにはしゃいだとの逸話も残る。ただし、カラックスを殊更に親日家として空想することは空しい。学ラン収集が趣味で、日本映画への愛を雄弁に語るからといって、事はそれほど単純でもあるまい。

「私の神はいつも一番嫌いな奴らの中に私を放り込む」

「それでは被告人メルド氏、あなたは日本人のどこがお気に召さないのかね？」

「日本人は眼が女性器の形で、本当に汚《けが》らわしい」

マンホールの怪人メルド氏の裁判での問答である。眼が、女性器の形。眼球譚だ。下水道に打ち捨てられた日の丸は眼玉であり、太陽も眼玉。メルド氏の盲《めし》いたる片目、ポンヌフ橋で損傷人体のスケッチを始めるビノシュの盲《めし》いたる片目。

「一番嫌いな奴ら」と名指しされたからといって、日本人が気に病む必要もまったくない。カラックス式の眼球譚は、最も大切なものを打上げ花火とともに晒し者とし、永遠に癒えぬ深手を負わせ、台無しにする。眼球をピストルで撃ち抜き（『ポンヌフの恋人』）、渋谷の雑踏を手榴弾で皆殺しにし（『メルド』）、あまつさえ死後も墓地を空爆する（『ポーラX』）。当の映画じたいさえも転覆寸前に追いつめる。カラックス映画が完成するのは、常に奇跡のなせる業だ。

カラックスの憧憬の中核に高峰秀子が鎮座するとしても、彼の人生哲学は高峰秀子じたいではなく、彼女に向けられた森雅之の眼差しに宿る。

「もしある男優が女優を相手にする時、『浮雲』の中で森が高峰を見るのと同じように、孤独と激しい悔恨の感情のこもった眼差しで演じたとしたら、文句なしにその俳優は偉大な才能の持ち主だと言える」

「孤独と激しい悔恨の感情のこもった眼差し」とはカラックス映画のカメラアイそのものである。大島渚の死刑囚と同様、絞首刑に処しても死ななかったメルド氏の次なる冒険の地はアメリカだと予告された。名付けて『メルド・イン・USA』。『アネット』の主人公ヘンリーはメルド・イン・USAだ。再び眼＝女性器。『アネット』でアンの出産を担当する分娩医を古舘寛治が演じ、アンの股間からアネットを取り出すのは、おそらく古舘寛治が『受難』（二〇一三、吉田良子）でヒロイン岩佐真悠子の股間に生起した「人面性器」を演じたからにちがいない。ゴダールさえもカラックスのシネフィルぶりを「常軌を逸している」と揶揄したように、カラックスにあってはいかなる因果も思いがけぬ常識外からやってくる。日の丸も太陽も眼球＝性器と化し、器官は無残に損傷し、カラックスの人物たちは（つまりカラックスは）取り憑かれたようにその損傷ぶりを「孤独と激しい悔恨の感情のこもった眼差し」で睥睨《へいげい》することになる。

［荻野洋一］

パリ
Paris

パリが数多の芸術家を惹きつけインスピレーションを与え続けきた都市であることに異論を差し挟む者はいないだろう。カラックスもまた、このような芸術家の系譜に連なる映画作家である。しかもカラックスの場合、初期のいわゆるアレックス三部作によって一挙にパリの映画作家としての地位を確たるものとしたといっていいだろう。アレックス三部作においては、現存するパリの一番古い橋の名前をタイトルに冠した『ポンヌフの恋人』やローキーのモノクロ映像で捉えた夜のパリを描き出す『ボーイ・ミーツ・ガール』のみならず、スタジオでパリの街区を人工的に再構築した『汚れた血』さえもがパリの映画としての鮮烈な印象を残してやまない。

カラックスがこれらの作品で描き出すパリは、歴史的厚みを持つ象徴的な場所とむしろ匿名的なパリの街区との対比によってまずは特徴づけられるだろう。例えば『ボーイ・ミーツ・ガール』においては、誰の目にも明らかで特定可能な場所はセーヌ川とポンヌフぐらいしか登場せず、あとはほとんど場末の街路で撮影されている。その『ボーイ・ミーツ・ガール』にカラックスとパリとの関わりについて示唆に富むシーンがある。自室に帰宅したアレックスが、壁に貼られたパリの地図を剥がすと、そこにはもう一つのパリの地図が現れる。それはパリの白地図なのだが、そこにはアレックス自身の個人史が書き込まれており、彼の人生における出来事や感情の推移を読み取ることができる。つまりアレックスは自分史によってパリを書き換えているのである。

このようなアレックスによるパリの書き換えは、例えばシチュアシオニストによる心理地理学や、ミシェル・ド・セルトーが『日常的実践のポイエティーク』で記述する、都市に張りめぐらされた権力の戦略をずらしすり抜ける戦術としの歩行と重なるところがあるのではないだろうか。だがこれらの思想家に

©THEO FILMS

『ボーイ・ミーツ・ガール』

カラックスを努めて関連づける必要はないだろう。ここで確認しておきたいのは、カラックスのパリもまた書き換えられ抵抗すべき都市として存在しているという点である。だとすれば、カラックスはどのような都市を書き換えようとしていたのだろうか。一九八〇年代のフランスは、社会党政権が成立するものの、前政権から引き継いだ大規模公共事業(その多くはラ・ヴィレットのような文化施設だった)を加速させ首都にさらなる国際競争力を付与しようとしていた。その一方で、不動産投資が加熱し住宅問題が深刻になり、低所得者層はまたしてもパリから締め出されようとしていた。もちろんこれらは『ポンヌフの恋人』に最も明示的に現れるパリの姿にほかならない。カラックスはこのようなパリにアレックスを始めとする登場人物たちを解き放ち、都市を書き換えようとしたのではないか。また二〇〇〇年代以降のパリを舞台にする『ホーリー・モーターズ』も、メタシネマというだけでなく、カラックスのパリに対するひとつの戦いの記録として見ることが可能なように思われる。

[彦江智弘]

廃墟
Ruines

カラックスは欠如を撮る。それはゲシュタルト心理学の図と地の考え方を援用した、建物＝図と、道や広場＝地を塗り分け都市そのものを浮き出させるフィギア－グラウンド図式のようだ。図の充実ではなく、都市にぽっかりと現れた空地こそを図として反転させて、都市そのものを把握すること。そんな具合で、カラックスは愛の姿形や現代社会を浮かび上がらせる。廃墟とはそんな空地に建てられた、かりそめの建造物だ。

たとえば『ポーラX』の主人公たちは、巨大な倉庫に隠し子であった姉と共に身を寄せ、自分たちはいま「すべての外にいる」のだとつぶやく。「すべての外」とはなにも遥か辺境を指すのではない。虚空にカメラを向けても欠如が撮れないのと同じように、「すべての外」は距離の遠さでは表現できないのだから。「すべての外」とは、円で囲まれた内側こそが外であるような、図と地を反転させ出現する空地のような場所である。だからカラックスにおいては「すべての外」は、遠くアクセス不能な領域ではない。その証拠に『ポーラX』では、橋やトンネル、歩道橋といったこちらとあちらを繋ぐ構造物が律儀に的確に捉えられており、「すべての外」はこちら側と常に繋がっているというわけだ。「すべての外」に建てられた廃墟は『ポーラX』のように歩道橋のすぐ向こうにもあるし、『メルド』のように私たちのすぐ下に広がっているとも言えるだろう。しかし、地図の図を見ているだけでは決して見えてこない、すぐそこの場所なのである。

図と地を反転させて世界を見ること。あっけないほど単純だが、カラックスほど大胆にこの反転を試みる人物もそうはいない。なによりもその反転のスケールが過剰にデカい。

ポンヌフとその周辺を再現する巨大なオープンセットによって、ポンヌフ周辺がパリにぽっかり開いた穴のように見えてくる『ポンヌフの恋人』。ファサードだけの建造物で丸く囲まれたポンヌフは、ぐるりと図と地が反転したかのようにパリの空地となって出現する。そこはもはやパリにありながら「すべての外」であり、クズやゴミを寄せ集めて作られた鳥の巣のように、社会の後景へと退けられた孤独な者たちを守っている。

だから、実と虚がどこまでも曖昧で容易に反転する点で極めてカラックス的な人物を描いた、『ホーリー・モーターズ』の劇中でもっとも虚実が曖昧なシーンの舞台は、廃墟になったサマリテーヌ百貨店がふさわしい。

カラックスの廃墟は、都市の真ん中に、そして私たちの生活のすぐ真下に常に存在している。普段は地として退けられている領域を、映画を通して図として顕在化させると言うべきか。しかしポンヌフは修復され、サマリテーヌ百貨店はリニューアルされるだろう。映画の時間だけつかの間に現れる夢のような居場所。それは、ふと目を離すと消えて無くなってしまう下水道の怪人のような廃墟である。［降矢聡］

機械
Machine

『ボーイ・ミーツ・ガール』のラスト近く、アレックスと見知らぬ男がプレイするピンボールマシンはゴットリーブ社が一九八一年に発表した「Black Hole」という機種なのだそうだ。その機械はふたりを何度も打ちのめし、彼らに逃げ場がないことを繰り返し告げる。あるいは『汚れた血』の終盤のエレベーターを思い出してもいいかもしれない。それはアレックスを、取り囲む警官たちの中という逃げ場のない状況へと追いやる。自らを人質にする(!)というアレックスの謎の作戦でその場を切り抜けるものの、とはいえ彼に逃げ場などないことは変わらない。さらには『ポンヌフの恋人』の、ジュリアンを撃ち殺した後で逃げ惑うミシェルを、まるで追い詰めるかのように編集されるヘリコプターと戦車。もちろんそれは彼女を捜索するためではなく、ただパリ祭の準備に過ぎないのだが、だからこそ一個の人間の存在など微塵も考慮しない社会システムの一部として、機械は人間たちを追い詰める。

だがある時を境に、機械対人間という構図は的を射た対立ではなくなる。『ホーリー・モーターズ』のオスカーはこうつぶやく。「カメラが恋しい。かつてそれらは我々よりも重かった。それから我々の頭よりも小さくなった。いまや小さすぎて目に見えない」。オスカーは機械たちが一体をなすシステムと対立するのではない。彼はむしろ、かつての人間たちのように、目に見えないなにかからなるシステムから追いやられた機械たちとともに闘う。「聖なる原動機」のタイトルどおり、時代遅れのエンジンを持つ、聖なるリムジンとともに。そしておそらく、目に見えないなにかからなるシステムから弾き出されるのは、役立たずの人間や大きすぎる機械ばかりではない。オスカーが最後に辿り着く家で、彼を待つ家族はチンパンジーである。

そのことを考えるなら、果たして『アネット』における少女アネットの姿は、彼女の父が「神の類人猿」であることと関係はあるのだろうか？　少なくとも言えることは、使い古されたフェルトのような皮膚、関節をなす

『ホーリー・モーターズ』

©THEO FILMS

ジョイント部分を持つアネットは、大人たちの愛玩に応える従順な人形などではないということだ。むしろその自律的な動きが人々の心から畏怖を引き起こす、自動人形と呼ぶべきだろう。

［結城秀勇］

不眠症／夢
Insomnie/Rêve

レオス・カラックスの映画の主人公たちはしばしば不眠症に悩まされる。処女長篇『ボーイ・ミーツ・ガール』からすでに、主人公のアレックスは夜遅くまで出歩きながら翌朝早く目覚めて、その徴候を見せていた。『ポンヌフの恋人』の同名のアレックスは睡眠薬なしに眠れない。『アネット』のヘンリーもある時期から睡眠薬を常用し、毎晩同じ悪夢にうなされる。カラックス自身、『汚れた血』の撮影の一時期、睡眠薬のハルシオンが欠かせなかった。『ポンヌフの恋人』のアレックスが浮浪者仲間から貰って毎晩飲むのもハルシオンである。このように、映画の主人公たちの不眠症には監督自身の経験が反映されている。カラックスの作品はこうした不眠の主題とともに、夜の闇の映画として立ち現れてくる。

不眠症の浅い眠りは夢と結びつき、カラックスの映画にも夢がしばしば登場する。『アネット』の悪夢。『ポーラX』の血の河の夢。それ以上に興味深いのが、『ポーラX』の冒頭で、新進作家のピエールが婚約者に語る別の夢だ。彼は日々近づいてくる顔の夢に悩まされている。すると現実の生活でも、黒髪の女がピエールにつきまとう。彼が彼女を追って森に入ると、イザベルというこの謎めいた女は彼の腹違いの姉だと告げる。ピエールは母も婚約者も捨てて、女とともにパリに出る決心をする。こうして、彼は破滅への第一歩を踏み出す。顔の夢とイザベルの出現の関係は一切不明だ。夢の顔は彼女の顔だったのか、それとも無関係なのか。ともかく、まるで夢を見たことを契機として、ピエールの悪夢のような経験が始まったかのように、物語は進行する。

『ポーラX』と『ホーリー・モーターズ』はどちらもまるで、夢から覚めた後も続く悪夢を語っているようだ。『ホーリー・モーターズ』の冒頭では、カラックス自身が演じる男がベッドで目を覚ます。男は壁を探って隠し扉を見つけ、その扉は眠った観客で満席の異様な映画館に通じている。こうして、俳優のオスカーがパリの街路で様々な芝居を演じる物語が始まる。一体、この物語は何なのか。それは、『ポーラX』の物語と比べてさえ格段に奇妙で、位置づけも曖昧である。単純に考えれば、冒頭の男が観る映画だ。しかし、汽笛が響く館内で映し出されるのは、何故か銀行家の邸宅であり、隠し扉と映画館も含めて全てが夢の出来事のようにも思われる。

『ボーイ・ミーツ・ガール』のアレックスは父に電話で、ベッドでぼうっとしていた夢うつつの状態について語る。カラックスの映画全てが、睡眠中の夢というより、不眠に苦しむ者が目覚めたまま見る悪夢として撮られているのではないか。『ホーリー・モーターズ』の夢幻的な映画館の描写も、この印象を強める。カラックスという反リアリズムの監督にとって、映画のカメラは現実を記録する機械では決してなく、夢を描く機械である。しかもその夢は楽しいものではなく、絶望的な愛と死への衝動に貫かれた悪夢である。

［伊藤洋司］

『父帰らず』
La Petite Lise

二〇〇四年にパリのシネマテーク・フランセーズで自身のレトロスペクティヴ（回顧上映）が行われた際、カラックスは「白紙委任状」を得て共に上映される映画十五作を選んだ。その一本がジャン・グレミヨンの『父帰らず』(一九三〇、原題*La Petite Lise*［愛しのリーズ］)である。『父帰らず』は刑務所での服役からパリに帰った中年男性が愛する娘リーズと再会するものの、貧しさから誤って殺人を犯した娘の身代りにまた刑務所に戻るという物語。娘役を演じたナディア・シビルスカヤの孤独な美しさと佇まいは、カラックスの最初の三作品に登場する女性たちにその面影に見いだせる。

グレミヨンとの関係でまず注目すべきは『汚れた血』。ジュリー・デルピーの役が「リーズ」と名づけられ、アルコヴェール演じる父親が刑務所で小さなロケットに入った娘の写真を見つめるシーンがテレビの映像として引用される。その映像がいったん画面から消えた後も音声はかすかに残り、ロラン・マニュエルが作曲したエキゾチックな音楽と、囚人たちの粗野な会話や感動的な合唱が、ジュリエット・ビノシュとドニ・ラヴァンが交わす台詞の秘かなサウンドトラックとなる。

ところで父親は何の罪を犯したのか。妻殺しである。しかし詳しいことは説明されない。リーズが再会した父親をただ慕っているように見えるのも謎を深める。母親を殺し、苦しい孤児の生活を強いた父親を素直に愛せるものだろうか。リーズは本当に存在するのか、受刑者の見た幻ではないか――。カラックスはかつて日本の雑誌の取材に答えて、『父帰らず』をお気に入りの恋愛映画として挙げた。だがグレミヨンの映画で男女の恋愛は物語の中心ではない。娘のために自己を犠牲にする父親の過剰な愛情は、近親相姦的欲望の直接的表現とも、当時は同様にタブーだった男性同性愛の置き換えとも解釈できる(グレミヨンはバイセクシャルだった)。カラックスはそのどちらでもなく、妻を死に到らしめた男が娘――あるいは「娘」――と気持ちを通い合わせることで亡くなった「彼女」を取り戻そうとして失敗する、夢のようなラヴストーリーと見たのかもしれない。

『アネット』には『父帰らず』のダークファンタジー的読み換えとしての側面がある。妻アンを殺した後のヘンリーと娘アネット――「小さなアン」――との束の間の生活は、アネットが「娘」＝人形で演じられることが示すように父親の身勝手な夢、子どもにとっての悪夢として描かれる。『父帰らず』は父親が娘の身代りで警察に出頭して終わるが、『アネット』では最後、刑務所に収監された父親の許を娘が訪れる。人形から少女に変身したアネットはヘンリーに苛酷な現実を告げる。母を失い父を拒絶したアネットは孤児となるだろう。「映画は私たちの内にいる孤児のためにある」とカラックスは語る。この信念を新たに裏づける『アネット』は『父帰らず』への彼からの応答とも言える作品である。

［新田孝行］

孤児
Orphelin

「孤児の映画とはなにかを理解したければ、ロートンの並外れた『狩人の夜』を見直せばいい。つまり、孤児の登場人物、暗闇にひとりでいる子どもに対して観客がこれ以上なく同一化してしまうということだ」。十代最後の歳にカラックスが書いた『パラダイス・アレイ』についての短評のなかにはこのように記されているのだが、「暗闇にひとりでいる子ども」と聞いてその後のカラックス映画に登場する人物たちを想起することは容易い。あるいは、カラックスにとって映画を見るという行為そのものも孤児という主題と通じているようだ。あるインタビューのなかでカラックスは「映画とは呪いの芸術だ。つまり他者に呪われ、呪いもする。映画は幽霊や、彼らとその子供であるかのように繫がっているわれわれと関係している。スクリーン

『狩人の夜』

の前にいる孤児のイメージは私がつねに立ち返る感覚だ」と述べている。後者の発言が最新作『アネット』に際してのものだというのだから、「同一化」という言葉を「呪う」という言葉に変えつつも、カラックスの態度は四十年間一貫している。

　じっさい、カラックス映画すべてが親を亡くした子供、いわゆる孤児を主人公にしたものではない。はっきりと主人公が孤児だとわかるのは『汚れた血』『ポーラX』だけであり、その二本はむしろもっとも鮮明に血の関係が描かれ、孤児となった主人公たちは同じく破滅していく。この場合、孤児とは親との関係が切れた子供ではなく、まさに親の亡霊に取り憑かれてしまった子供である。彼らを破滅に向かわせるのは親の遺産でもあるからだ。父親の仕事や隠し子によって彼らはそれまでの人生を逸脱していく。

　一方で『ボーイ・ミーツ・ガール』や『ポンヌフの恋人』のドニ・ラヴァンは明確に孤児ではないけれども、孤児同然の存在として無防備に世界に投げ出されたような人物である。前者で電話の声の主として一瞬登場する父親は、息子を助けるような存在には思えず、ラヴァンは孤独に苦悩に向き合うしかない。後者においては一見義理の父親であるような老人が登場するが、やがて彼が父親であることにかつて失敗していたことが明かされる。代わりに老人は橋の上の恋人たちに対してどこか保護者たろうとするが、カラックスにおける広義の「孤児」が「亡霊と関係を結んだ人」であるならば、死人に囚われ続けるその老人こそ誰よりも「孤児」であるようにも見える。

　はたしてカラックスの登場人物たちはみな孤児のように思えるが、映画のなかで娘とともに登場するカラックスもまたやはり孤児なのだろうか。娘と寄り添いつつも、それは親子というよりも、寄る辺なく世界を放浪するカラックス映画のカップルたちのように見えなくもない。

［梅本健司］

オートバイ
Moto

『アネット』の主人公ヘンリー(アダム・ドライバー)は初めて恋に落ちて、「とにかく一番デカいバイクを買いに走った」と自身のショーで語る。カラックスの作品において最も印象的な乗り物といえるオートバイは、その冒頭では一貫して恋人たちの乗り物として登場する。恋人に会いにいくため、恋人を送り迎えするため、共にそのスピードに恍惚とする(=共にオーガズムに達する)ため。では、恋人たちの関係に綻びが生じるとき、オートバイはどうなるのか。主人公に対する未練とともにリーズ(ジュリー・デルピー)が受け継いだ『汚れた血』のバイクを別として、『ポーラX』でも『アネット』でもそれは凶暴化する。停車してもすぐ倒れ、徐行も蛇行も進路変更も不能となり、闇を一直線に進むだけ。それまでライダーと心が通い合っている

『ポーラX』

かのように見えたバイクは、ただ彼らを猛スピードで運ぶ鉄の塊となり、ピエール（ギヨーム・ドパルデュー）に至ってはそれを始動させることすらできなくなってしまう。そして彼が残していったそのバイクに母のマリー（カトリーヌ・ドヌーヴ）が乗るのは、それが夫と息子の思い出の品だからではなく、自分と同じく彼らに置き去りにされたものだからだろう。カラックスはライダーとの親密さが絶たれたオートバイの走行をまず背後から、次いで乗り手の顔をアップもしくはミドルショットでとらえる。彼らの眼はもう流れる景色を見ていない。そのスピードを味わうこともない。ただ機械（的）に運ばれるだけで、私たちはヘッドライトに照らされるその顔を凝視し、去り行く背中を見送ることしかできない。ゆえにカラックス作品のオートバイは、マリーの眼、ピエールやヘンリーの背中を通して記憶される。

［黒岩幹子］

緑
Vert

『汚れた血』オープニングタイトルのキャスト名は赤青黄の三原色で映し出されていたが、『メルド』でムッシュー・メルドというキャラクターを生み出して以降、緑がカラックスにとってお気に入りの色になっていることは、彼の映画を見る観客にとっては明らかなことだ。『ホーリー・モーターズ』のタイトルも大理石のような透かし模様の入った緑、冒頭の寝室と映画館をつなぐシークエンスでは、出演者として登場するカラックスが着ていたパジャマも薄緑色だった。いまや自分の住むアパートメントの装飾さえ様々なグラデーションのグリーンに統一しているというカラックスは、『アネット』についてヘンリーは緑、アンは黄色というテーマカラーを設定したのだと語る。

『アネット』冒頭の歌でスタッフとキャストがスタジオから街へと繰り出していくとき、アダム・ドライバーには深緑の（ムッシュー・メルド色の）ライダースジャケットが手渡され、彼の演じるヘンリーという役柄が緑を引き継ぐ者なのだということは一目でわかる。舞台の上に立つ彼がパンツ一丁の上に羽織るのも無論同色のガウンだ。

しかし、この緑とはいったいなんなのだろう？　もちろん植物の象徴でもなければ、そこから派生する環境保護的なイデオロギーとも無関係。ムッシュー・メルドとヘンリーに共通するのは、貞淑な社会通念やコンプライアンスやポリティカル・コレクトネスへの抵触、法の侵犯だ。そしてグリーンバックという背景の吹替の技法が用いられるのも、カラックスの「緑の時代」においてだ（残念ながらキャロリーヌ・シャンプティエは、『アネット』の船のシーンでは「グリーン」ではなく「グレイ」バックで撮影したと発言しているのだが）。汚濁、腐敗、欺瞞の緑。

だがムッシュー・メルドとヘンリーには、ひとかけの純真が残されている。そう言ってこの緑をなにかより高尚なものの象徴へと救い上げることができるだろうか？　もしできるのだとしても、そんなことより私が興味深く感じるのは、『アネット』の後半にはアンがふたりいた、ということだ。以前と変わらぬ姿で黄色を纏い続けるアンと、かつて黄色だったと言うべき衣装を纏うもうひとりのアンと。後者の、髪の毛と藻が混じり合った頭はもはや緑色だ。そのことを踏まえるのなら、同時にこう言ってもよいのかもしれない。これは醜くおぞましくあけすけな、つまり真実の緑なのだと。

［結城秀勇］

©THEO FILMS

『ホーリー・モーターズ』

著者略歴

［インタビュー／対談／座談会］

レオス・カラックス
Leos Carax

一九六〇年十一月二十二日、フランス・シュレンヌ生まれ。本名のアレックス・デュポンを十三歳で改名し、十六歳でバカロレアに合格後、十七歳でパリに居を移しシネフィル生活を始める。未完となった短篇『夢見られた娘』を手掛けたのち、パリ第三大学で自由聴講生として映画批評誌『カイエ・デュ・シネマ』のセルジュ・トゥビアナ、セルジュ・ダネーらの映画の授業に出席、その後同誌にて批評・ルポルタージュを執筆する。一九八〇年に短篇『絞殺のブルース』がイエール映画祭グランプリを受賞。一九八三年に初長篇『ボーイ・ミーツ・ガール』を制作、翌八四年にカンヌ国際映画祭で同作はヤング大賞を受賞し、脚光を浴びる。一九八六年の『汚れた血』をもって世界中に驚きとともに名を馳せた。一九九一年には様々な事情から二度の撮影中断を経て、フランス映画史上最大の製作費を注ぎ込み『ポンヌフの恋人』を発表し、アレックス三部作を完結する。一九九九年にはハーマン・メルヴィル『ピエール』を原作とする長篇『ポーラX』を発表。二〇〇八年にはオムニバス映画『TOKYO!』で中篇『メルド』を発表。本作ではアレックスを演じたドニ・ラヴァンと十六年ぶりのコラボレーションを果たし、その流れをついで二〇一二年には十三年ぶりの長篇となる『ホーリー・モーターズ』をカンヌ国際映画祭で発表した。二〇二一年に、今度は九年ぶりの長篇にして初のミュージカル／ロック・オペラ作品として、スパークスの原案による『アネット』を発表。同作はカンヌ国際映画祭グランプリ（監督賞）を、二〇二二年二月にはフランスのセザール賞にて最優秀監督賞を含む五冠を受賞した。

ドニ・ラヴァン
Denis Lavant

一九六一年、フランス生まれ。俳優。パントマイムや路上演劇に魅了され、コンセルバトワールに入学。以後、映画や舞台で経験を積むなかで、レオス・カラックスに見出され『ボーイ・ミーツ・ガール』で映画初出演を果たす。同作から始まる「アレックス三部作」で主演を務めたのち、二〇〇八年に十六年ぶりとなるカラックス作品『メルド』に参加、二〇一二年には『ホーリー・モーターズ』の主演を務めた。主な出演作品に『美しき仕事』（一九九九）、『ロング・エンゲージメント』（二〇〇四）、『ミスター・ロンリー』（二〇〇七）、『ヴィオレッタ』（二〇一一）、『僕とカミンスキーの旅』（二〇一五）などがある。

キャロリーヌ・シャンプティエ
Caroline Champetier

一九五四年、フランス生まれ。撮影監督。一九七五年にパリの高等映画学校（IDHEC）を卒業後、クロード・ランズマン監督の『ショアー SHOAH』にてウィリアム・リュプシャンスキーの助手を務め、その後、ジャン＝リュック・ゴダール、ジャック・リヴェットらの作品に参加後、シャンタル・アケルマン監督『一晩中』（一九八〇）にて撮影監督を務める。主な参加作品に『右側に気を付けろ』（一九八七）、『彼女たちの舞台』（一九八八）、『ギターはもう聞こえない』（一九九一）、『ポネット』（一九九六）、『不完全なふたり』（二〇〇五）、『神々と男たち』（二〇一〇）、『夜明けの祈り』（二〇一六）など。レオス・カラックス作品では『メルド』（二〇〇八）以降全ての作品で撮影監督を務める。

エルワン・ケルザネ
Erwan Kerzanet

録音技師。レオス・カラックス作品には『メルド』で初参加。以後の長篇作品で録音を担当している。主な参加作品に『ジダン 神が愛した男』（二〇〇〇六)、『パレス・ダウン』(二〇一五)、『ダゲレオタイプの女』(二〇一六)、『ロダン カミーユと永遠のアトリエ』(二〇一七)、『メクトゥブ、愛する人:間奏曲』*Mektoub, My Love: Intermezzo*(二〇一九)などがある。

ネリー・ケティエ
Nelly Quettier

一九五七年生まれ。編集技師。レオス・カラックス作品には『汚れた血』で初参加、以後、全ての長篇作品で編集を務める。一九九二年、『ポンヌフの恋人』にてヨーロッパ映画賞最優秀編集賞を受賞。主な参加作品に『パリ、18区、夜』(一九九四)、『クリスマスに雪はふるの?』(一九九六)、『美しき仕事』(一九九九)、『ガーゴイル』(二〇〇一)、『侵入者』(二〇〇四)、『マルタ…、マルタ』(二〇〇一)、『幸福なラザロ』(二〇一九)、『ようこそ! 革命シネマへ』(二〇一九)などがある。

佐藤久理子《さとう・くりこ》

パリ在住、文化ジャーナリスト。日本で映画誌の編集に携わった後、渡仏。ヨーロッパの映画祭に精通し、各メディアで映画人のインタビューや批評を手がける。映画サイト「映画.com」でパリ・コラムを連載中。著書に映画にちなんだパリの名所を紹介する『映画で歩くパリ』(スペースシャワーネットワーク、二〇一五年)。横浜フランス映画祭の作品選定アドバイザーを務める。フランスの映画批評家協会、および外国人映画批評家協会会員。

澁谷悠《しぶや・ゆう》

東京生まれ。パリ第四大学哲学修士。通訳・監督補として諏訪敦彦監督『ライオンは今夜死ぬ』(二〇一七)、アルチュール・アラリ監督『ONODA 一万夜を越えて』(二〇二一)に参加する。

青山真治《あおやま・しんじ》

一九六四年、福岡県北九州市生まれ。映画監督。一九九六年に『Helpless』を発表、同作はトロント、ウィーン、トリノなど数多くの国際映画祭に出品され、国内外で大きな評価を得る。二〇〇〇年には『EUREKA ユリイカ』がカンヌ国際映画祭コンペティション部門に選出、国際批評家連盟賞、エキュメニック賞を同時受賞。二〇〇五年には『エリ・エリ・レマ・サバクタニ』が同映画祭「ある視点」部門に選出された。二〇一一年の『東京公園』がロカルノ国際映画祭にて金豹賞、審査員特別賞を受賞。同年には初の舞台作品「グレンギャリー・グレン・ロス」を演出。二〇一三年には『共喰い』がロカルノ国際映画祭でボッカリーノ賞最優秀監督賞を受賞、毎日映画コンクールで脚本賞、撮影賞を受賞した。最新長篇作品は『空に住む』(二〇二〇)。著書に『われ映画を発見せり』(青土社、二〇〇一年)、『シネマ21 青山真治映画論+α集成2001-2010』(朝日出版社、二〇一〇年)、『宝ヶ池の沈まぬ亀 ある映画作家の日記2016-2020』(boid、二〇二二年)など。

町山広美《まちやま・ひろみ》

一九六四年生まれ。放送作家、コラムニスト。TV制作会社でのアシスタント業務ののち、一九八四年から放送作家として活動。「タモリ倶楽部」「タモリのボキャブラ天国」「THE夜もヒッパレ」などを経て、現在の担当番組は「有吉ゼミ」「マツコの知らない世界」「MUSIC STATION」など。主宰する書店BSEアーカイブのレーベルから『大邱の夜、ソウルの夜』(ころから株式会社、二〇二二年)の刊行に参画。

磯見俊裕《いそみ・としひろ》

一九五七年生まれ。美術監督。東京藝術大学美術領域教授。『ワンダフルライフ』にて一九九九年度毎日映画コンクール美術賞、『刑務所の中』『バトル・ロワイアルII 鎮魂歌』にて二〇〇三年度毎日映画コンクール美術賞、『血と骨』にて二〇〇五年度日本アカデミー賞優秀美術賞、二〇二一年には露木恵美子と連名で『罪の声』にて同賞を、『ぱるぼら』にて毎日映画コンクール美術賞を受賞。制作総指揮を務めた作品に『2/デュオ』(一九九七)などがある。

海野敦《うんの・あつし》

一九七六年、愛知県生まれ。近年の仕事として、『旅の終わり世界のはじまり』(二〇一九、黒沢清)、『おらおらでひとりいぐも』(二〇二〇、沖田修一)、『とんび』(二〇二二、瀬々敬久監督)、『ラーゲリより愛を込めて』(二〇二二、瀬々敬久)の助監督など。

菊地健雄《きくち・たけお》

一九七八年、栃木県足利市生まれ。映画監督。フリーの助監督を経て、映画『ディアーディアー』(二〇一五)にて初監督。主な監督作に映画『ハローグッバイ』(二〇一六)、『望郷』(二〇一七)、『体操しようよ』(二〇一八)、ドラマ作品に『生きるとか死ぬとか父親とか』『ショート・プログラム』『ヒヤマケンタロウの妊娠』などがある。

中村哲也《なかむら・てつや》

一九五六年、静岡県生まれ。制作担当。担当作品に『リング』(一九九八)、『白痴』(一九九九)、『ELECTRIC DRAGON 80000V』(二〇〇一)、『美しい夏、キリシマ』(二〇〇三)、『カナリア』(二〇〇四)、『エリ・エリ・レマ・サバクタニ』(二〇〇五)、『接吻』(二〇〇七)、『サッド・ヴァケイション』(二〇〇七)、『メルド』(二〇〇八)、『パンドラの匣』(二〇〇九)、『ライク・サムワン・イン・ラブ』(二〇一二)、『私の男』(二〇一四)、『空に住む』(二〇二〇)など。

野本史生《のもと・ふみお》

一九七〇年、埼玉県生まれ。一九九四年から助監督を始める。助監督としての主な参加作品に青山真治監督『EUREKA ユリイカ』(二〇〇〇)、『サッド・ヴァケイション』(二〇〇七)、『東京公園』(二〇一一)、黒沢清監督『CURE キュア』(一九九七)、『ニンゲン合格』(一九九九)、『カリスマ』(一九九九)、相米慎二監督『風花』(二〇〇一)、北野武監督『Dolls』(二〇〇二)、ホウ・シャオシェン監督『珈琲時光』(二〇〇四)、レオス・カラックス監督『メルド』(二〇〇八)など多数。監督作に『DRAMATIC J』『VACATION』三・四話(関西テレビ、共同脚本)、『深夜食堂2』第十四話「煮こごり」、『悪の教典 序章』一〜四話(BeeTV)、『深夜食堂3』第二十五話「春雨サラダ」(毎日放送)、『深夜食堂4』「長芋のソテー」(Netflix)など。

土田環《つちだ・たまき》

一九七六年生まれ。早稲田大学理工学術院講師。専門は映画史・映画美学、映画上映マネジメント。編著書に『ペドロ・コスタ 世界へのまなざし』(せんだいメディアテーク、二〇〇五年)、『こども映画教室のすすめ』(春秋社、二〇一四年)、共編著に『映画の言葉を聞く 早稲田大学「マスターズ・オブ・シネマ」講義録』(フィルムアート社、二〇一八年)など。

［執筆者］

第一章

西嶋憲生《にしじま・のりお》

一九五二年、東京・渋谷生まれ。映画・映像表現の研究者・批評家。著書に『生まれつつある映像 実験映画の作家たち』(文彩社、一九九一年)、『映画体験の回路 「美術手帖」の映画時評1979-1989』(多摩美術大学、二〇一九年)、共著に『美術×映像 境界領域の創造的カオス』(美術出版社、二〇一〇年)、『日本映画作品大事典』(三省堂、二〇二一年)、編著『映像表現のオルタナティヴ 1960年代の逸脱と創造』(森話社、二〇〇五年)、訳書に『アンディ・ウォーホル・フィルム』(ダゲレオ出版、一九九一年)など。

第四章

五所純子《ごしょ・じゅんこ》

一九七九年生まれ。文筆家。著書に『薬を食う女たち』(河出書房新社、二〇二一年)共著に『虐殺ソングブックremix』(二〇一九年)、『1990年代論』(二〇一七年、ともに河出書房新社)、『心が疲れたときに観る映画』(立東舎、二〇一七年)など、映画・文芸を中心に雑誌・Webメディア等に多数執筆。

三浦哲哉
みうら・てつや

一九七六年生まれ。青山学院大学准教授。映画批評・研究、表象文化論。著書に『LAフード・ダイアリー』(講談社、二〇二一年)、『食べたくなる本』(みすず書房、二〇一九年)『ハッピーアワー』論』(羽鳥書店、二〇一八年)、『映画とは何か――フランス映画思想史』(筑摩選書、二〇一四年)、『サスペンス映画史』(みすず書房、二〇一二年)。共著に『オーバー・ザ・シネマ　映画「超」討議』(石岡良治との共編著、フィルムアート社、二〇一八年)、『ひきずる映画――ポスト・カタストロフ時代の想像力』(フィルムアート社、二〇一一年)。訳書に『ジム・ジャームッシュ・インタビューズ――映画監督ジム・ジャームッシュの歴史』(東邦出版、二〇〇六年)。

濱口竜介
はまぐち・りゅうすけ

一九七八年生まれ。映画監督。二〇〇八年、東京藝術大学大学院修了制作の『PASSION』が国内外の映画祭に選出され、監督としてのキャリアをスタートさせる。二〇一五年に三一七分の長編映画『ハッピーアワー』が数多くの映画祭で主要賞を受賞。二〇一八年、商業映画デビュー作『寝ても覚めても』でカンヌ国際映画祭オフィシャル・コンペティション部門に選出、二〇二一年には『ドライブ・マイ・カー』がカンヌ国際映画祭同部門にて脚本賞を含む四賞を受賞、『偶然と想像』がベルリン国際映画祭にて銀熊賞を受賞した。共著に『カメラの前で演じること』(左右社、二〇一五年)など。

宮代大嗣
みやしろ・だいし

映画批評。「リアルサウンド」、「CINEMORE」、『キネマ旬報』、『装苑』、『ユリイカ』(二〇一四年六月号／二〇一八年六月臨時増刊号「総特集＝ウェス・アンダーソン」等)に論評を掲載。

角井誠
すみい・まこと

一九八二年生まれ。東京都立大学准教授。映画研究、表象文化論。共著に『映画監督、北野武。』(フィルムアート社、二〇一七年)、『映画論の冒険者たち』(堀潤之・木原圭翔編、東京大学出版会、二〇二一年)、論文に「ルノワール・タッチ――『スワンプ・ウォーター』における俳優演出」(『映像学』九一号)、「リアリズムから遠く離れて――アンドレ・バザンのアニメーション論」(『アンドレ・バザン研究』五号)、訳書にロベール・ブレッソン『彼自身によるロベール・ブレッソン――インタビュー1943–1983』(法政大学出版局、二〇一九年)など。

樋口泰人
ひぐち・やすひと

一九五七年生まれ。映画評論家、レーベル「boid」主宰、爆音映画祭ディレクター。著書に『映画とロックンロールにおいてアメリカと合衆国はいかに闘ったか』(青土社、一九九九年)、『映画は爆音でささやく　99–09』(boid、二〇一〇年)、共編著に『ロスト・イン・アメリカ』(デジタルハリウッド出版局、二〇〇〇年)など。

須藤健太郎
すどう・けんたろう

一九八〇年生まれ。映画批評家。著書に『評伝ジャン・ユスターシュ』(共和国、二〇一九年)など。

第五章

蓮實重彦
はすみ・しげひこ

一九三六年生まれ。映画評論家、仏文学者、小説家。一九九七年から二〇〇一年まで東京大学第二十六代総長。映画雑誌『リュミエール』の創刊編集長も務める。一九九九年、芸術文化コマンドゥール勲章受章。著書に、『反＝日本語論』(筑摩書房／読売文学賞受賞、一九七七年)、『監督　小津安二郎』(筑摩書房、仏訳にて映画書翻訳最高賞、一九八三年)、『映画はいかにして死ぬか』『シネマの記憶装置』(ともに一九八五年、フィルムアート社

／二〇一八年新装版）、『凡庸な芸術家の肖像　マクシム・デュ・カン論』（講談社、芸術選奨文部大臣賞受賞、一九八八年）、『ゴダール・マネ・フーコー　思考と感性とをめぐる断片的な考察』（NTT出版、二〇〇八年／青土社、二〇一九年新装版）、『「ボヴァリー夫人」論』（筑摩書房、二〇一四年）、『伯爵夫人』（新潮社、三島由紀夫賞受賞、二〇一六年）など、共著に『アメリカから遠く離れて』（瀬川昌久との共著、河出書房新社、二〇二〇年）など、ほか翻訳書等多数。

藤井仁子《ふじい・じんし》

一九七三年、大阪生まれ。早稲田大学文学学術院教授。映画学。編著に『入門・現代ハリウッド映画講義』（人文書院、二〇〇八年）、『甦る相米慎二』（二〇一一年）、『森﨑東党宣言！』（二〇一三年、ともに共編、インスクリプト）。

廣瀬純《ひろせ・じゅん》

一九七一年、東京生まれ。一九九九年、パリ第三大学映画視聴覚研究科DEA課程修了。二〇〇四年に龍谷大学経営学部講師就任、現在は同大学同学部教授。映画批評誌『カイエ・デュ・シネマ・ジャポン』（勁草書房）及び仏・映画批評誌『Vertigo』元編集委員。著書に*¿Cómo imponer un límite absoluto al capitalismo?*（Tinta Limón、二〇一二年）、*Le Ciné-capital: D'Hitchcock à Ozu*（Hermann、二〇一八年）、『シネマの大義　廣瀬純映画論集』（フィルムアート社、二〇一七年）、『三つの革命　ドゥルーズ・ガタリの政治哲学』（佐藤嘉幸との共著、講談社、二〇一七年）、『暴力階級とは何か　情勢下の政治哲学2011-2015』（航思社、二〇一五年）、『絶望論　革命的になることについて』（月曜社、二〇一三年）、『アントニオ・ネグリ　革命の哲学』（青土社、二〇一三年）、『シネキャピタル』（洛北出版、二〇〇九年）など多数。

木下千花《きのした・ちか》

京都大学大学院人間・環境学研究科教授。専門は日本映画史、表象文化論。シカゴ大学博士（映画メディア学・東アジア言語文明学）。著書に『溝口健二論——映画の美学と政治学』（法政大学出版局、二〇一六年）、「胎児が密猟するまで——原水爆禁止運動と生政治」宇野田尚哉、坪井秀人編『対抗文化史——冷戦期日本の表現と運動』（大阪大学出版会、二〇二一年）など論文多数。商業誌等の論考に「母の褒め殺し——現代日本映画における〝毒母〟など」『世界』二〇二一年六月号、など。科研費プロジェクト「日本映画における女性パイオニア」研究代表。

第六章

大九明子《おおく・あきこ》

横浜市出身。監督・脚本家。『勝手にふるえてろ』（二〇一七）で東京国際映画祭・観客賞。日本映画プロフェッショナル大賞・作品賞。『私をくいとめて』（二〇二〇）で東京国際映画祭にて史上初二度目の観客賞。日本映画批評家大賞・監督賞。最新監督作『ウェディング・ハイ』が二〇二二年三月より全国公開。

第七章

赤坂太輔《あかさか・だいすけ》

一九六五年、東京生まれ。映画・映像批評家。著書に『フレームの外へ　現代映画のメディア批判』（森話社、二〇一九年）。共著に『マノエル・デ・オリヴェイラと現代ポルトガル映画』（エスクァイアマガジンジャパン、二〇〇三年）、『映画を撮った35の言葉たち』（フィルムアート社、二〇一七年）など。

入江哲朗《いりえ・てつろう》

一九八八年、東京生まれ。日本学術振興会特別研究員（PD）。アメリカ思想史を研究するかたわら映画批評も執筆。著書に『火星の旅人——パーシヴァル・ローエルと世紀転換期アメリカ思想史』（青土社、二〇二〇年、表象文化論学会賞奨励賞受賞）など、訳書にジェニファー・ラトナー＝ローゼンハーゲン『アメリカを作った思想――五〇〇年の歴史』（ちくま学芸文庫、二〇二一年）など。『英会話タイムトライアル』（ＮＨＫ出版）にて「現代に息づくアメリカ思想の伝統」を連載中。

堀潤之《ほり・じゅんじ》

一九七六年、東京生まれ。関西大学文学部教授。映画研究・表象文化論。編著書に『映画論の冒険者たち』（東京大学出版会、二〇二一年）、『ゴダール・映像・歴史』（産業図書、二〇〇一年）、訳書にアンドレ・バザン『オーソン・ウェルズ』（インスクリプト、二〇一五年）、コリン・マッケイブ『ゴダール伝』（みすず書房、二〇一二年）など。

マルコス・ウザル

Marcos Uzal

映画批評家。仏映画批評誌『カイエ・デュ・シネマ（Cahiers du Cinéma）』現編集長。

黒岩幹子《くろいわ・みきこ》

一九七九年生まれ。編集者、ライター。スポーツ紙「東京中日スポーツ」やWEBマガジン「boidマガジン」他の編集に従事。雑誌『NOBODY』『シネ砦』、WEBサイト「IndieTokyo」などで映画関連の記事を執筆。

伊藤洋司《いとう・ようじ》

一九六八年、東京生まれ。中央大学教授、パリ第三大学博士、仏文学者。著書（単著）に*Apollinaire et la lettre d'amour* (Paris, Editions Connaissances et Savoirs、二〇〇五年）、『映画時評集成2004-2016』（読書人、二〇一七年）。

梅本健司《うめもと・けんじ》

一九九九年、東京生まれ。カルチャー批評誌『NOBODY』編集部。ケリー・ライカート、『ドライブ・マイ・カー』（二〇二一）、『ONODA 一万夜を超えて』（二〇二一）特集の編集・執筆等を担当。

荻野洋一《おぎの・よういち》

番組等映像の演出・構成、映画評論。『キネマ旬報』『現代ビジネス』『NOBODY』「boidマガジン」「Real Sound」等で執筆。元『カイエ・デュ・シネマ・ジャポン』編集委員。

葛生賢《くずう・さとし》

一九七〇年生まれ。映画批評。共著に『アジア映画の森――新世紀の映画地図』（作品社、二〇一二年）、『映画を撮った35の言葉たち』（フィルムアート社、二〇一七年）など。

槻舘南菜子《つきだて・ななこ》

映画批評。映画プログラマー。海外映画祭コーディネーター。ヴェネチア国際映画、ヴェニスデイズ（Giornate degli Autori）部門、コンサルタント。パリシネマテークフランセーズ配信サイト「Henri」にて若手日本映画監督を紹介する「Japan Fringe」を企画。

新田孝行《にった・たかゆき》

映画・オペラ研究。東京都立大学・慶應義塾大学非常勤講師。共著に『オペラ／音楽劇 研究の現在――創造と伝播のダイナミズム』（水声社、二〇二一年）、『芸術のリノベーション――オペラ・文学・映画』（中央大学出版部、二〇二〇年）、『キーワードで読む オペラ／音楽劇 研究ハンドブック』（アルテスパブリッシング、二〇一七年）。

野中モモ《のなか・もも》

東京生まれ。ライター・翻訳者。著書に『デヴィッド・ボウイ 変幻するカルト・スター』（筑摩書房、二〇一七年）、『野中モモの「ZINE」小さなわたしのメディアを作る』（晶文社、二〇二〇年）、訳書に『女パンクの逆襲――フェミニスト音楽史』(Pヴァイン、二〇二一年)、『世界を変えた50人の女性科学者たち』(創元社、二〇一八年)など。

原田麻衣
はらだ・まい
一九九三年、三重生まれ。映画研究。京都大学大学院人間・環境学研究科博士後期課程在籍/日本学術振興会特別研究員。共著に『アニエス・ヴァルダ 愛と記憶のシネアスト』(neoneo編集室、二〇二〇年)。『ユリイカ』(青土社)や『キネマ旬報』(キネマ旬報社)などに寄稿。

彦江智弘
ひこえ・ともひろ
フランス文学。共著に『引用の文化史 フランス中世から二〇世紀文学におけるリライトの歴史』(水声社、二〇一九年)、『都市は揺れている 五つの対話』(東信堂、二〇二〇年)、訳書にオリヴィエ・アサイヤス『5月の後の青春 アリス・ドゥボールへの手紙、1968年とその後』(boid、二〇一八年)など。

降矢聡
ふるや・さとし
東京生まれ。映画上映団体グッチーズ・フリースクール主宰。雑誌『ムービーマヨネーズ』企画・編集。『DVD&動画配信でーた』にてコラム、『キネマ旬報』にて星取レビューを連載中。編著に『USムービー・ホットサンド 2010年代アメリカ映画ガイド』(二〇二〇年)、共著に『映画を撮った35の言葉たち』(二〇一七年)、『映画監督、北野武。』(二〇一七年、ともにフィルムアート社)、『映画空間400選』(INAX出版、二〇一一年)。そのほか、映画雑誌やプログラム等に映画評を執筆している。

村尾泰朗
むらお・やすろう
音楽・映画ライター。音楽や映画の記事を中心に『ミュージック・マガジン』『レコード・コレクターズ』『CINRA』『Real Sound』などさまざまな媒体に寄稿。CDのライナーノーツや映画のパンフレットにも数多く執筆する。

結城秀勇
ゆうき・ひでたけ
映画批評。共編著に『映画空間400選』(INAX出版、二〇一一年)、共著に『エドワード・ヤン 再考/再見』(フィルムアート社、二〇一七年)、『ジョン・カーペンター読本』(boid、二〇一八年)など。

レオス・カラックス
映画を彷徨うひと

二〇二二年三月二六日　初版発行

フィルムアート社＝編

［デザイン］小沼宏之［Gibbon］
［カバー写真］新村真理
［編集］田中竜輔
［協力］ユーロスペース［堀越謙三　北條誠人　岡崎真紀子］
THEO FILMS　Tatiana Bouchain
メゾン［野下はるみ］　佐々木紀子　筒井史子
トランスフォーマー［國宗陽子］
CAHIERS DU CINÉMA
坂本安美　高木佑介　池田百花
Yonca Talu　Kris Dewitte

［発行者］上原哲郎
［発行所］株式会社フィルムアート社
〒一五〇-〇〇二二
東京都渋谷区恵比寿南一-二〇-六
第二荒井ビル
Tel. 〇三-五七二五-二〇〇一
Fax. 〇三-五七二五-二六二六
http://filmart.co.jp

［印刷・製本］シナノ印刷株式会社

Printed in Japan
ISBN978-4-8459-2114-0　C0074